互联网金融业务管理与服务指南

天津市互联网金融协会 编

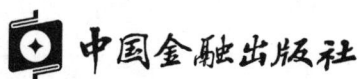

责任编辑：亓　霞
责任校对：潘　洁
责任印制：张也男

图书在版编目（CIP）数据

互联网金融业务管理与服务指南（Hulianwang Jinrong Yewu Guanli yu Fuwu Zhinan）/天津市互联网金融协会编 .—北京：中国金融出版社，2018.10

ISBN 978 – 7 – 5049 – 9736 – 4

Ⅰ.①互… Ⅱ.①天… Ⅲ.①互联网络—应用—金融—指南 Ⅳ.①F830.49 – 62

中国版本图书馆 CIP 数据核字（2018）第 205607 号

出版　中国金融出版社
发行
社址　北京市丰台区益泽路 2 号
市场开发部　（010）63266347，63805472，63439533（传真）
网上书店　http：//www.chinafph.com
　　　　　（010）63286832，63365686（传真）
读者服务部　（010）66070833，62568380
邮编　100071
经销　新华书店
印刷　保利达印务有限公司
尺寸　169 毫米 ×239 毫米
印张　31.5
字数　509 千
版次　2018 年 10 月第 1 版
印次　2018 年 10 月第 1 次印刷
定价　88.00 元
ISBN 978 – 7 – 5049 – 9736 – 4
如出现印装错误本社负责调换　联系电话（010）63263947

本书编委会

主任委员：李文茂

副主任委员（以姓氏笔画为序）：

马 英　王永勤　周 园　郭 巍
高 勒　符宏明

委　　员（以姓氏笔画为序）：

王 兰　王 佳　王妍妍　朱 犁
刘宏涛　肖琳璐　张少琛　柳 勇
崔英剑　焦 鸿

统　　稿：崔英剑　肖琳璐　焦 鸿　王 佳

前　　言

互联网金融是传统金融机构与互联网企业利用互联网技术和信息通信技术实现资金融通、支付、投资和信息中介服务的新型金融业务模式，主要包括互联网支付、网络借贷、互联网基金销售、股权众筹融资、互联网保险、互联网信托和互联网消费金融等业态。

我国互联网金融自20世纪90年代初起步，历经了20余年的快速发展，现已成为我国金融服务体系的重要组成部分，对于提升金融服务质量和效率、深化金融改革、推动金融创新、扩大金融业对内对外开放、构建多层次金融体系发挥了巨大作用。当前，互联网金融在支付结算、投资理财等领域已经逐步取代传统金融，成为金融交易的主要手段。

党中央、国务院高度重视互联网金融健康发展。2014年以来，互联网金融连续五次被写入政府工作报告，李克强总理多次强调要依法规范推进互联网金融发展，发挥好互联网金融在推进经济结构转型和服务社会民生方面的积极作用。在此后国务院陆续出台的《关于进一步做好新形势下就业创业工作的意见》《关于大力推进大众创业万众创新若干政策措施的意见》《关于积极推进"互联网＋"行动的指导意见》等国家级发展规划中，也突出体现了规范推进互联网金融发展的重大意义。

依法合规是互联网金融发展的永恒主题。针对近年来我国互联网金融野蛮生长中暴露出的一些重大风险问题，党中央、国务院果断作出加强互联网金融风险防控的决策部署：2015年7月，人民银行、工信部、公安部等十部委联合印发了《关于促进互联网金融健康发展的指导意见》，标志着我国互联网金融进入了规范发展的全新阶段；2016年3月，中国互联网金融协会成立，标志着互联网金融行业自律工作迈入新征程；2016年4月，国务院办公厅印发了《互联网金融风险专项整治工作实施方案》，拉开了互联网金融风险专项整治的大幕。

回顾互联网金融的发展历史，管理与服务标准的缺失是其一度出现各类风险问题的重要因素。从推动互联网金融依法合规发展角度考虑，国务院及各级、各部门近期集中出台了一批法律法规及规范性文件，这些法律法规和规范性文件成为互联网金融规范化运营和监管的重要依据。

为便于业内人士熟悉和了解这些监管和运营的相关标准，天津市互联网金融协会组织编写了《互联网金融业务管理与服务指南》，以期对从业机构、监管部门、行业组织、研究机构及社会各界学习、研究、运用互联网金融政策提供必要的参考。该指南对近年出台的互联网金融法律法规和规范性文件进行了收集、筛选、整理，并按照细分业态进行了汇编，主要包括：总的指导意见、互联网金融风险专项整治、互联网支付业务、P2P网络借贷业务、互联网基金销售业务、互联网保险业务、互联网消费金融业务、股权众筹融资业务、传统金融机构互联网业务、金融领域信用体系建设、金融消费权益保护等相关文件。

在互联网金融整装前行的关键时期，我们希望本书能够在指导互联网金融管理与服务实践方面发挥积极作用，为推动互联网金融行业的健康、稳定、可持续发展提供支持。

天津市互联网金融协会会长
2018年7月

目 录

第一章 总的指导意见

意见的出台背景、主要措施及总体要求

关于促进互联网金融健康发展的指导意见…………………………………… 6

第二章 互联网金融风险专项整治

专项整治工作的基本思路及总体要求

互联网金融风险专项整治工作实施方案 …………………………………… 15
关于进一步做好互联网金融风险专项整治清理整顿工作的通知 …………… 23
非银行支付机构风险专项整治工作实施方案 ………………………………… 29
关于进一步加强无证经营支付业务整治工作的通知 ………………………… 34
P2P网络借贷风险专项整治工作实施方案 …………………………………… 43
关于做好P2P网络借贷风险专项整治整改验收工作的通知 ………………… 49
关于开展P2P网络借贷机构合规检查工作的通知 …………………………… 55
关于立即暂停批设网络小额贷款公司的通知 ………………………………… 70
小额贷款公司网络小额贷款业务风险专项整治实施方案 …………………… 71
关于进一步加强校园贷规范管理工作的通知 ………………………………… 76
关于开展"现金贷"业务活动清理整顿工作的通知 ………………………… 79
关于开展"现金贷"业务活动清理整顿工作的补充说明 …………………… 81
关于规范整顿"现金贷"业务的通知 ………………………………………… 83
股权众筹风险专项整治工作实施方案 ………………………………………… 88

通过互联网开展资产管理及跨界从事金融业务风险专项整治工作实施方案 ………………………………………………………………… 92

关于加大通过互联网开展资产管理业务整治力度及开展验收工作的通知 … 96

互联网保险风险专项整治工作实施方案 …………………………… 100

关于开展以网络互助计划形式非法从事保险业务专项整治工作的通知…… 103

关于对互联网平台与各类交易场所合作从事违法违规业务开展清理整顿的通知 …………………………………………………………… 106

关于进一步开展比特币等虚拟货币交易场所清理整治的通知 …………… 108

关于对代币发行融资开展清理整顿工作的通知 …………………… 111

关于网络"一元购"业务的定性和处置意见 ……………………… 113

第三章　互联网支付业务

概念释义、监管归属及管理标准

电子支付指引（第一号）…………………………………………… 118

关于加强商业银行与第三方支付机构合作业务管理的通知 …………… 125

非金融机构支付服务管理办法 …………………………………… 128

非金融机构支付服务管理办法实施细则 ………………………… 137

中国人民银行办公厅关于开展支付安全风险专项排查工作的通知 …… 144

非金融机构支付服务业务系统检测认证管理规定 ……………… 147

非银行支付机构分类评级管理办法 ……………………………… 151

支付机构客户备付金存管办法 …………………………………… 161

关于实施支付机构客户备付金集中存管有关事项的通知 ………… 168

关于调整支付机构客户备付金集中交存比例的通知 ……………… 170

关于支付机构客户备付金全部集中交存有关事宜的通知 ………… 172

非银行支付机构网络支付业务管理办法 ………………………… 176

关于将非银行支付机构网络支付业务由直连模式迁移至网联平台处理的通知 ………………………………………………………………… 187

条码支付业务规范（试行）………………………………………… 188

关于加强条码支付安全管理的通知 ················· 195
关于加强支付结算管理防范电信网络新型违法犯罪有关事项的通知 ········· 215
关于规范支付创新业务的通知 ··················· 222
支付机构预付卡业务管理办法 ··················· 226
关于规范商业预付卡管理的意见 ·················· 234
关于进一步加强预付卡业务管理的通知 ··············· 237
银行卡清算机构管理办法 ····················· 239
关于实施银行卡清算机构准入管理的决定 ·············· 248
中国人民银行公告〔2018〕第7号 ················· 251

第四章　P2P 网络借贷业务

概念释义、监管归属及管理标准

网络借贷信息中介机构业务活动管理暂行办法 ············ 256
网络借贷信息中介机构备案登记管理指引 ·············· 266
网络借贷资金存管业务指引 ···················· 270
网络借贷信息中介机构业务活动信息披露指引 ············ 276

第五章　互联网基金销售业务

概念释义、监管归属及管理标准

证券投资基金销售管理办法 ···················· 290
证券投资基金销售业务信息管理平台管理规定 ············ 310
证券投资基金销售适用性指导意见 ················· 318
证券投资基金销售机构通过第三方电子商务平台开展业务管理暂行
　规定 ····························· 323
关于进一步规范货币市场基金互联网销售、赎回相关服务的指导意见 ······ 326

第六章　互联网保险业务

概念释义、监管归属及管理标准

互联网保险业务监管暂行办法 ·· 331
保险销售行为可回溯管理暂行办法 ···································· 339

第七章　互联网消费金融业务

概念释义、监管归属及管理标准

消费金融公司试点管理办法 ·· 345

第八章　股权众筹融资业务

概念释义、监管归属及管理标准

私募投资基金监督管理暂行办法 ·· 354
关于规范发展区域性股权市场的通知 ································· 361
区域性股权市场监督管理试行办法 ···································· 363

第九章　传统金融机构互联网业务

概念释义、监管归属及管理标准

电子银行业务管理办法 ··· 378
网上证券委托暂行管理办法 ·· 394
证券期货投资者适当性管理办法 ·· 399
关于规范金融机构资产管理业务的指导意见 ······················· 407

第十章　金融领域信用体系建设

金融领域信用体系建设的重要意义及总体要求

社会信用体系建设规划纲要（2014—2020 年） …………………… 423
关于建立完善守信联合激励和失信联合惩戒制度 加快推进社会诚信建设的
　指导意见 ……………………………………………………………… 443
关于加强个人诚信体系建设的指导意见 ………………………………… 450
关于加强和规范守信联合激励和失信联合惩戒对象名单管理工作的指导
　意见 …………………………………………………………………… 455

第十一章　金融消费权益保护

金融消费权益保护的基本原则及总体要求

关于加强金融消费者权益保护工作的指导意见 ………………………… 466
中国人民银行金融消费者权益保护实施办法 …………………………… 471
关于完善银行业金融机构客户投诉处理机制　切实做好金融消费者保护
　工作的通知 …………………………………………………………… 480
关于进一步加强资本市场中小投资者合法权益保护工作的意见 ……… 483
关于加强保险消费风险提示工作的意见 ………………………………… 488

第一章
总的指导意见

2015年7月，经党中央、国务院同意，中国人民银行等十部委联合发布了《关于促进互联网金融健康发展的指导意见》（以下简称《指导意见》）。《指导意见》的出台标志着互联网金融开始进入规范化发展阶段。

中国人民银行有关负责人曾就《指导意见》的出台背景、主要措施及总体要求作出解读：

（一）互联网金融的概念和发展意义

互联网金融是传统金融机构与互联网企业利用互联网技术和信息通信技术实现资金融通、支付、投资和信息中介服务的新型金融业务模式。互联网金融的主要业态包括互联网支付、网络借贷、股权众筹融资、互联网基金销售、互联网保险、互联网信托和互联网消费金融等。

互联网金融的发展对促进金融包容具有重要意义，为大众创业、万众创新打开了大门，在满足小微企业、中低收入阶层投融资需求，提升金融服务质量和效率，引导民间金融走向规范化，以及扩大金融业对内对外开放等方面可以发挥独特功能和作用。

（二）制定《指导意见》的主要目的和考虑

作为新生事物，互联网金融既需要市场驱动，鼓励创新，也需要政策助力，促进健康发展。近几年，我国互联网金融发展迅速，但也暴露出一些问题和风险隐患，主要包括：行业发展"缺门槛、缺规则、缺监管"；客户资金安全存在隐患，出现了多起经营者"卷款跑路"事件；从业机构内控制度不健全，存在经营风险；信用体系和金融消费者保护机制不健全；从业机构的信息安全水平有待提高等。互联网金融的本质仍属于金融，没有改变金融经营风险的本质属性，也没有改变金融风险的隐蔽性、传染性、广泛性和突发性。

党中央、国务院对互联网金融行业的健康发展非常重视，对出台支持发展、完善监管的政策措施提出了明确要求。要鼓励互联金融的创新和发展、营造良好的政策环境、规范从业机构的经营活动、维护市场秩序，就应拿出必要的政策措施，回应社会和业界关切，深入研究在新的市场环境和消费需求条件下，如何将发展普惠金融、鼓励金融创新与完善金融监管协同推进，引导、促进互联网金融这一新兴业态健康发展。为此，人民银行根据党中央、国务院部署，按照"鼓励创新、防范风险、趋利避害、健康发展"的总体要求，会同有关部门制定了《指导意见》。

（三）《指导意见》在鼓励创新、支持互联网金融稳步发展方面提出的政策措施

一是积极鼓励互联网金融平台、产品和服务创新，激发市场活力。支持有条件的金融机构建设创新型互联网平台开展网络银行、网络证券、网络保险、网络基金销售和网络消费金融等业务；支持互联网企业依法合规设立互联网支付机构、网络借贷平台、股权众筹融资平台、网络金融产品销售平台；鼓励电子商务企业在符合金融法律法规规定的条件下自建和完善线上金融服务体系，有效拓展电商供应链业务；鼓励从业机构积极开展产品、服务、技术和管理创新，提升从业机构核心竞争力。

二是鼓励从业机构相互合作，实现优势互补。支持金融机构、小微金融服务机构与互联网企业开展业务合作，创新商业模式，建立良好的互联网金融生态环境和产业链。

三是拓宽从业机构融资渠道，改善融资环境。支持社会资本发起设立互联网金融产业投资基金；鼓励符合条件的优质从业机构在主板、创业板等境内资本市场上市融资；鼓励银行业金融机构按照支持小微企业发展的各项金融政策，对处于初创期的从业机构予以支持。

四是相关政府部门要坚持简政放权，提供优质服务，营造有利于互联网金融发展的良好制度环境。鼓励省级人民政府加大对互联网金融的政策支持。

五是落实和完善有关财税政策。对于业务规模较小、处于初创期的从业机构，符合我国现行对中小企业特别是小微企业税收政策

条件的，可按规定享受税收优惠政策；结合金融业营业税改征增值税改革，统筹完善互联网金融税收政策；落实从业机构新技术、新产品研发费用税前加计扣除政策。

六是推动信用基础设施建设，培育互联网金融配套服务体系。鼓励从业机构依法建立信用信息共享平台；鼓励符合条件的从业机构依法申请征信业务许可，促进市场化征信服务，增强信息透明度；鼓励会计、审计、法律、咨询等中介机构为互联网企业提供相关专业服务。

（四）《指导意见》规定的互联网金融的监管分工和基本业务规则

《指导意见》提出，要遵循"依法监管、适度监管、分类监管、协同监管、创新监管"的原则，科学合理界定各业态的业务边界及准入条件，落实监管责任，明确风险底线，保护合法经营，坚决打击违法和违规行为。

在监管职责划分上，人民银行负责互联网支付业务的监督管理；银监会（现为银保监会）负责包括个体网络借贷和网络小额贷款在内的网络借贷以及互联网信托和互联网消费金融的监督管理；证监会负责股权众筹融资和互联网基金销售的监督管理；保监会（现为银保监会）负责互联网保险的监督管理。

此外，《指导意见》还规定了互联网支付、网络借贷、股权众筹融资、互联网基金销售和互联网信托、互联网消费金融应当遵守的基本业务规则。例如，个体网络借贷业务及相关从业机构应遵守《合同法》《民法通则》等法律法规以及最高人民法院相关司法解释，相关从业机构应坚持平台功能，不得非法集资；网络小额贷款应遵守现有小额贷款公司监管规定；股权众筹融资应定位于服务小微企业和创新创业企业；互联网基金销售要规范宣传推介，充分披露风险；互联网保险应加强风险管理，完善内控系统，确保交易安全、信息安全和资金安全；信托公司、消费金融公司通过互联网开展业务的，要严格遵循监管规定，加强风险管理，确保交易合法合规，并保守客户信息；信托公司通过互联网进行产品销售及开展其他信托业务的，要遵循合格投资者监管规定，审慎甄别客户身份和评估客户风险承受能力，不能将产品销售给与风险承受能力不相配的客户。

（五）《指导意见》关于规范互联网金融市场秩序的要求

一是加强互联网行业管理。任何组织和个人开设网站从事互联网金融业务的，除应按规定履行相关金融监管程序外，还应依法向电信主管部门履行网站备案手续，否则不得开展互联网金融业务。

二是建立客户资金第三方存管制度。除另有规定外，要求从业机构应当选择符合条件的银行业金融机构作为资金存管机构，对客户资金进行管理和监督。

三是健全信息披露、风险提示和合格投资者制度。从业机构应当对客户进行充分的信息披露，及时向投资者公布其经营活动和财务状况的相关信息，进行充分的风险提示。

四是强化消费者权益保护，在消费者教育、合同条款、纠纷解决机制等方面作出了规定。

五是加强网络与信息安全，要求从业机构切实提升技术安全水平，妥善保管客户资料和交易信息。相关部门将制定技术安全标准并加强监管。

六是要求从业机构采取有效措施履行反洗钱义务，并协助公安和司法机关防范和打击互联网金融犯罪。金融机构在和互联网企业开展合作、代理时，不得因合作、代理关系而降低反洗钱和金融犯罪执行标准。

七是加强互联网金融行业自律。人民银行会同有关部门组建中国互联网金融协会，充分发挥行业自律机制在规范从业机构市场行为和保护行业合法权益等方面的积极作用。协会要制定经营管理规则和行业标准，推动从业机构之间的业务交流和信息共享，明确自律惩戒机制，树立诚信规范、服务实体经济发展的正面形象。

八是规定了监管协调与数据统计监测的内容。各监管部门要相互协作、形成合力，充分发挥金融监管协调部际联席会议的作用，密切关注互联网金融业务发展及相关风险，建立和完善互联网金融数据统计监测体系。

关于促进互联网金融健康发展的指导意见

(银发〔2015〕221号)

近年来,互联网技术、信息通信技术不断取得突破,推动互联网与金融快速融合,促进了金融创新,提高了金融资源配置效率,但也存在一些问题和风险隐患。为全面贯彻落实党的十八大和十八届二中、三中、四中全会精神,按照党中央、国务院决策部署,遵循"鼓励创新、防范风险、趋利避害、健康发展"的总体要求,从金融业健康发展全局出发,进一步推进金融改革创新和对外开放,促进互联网金融健康发展,经党中央、国务院同意,现提出以下意见。

一、鼓励创新,支持互联网金融稳步发展

互联网金融是传统金融机构与互联网企业(以下统称从业机构)利用互联网技术和信息通信技术实现资金融通、支付、投资和信息中介服务的新型金融业务模式。互联网与金融深度融合是大势所趋,将对金融产品、业务、组织和服务等方面产生更加深刻的影响。互联网金融对促进小微企业发展和扩大就业发挥了现有金融机构难以替代的积极作用,为大众创业、万众创新打开了大门。促进互联网金融健康发展,有利于提升金融服务质量和效率,深化金融改革,促进金融创新发展,扩大金融业对内对外开放,构建多层次金融体系。作为新生事物,互联网金融既需要市场驱动,鼓励创新,也需要政策助力,促进发展。

(一)积极鼓励互联网金融平台、产品和服务创新,激发市场活力。鼓励银行、证券、保险、基金、信托和消费金融等金融机构依托互联网技术,实现传统金融业务与服务转型升级,积极开发基于互联网技术的新产品和新服务。支持有条件的金融机构建设创新型互联网平台开展网络银行、网络证券、网络保险、网络基金销售和网络消费金融等业务。支持互联网企业依法合规设立互联网支付机构、网络借贷平台、股权众筹融资平台、网络金融产品销售平台,建立服务实体经济的多层次金融服务体系,更好地满足中小微企业和个人投融资需求,进一步拓展普惠金融的广度和深度。鼓励电子商务企业在符合金融法

律法规规定的条件下自建和完善线上金融服务体系，有效拓展电商供应链业务。鼓励从业机构积极开展产品、服务、技术和管理创新，提升从业机构核心竞争力。

（二）鼓励从业机构相互合作，实现优势互补。支持各类金融机构与互联网企业开展合作，建立良好的互联网金融生态环境和产业链。鼓励银行业金融机构开展业务创新，为第三方支付机构和网络贷款平台等提供资金存管、支付清算等配套服务。支持小微金融服务机构与互联网企业开展业务合作，实现商业模式创新。支持证券、基金、信托、消费金融、期货机构与互联网企业开展合作，拓宽金融产品销售渠道，创新财富管理模式。鼓励保险公司与互联网企业合作，提升互联网金融企业风险抵御能力。

（三）拓宽从业机构融资渠道，改善融资环境。支持社会资本发起设立互联网金融产业投资基金，推动从业机构与创业投资机构、产业投资基金深度合作。鼓励符合条件的优质从业机构在主板、创业板等境内资本市场上市融资。鼓励银行业金融机构按照支持小微企业发展的各项金融政策，对处于初创期的从业机构予以支持。针对互联网企业特点，创新金融产品和服务。

（四）坚持简政放权，提供优质服务。各金融监管部门要积极支持金融机构开展互联网金融业务。按照法律法规规定，对符合条件的互联网企业开展相关金融业务实施高效管理。工商行政管理部门要支持互联网企业依法办理工商注册登记。电信主管部门、国家互联网信息管理部门要积极支持互联网金融业务，电信主管部门对互联网金融业务涉及的电信业务进行监管，国家互联网信息管理部门负责对金融信息服务、互联网信息内容等业务进行监管。积极开展互联网金融领域立法研究，适时出台相关管理规章，营造有利于互联网金融发展的良好制度环境。加大对从业机构专利、商标等知识产权的保护力度。鼓励省级人民政府加大对互联网金融的政策支持。支持设立专业化互联网金融研究机构，鼓励建设互联网金融信息交流平台，积极开展互联网金融研究。

（五）落实和完善有关财税政策。按照税收公平原则，对于业务规模较小、处于初创期的从业机构，符合我国现行对中小企业特别是小微企业税收政策条件的，可按规定享受税收优惠政策。结合金融业营业税改征增值税改革，统筹完善互联网金融税收政策。落实从业机构新技术、新产品研发费用税前加计扣除政策。

（六）推动信用基础设施建设，培育互联网金融配套服务体系。支持大数据存储、网络与信息安全维护等技术领域基础设施建设。鼓励从业机构依法建立信用信息共享平台。推动符合条件的相关从业机构接入金融信用信息基础数据库。允许有条件的从业机构依法申请征信业务许可。支持具备资质的信用中介组织开展互联网企业信用评级，增强市场信息透明度。鼓励会计、审计、法律、咨询等中介服务机构为互联网企业提供相关专业服务。

二、分类指导，明确互联网金融监管责任

互联网金融本质仍属于金融，没有改变金融风险隐蔽性、传染性、广泛性和突发性的特点。加强互联网金融监管，是促进互联网金融健康发展的内在要求。同时，互联网金融是新生事物和新兴业态，要制定适度宽松的监管政策，为互联网金融创新留有余地和空间。通过鼓励创新和加强监管相互支撑，促进互联网金融健康发展，更好地服务实体经济。互联网金融监管应遵循"依法监管、适度监管、分类监管、协同监管、创新监管"的原则，科学合理界定各业态的业务边界及准入条件，落实监管责任，明确风险底线，保护合法经营，坚决打击违法和违规行为。

（七）互联网支付。互联网支付是指通过计算机、手机等设备，依托互联网发起支付指令、转移货币资金的服务。互联网支付应始终坚持服务电子商务发展和为社会提供小额、快捷、便民小微支付服务的宗旨。银行业金融机构和第三方支付机构从事互联网支付，应遵守现行法律法规和监管规定。第三方支付机构与其他机构开展合作的，应清晰界定各方的权利义务关系，建立有效的风险隔离机制和客户权益保障机制。要向客户充分披露服务信息，清晰地提示业务风险，不得夸大支付服务中介的性质和职能。互联网支付业务由人民银行负责监管。

（八）网络借贷。网络借贷包括个体网络借贷（即P2P网络借贷）和网络小额贷款。个体网络借贷是指个体和个体之间通过互联网平台实现的直接借贷。在个体网络借贷平台上发生的直接借贷行为属于民间借贷范畴，受合同法、民法通则等法律法规以及最高人民法院相关司法解释规范。个体网络借贷要坚持平台功能，为投资方和融资方提供信息交互、撮合、资信评估等中介服务。个体网络借贷机构要明确信息中介性质，主要为借贷双方的直接借贷提供信息服务，不得提供增信服务，不得非法集资。网络小额贷款是指互联网企业通过其控制的小额贷款公司，利用互联网向客户提供的小额贷款。网络小额贷款应遵守现有小额贷款公司监管规定，发挥网络贷款优势，努力降低客户融资成本。网络借贷业务由银监会负责监管。

（九）股权众筹融资。股权众筹融资主要是指通过互联网形式进行公开小额股权融资的活动。股权众筹融资必须通过股权众筹融资中介机构平台（互联网网站或其他类似的电子媒介）进行。股权众筹融资中介机构可以在符合法律法规规定前提下，对业务模式进行创新探索，发挥股权众筹融资作为多层次资本市场有机组成部分的作用，更好服务创新创业企业。股权众筹融资方应为小微企业，应通过股权众筹融资中介机构向投资人如实披露企业的商业模式、经营管理、财务、资金使用等关键信息，不得误导或欺诈投资者。投资者应当充分了解股权众筹融资活动风险，具备相应风险承受能力，进行小额投资。股权众筹融资业务由证监会负责监管。

（十）互联网基金销售。基金销售机构与其他机构通过互联网合作销售基金等理财产品的，要切实履行风险披露义务，不得通过违规承诺收益方式吸引客户；基金管理人应当采取有效措施防范资产配置中的期限错配和流动性风险；基金销售机构及其合作机构通过其他活动为投资人提供收益的，应当对收益构成、先决条件、适用情形等进行全面、真实、准确表述和列示，不得与基金产品收益混同。第三方支付机构在开展基金互联网销售支付服务过程中，应当遵守人民银行、证监会关于客户备付金及基金销售结算资金的相关监管要求。第三方支付机构的客户备付金只能用于办理客户委托的支付业务，不得用于垫付基金和其他理财产品的资金赎回。互联网基金销售业务由证监会负责监管。

（十一）互联网保险。保险公司开展互联网保险业务，应遵循安全性、保密性和稳定性原则，加强风险管理，完善内控系统，确保交易安全、信息安全和资金安全。专业互联网保险公司应当坚持服务互联网经济活动的基本定位，提供有针对性的保险服务。保险公司应建立对所属电子商务公司等非保险类子公司的管理制度，建立必要的防火墙。保险公司通过互联网销售保险产品，不得进行不实陈述、片面或夸大宣传过往业绩、违规承诺收益或者承担损失等误导性描述。互联网保险业务由保监会负责监管。

（十二）互联网信托和互联网消费金融。信托公司、消费金融公司通过互联网开展业务的，要严格遵循监管规定，加强风险管理，确保交易合法合规，并保守客户信息。信托公司通过互联网进行产品销售及开展其他信托业务的，要遵守合格投资者等监管规定，审慎甄别客户身份和评估客户风险承受能力，不能将产品销售给与风险承受能力不相匹配的客户。信托公司与消费金融公司要制定完善产品文件签署制度，保证交易过程合法合规，安全规范。互联网信托业务、互联网消费金融业务由银监会负责监管。

三、健全制度，规范互联网金融市场秩序

发展互联网金融要以市场为导向，遵循服务实体经济、服从宏观调控和维护金融稳定的总体目标，切实保障消费者合法权益，维护公平竞争的市场秩序。要细化管理制度，为互联网金融健康发展营造良好环境。

（十三）互联网行业管理。任何组织和个人开设网站从事互联网金融业务的，除应按规定履行相关金融监管程序外，还应依法向电信主管部门履行网站备案手续，否则不得开展互联网金融业务。工业和信息化部负责对互联网金融业务涉及的电信业务进行监管，国家互联网信息办公室负责对金融信息服务、互联网信息内容等业务进行监管，两部门按职责制定相关监管细则。

（十四）客户资金第三方存管制度。除另有规定外，从业机构应当选择符合条件的银行业金融机构作为资金存管机构，对客户资金进行管理和监督，实现客户资金与从业机构自身资金分账管理。客户资金存管账户应接受独立审计并向客户公开审计结果。人民银行会同金融监管部门按照职责分工实施监管，并制定相关监管细则。

（十五）信息披露、风险提示和合格投资者制度。从业机构应当对客户进行充分的信息披露，及时向投资者公布其经营活动和财务状况的相关信息，以便投资者充分了解从业机构运作状况，促使从业机构稳健经营和控制风险。从业机构应当向各参与方详细说明交易模式、参与方的权利和义务，并进行充分的风险提示。要研究建立互联网金融的合格投资者制度，提升投资者保护水平。有关部门按照职责分工负责监管。

（十六）消费者权益保护。研究制定互联网金融消费者教育规划，及时发布维权提示。加强互联网金融产品合同内容、免责条款规定等与消费者利益相关的信息披露工作，依法监督处理经营者利用合同格式条款侵害消费者合法权益的违法、违规行为。构建在线争议解决、现场接待受理、监管部门受理投诉、第三方调解以及仲裁、诉讼等多元化纠纷解决机制。细化完善互联网金融个人信息保护的原则、标准和操作流程。严禁网络销售金融产品过程中的不实宣传、强制捆绑销售。人民银行、银监会、证监会、保监会会同有关行政执法部门，根据职责分工依法开展互联网金融领域消费者和投资者权益保护工作。

（十七）网络与信息安全。从业机构应当切实提升技术安全水平，妥善保管客户资料和交易信息，不得非法买卖、泄露客户个人信息。人民银行、银监

会、证监会、保监会、工业和信息化部、公安部、国家互联网信息办公室分别负责对相关从业机构的网络与信息安全保障进行监管，并制定相关监管细则和技术安全标准。

（十八）反洗钱和防范金融犯罪。从业机构应当采取有效措施识别客户身份，主动监测并报告可疑交易，妥善保存客户资料和交易记录。从业机构有义务按照有关规定，建立健全有关协助查询、冻结的规章制度，协助公安机关和司法机关依法、及时查询、冻结涉案财产，配合公安机关和司法机关做好取证和执行工作。坚决打击涉及非法集资等互联网金融犯罪，防范金融风险，维护金融秩序。金融机构在和互联网企业开展合作、代理时应根据有关法律和规定签订包括反洗钱和防范金融犯罪要求的合作、代理协议，并确保不因合作、代理关系而降低反洗钱和金融犯罪执行标准。人民银行牵头负责对从业机构履行反洗钱义务进行监管，并制定相关监管细则。打击互联网金融犯罪工作由公安部牵头负责。

（十九）加强互联网金融行业自律。充分发挥行业自律机制在规范从业机构市场行为和保护行业合法权益等方面的积极作用。人民银行会同有关部门，组建中国互联网金融协会。协会要按业务类型，制订经营管理规则和行业标准，推动机构之间的业务交流和信息共享。协会要明确自律惩戒机制，提高行业规则和标准的约束力。强化守法、诚信、自律意识，树立从业机构服务经济社会发展的正面形象，营造诚信规范发展的良好氛围。

（二十）监管协调与数据统计监测。各监管部门要相互协作、形成合力，充分发挥金融监管协调部际联席会议制度的作用。人民银行、银监会、证监会、保监会应当密切关注互联网金融业务发展及相关风险，对监管政策进行跟踪评估，适时提出调整建议，不断总结监管经验。财政部负责互联网金融从业机构财务监管政策。人民银行会同有关部门，负责建立和完善互联网金融数据统计监测体系，相关部门按照监管职责分工负责相关互联网金融数据统计和监测工作，并实现统计数据和信息共享。

第二章
互联网金融风险专项整治

2015年12月，中央经济工作会议提出"要加强全方位监管，规范各类融资行为，抓紧开展金融风险专项整治，坚决遏制非法集资蔓延势头，加强风险监测预警，妥善处理风险案件，坚决守住不发生系统性和区域性风险的底线。"

2016年4月，国务院办公厅发布《互联网金融风险专项整治工作实施方案》，明确了互联网金融风险专项整治工作的目标、原则、重点、职责分工和进度安排等。该实施方案要求，要按照"打击非法、保护合法，积极稳妥、有序化解，明确分工、强化协作，远近结合、边整边改"的工作原则，区别对待、分类施策，集中力量对P2P网络借贷、股权众筹、互联网保险、第三方支付、银行互联网金融业务、通过互联网开展资产管理及跨界从事金融业务、互联网金融领域广告等重点领域进行整治。同时，及时总结经验，建立健全互联网金融监管长效机制。

开展互联网金融风险专项整治，旨在规范各类互联网金融业态，防范化解风险，保护投资者合法权益，维护金融稳定，以更好地发挥互联网金融在推动普惠金融发展和支持大众创业、万众创新等方面的积极作用。

互联网金融风险专项整治工作实施方案

(国办发〔2016〕21号)

规范发展互联网金融是国家加快实施创新驱动发展战略、促进经济结构转型升级的重要举措，对于提高我国金融服务的普惠性，促进大众创业、万众创新具有重要意义。经党中央、国务院同意，2015年7月人民银行等十部门联合印发了《关于促进互联网金融健康发展的指导意见》（以下简称《指导意见》）；有关部门及时出手，打击处置一批违法经营金额大、涉及面广、社会危害大的互联网金融风险案件，社会反映良好。为贯彻落实党中央、国务院决策部署，鼓励和保护真正有价值的互联网金融创新，整治违法违规行为，切实防范风险，建立监管长效机制，促进互联网金融规范有序发展，制定本方案。

一、工作目标和原则

（一）工作目标。

落实《指导意见》要求，规范各类互联网金融业态，优化市场竞争环境，扭转互联网金融某些业态偏离正确创新方向的局面，遏制互联网金融风险案件高发频发势头，提高投资者风险防范意识，建立和完善适应互联网金融发展特点的监管长效机制，实现规范与发展并举、创新与防范风险并重，促进互联网金融健康可持续发展，切实发挥互联网金融支持大众创业、万众创新的积极作用。

（二）工作原则。

打击非法，保护合法。明确各项业务合法与非法、合规与违规的边界，守好法律和风险底线。对合法合规行为予以保护支持，对违法违规行为予以坚决打击。

积极稳妥，有序化解。工作稳扎稳打，讲究方法步骤，针对不同风险领域，明确重点问题，分类施策。根据违法违规情节轻重和社会危害程度区别对待，做好风险评估，依法、有序、稳妥处置风险，防范处置风险的风险。同时坚持公平公正开展整治，不搞例外。

明确分工，强化协作。按照部门职责、《指导意见》明确的分工和本方案要求，采取"穿透式"监管方法，根据业务实质明确责任。坚持问题导向，集中力量对当前互联网金融主要风险领域开展整治，有效整治各类违法违规活动。充分考虑互联网金融活动特点，加强跨部门、跨区域协作，共同承担整治任务，共同落实整治责任。

远近结合，边整边改。立足当前，切实防范化解互联网金融领域存在的风险，对违法违规行为形成有效震慑。着眼长远，以专项整治为契机，及时总结提炼经验，形成制度规则，建立健全互联网金融监管长效机制。

二、重点整治问题和工作要求

（一）P2P 网络借贷和股权众筹业务。

1. P2P 网络借贷平台应守住法律底线和政策红线，落实信息中介性质，不得设立资金池，不得发放贷款，不得非法集资，不得自融自保、代替客户承诺保本保息、期限错配、期限拆分、虚假宣传、虚构标的，不得通过虚构、夸大融资项目收益前景等方法误导出借人，除信用信息采集及核实、贷后跟踪、抵质押管理等业务外，不得从事线下营销。

2. 股权众筹平台不得发布虚假标的，不得自筹，不得"明股实债"或变相乱集资，应强化对融资者、股权众筹平台的信息披露义务和股东权益保护要求，不得进行虚假陈述和误导性宣传。

3. P2P 网络借贷平台和股权众筹平台未经批准不得从事资产管理、债权或股权转让、高风险证券市场配资等金融业务。P2P 网络借贷平台和股权众筹平台客户资金与自有资金应分账管理，遵循专业化运营原则，严格落实客户资金第三方存管要求，选择符合条件的银行业金融机构作为资金存管机构，保护客户资金安全，不得挪用或占用客户资金。

4. 房地产开发企业、房地产中介机构和互联网金融从业机构等未取得相关金融资质，不得利用 P2P 网络借贷平台和股权众筹平台从事房地产金融业务；取得相关金融资质的，不得违规开展房地产金融相关业务。从事房地产金融业务的企业应遵守宏观调控政策和房地产金融管理相关规定。规范互联网"众筹买房"等行为，严禁各类机构开展"首付贷"性质的业务。

（二）通过互联网开展资产管理及跨界从事金融业务。

1. 互联网企业未取得相关金融业务资质不得依托互联网开展相应业务，开展业务的实质应符合取得的业务资质。互联网企业和传统金融企业平等竞争，行为规则和监管要求保持一致。采取"穿透式"监管方法，根据业务实质认定业务属性。

2. 未经相关部门批准，不得将私募发行的多类金融产品通过打包、拆分等形式向公众销售。采取"穿透式"监管方法，根据业务本质属性执行相应的监管规定。销售金融产品应严格执行投资者适当性制度标准，披露信息和提示风险，不得将产品销售给与风险承受能力不相匹配的客户。

3. 金融机构不得依托互联网通过各类资产管理产品嵌套开展资产管理业务、规避监管要求。应综合资金来源、中间环节与最终投向等全流程信息，采取"穿透式"监管方法，透过表面判定业务本质属性、监管职责和应遵循的行为规则与监管要求。

4. 同一集团内取得多项金融业务资质的，不得违反关联交易等相关业务规范。按照与传统金融企业一致的监管规则，要求集团建立"防火墙"制度，遵循关联交易等方面的监管规定，切实防范风险交叉传染。

（三）第三方支付业务。

1. 非银行支付机构不得挪用、占用客户备付金，客户备付金账户应开立在人民银行或符合要求的商业银行。人民银行或商业银行不向非银行支付机构备付金账户计付利息，防止支付机构以"吃利差"为主要盈利模式，理顺支付机构业务发展激励机制，引导非银行支付机构回归提供小额、快捷、便民小微支付服务的宗旨。

2. 非银行支付机构不得连接多家银行系统，变相开展跨行清算业务。非银行支付机构开展跨行支付业务应通过人民银行跨行清算系统或者具有合法资质的清算机构进行。

3. 开展支付业务的机构应依法取得相应业务资质，不得无证经营支付业务，开展商户资金结算、个人 POS 机收付款、发行多用途预付卡、网络支付等业务。

（四）互联网金融领域广告等行为。

互联网金融领域广告等宣传行为应依法合规、真实准确，不得对金融产品和业务进行不当宣传。未取得相关金融业务资质的从业机构，不得对金融业务或公司形象进行宣传。取得相关业务资质的，宣传内容应符合相关法律法规规定，需经有权部门许可的，应当与许可的内容相符合，不得进行误导性、虚假违法宣传。

三、综合运用各类整治措施，提高整治效果

（一）严格准入管理。设立金融机构、从事金融活动，必须依法接受准入管理。未经相关有权部门批准或备案从事金融活动的，由金融管理部门会同工商部门予以认定和查处，情节严重的，予以取缔。工商部门根据金融管理部门的认定意见，依法吊销营业执照；涉嫌犯罪的，公安机关依法查处。非金融机构、不从事金融活动的企业，在注册名称和经营范围中原则上不得使用"交易所""交易中心""金融""资产管理""理财""基金""基金管理""投资管理""财富管理""股权投资基金""网贷""网络借贷""P2P""股权众筹""互联网保险""支付"等字样。凡在名称和经营范围中选择使用上述字样的企业（包括存量企业），工商部门将注册信息及时告知金融管理部门，金融管理部门、工商部门予以持续关注，并列入重点监管对象，加强协调沟通，及时发现识别企业擅自从事金融活动的风险，视情采取整治措施。

（二）强化资金监测。加强互联网金融从业机构资金账户及跨行清算的集中管理，对互联网金融从业机构的资金账户、股东身份、资金来源和资金运用等情况进行全面监测。严格要求互联网金融从业机构落实客户资金第三方存管制度，存管银行要加强对相关资金账户的监督。在整治过程中，特别要做好对客户资金的保护工作。

（三）建立举报和"重奖重罚"制度。针对互联网金融违法违规活动隐蔽性强的特点，发挥社会监督作用，建立举报制度，出台举报规则，中国互联网金融协会设立举报平台，鼓励通过"信用中国"网站等多渠道举报，为整治工作提供线索。推行"重奖重罚"制度，按违法违规经营数额的一定比例进行处罚，提高违法成本，对提供线索的举报人给予奖励，奖励资金列入各级财政预算，强化正面激励。加强失信、投诉和举报信息共享。

（四）加大整治不正当竞争工作力度。对互联网金融从业机构为抢占市场份额向客户提供显失合理的超高回报率以及变相补贴等不正当竞争行为予以清理规范。高风险高收益金融产品应严格执行投资者适当性标准，强化信息披露要求。明确互联网金融从业机构不得以显性或隐性方式，通过自有资金补贴、交叉补贴或使用其他客户资金向客户提供高回报金融产品。高度关注互联网金融产品承诺或实际收益水平显著高于项目回报率或行业水平相关情况。中国互联网金融协会建立专家评审委员会，商相关部门对互联网金融不正当竞争行为进行评估认定，并将结果移交相关部门作为惩处依据。

（五）加强内控管理。由金融管理部门和地方人民政府金融管理部门监管的机构应当对机构自身与互联网平台合作开展的业务进行清理排查，严格内控管理要求，不得违反相关法律法规，不得与未取得相应金融业务资质的互联网企业开展合作，不得通过互联网开展跨界金融活动进行监管套利。金融管理部门和地方人民政府在分领域、分地区整治中，应对由其监管的机构与互联网企业合作开展业务的情况进行清理整顿。

（六）用好技术手段。利用互联网思维做好互联网金融监管工作。研究建立互联网金融监管技术支持系统，通过网上巡查、网站对接、数据分析等技术手段，摸底互联网金融总体情况，采集和报送相关舆情信息，及时向相关单位预警可能出现的群体性事件，及时发现互联网金融异常事件和可疑网站，提供互联网金融平台安全防护服务。

四、加强组织协调，落实主体责任

（一）部门统筹。成立由人民银行负责同志担任组长，有关部门负责同志参加的整治工作领导小组（以下简称领导小组），总体推进整治工作，做好工作总结，汇总提出长效机制建议。领导小组办公室设在人民银行，银监会、证监会、保监会、工商总局和住房城乡建设部等派员参与办公室日常工作。人民银行、银监会、证监会、保监会和工商总局根据各自部门职责、《指导意见》明确的分工和本方案要求，成立分领域工作小组，分别负责相应领域的专项整治工作，明确对各项业务合法合规性的认定标准，对分领域整治过程中发现的新问题，划分界限作为整治依据，督促各地区按照全国统一部署做好各项工作。

（二）属地组织。各省级人民政府成立以分管金融的负责同志为组长的落实整治方案领导小组（以下称地方领导小组），组织本地区专项整治工作，制定本地区专项整治工作方案并向领导小组报备。各地方领导小组办公室设在省（区、市）金融办（局）或人民银行省会（首府）城市中心支行以上分支机构。各省级人民政府应充分发挥资源统筹调动、靠近基层一线优势，做好本地区摸底排查工作，按照注册地对从业机构进行归口管理，对涉嫌违法违规的从业机构，区分情节轻重分类施策、分类处置，同时切实承担起防范和处置非法集资第一责任人的责任。各省级人民政府应全面落实源头维稳措施，积极预防、全力化解、妥善处置金融领域不稳定问题，守住不发生系统性区域性金融风险的底线，维护社会和谐稳定。

（三）条块结合。各相关部门应积极配合金融管理部门开展工作。工商总局会同金融管理部门负责互联网金融广告的专项整治工作，金融管理部门与工商总局共同开展以投资理财名义从事金融活动的专项整治。工业和信息化部负责加强对互联网金融从业机构网络安全防护、用户信息和数据保护的监管力度，对经相关部门认定存在违法违规行为的互联网金融网站和移动应用程序依法予以处置，做好专项整治的技术支持工作。住房城乡建设部与金融管理部门共同对房地产开发企业和房地产中介机构利用互联网从事金融业务或与互联网平台合作开展金融业务的情况进行清理整顿。中央宣传部、国家互联网信息办公室牵头负责互联网金融新闻宣传和舆论引导工作。公安部负责指导地方公安机关对专项整治工作中发现的涉嫌非法集资、非法证券期货活动等犯罪问题依法查处，强化防逃、控赃、追赃、挽损工作；指导、监督、检查互联网金融从业机构落实等级保护工作，监督指导互联网金融网站依法落实网络和信息安全管理制度、措施，严厉打击侵犯用户个人信息安全的违法犯罪活动；指导地方公安机关在地方党委、政府的领导下，会同相关部门共同做好群体性事件的预防和处置工作，维护社会稳定。国家信访局负责信访人相关信访诉求事项的接待受理工作。中央维稳办、最高人民法院、最高人民检察院等配合做好相关工作。中国互联网金融协会要发挥行业自律作用，健全自律规则，实施必要的自律惩戒，建立举报制度，做好风险预警。

（四）共同负责。各有关部门、各省级人民政府应全面掌握牵头领域或本行政区域的互联网金融活动开展情况。在省级人民政府统一领导下，各金融管理部门省级派驻机构与省（区、市）金融办（局）共同牵头负责本地区分领域整治工作，共同承担分领域整治任务。对于产品、业务交叉嵌套，需要综合全流程业务信息以认定业务本质属性的，相关部门应建立数据交换和业务实质认定机制，认定意见不一致的，由领导小组研究认定并提出整治意见，必要时组成联合小组进行整治。整治过程中相关牵头部门确有需要获取从业机构账户数据的，经过法定程序后给予必要的账户查询便利。

五、稳步推进各项整治工作

（一）开展摸底排查。各省级人民政府制定本地区清理整顿方案，2016年5月15日前向领导小组报备。同时，各有关部门、各省级人民政府分别对牵头领域或本行政区域的情况进行清查。对于跨区域经营的互联网金融平台，注册所在地和经营所在地的省级人民政府要加强合作，互通汇总摸查情况，金融管理部门予以积极支持。被调查的单位和个人应接受依法进行的检查和调查，如实说明有关情况并提供有关文件、资料，不得拒绝、阻碍和隐瞒。相关部门可依法对与案件有关的情况和资料采取记录、复制、录音等手段取得证据。在证据可能灭失或以后难以取得的情况下，可依法先行登记保存，当事人或有关人员不得销毁或转移证据。对于涉及资金量大、人数众多的大型互联网金融平台或短时间内发展迅速的互联网金融平台、企业，一经发现涉嫌重大非法集资等违法行为，马上报告相关部门。各省级人民政府根据摸底排查情况完善本地区清理整顿方案。此项工作于 2016 年 7 月底前完成。

（二）实施清理整顿。各有关部门、各省级人民政府对牵头领域或本行政区域的互联网金融从业机构和业务活动开展集中整治工作。对清理整顿中发现的问题，向违规从业机构出具整改意见，并监督从业机构落实整改要求。对违规情节较轻的，要求限期整改；拒不整改或违规情节较重的，依法依规坚决予以关闭或取缔；涉嫌犯罪的，移送相关司法机关。专项整治不改变、不替代非法集资和非法交易场所的现行处置制度安排。此项工作于 2016 年 11 月底前完成。

（三）督查和评估。领导小组成员单位和地方领导小组分别组织自查。领导小组组织开展对重点领域和重点地区的督查和中期评估，对于好的经验做法及时推广，对于整治工作落实不力，整治一批、又出一批的，应查找问题、及时纠偏，并建立问责机制。此项工作同步于 2016 年 11 月底前完成。

（四）验收和总结。领导小组组织对各领域、各地区清理整顿情况进行验收。各有关部门、各省级人民政府形成牵头领域或本行政区域的整治报告，报送领导小组办公室，此项工作应于 2017 年 1 月底前完成。领导小组办公室汇总形成总体报告和建立健全互联网金融监管长效机制的建议，由人民银行会同相关部门报国务院，此项工作于 2017 年 3 月底前完成。

六、做好组织保障，建设长效机制

各有关部门、各省级人民政府要做好组织保障，以整治工作为契机，以整治过程中发现的问题为导向，按照边整边改、标本兼治的思路，抓紧推动长效机制建设，贯穿整治工作始终。

（一）完善规章制度。加快互联网金融领域各项规章制度制定工作，对于互联网金融各类创新业务，及时研究制定相关政策要求和监管规则。立足实践，研究解决互联网金融领域暴露出的金融监管体制不适应等问题，强化功能监管和综合监管，抓紧明确跨界、交叉型互联网金融产品的"穿透式"监管规则。

（二）加强风险监测。建立互联网金融产品集中登记制度，研究互联网金融平台资金账户的统一设立和集中监测，依靠对账户的严格管理和对资金的集中监测，实现对互联网金融活动的常态化监测和有效监管。加快推进互联网金融领域信用体系建设，强化对征信机构的监管，使征信为互联网金融活动提供更好的支持。加强互联网金融监管技术支持，扩展技术支持系统功能，提高安全监控能力。加强部门间信息共享，建立预警信息传递、核查、处置快速反应机制。

（三）完善行业自律。充分发挥中国互联网金融协会作用，制定行业标准和数据统计、信息披露、反不正当竞争等制度，完善自律惩戒机制，开展风险教育，形成依法依规监管与自律管理相结合、对互联网金融领域全覆盖的监管长效机制。

（四）加强宣传教育和舆论引导。各有关部门、各省级人民政府应加强政策解读及舆论引导，鼓励互联网金融在依法合规的前提下创新发展。以案说法，用典型案例教育群众，提高投资者风险防范意识。主动、适时发声，统一对外宣传口径，有针对性地回应投资人关切和诉求。以适当方式适时公布案件进展，尽量减少信息不对称的影响。加强舆情监测，强化媒体责任，引导投资人合理合法反映诉求，为整治工作营造良好的舆论环境。

关于进一步做好互联网金融风险专项整治清理整顿工作的通知

(银发〔2017〕119号)

各省(自治区、直辖市)落实整治方案工作领导小组：

为贯彻落实《国务院办公厅关于印发互联网金融风险专项整治工作实施方案的通知》(国办发〔2016〕21号)要求,稳妥有序做好清理整顿分类处置工作,细化流程,明确目标,扎实完成专项整治各项工作,经互联网金融风险专项整治工作领导小组审议通过,现就有关事项通知如下：

一、清理整顿分类处置程序及要求

各省(自治区、直辖市)落实整治方案工作领导小组(以下简称各省领导小组)应按照《关于稳妥有序开展互联网金融风险专项整治清理整顿工作的通知》(银发〔2016〕281号文)的要求,确定重点对象,开展现场检查。对于经现场检查发现存在违法违规问题的从业机构,采取差别化处置措施。

(一)整改类机构处置程序。对违法违规情节较轻,配合整改意愿较强的从业机构,下发整改意见书,持续监督落实整改要求,并组织验收。

1. 制定整改计划。要求从业机构对照整改意见书自行制定整改计划,确定整改完成期限,并提交本省领导小组办公室(或各省领导小组指定部门)审核。整改计划应承诺不新增不合规业务；对存量不合规业务明确退出时间表,原则上不超过1年,分领域有具体规定的,从其规定。同时,做好退出业务可能引发风险的应急预案。

2. 落实整改要求。从业机构应对照整改计划,组织实施整改；整改期间要按月向省领导小组办公室(或各省领导小组指定部门)报送整改进展情况及违法违规业务退出进度。

3. 提交验收申请。从业机构整改完成后,应向省领导小组办公室(或各省领导小组指定部门)提交整改落实报告和验收申请。

4. 组织监管验收。各省领导小组办公室(或各省领导小组指定部门)应根据从业机构提交的验收申请，组织检查验收，对验收合格的出具验收合格意见。指导办理准入或备案登记相关事宜，对验收不合格的，应纳入取缔类机构进行处理。

（二）取缔类机构处置程序。对不配合监管、拒不整改或整改后验收不合格，以及违规情节较重的，纳入取缔类机构处理。视具体情形由省级人民政府根据部门职能指定部门依法实施行政处罚，或按照处置非法集资、打击非法证券活动、清理整顿各类交易场所等工作机制予以查处，金融部门应停止提供金融服务，通信管理部门依法处置互联网金融网站和移动应用程序，同时加强失信、投诉和举报信息共享，坚决打击相关违法违规金融活动。

对没有金融牌照、涉嫌恶意欺诈的严重违法违规行为，各省领导小组要全面汇总分析业务性质、规模、资金流向等排查资料，组织相关部门提出处置意见，协同开展打击查处、属地稳控、资产变现追缴等工作，确保社会大局稳定。

（三）清理整顿期间有关要求。各省领导小组要切实承担第一责任人职责，统一组织本地区清理整顿工作，采取有效措施确保整治期间辖内互联网金融从业机构数量及业务规模双降。对于跨省从业机构，机构总部注册地省级领导小组要将处置工作意见通报分支机构所在地省级领导小组，共同做好风险处置工作。

1. 严格准入或备案管理。凡从事互联网金融活动，必须依法接受准入或备案管理，清理整顿期间，非金融机构以及不从事金融活动的企业，在注册名称和经营范围中原则上不得使用"交易所""交易中心""金融""资产管理""理财""基金""基金管理""投资管理""财富管理""股权投资基金""网贷""网络借贷""P2P""股权众筹""互联网保险""支付"等字样。

2. 化解存量、严控增量。整改期间，从业机构存量不合规业务要逐步压降至零，不得新增不合规业务。一经发现新增不合规业务，各省领导小组办公室（或各省领导小组指定部门）须立即叫停并严肃处理。

二、清理整顿状态分类阶段完成标准

（一）分领域清理整顿状态分类阶段完成标准。

1. P2P 网络借贷。

按照《P2P 网络借贷风险专项整治工作实施方案》（银监发〔2016〕11 号文印发）、《关于印发〈P2P 网络借贷风险专项整治工作分类处置方案〉的通知》（网贷整治办函〔2016〕23号文）、《网络借贷信息中介机构业务活动管理暂行办法》（银监会令〔2016〕第1号发布）、《网络借贷信息中介机构备案登记管理指引》（银监办发〔2016〕160号文印发）、《网络借贷资金存管业务指引》（银监办发〔2017〕21号文印发）等要求，在状态分类阶段完成时应做到：

（1）对合规类P2P网络借贷机构，要求其在规定期限内办理备案登记，纳入日常监管范围。

（2）对整改类P2P网络借贷机构出具整改意见书，督促制定实施整改计划；对于整改困难、机构属性复杂、业务交叉嵌套等情形，根据业务规模、类别、主管业务等甄别机构性质，按照主动退出、合并重组、剥离独立以及转型移交等情形进行分类整改，并明确违法违规金融活动退出时间表。

（3）对取缔类P2P网络借贷机构，按照前述取缔类机构处置程序执行。

2. 股权众筹。

按照《股权众筹风险专项整治工作实施方案》（证监发〔2016〕29号文印发）的要求，在状态分类阶段完成时应做到：

（1）对于互联网股权融资平台以"股权众筹"等名义从事股权融资活动或募集私募股权投资基金的，完成整改规范。

（2）对于互联网股权融资平台上的融资者擅自公开或者变相公开发行股票的，按照打击非法证券活动工作机制予以查处；对于涉嫌非法集资的，移送各地防范和处置非法集资工作机制进行处理。

（3）对于互联网股权融资平台虚假宣传误导投资者，融资者欺诈发行股票等金融产品，平台及其工作人员挪用或者占用投资者资金，以及"众筹炒股"等违法违规行为，完成整改规范。

（4）对于证券公司、基金公司和期货公司与互联网企业合作违法违规开展业务的，完成整改规范。

3. 互联网保险。

按照《互联网保险风险专项整治工作实施方案》（保监发〔2016〕31号文印发）、《中国保监会关于开展以网络互助计划形式非法从事保险业务专项整治工作的通知》（保监发改〔2016〕241号）的要求，在状态分类阶段完成时应做到：

（1）对于保险公司通过互联网开展中短存续期业务存在违规行为的，通过窗口指导、监管谈话等方式，督促其在规定期限内整改规范。

（2）对于保险机构与不具备经管资质的第三方网络平台进行合作、与未按照有关规定进行备案的互联网信贷平台或开展违法违规业务的互联网信贷平台进行合作的，要求停止合作。

（3）对于非法开展互联网保险业务的，出具行政认定意见，并移送相关部门处理；对于通过互联网利用保险公司名义或假借保险公司信用进行非法集资的机构和人员，移送各地防范和处置非法集资工作机制进行处理。

（4）对于网络互助计划向社会公众承诺赔偿给付责任、诱导社会公众产生刚性赔付预期行为的，予以纠正，彻底划清互助计划与保险产品界限，防范消费误导。其中，对违法情节轻微、主动整改，有效控制风险、积极消除危害后果的网络互助平台，通过监管谈话、警示教育等方式，督促其在规定期限内整改规范；对违法情节严重、据不配合检查或整改、提供虚假情况或造成严重后果的网络互助平台，出具行政认定意见，并移送相关部门处理。

4. 非银行支付。

按照《非银行支付机构风险专项整治工作实施方案》（银发〔2016〕112号文印发）、《中国人民银行支付结算司关于抓紧做好无证经营支付业务专项整治工作的通知》（银支付〔2016〕194号）的要求，在状态分类阶段完成时应做到：

（1）对于业务量小、社会危害程度轻、能够配合监管的无证机构出具整改意见，并明确违法违规金融活动退出时间表。

（2）对于性质恶劣、情节严重的无证机构出具行政认定意见，并移送相关部门处理。

5. 通过互联网开展资产管理及跨界从事金融业务。

按照《通过互联网开展资产管理及跨界从事金融业务风险专项整治工作实施方案》（银发〔2016〕113号文印发）、《关于做好通过互联网开展资产管理及跨界从事金融业务风险专项整治清理整顿工作的通知》（整治办函〔2016〕96号）、《国务院关于清理整顿各类交易场所切实防范金融风险的决定》（国发〔2011〕38号）、《国务院办公厅关于清理整顿各类交易场所的实施意见》（国办发〔2012〕37号）、《清理整顿各类交易场所部际联席会议第三次会议纪要》（清整联办〔2017〕30号文印发）要求，在状态分类阶段完成时应做到：

（1）对于未经许可公开募集资金的机构，涉嫌非法集资的、移送各地防范和处置非法集资工作机制进行处理。

（2）对于未经许可依托互联网公开发行证券的，按照打击非法证券活动工作机制予以查处。

（3）对地方交易场所通过互联网开展业务的，涉及开展信贷、证券、保证等金融产品（包括人民银行、银监会、证监会、保监会监管的所有金融产品，含票据、信托产品、信托受益权、私募证券、私募基金份额、资产证券化产品、保险资产等）交易，以及将权益拆分发行、降低投资者门槛、变相突破200人私募上限的，按照清理整顿各类交易场所工作机制，由地方政府予以清理整顿。

（二）各地区清理整顿状态分类阶段完成标准。

1. 对纳入重点对象的从业机构，应按照以上分领域清理整顿状态分类的要求，完成分类工作，对合规类机构应纳入日常监管范围；对整改类机构应出具整改意见，明确违法违规金融活动的退出时间表；对取缔类机构应视具体情形，出具行政处罚意见或按照处置非法集资、打击非法证券活动、清理整顿各类交易场所等工作机制予以查处。

2. 对未纳入重点对象范围的从业机构，各地要采取集中约谈、宣讲政策、警示教育等多种方式，要求其进行全面自查并整改，不得再违法违规从事金融活动，各地应组织对非重点对象的随机抽查，抽查比例不低于非重点对象的20%，对于发现违法违规金融活动的，按照重点对象的标准和程序进行清理整顿。

三、工作进度安排

各省领导小组要着眼大局、落实责任、敢于担当、主动作为，坚持稳中求进的总方针，将互联网金融风险专项整治工作摆在防控金融风险、整顿金融秩序的重要位置，稳妥有序做好清理整顿阶段工作，防范和化解互联网金融风险，确保互联网金融风险专项整治工作取得实效。

（一）做好状态分类。各省领导小组应按照清理整顿的有关要求，完成本行政区域的互联网金融活动的状态分类，形成机构分类清单以及清理整顿状态分类阶段总结报告。于2017年6月底前报送互联网金融风险专项整治工作领导小组。

（二）开展中期评估。各省领导小组要在清理整顿开展期间组织自查。及时掌握整治工作落实情况，查找问题、及时纠偏。领导小组将于2017年7月起组织对各地清理整顿的督查和中期评估，确保整治质量和效果。

（三）监督整改实施。各省领导小组要根据辖内从业机构分类清单，对照各从业机构经审核通过的整改计划，持续监督从业机构整改情况及业务退出进度，并及时纠偏；对从业机构整改完成并提交验收申请的，及时组织监管验收，整改实施阶段应最迟于 2018 年 6 月底前完成；对个别从业机构情况特别复杂的，经省级人民政府批准后，整改期最长可延至 2 年，由省级人民政府指定相关部门负责监督及验收。

（四）验收和总结。2018 年 6 月底前，领导小组将组织对各省份清理整顿情况进行验收；各省份也可根据辖内整改完成情况，提前提出验收申请。专项整治结束前，各省领导小组要形成本行政区域的整治总结报告及长效监管建议报送领导小组办公室，领导小组办公室汇总形成总体报告和建立健全互联网金融监管长效机制的建议，由人民银行会同相关部门报国务院。

非银行支付机构风险专项整治工作实施方案

(银发〔2016〕112号)

为贯彻落实党中央、国务院决策部署,推动支付服务市场健康发展,提升支付行业服务质量和服务效率,切实防范支付风险,根据《关于促进互联网金融健康发展的指导意见》和《互联网金融风险专项整治工作实施方案》,制定本方案。

一、工作目标和原则

(一)工作目标

按照安全与效率兼顾、鼓励创新与规范发展相结合、监管与服务并重、监管标准一致性的原则,规范非银行支付机构(以下简称支付机构)经营模式,清理整治无证机构,遏制市场乱象,优化市场环境。促进支付机构坚持服务电子商务发展和为社会提供小额、快捷、便民小微支付服务的宗旨,坚持支付中介的性质和职能。

(二)工作原则

高度重视,加强协调。全面分析支付服务市场违法违规行为和各种乱象带来的风险隐患,加强组织领导,明确职责分工,加强协调配合,形成工作合力。

突出重点,着眼长远。坚持问题导向,集中力量对当前支付服务市场存在的主要风险开展整治,有效打击违法违规行为,确保取得实效。认真总结整治工作经验,探索建立长效机制。

依法依规,维护稳定。严格按照有关法律法规和规章制度开展整治工作。对涉及资金风险的,区别情况进行处置,讲究方法节奏,稳妥处置风险,避免引发群体性事件。

落实责任,信用约束。对整治过程中发现的备付金管理薄弱、存在挪用备付金行为的支付机构依法从严、从重处理,严肃追究无证机构以及为无证机构违法违规活动提供通道或接口的相关支付机构、商业银行的责任。充分发挥信用约束作用,通过政府部门、行业协会等进行信息公开、公示,让无证机构一处违法、处处受限。

二、整治重点和措施

（一）开展支付机构客户备付金风险和跨机构清算业务整治

1. 加大对客户备付金问题的专项整治和整改监督力度。一是强化客户备付金监测管理，及时预警客户备付金安全风险，加大执法检查中发现问题的整改力度。二是定期、不定期对支付机构的客户备付金安全性、完整性和合规性开展抽检、核查、整治，重点抽检业务不规范、风险问题较多且经营亏损较为严重的支付机构。三是因地制宜采取监管措施，增强支付机构的"红线"意识和备付金存管银行的责任意识。对备付金管理薄弱、存在挪用备付金行为的支付机构依法从严、从重处理。对未尽职履责甚至与支付机构合谋的备付金存管银行，采取限期改正、警告、罚款、通报批评、暂停或终止备付金存管业务等措施进行处罚。强化备付金存管银行关于客户备付金损失的责任，必要时要提供流动性支持。

2. 建立支付机构客户备付金集中存管制度。以保障客户备付金安全为基本目标，制定客户备付金集中存管方案，要求支付机构将客户备付金统一缴存人民银行或符合要求的商业银行，加强账户资金监测，防范资金风险。研究互联网金融平台资金账户的统一设立和集中监测。

3. 逐步取消对支付机构客户备付金的利息支出，降低客户备付金账户资金沉淀，引导支付机构回归支付本原、创新支付服务，不以变相吸收存款赚取利息收入。

4. 支付机构开展跨行支付业务必须通过人民银行跨行清算系统或者具有合法资质的清算机构进行，实现资金清算的透明化、集中化运作，加强对社会资金流向的实时监测。推动清算机构按照市场化原则共同建设网络支付清算平台，网络支付清算平台应向人民银行申请清算业务牌照。平台建立后，支付机构与银行多头连接开展的业务应全部迁移到平台处理。逐步取缔支付机构与银行直接连接处理业务的模式，确保客户备付金集中存管制度落地。

5. 严格支付机构市场准入和监管，加大违规处罚。按照总量控制、结构优化、提高质量、有序发展的原则，一般不再受理新机构设立申请，重点做好对已获牌机构的监管引导和整改规范。对于业务许可存续期间未实质开展过支付业务、长期连续停止开展支付业务、客户备付金管理存在较大风险隐患的机构，不予续展支付业务许可证。加大监督检查力度，严肃处理各种违法违规行为，坚决撤销严重违法违规机构的支付牌照，维护市场秩序，保护消费者合法权益。

（二）开展无证经营支付业务整治

排查梳理无证机构名单及相关信息，包括但不限于机构工商注册信息、客户或商户数量及分布、交易规模、业务模式，结算方式、资金规模、存放情况，与商业银行、支付机构合作情况，是否存在跨地区开展业务、层层转包业务、与其他无证机构合作情况，是否存在挪用、占用资金的可能，相关机构董事、监事、高级管理人员是否存在违法犯罪记录或其他异常情况。

根据无证机构业务规模、社会危害程度、违法违规性质和情节轻重分类施策。对于业务量小、社会危害程度轻、能够积极配合监管部门行动的无证机构，可给予整改期，限期整改不到位的，依法予以取缔；对于业务规模较大、存在资金风险隐患、不配合监管部门行动的无证机构，依法取缔。采取集中曝光和处理的方式，整治一批未取得支付业务许可证、非法开展资金支付结算业务的典型无证机构，发挥震慑作用，维护市场秩序。

三、职责分工

人民银行是支付机构风险专项整治工作牵头部门，会同公安部、工商总局等单位成立支付机构风险专项整治工作领导小组，领导小组办公室设在人民银行。

（一）支付机构客户备付金风险和跨机构清算业务整治职责分工

人民银行负责客户备付金的监管，加大客户备付金专项整治和执法力度，查处和纠正挪用、占用客户备付金情况以及备付金银行账户管理不规范、客户备付金真实性和完整性不足等问题。制定客户备付金集中存管方案并组织实施，改变支付机构通过客户备付金分散存放变相开展跨行清算业务的情况，指导清算机构按照市场化原则建设网络支付清算平台。省级人民政府负责牵头处置支付机构挪用客户备付金造成的风险事件，在业务、维稳、信访、舆情等方面做好应急处理工作。督促当地公安机关对支付机构挪用客户备付金行为依法追究责任。

（二）无证经营支付业务整治职责分工

人民银行负责总体部署及统筹协调工作，牵头制定专项整治方案。组织中国银联、商业银行、支付机构排查梳理无证机构名单及相关信息，在确保商户资金安全的前提下，关闭为无证机构提供的交易处理和资金结算通道。及时出具非法从事资金支付结算业务的行政认定意见。对违规商业银行、支付机构依法追究责任。组织在相关网站以及媒体公布无证机构名单，发布风险提示。会同有关部门稳妥做好相关资金风险处置工作，保障客户合法权益，防范社会群体性事件。牵头做好工作总结，研究完善联合工作机制。工商部门依法在企业信用信息公示系统中公示无证机构情况，将失联企业列入经营异常名录。对经人民银行认定为未经许可从事支付业务且情节严重的企业，依法吊销营业执照。会同人民银行对与无证机构合作开展支付业务的商户进行公示。配合提供相关机构的工商登记监管信息。公安机关负责对有关单位移交和群众举报的无证机构可疑线索进行梳理分类，对涉嫌非法从事资金支付结算的，根据人民银行出具的行政认定意见依法进行查处。中国支付清算协会、中国银联、商业银行、支付机构协助开展无证机构排查、调查取证、提示风险等相关工作。省级人民政府统一领导本地区无证经营支付业务整治工作，建立风险事件应急制度和处置预案，做好本地区维稳工作。在省级人民政府统一领导下，成立省金融办（局）、人民银行省级分支机构、省公安厅（局）、省工商局等单位参加的专项整治工作小组，负责本地区无证经营支付业务整治工作。

四、时间进度

（一）支付机构客户备付金风险和跨机构清算业务整治工作

人民银行会同有关部门加大对2015年客户备付金执法检查中发现问题的整改力度，督促挪用、占用备付金的支付机构限期补足资金，监督备付金存管银行和支付机构落实整改要求，于2016年8月底前制定客户备付金集中存管方案。强化客户备付金安全监测管理，全面排查挪用、占用客户备付金等风险隐患，摸清风险底数，整治违法违规行为。

（二）无证机构支付业务整治工作

1. 深入排查，制定方案。排查梳理无证机构名单及相关信息，根据排查情况制定专项整治方案。对于存在较大风险隐患，可能涉及风险处置工作的，制定风险处置方案和应急预案，明确商户和消费者权益保障措施及维稳方案，确保不发生群体性事件。此项工作于2016年7月底前完成。

2. 集中清理，分类处置。各有关部门、各省级人民政府按照职责分工开展专项整治和责任追究工作，对无证机构根据情况区别对待、分类处置。此项工作于2016年11月底前完成。

3. 总结工作，完善机制。各地方专项整治工作小组对本地区专项整治工作进行总结，形成报告报非银行支付机构风险专项整治工作领导小组办公室。人民银行与工商部门、公安机关共同研究完善制度措施，推动建立无证机构常态化整治工作机制。此项工作于 2017 年 1 月底前完成。

关于进一步加强无证经营支付业务整治工作的通知

(银办发〔2017〕217号)

中国人民银行上海总部，各分行、营业管理部，各省会（首府）城市中心支行，各副省级城市中心支行：

为贯彻落实第五次全国金融工作会议精神，保障党的决策部署在支付结算领域全面执行，主动防范系统性支付风险，严肃支付结算纪律，落实支付服务市场主体责任，强化监管问责，促进支付服务良性循环和市场健康有序发展，根据《互联网金融风险专项整治工作实施方案》（国办发〔2016〕21号文印发）和《非银行支付机构风险专项整治工作实施方案》（银发〔2016〕112号文印发），人民银行决定在前期打击无证经营支付业务相关工作基础上进一步推进相关工作，以持证机构为重点检查对象，全面检查持证机构违规为无证经营支付业务机构（以下简称无证机构）提供支付清算服务的行为。现将有关事项通知如下：

一、整治工作主要目标

（一）切实加强无证机构整治，加大处罚力度，坚决切断无证机构的支付业务渠道，遏制支付服务市场乱象，整肃支付服务市场的违规行为。

（二）从严惩处违规为无证机构提供支付服务的市场主体，坚决整治严重干扰支付服务市场秩序的行为，规范支付业务活动，从根源上净化支付服务市场环境。

（三）持续强化人民银行支付结算监管工作，提高新形势下支付结算队伍的履职能力，培养敢于监管、勇于严管的监管精神，坚持问题导向和底线思维，筑牢支付安全防线。

二、整治工作检查范围

本次整治工作以持证机构为切入点，全面检查持证机构为无证机构提供支付清算服务的违规行为。持证机构包括：

（一）银行业金融机构。

（二）非银行支付机构（以下简称支付机构）。

（三）中国银联、农信银资金清算中心、城市商业银行资金清算中心。

（四）同城清算系统运营机构、小额支付系统集中代收付中心运营机构。

三、整治工作原则

（一）突出重点，以点带面。分析研究无证机构支付业务主要经营模式及特点（附件1），重点检查为无证机构违规提供支付清算服务的持证机构，以点带面，排查清理无证机构。以打击为无证机构违规提供支付清算服务的持证机构为抓手，加强源头治理，掌握无证机构整治工作主动性。

（二）严肃执法，形成震慑。强化监管政策的执行与落实，重申持证机构监管底线要求，从严惩处持证机构违法违规行为，并曝光典型违法违规案例，保持高压震慑态势。

（三）防打结合，打早打小。既要着力整治已经暴露的支付服务市场乱象，讲求策略方法，依法、有序、稳妥处置无证机构支付业务风险；更要通过整治工作总结经验教训，研究建立支付服务市场监管治理长效机制，做好风险防范和预警，尽可能使无证经营支付业务行为不发生、少发生；一旦发生要在苗头时期、涉众范围较小时及时有效解决。

四、整治工作思路

（一）全面检查持证机构，排查持证机构事前、事中、事后各环节中的可疑违规线索，筛查无证机构名单。

（二）以查处无证机构为切入点，结合无证整治和投诉举报等线索，彻查为其提供支付服务的持证机构，并据此检查该持证机构为其他无证机构违规提供支付服务的情况。上述两条检查主线并行实施，实现检查全覆盖，无死角。对于重复排查发现的无证机构，责令终止支付业务，情节严重造成较大损失的，按照规定会同相关部门予以取缔和处罚；对于反复出现违法违规行为的持证机构，严惩不贷。

五、整治工作安排

人民银行支付结算司负责本次整治工作的组织、协调、持续督导和统筹处置。具体工作安排如下：

（一）持证机构自查自纠阶段（2017年12月底前）

持证机构对照监管制度和检查内容（附件2）自查。自查主体包括持证机构总公司及各分支机构，要全面梳理支付业务合作主体、支付服务接口开放情况。针对自查发现的无证机构合作行为：

1. 客观分析查找原因，采取有效整改措施，在本阶段内确保整改到位。

2. 按照"了解你的客户"原则调查无证机构详细信息，并按照即查即报的原则，及时将相关信息报送所在地人民银行副省级城市中心支行以上分支机构（以下简称人民银行分支机构），配合开展相关无证机构清理工作。

持证机构应按周向人民银行分支机构上报自查自纠工作进展情况，并于工作完成后提交总结报告。

（二）人民银行分支机构组织检查阶段（2018年2月底前）

1. 检查无证机构。一是根据《互联网金融风险专项整治工作实施方案》和《非银行支付机构风险专项整治工作实施方案》等文件确定的工作机制，继续推进无证机构支付业务摸排、核查、处置工作。二是对于持证机构自查发现的无证机构，及时组织开展调查核实。

2. 检查持证机构。一是根据无证机构相关核查工作发现的线索，按图索骥，排查为无证机构提供支付服务的持证机构，并组织开展相应的检查。二是根据持证机构自查自纠工作情况，自行确定持证机构检查范围，组织开展现场检查，排查是否还存在为其他无证机构违规提供支付服务。

3. 分类处置无证机构。对查实的无证机构，人民银行分支机构要督促其限时整改并退出市场，整改期间存量违规业务必须下降、不合规业务不再新增。对于抗拒监管要求，以及违规情形严重、社会影响较大的，人民银行分支机构要积极协调工商、公安等相关部门依法查处。

4. 总结报告。人民银行分支机构每半月向总行上报一次检查工作进展情况，包括持证机构为无证机构提供支付服务的模式分析、规模统计、市场影响研判等，并于工作完成后提交总结报告。

5. 人民银行总行将汇总违规线索信息，及时分办人民银行分支机构调查核实。违规情形涉及面广、影响范围大、情节严重的，由互联网金融风险专项整治工作领导小组办公室推进跨区域、跨部门协调开展清理整治。

（三）人民银行总行组织开展现场督查阶段（2018年4月底前）

人民银行总行以支付结算业务执法检查人员名录库为基础，统一组织成立3~5个检查组，对人民银行分支机构检查工作情况进行抽查，视情直接对持证机构自查自纠情况进行飞行检查。人民银行总行抽查发现人民银行分支机构检查工作存在重大遗漏、持证机构为无证机构提供支付服务情形严重的，严肃追究相关责任人员责任。

人民银行分支机构检查工作期间，总行将视情组织人员对重点地区的检查工作进行评估、督查和督办。

（四）处罚与总结阶段（2018年6月底前）

1. 处罚持证机构。人民银行总行统筹考虑全国整治工作情况，根据持证机构的违规性质、违规情节、影响程度等因素，统一处罚标准。人民银行分支机构根据处罚标准，对相关持证机构实施同案同罚。

2. 人民银行分支机构工作总结。将无证经营支付业务整治纳入人民银行分支机构支付结算工作年度考核。整治工作成绩突出的，通报表扬，并对相关经验做法进行推广；整治工作要求落实不到位，或辖区内出现重大风险的，支付结算工作年度考核一票否决。

3. 总结报告。全面总结本次整治工作情况，重点总结如何将专项整治和日常监管有机结合，推动形成常态化、长效化的制度安排，构建支付结算监管工作长效机制。

六、整治工作要求

（一）加强组织领导。人民银行分支机构对辖区内支付服务市场秩序负总责，要有效落实属地管理职责，确保辖区内无证经营支付业务整治工作组织到位、体系完善、机制健全、保障有力。要将无证经营支付业务整治工作作为履行支付结算监督管理职责的重要内容，明确责任，表扬先进，对工作失职、渎职行为严肃追究责任。在当前无证经营支付业务多发的形势下，要加强基础支持工作，做好人员、经费等保障工作。持证机构要深刻认识整治工作对营造公平竞争的市场环境、促进支付行业健康持续发展的重要意义，积极配合人民银行监管工作。

（二）重视部门协作配合。人民银行分支机构要及时协调公安机关对初步认定的无证机构违法违规行为开展立案侦查；推动工商部门在企业信用信息公示系统公示有关情况，并按照公司登记管理、无照经营等法律法规采取吊销营业执照等惩处措施；会同相关部门共同做好群体性事件的预防和处置工作，齐抓共管，形成合力。对于检查中发现的疑似违反反洗钱、消费者权益保护等法律法规的行为，要及时移交反洗钱、金融消费者权益保护等部门进一步调查处理。

（三）建立健全工作机制。人民银行分支机构要周密部署、迅速行动，不断优化工作方法，加强对无证经营支付业务活动的监测预警和风险研判，做到早发现、早预防、早处置。检查工作要注意程序严格规范，调查取证充分有力。对于无证机构，要注意区分违法违规程度、风险大小等情况，分类处置。对于持证机构，要坐实违法违规事实，确保行政处罚有理有据，并注意总结违规情形及频次，不断完善日常监管工作。持证机构对于自身存在的问题，不推脱、不隐瞒，既要全面整改，更要研究利用互联网、大数据等技术手段不断提升风险控制能力，合规健康发展。

（四）做好宣传教育引导。中国支付清算协会、人民银行分支机构要加强关于无证经营支付业务整治工作的政策解读和舆论引导工作，主动适时发声，有针对性地回应社会关切，增信释疑，防范个别机构通过不实言论混淆视听。要充分运用各类宣传媒介或载体报道典型案件，通过案件剖析揭露无证经营支付业务违法违规手法和本质，提高支付风险宣传教育的广泛性、针对性和有效性。持证机构主动配合做好宣传教育引导工作或提供有力支持的，可在分类评级等日常监管中给予监管奖励。

（五）畅通举报投诉渠道。鼓励和引导社会公众及有关各方积极举报投诉无证机构，努力营造全社会共同抵制、打击无证经营支付业务的良好氛围。中国支付清算协会要充分发挥支付结算违法违规行为举报平台的作用，强化社会监督约束。持证机构主动提供有价值线索、有力协助整治工作的，可视情给予监管奖励，或对其违规行为酌情从轻处罚。

请人民银行分支机构将本通知转发至辖区内持证机构。

附件：1. 无证经营支付业务筛查要点、认定标准及持证机构违规情形说明
2. 持证机构自查内容

附件1

无证经营支付业务筛查要点、认定标准及持证机构违规情形说明

一、无证经营支付业务筛查要点

在无证经营支付业务筛查中，对存在以下特点的资金划转行为进行重点

关注：

（一）资金集中转入、分散转出，涉及跨区域交易。

（二）资金快进快出，不留余额；或留下一定比例余额后转出，过渡性质明显。

（三）拆分交易痕迹明显，故意规避交易限额。

（四）资金转入、转出金额与实际经营规模、经营活动明显不符。

二、无证经营支付业务主要认定标准

（一）银行卡收单业务。

1. 以平台对接或"大商户"模式接入持证机构，留存商户结算资金，并自行开展商户资金清算，即所谓"二清"行为。

2. 从事其他收单核心业务，重点关注特约商户资质审核、受理协议签订等业务活动。

（二）网络支付业务。

1. 采取平台对接或"大商户"模式，即客户资金先划转至网络平台账户，再由网络平台结算给该平台二级商户。

2. 为客户开立的账户或提供的电子钱包等具有充值、消费、提现等支付功能。

三、持证机构为无证机构违规提供支付服务的情形

（一）为无证机构提供资金清算、结算通道。（重点关注：中国银联等清算服务主体）

（二）通过系统发起集中代收付等业务的委托人直接从事支付业务。（重点关注：中国银联等清算服务主体）

（三）持证机构向无证机构开放支付接口，无证机构以平台对接或"大商户"模式接入持证机构。无证机构通过支付接口将其拓展的商户交易上送持证机构，由该持证机构为其商户结算资金，或者通过其他持证机构为其商户结算资金。（重点关注：银行业金融机构、支付机构）

（四）持证机构向无证机构开放支付接口，无证机构以平台对接或"大商户"模式接入持证机构。无证机构与持证机构签订代付合作协议（如代付工资等名义），由该持证机构直接将资金结算至无证机构指定账户。（重点关注：银行业金融机构、支付机构）

（五）持证机构将部分核心业务交由外包服务机构办理，或外包服务机构再次进行转让或转包，导致无证机构从事收单核心业务。该类核心业务主要包

括特约商户资质审核、受理协议签订、受理终端主密钥生产和管理等。(重点关注：银行业金融机构、支付机构)

(六)为无证机构开立内部过渡户，用于接收无证机构的商户资金；或者直接从内部过渡户向无证机构指定账户划转资金。(重点关注：银行业金融机构)

附件2

持证机构自查内容

一、特约商户资质审核

是否遵循"了解你的客户"原则，严格落实商户实名制，重点检查是否存在以平台对接或"大商户"模式拓展特约商户(含网络商户)，特约商户巡检制度是否落实到位。通过外包商拓展的商户，收单机构是否履行了审核责任，收单机构与外包商协议及合作内容是否符合相关规定，是否存在将核心业务外包的违规行为。

二、受理终端主密钥与网络支付接口管理

是否建立商户终端主密钥和网络支付接口的日常管理、风险交易监测等内控制度，是否设置专人专岗负责密钥的生成与管理，是否存在由外包商办理商户终端主密钥的生成、灌装和管理的情况，巡检制度落实情况；各持证机构应重点排查是否存在网络支付接口转接、挪用的情况。

三、交易处理

收单机构是否自主完成收单业务交易处理；是否向其他收单机构、未获收单业务许可的其他机构开放交易接口；是否存在系统化变造、伪造交易信息的情形；是否与支付机构在相关领域合作开展收单业务；收单业务合作外包商是否建立交易处理平台，以直接向收单机构、发卡银行、中国银联、农信银资金清算中心、城市商业银行资金清算中心、同城清算系统运营机构、小额支付系统集中代收付中心运营机构直接发送交易信息。

四、资金结算

重点检查收单资金(包括与其他机构合作开展的收单业务)结算流程，是否完成系统改造确保交易信息真实、完整、可追溯；收单机构是否建立特约商户收单账户设置和变更审核制度，是否违规为不符合制度要求的特约商户提

供 T+0 资金结算服务；是否按协议约定及时将交易资金直接结算到特约商户的收单银行结算账户，是否存在将商户资金汇总至收单机构支付账户后以代付名义转移资金的情况；是否存在将特约商户的结算资金划转至"二清"机构拥有或实际控制的账户，再由"二清"机构通过其他途径完成对商户入账；银行是否为未获收单业务许可的其他机构提供资金转移服务。

五、客户备付金管理与账户开立

客户备付金制度执行情况、客户备付金安全性，重点检查是否存在使用非备付金账户存放、划转客户备付金的情况。为支付机构开立备付金银行账户的情况，以及是否履行了相关监督职责。

六、账户开立与使用合规性

账户包含个人及单位的银行结算账户和支付账户。对于银行结算账户，账户实名制落实情况；2016年12月1日后，是否为同一个人在同一家银行新开立超过一个Ⅰ类户；个人银行账户分类管理落实情况，如是否远程开立Ⅰ类户，开立Ⅱ、Ⅲ类户时，是否存在直接向支付机构验证账户信息等行为，Ⅱ、Ⅲ类户限额管理执行情况，非柜面开立的Ⅱ类户是否可以从非绑定账户入金，Ⅱ类户是否可以超限额购买非银行自营或代销的理财产品。对于支付账户，是否严格落实账户实名制；账户分类管理及交易限额落实情况；支付机构为客户开立支付账户，是否通过合法安全的外部渠道进行客户身份基本信息验证；通过银行验证个人客户身份基本信息的，是否为Ⅰ类银行账户或信用卡。

七、内部过渡账户开立情况

用于开展支付结算业务的内部过渡账户开立情况，具体业务背景为何；内部过渡账户开立和使用是否合规，是否直接或变相为无证机构结算商户资金提供便利；对无证机构大额或高频的可疑交易是否监测得力，是否存在直接从内部过渡户向无证机构指定账户进行资金转账的情况。

八、收单外包业务管理

外包商是否存在以特约商户名义入网，并发送其他特约商户的银行卡交易信息；是否再次转包业务；是否直接或间接掌握、存储商户交易明细信息。差错争议处理工作是否交由外包商办理，差错争议处理过程中收单机构提供的交易凭证是否真实。

九、代收付业务开展情况

重点调查与其他机构合作开展代收付业务的相关情况，是否以代付的名义直接或变相为无证机构提供商户收单资金的货币资金转移服务，是否就代收付业务与客户签订协议，协议内容是否符合有关法规制度规定，是否审核客户资质和申请开展代收付业务的实际背景，是否执行风险交易监测和反洗钱的相关职责要求。

十、防范电信网络新型违法犯罪的各项责任履行情况

《中国人民银行关于加强支付结算管理防范电信网络新型违法犯罪有关事项的通知》（银发〔2016〕261号）落实情况，如银行自助柜员机是否执行24小时后办理非本人同行转账，是否建立单位开户审慎核实机制，是否为入网不满90日或者入网后连续正常交易不满30日的特约商户提供T+0资金结算服务，是否在网上买卖POS机、刷卡器等受理终端。

十一、风险案件处置情况

外包商或支付业务合作方是否发生过风险案件；特约商户是否发生过风险案件。

P2P 网络借贷风险专项整治工作实施方案

(银监发〔2016〕11 号)

P2P 网络借贷（以下简称网贷）作为一种互联网金融业态，在缓解小微企业融资难、满足民间资本投资需求等方面发挥了积极作用。但近年来，网贷行业风险有所积聚，爆发了一系列风险事件，严重损害了广大投资者合法权益，对互联网金融行业声誉和健康发展造成较大负面影响，给金融安全和社会稳定带来较大危害。为贯彻落实党中央、国务院决策部署，促进网贷行业规范有序发展，根据《关于促进互联网金融健康发展的指导意见》（银发〔2015〕221 号，以下简称《指导意见》）和《互联网金融风险专项整治工作实施方案》，制定本方案。

一、工作目标和原则

（一）工作目标

按照任务要明、措施要实、责任要清、效果要好的要求，坚持重点整治与源头治理相结合、防范风险与创新发展相结合、清理整顿与依法打击相结合，妥善处置风险事件，遏制网贷领域风险事件高发势头，维护经济金融秩序和社会稳定。一是在市场主体层面，着力扶优抑劣，支持鼓励依法合规的网贷机构开展业务，促其健康发展，整治和取缔违法违规的网贷机构。二是在市场环境层面，加强规范优化，扭转行业机构异化趋势，实现正本清源，强化风险教育，引导出资人理性出资。三是在机制层面，坚持标本兼治，建立行业长效规范机制，消除监管空白，实现规范创新兼顾发展，形成良性循环。

（二）工作原则

态度积极，措施稳妥。高度重视本次专项整治工作，树立大局意识、责任意识，明确职责分工，确立时间进度表，积极推进各项工作。同时稳扎稳打，讲究方式方法，处理好工作力度和节奏的关系。

底线思维，预案完备。充分认识网贷领域风险的复杂性、隐蔽性、突发性、涉众性、传染性，在统筹考虑各种突发风险的前提下，制定完备的处置预案，有序化解存量风险，有效控制增量风险，坚决守住不发生系统性、区域性金融风险的底线。

线上线下，统筹治理。兼顾市场主体的线上业务与线下实体，明确关联关系，依据其经营本质和实际控制人进行统筹治理。将从事线下金融业务活动的网贷机构及涉及网贷业务的综合性互联网金融平台纳入专项整治范围，做到风险防范和治理全覆盖。

分类处理，标本兼治。根据网贷机构违法违规性质、情节和程度分类处理，精准施策，把专项整治工作与贯彻落实行业有关制度、促进网贷机构改革创新与重组改造结合起来，以本次专项整治工作为契机，强化行业监管，构建长效机制。

依法合规，有章可循。贯彻落实《指导意见》《互联网金融风险专项整治工作实施方案》和本方案明确的原则和要求，严格遵循有关法律法规和规章制度，做到依法整治、合规处理，为网贷行业常态化监管奠定基础。

上下联动，协调配合。各有关部门、各地方人民政府加强组织领导，完善工作机制，充分考虑网贷行业跨区域、跨领域、跨行业的特点，加强部门间和区域间的协同联动，形成工作合力，提高整治效率，夯实整治基础，巩固整治成果。

二、全面排查、摸清底数

（一）排查目的

准确掌握网贷机构相关数据，提高数据的权威性、准确性和及时性，摸清行业底数，建立较为完整的行业基本数据统计体系，为专项整治工作及今后的行业监管奠定坚实基础。

（二）排查对象

本次排查摸底的对象是各地经工商登记注册的网贷机构，根据《指导意见》要求，该类机构应当以互联网为主要渠道，为借款人与出借人（即贷款人）实现直接借贷提供信息搜集、信息公布、资信评估、信息交互、借贷撮合等服务。同时，部分以网贷名义开展经营，涉及资金归集、期限错配等行为，已经脱离信息中介本质，异化为信用中介的机构，也是本次排查和整治的对象。

此外，对于互联网企业与银行业金融机构合作开展业务情况进行排查。互联网企业与银行业金融机构合作开展业务不得违反相关法律法规规定，不得通过互联网跨界开展金融活动进行监管套利。

（三）排查方式

采取多方数据汇总、逐一比对、网上核验、现场实地认证等方式进行。在数据汇总层面，银监会会同工业和信息化部、公安部、工商总局、国家互联网信息办公室及第三方统计机构、行业自律组织等，利用行业信息库、大数据检索、工商注册信息、接受举报等方式，汇总形成网贷机构基本数据统计，并发送至各省级人民政府。各省级人民政府以此为基础，综合采取公告确认、电话联系、现场勘查、高管约谈等方式对行业机构数据统计的内容进行逐一核实，并要求机构法定代表人或高级管理人员等对核实后的信息进行签字确认，做到对本地区网贷机构基本信息进行充分摸底排查，实现"一户一档"。

（四）排查内容

各省级人民政府对本地区机构的排查主要包括：一是网贷机构基本情况，包括但不限于股东或出资人、实际控制人、法定代表人、注册资本、借贷余额、出借人总数、分支机构数量及分布等。二是网贷机构各类产品及业务运营情况，包括产品期限、综合收益率、逾期率等。三是网贷机构存在的主要问题，包括但不限于机构是否存在设立资金池、自融、向出借人提供担保或者承诺保本保息、大规模线下营销、误导性宣传、虚构借款人及标的、发放贷款、期限拆分、发售银行理财和券商资管等产品、违规债权转让、参与高风险证券市场融资或利用类HOMS等系统从事股票市场场外配资行为、从事股权众筹或实物众筹等；是否存在信息披露不完整、不客观、不及时；是否未实行出借人资金第三方存管等问题。此外，对近年业务扩张过快、在媒体过度宣传、承诺高额回报、涉及房地产配资或校园网贷等业务的网贷机构进行重点排查。根据排查结果汇总本地区问题机构总体数量、各类问题机构的占比等，并据此对本地区机构风险状况进行判断。

对于跨区域经营的网贷机构，银监会协调相关省级人民政府加强合作，密切配合，进一步增强摸底排查的完整性、准确性、时效性。

三、明确标准、分类施策

（一）分类处置标准

专项整治工作的重点是整治和取缔互联网企业在线上线下违规或超范围开展网贷业务，以网贷名义开展非法集资等违法违规活动。分类处置标准以《指导意见》和有关监管要求等作为主要依据：一是网贷机构满足信息中介的定性。二是业务符合直接借贷的标准，即个体与个体之间通过互联网机构实现的直接借贷。三是不得触及业务"红线",即设立资金池、自融、向出借人提供担保或者承诺保本保息、大规模线下营销、误导性宣传、虚构借款人及标的、发放贷款、期限拆分、发售银行理财和券商资管等产品、违规债权转让、参与高风险证券市场融资或利用类 HOMS 等系统从事股票市场场外配资行为、从事股权众筹或实物众筹等。四是落实出借人及借款人资金第三方存管要求。五是信息披露完整、客观、及时,并且具备合规的网络安全设施。

(二)分类处置措施

对各类网贷机构认真甄别,根据风险程度、违法违规性质和情节轻重、社会危害程度大小、处理方式等因素,准确分类,及时纠偏,制定差别化措施,防范处置风险的风险,确保风险全面排查、问题全面整治和监管全面覆盖。

根据以上标准将网贷机构划分为三类,并实施分类处置。一是合规类。该类机构严格遵守信息中介定位,稳健经营、运作规范,具有较强的管理技术和风险控制能力,基本符合《指导意见》规定,未违反有关法律法规和规章制度。应对此类机构实施持续监管,支持鼓励其合规发展,督促其规范运营。二是整改类。该类机构大多数运行不规范,风险控制不足,缺乏持续经营能力和自我约束能力,大多异化为信用中介,存在触及业务"红线"的问题。此类机构应按照有关要求限期整改,整改不到位的,责令继续整改或淘汰整合,并依法予以处置。三是取缔类。此类机构涉嫌从事非法集资等违法违规活动,应对其严厉打击,坚决实施市场退出,并按照有关法律法规和规章制度规定,由相关部门给予行政处罚或依法追究刑事责任,政府不承担兜底责任。同时,做好核实资本和财务状况工作,妥善处理债权债务关系,依法保护投资者合法权益。

四、职责分工

按照《互联网金融风险专项整治工作实施方案》要求,专项整治工作按照银监会会同中央有关部门与省级人民政府双负责制的原则,明确分工,落实责任。

(一)加强组织领导。银监会会同中央宣传部、中央维稳办、发展改革委、工业和信息化部、公安部、财政部、住房城乡建设部、人民银行、工商总局、法制办、国家网信办、国家信访局、最高人民法院、最高人民检察院成立网贷风险专项整治工作领导小组,银监会为组长单位,工业和信息化部、公安部、国家网信办、工商总局为副组长单位,其他部门为成员单位,网贷风险专项整治工作小组办公室设在银监会。

（二）中央监管部门职责。银监会作为网贷风险专项整治工作统筹部门，负责总体工作的组织和协调。一是制定规则，即制定网贷行业监管制度和第三方存管等系列配套制度，拟定网贷风险专项整治工作实施方案，明确专项整治工作目标、原则、内容、措施等。二是培训部署，即对专项整治工作进行周密部署，组织开展培训。三是划清界限，即明确网贷业务负面清单，划清网贷机构不得从事的业务边界。四是督导汇总，即加强跨部门、跨地区间协调，研究重大问题、汇总工作报告等。五是在省级人民政府统一领导下，省金融办（局）与银监会省级派出机构共同牵头负责本地区分领域整治工作，共同承担分领域整治任务。

各相关部门发挥职能作用，密切协作，互通信息，共享资源，形成合力。

（三）各省级人民政府职责。各省级人民政府按照中央监管部门的统一方案和要求，负责本地区具体整治工作。在各省级人民政府统一领导下，设网贷风险专项整治联合工作办公室，由省金融办（局）和银监会省级派出机构共同负责，办公室成员由省级人民政府根据工作需要确定相关部门组成，具体组织实施专项整治工作，并建立风险事件应急制度和处置预案，做好本地区维稳工作，最大限度预防和减少风险事件造成的不良社会影响，维护社会稳定。

五、时间进度

（一）部署培训阶段。根据《互联网金融风险专项整治工作实施方案》要求，银监会协调有关各方汇总网贷行业机构基本数据统计，部署培训各地方开展专项整治工作。此项工作于 2016 年 4 月底前完成。

（二）行业摸底排查阶段。各省级人民政府依照网贷行业机构基本数据统计对本地区机构进行摸底排查，并报银监会。此项工作于 2016 年 7 月底前完成。

（三）分类处置阶段。各省级人民政府依照摸底排查结果，结合《指导意见》和本方案要求，对本地区机构进行分类处置。此项工作于 2016 年 11 月底前完成。

（四）总结督导阶段。银监会将适时赴各地对专项整治工作进行督导，各省级人民政府应对检查、查处、整改情况进行总结，形成报告报送银监会。银监会将根据各地情况，形成规范整治工作总体报告，报送互联网金融风险专项整治工作领导小组办公室。此项工作于 2017 年 1 月底前完成。

六、配套支持措施

（一）加强舆论宣传引导。加强网贷风险专项整治工作正面宣传与舆论引导，鼓励网贷机构在依法合规的前提下创新发展。通过以案说法，厘清合法和非法的界限，适时主动发声，及时回应投资者关切。加强舆情监测，强化媒体责任，为整治工作营造良好的舆论环境。

（二）加强各方协调配合。加强各部门沟通协调，完善工作机制，坚持部门间和区域间纵横联动，协作配合。加强中央与地方金融监管协同配合，共同履行好监管职责，形成专项整治和日常监管的合力，确保中央和地方金融监管目标和规则的一致性，守住不发生系统性、区域性金融风险的底线。

（三）注重工作方式方法。专项整治工作具有政策性强、涉及面广、敏感度高、难度较大等特点，要讲究整治策略，注意方式方法，做好风险隔离，依法依规，有节有度，妥善化解各类存量风险，防范风险蔓延和叠加，切实防范处置风险的风险，依法保护投资者合法权益，维护正常的经济金融秩序和社会稳定。

关于做好 P2P 网络借贷风险专项整治整改验收工作的通知

(网贷整治办函〔2017〕57 号)

各省（区、市、计划单列市）网络借贷风险专项整治联合工作办公室：

为扎实推进 P2P 网络借贷（以下简称"网贷"）风险专项整治工作，在分类处置工作基础上，进一步加强各省（区、市、计划单列市）辖内网贷机构的整改验收工作，根据《网络借贷信息中介机构业务活动管理暂行办法》(2016 年第 1 号主席令，以下简称《办法》)、《关于印发〈P2P 网络借贷风险专项整治工作实施方案〉的通知》（银监发〔2016〕11 号）和相关工作部署精神，现将网贷风险专项整治整改验收工作有关要求及安排通知如下：

一、充分认识整改验收的重要意义

整改验收是本次网贷风险专项整治工作的关键核心环节，各省（区、市、计划单列市）网络借贷风险专项整治联合工作办公室（以下简称各地整治办）应当高度重视整改验收相关工作，加强统筹，强化责任，做好整改验收与机构备案的衔接，科学把握备案机构数量和质量，按照"明确标准、严格把关、积极稳妥"的原则，一家一策、整改验收合格一家、备案一家，有序开展辖内存量网贷机构的整改验收与备案登记工作，实现行业市场出清、扶优抑劣、规范纠偏，确保向常态化监管的稳步过渡，真正引导行业守住法律底线和政策红线，回归信息中介本质，坚持小额分散功能，定位线上经营模式，建立合理定价机制，以服务实体经济和小微企业。

二、扎实做好整改验收的各项工作

（一）成立验收专班，落实各方责任

各省（区、市、计划单列市）人民政府应当高度重视本次整改验收工作，提高认识，切实落实属地管理职责，做好组织管理和风险预案，成立由省（区、市、计划单列市）金融办、银监局以及人民银行分支机构、公安、通信管理、工商管理等部门组成的联合整改验收小组，进行交叉核验，统筹考虑并确定验收标准和措施。

各地整治办应当切实落实部门责任，加强对整改验收工作的组织协调，充分利用各职能部门及第三方专业机构的力量做好整改验收工作。

各地整治办应指定官方网站对拟备案网贷机构的整改验收情况进行公示，公示时间应不少于两周，并要求网贷机构在自身官方网站及 APP 上及时对本机构整改验收及备案登记情况进行信息披露。

整改验收公示期间，各地整治办如收到异地整治办、出借人或借款人以及其他网贷机构对公示机构的举报，经核查属实的，各地整治办应当撤销公示内容并对网贷机构重新进行整改验收。

最终的整改验收合格证明文件应当由本省（区、市、计划单列市）金融办、银监局的负责同志共同签发。

（二）严格验收标准，确保分类施策

各地整治办应当对辖内机构进行全覆盖、有重点的实质检查，可以通过核查账务系统、资金流水、融资项目真实性、抽查借贷合同、暗访检查违规线下营销和违规宣传行为、产品合规性调查等手段，查实查透网贷机构存在的问题，严防被检查机构"带病"通过验收。

对于不同情况的网贷机构，应当分类施策、科学处置：

一是对于验收合格的网贷机构，应当尽快予以备案登记，确保其正常经营；

二是对于积极配合整改验收工作但最终没有通过的机构，可以根据其具体情况，或引导其逐步清退业务、退出市场，或整合相关部门及资源，采取市场化方式，进行并购重组；

三是对于严重不配合整改验收工作，违法违规行为严重，甚至已经有经侦介入或已经失联的机构，应当由相关部门依据《非法金融机构和非法金融业务活动取缔办法》等相关法律法规予以取缔；

四是对于为逃避整改验收，暂停自身业务或不处于正常经营状态的机构，各地整治办要予以高度重视，要求此类机构恢复正常经营后，酌情予以备案；

五是对于行业中业务余额较大、影响较大、跨区域经营的机构，由机构注册地整治办建立联合核查机制，向机构业务发生地整治办征求相关意见。

各省（区、市、计划单列市）要结合本地区各部门、各机构的实际情况，积极稳妥推进相关工作，充分协调工商管理、公安等具有行政执法权的部门在机构退出环节依法履行相应职能，确保不发生处置风险的风险，守住不发生系统性、区域性风险和不发生大规模群体事件的底线。

（三）明确时间节点，严格政策界限

各省（区、市、计划单列市）对于辖内机构的具体整改验收，应当明确不同的时间节点，分类加以规制，具体包括：

一是根据互联网金融风险专项整治领导小组有关要求，对于在《办法》发布之日（2016年8月24日）后新设立的网贷机构或新从事网络借贷业务的网贷机构，在本次网贷风险专项整治期间，原则上不予备案登记；

二是对于自始未纳入本次网贷专项整治的各类机构，在整改验收期间提出备案登记申请的，各地整治办不得对此类机构进行整改验收及备案登记；

三是对于《办法》规定的十三项禁止性行为及单一借款人借款上限规定，网贷机构应当自2016年8月24日后不再违反，相应存量业务没有化解完成的网贷机构不得进行备案登记；

四是对于开展过涉及房地产首付贷、校园贷以及现金贷等业务的网贷机构，应当按照《关于进一步加强校园贷规范管理工作的通知》（银监发〔2017〕26号）、《关于对"现金贷"业务进行规范整顿通知》（整治办函〔2017〕141号）的要求，暂停新增业务，对存量业务逐步压缩，制定退出时间表，对于相关监管要求下发后继续违规发放以上三类业务的机构不予备案；

五是辖内各网贷机构应当与通过网贷专项整治领导小组办公室组织开展的网贷资金存管业务测评的银行业金融机构开展资金存管业务合作；

六是对于在规定时间内没有通过本次整改验收，无法完成备案登记但依然实质从事网贷业务的机构，各省（区、市、计划单列市）应当协调相应职能部门予以处置，包括注销其电信经营许可、封禁网站，要求金融机构不得向其提供各类金融服务等。

（四）把握工作进度，逐步完成备案

请各省（区、市、计划单列市）处理好工作力度和节奏的关系，严格遵守最新的互联网金融风险专项整治大的时间框架，分阶段完成整改验收以及后续备案登记工作：

1. 2018年4月底之前完成辖内主要网贷机构的备案登记工作；

2. 对于违规存量业务较多，难以及时完成处置的部分网贷机构，应当于2018年5月底之前完成相应业务的处置、剥离以及备案登记工作；

3. 对于难度极大、情况极其复杂的个别机构，最迟应当于 2018 年 6 月末之前完成相关工作。

附件：关于整改验收过程中部分具体问题的解释说明

附件：

关于整改验收过程中部分具体问题的解释说明

1. 关于债权转让有关问题。

对于债权转让是否合规，应当具体问题具体分析。为解决流动性问题，在出借人之间进行的低频次债权转让，应认定为合规；对于开展类资产证券化业务或实现以打包资产、证券化资产、信托资产、基金份额等形式的债权转让行为则应该认定为违规；对于由网贷机构高管或关联人根据机构的授权，与借款人签订借款合同，直接放款给借款人，再根据借款金额在平台放标，将债权转让给实际出借人的"超级放款人"模式的债权转让，由于其可能导致网贷机构虚构标的、将项目拆分期限错配、直接或间接归集出借人资金等行为，应当认定为违规；以活期、定期理财产品的形式对接债权转让标的，由于可能造成资金和资产的期限错配，应当认定为违规。同时，各网贷机构不得以出借人所持债权作为抵（质）押，提供贷款。

2. 关于风险备付金有关问题。

目前市场上部分机构出于解决信用风险的考虑，提取了部分风险备付金，这一经营模式与网贷机构的信息中介定位不符。应当禁止辖内机构继续提取、新增风险备付金，对于已经提取的风险备付金，应当逐步消化，压缩风险备付金规模。同时严格禁止网贷机构以风险备付金进行宣传。各地应当积极引导网贷机构采取引入第三方担保等他方式对出借人进行保障。

3. 关于资金存管有关问题。

网贷专项整治领导小组办公室委托中国互联网金融协会开展网贷资金存管业务测评，测评工作将按照"标准统一、质量优先、客观公正、实事求是"的原则，严格依据《网络借贷资金存管指引》有序开展。网贷机构应当与通过测评的银行业金融机构开展资金存管业务合作。

4. 关于综合借款成本及"现金贷"有关问题。

各地应当继续做好对"现金贷"的清理整顿工作，要求辖内网贷机构依照《关于对"现金贷"业务进行规范整顿通知》相关要求开展业务，对于继续撮合或变相撮合违反法律有关利率规定的借贷业务的网贷机构不予备案登记。

5. 关于法人及分支机构备案有关问题。

申请备案登记的网贷机构应当为法人机构，在申请登记的同时，应当将本法人机构的所有分支机构信息报送至本地区网贷整治办公室，同时，相关整治办公室应当及时共享相关信息，并密切配合，共同处置相关风险。

6. 关于线下经营的有关问题。

对于大规模从事线下营销的网贷机构，应当消减淘汰或转型线下营销门店及人员，清理、摘除相关标示、标牌、宣传牌、宣传单等，不得再在互联网、固定电话、移动电话等电子渠道以外的物理场所进行宣传或推介融资项目。

7. 关于网贷机构业务规模控制有关问题。

网贷机构应当持续优化自身业务结构，调控自身业务规模，在前述要求的基础上，应当自整改通知书下发之日起，实现存量违规业务持续下降，确保不再新增任何违规业务。对于存在违反《办法》规定的十三项禁止性行为以及单一借款人上限的网贷机构，在其相应违规业务没有化解完成前，各省（区、市、计划单列市）整治办应当不予备案登记。

8. 关于网贷机构与地方金融交易所合作有关问题。

对于与各类地方金融交易所进行合作的网贷机构，应当停止合作，存量合作业务逐步转让或清偿，最终于本次专项整治结束之前完成。

9. 关于网贷机构业务外包及机构分立有关问题。

辖内网贷机构不得将核心业务进行外包。对于将自身业务分割，将原有网贷机构分立为不同实体的情况，如果其分立出的实体，只与将其分立出的网贷机构进行业务合作的，则应当将分立后的机构视为原网贷机构的组成部分，进行一并验收管理。

10. 关于网贷机构信息披露有关问题。

网贷机构应该继续完善自身信息披露，于自身官方网站或 APP 上确实披露项目风险及资金投向，同时将本法人机构的所有分支机构信息报送至本地区网贷整治办公室，在本次专项整治结束前，网贷机构应当依据银监会发布的《网络借贷信息中介机构业务活动信息披露指引》进行完整的信息披露。

11. 关于网贷机构基础设施有关问题。

对于缺乏合规的网络安全设施的网贷机构，应于本次专项整治结束前，提升安全防护和开发能力，确保系统能够满足保护客户资金信息安全、防止黑客攻击和系统中断等信息科技安全要求。

关于开展 P2P 网络借贷机构合规检查工作的通知

(网贷整治办函〔2018〕63号)

各省(自治区、直辖市、计划单列市 P2P 网络借贷风险专项整治联合工作办公室、中国互联网金融协会:

为深化 P2P 网络借贷(以下简称网贷)专项整治工作,分类指导、精准施策,督促网贷机构合规经营,加强风险管控,回归信息中介本质定位,同时,通过合规检查,正本清源、市场出清,稳妥有序化解存量风险,引导行业良性退出,保护出借人和借款人合法权益。现就开展网贷机构合规检查工作通知如下:

一、总体要求

(一)标准统一。严格按照网贷"1+3"制度框架及有关规章制度,统一明确标准,提高质效,从严把关。

(二)全量覆盖。针对已经纳入各省(区、市、计划单列市)网贷风险专项整治名单的网贷机构开展检查,做到机构与业务检查全覆。

(三)真实准确。检查过程清晰透明,检查结果客观准确,报告内容实事求是,经得起市场的检验。

(四)查改结合。对检查中发现的问题及风险点要坚持边查边整,即查即改。

二、检查内容

(一)检查依据。按照《网络借贷信息中介机构业务活动管理暂行办法》及资金存管、信息披露指引等要求,结合《网络借贷信息中介机构合规检查问题清单》(以下简称《问题清单》)严格执行。

(二)重点内容。本次合规检查重点关注以下十个方面:

1. 是否严格定位为信息中介,有没有从事信用中介业务;
2. 是否有资金池,有没有为客户垫付资金;
3. 是否为自身或变相为自身融资;

4. 是否直接或变相为出借人提供担保或承诺保本付息；

5. 是否对出借人实行了刚性兑付；

6. 是否对出借人进行风险评估并进行分级管理；

7. 是否向出借人充分披露借款人的风险信息；

8. 是否坚持了小额分散的网络借贷原则；

9. 是否发售理财产品募集资金（或剥离到关联机构发售理财产品）；

10. 是否以高额利诱等方式吸引出借人或投资者加入。

三、机构自查

（一）组织自查。各省（区、市、计划单列市）P2P 网络借贷风险专项整治联合工作办公室（以下简称网贷整治办）组织注册在辖内的网贷机构开展自查。

（二）报告内容。自评结果及检查详情，包括但不限于：发现的问题及整改进度、存量业务规模和风险化解情况、当前存在的主要问题或风险隐患等。自查报告须加盖机构公章、高管人员及主要股东签章，同时出具高管及主要股东签署的真实性承诺书。

（三）报告路径。自查报告报送至注册地省（区、市、计划单列市）网贷整治办。

四、自律检查

（一）开展检查。各省（区、市、计划单列市）网贷整治办督促并指定一家地方性互联网金融协会或相关机构对辖内机构开展自律检查。其中，中国互联网金融协会对网贷会员实施全覆盖自律检查。

（二）报告内容。自律检查报告包括但不限于：检查总体概况、地区机构合规情况、发现的高频问题、主要风险隐患，单个被查机构详细情况、合规评价及监管建议等。自律检查报告须经检查人员及协会（检查机构）主要负责人签章确认并签署对检查内容真实性负责的承诺书。拥有双重会员身份的机构，地方互联网金融协会和中国互联网金融协会应分别独立出具自律检查报告。

（三）报告路径。自律检查报告报送至各网贷机构注册所在地的省（区、市、计划单列市）网贷整治办。中国互联网金融协会的自律检查报告按网贷机构注册地分别打包报送至相应省（区、市、计划单列市）网贷整治办，同时抄报全国 P2P 网络借贷风险专项整治工作领导小组办公室。

五、行政核查和检查汇总

（一）行政核查。各省（区、市、计划单列市）网贷整治办在机构自查和自律检查的基础上，择机就报告内容及数据的真实性等进行行政核查。如发现存在内容不真实、故意瞒报、漏报、弄虚作假等情况，要严肃通报，追责问责，并对网贷机构实行"一票否决制"。

（二）总结上报。各省（区、市、计划单列市）网贷整治办汇总辖内机构检查情况，形成总结报告。

（三）报告内容。分别报告机构自查情况、自律检查情况和行政核查情况，主要内容包括但不限于：检查总体概况存在的主要问题和风险隐患，机构分类情况及监管意见，下步监管计划等。总结报告须经各省（区、市、计划单列市）金融办（局）、银监局相关负责同志签字确认。

（四）报告路径。总结报告报送至全国 P2P 网络借贷风险专项整治工作领导小组办公室，抄送全国互联网金融风险专项整治工作领导小组办公室。

六、其他要求

（一）时间安排。本次合规检查应于 2018 年 12 月底前完成，机构自查、自律检查、行政核查的具体进度可由各地因地制宜，稳妥安排。

（二）检查方式。机构自查与自律检查、行政核查压茬推进、有序展开，交叉核验。

（三）分类处置。各方确认的基本符合信息中介定位和各类标准的网贷机构将接入信息披露和产品登记系统。经过一段时间运行检验后，条件成熟的机构可按要求申请备案。关于合规机构接入相关系统和申请备案的具体标准及程序另行通知。

附件：网络借贷信息中介机构合规检查问题清单

附件

网络借贷信息中介机构合规检查问题清单

序号	存在主要问题	项目号	问题涉及具体情况	法律依据
一、违反禁止性规定					
（一）	为自身或变相为自身融资	1	以自身名义在网贷机构平台上融资。网贷机构或其关联方通过虚构借款主体或使用可以控制的账户在本网贷机构平台进行融资，虚构借款用途，最终将该部分借款资金交由网贷机构或其关联方使用。	《网络借贷信息中介机构业务活动管理暂行办法》（以下简称《暂行办法》）第三条、第十条（一）等相关规定
		2	持有（控制）5%以上股份（表决权）的股东、实际控制人、董事、监事、高级管理人员及其近亲属，以及与网贷机构受同一实际控制人控制的关联方在网贷机构上融资，网贷机构未按要求对上述融资行为进行信息披露，或融资行为违背市场公平交易原则。	
（二）	直接或间接接受、归集出借人资金	3	在没有具体项目的情况下先行归集出借人资金。	《暂行办法》第三条、第十条（二）、第二十八等相关规定
		4	以机构账户接受、归集出借人资金情形，如借贷资金划转时需先通过机构自有账户归集后再进行进一步划转等情形。	
		5	通过第三方（股东、实际控制人、董事、监事、高级管理人员、公司员工及其近亲属等）银行账户接受、归集出借人的资金。	
（三）	直接或变相向出借人提供担保或承诺保本保息	6	直接承诺保本保息，包括在官网、APP等对外宣传及相关合同协议中承诺由网贷机构自身保本保息、代偿逾期债权、回购债权等。	《暂行办法》第三条、第十条（三）等相关规定
		7	变相承诺保本保息，包括在官网、APP等对外宣传及相关合同协议中表示设立风险准备金、备付金、客户质保金等各类客户风险保障机制。	

续表

序号	存在主要问题	项目号	问题涉及具体情况	法律依据
（四）	自行或委托、授权第三方在互联网、固定电话、移动电话等电子渠道以外的物理场所进行宣传或推介融资项目	8	通过线下网点自行推介项目、获取资金，委托第三方在线下推介项目、获取资金。	《暂行办法》第三条、第十条（四）、第十六条等相关规定
		9	在电子渠道以外的物理场所（如线下门店、楼宇、地铁）开展资金端、资产端产品宣传等所有宣传行为，依托线下门店开展信息采集、核实、贷后跟踪、抵质押管理等风险管理以外的经营行为。	
		10	通过报刊、电视、广播等媒体进行业务宣传或推介融资项目。	
（五）	违规发放贷款	11	网贷机构运营企业直接发放贷款或网贷机构通过其股东、实际控制人、董事、监事、高级管理人员、公司员工及其近亲属等发放贷款。	《暂行办法》第三条、第十条（五）等相关规定
（六）	将融资项目的期限进行拆分（期限错配）	12	借款人实际借款期限和出借人出借期限不匹配、不对应，包括长期借款被拆分成多个短期借款，或多个短期借款搭配成长期借款。	《暂行办法》第三条、第十条（六）等相关规定
		13	向出借人提供各类定期产品或承诺出借资金可以随时提取、包括在合同协议中约定通过债权转让方式到期退出的定期产品（借款人实际借款期限和出借人出借期限相匹配；或者在产品名称中标明持满一定时间方可转让、同时已充分向出借人提示流动性风险并由出借人事先书面确认的除外）。	
（七）	自行发售理财等金融产品募集资金，代销银行理财、券商资管、基金、保险或信托产品等金融产品	14	自行发售理财等金融产品，或在官网等渠道以"理财"名义进行宣传，或网贷机构相关合同协议是购买理财而非借贷合同。	《暂行办法》第三条、第十条（七）等相关规定
		15	网贷机构撮合交易无法穿透到实际借款人、借款项目，或者出借人仅能获取债权清单、未与借款人逐一签订电子合同。	

续表

序号	存在主要问题	项目号	问题涉及具体情况	法律依据
（七）	自行发售理财等金融产品募集资金，代销银行理财、券商资管、基金、保险或信托产品等金融产品	16	代销各类理财产品、保险产品、信托产品、基金产品、券商资管产品等。	《暂行办法》第三条、第十条（七）等相关规定
		17	未经许可发行销售各类资产管理产品，未经许可为其他机构的金融产品开放链接端口、进行广告宣传。	
（八）	开展类资产证券化或实现以打包资产、证券化资产、信托资产、基金份额等形式的债权转让行为	18	开展类资产证券化业务。开展打包资产、证券化资产、信托资产、基金份额等形式的债权转让。	
		19	资产端对接各类地方交易场所的产品，或将网贷机构撮合形成的债权打包后通过地方交易所进行转让。	
		20	持有（控制）5%以上股份（表决权）的股东、实际控制人、董事、监事、高级管理人员及其近亲属，以及与网贷机构受同一实际控制人控制的关联方在网贷机构上进行债权转让（即通过"超级放款人"出借资金后在网贷机构上进行债权转让）。	
		21	网贷机构承接转让债权。出借人债权转让完成后，网贷机构未履行对债务人的告知义务。	
		22	网贷机构承接转让债权、债权转让完成后，未履行对债务人的告知义务、开展可以调整原始收益率的债权转让业务、开展以出借人所持债权作为质押的"净值标"借款业务。	
（九）	除相关规定允许外，与其他机构投资、代理销售、经纪等业务进行任何形式的混合、捆绑、代理	23	商品和网贷机构撮合借贷产品捆绑销售。其他金融产品、服务与网贷机构撮合借贷产品捆绑销售。	《暂行办法》第三条、第十条（九）等相关规定

续表

序号	存在主要问题	项目号	问题涉及具体情况	法律依据
（十）	虚构、夸大融资项目的真实性、收益前景，隐瞒融资项目的瑕疵及风险，以歧义性语言或其他欺骗性手段等进行虚假片面宣传或促销等，捏造、散布虚假信息或不完整信息损害他人商业信誉，误导出借人或借款人	24	对融资项目或网贷机构经营信息进行虚构（如虚构与第三方机构的业务合作等）。	《暂行办法》第三条、第十条（十）等相关规定
		25	对融资项目或网贷机构经营信息进行夸大宣传、隐瞒瑕疵及风险（如夸大累计交易金额、借贷余额、出借人数等业务数据，或将与第三方机构的一般业务往来夸大为全面业务合作等）。	
		26	对收益水平或获利前景等使用"最佳、安全、风险较低"等误导性用语，或通过与银行存款、理财产品等金融产品收益率进行对比等方式误导出借人。	
		27	以歧义性语言或其他欺骗性手段等进行虚假片面宣传或促销等。	
		28	通过损害他人商业信誉的方式误导公众或出借人。	
		29	捏造、散布虚假或不完整信息。	
（十一）	向借款用途为投资股票、场外配资、期货合约、结构化产品及其他衍生品等高风险的融资提供信息中介服务	30	向借款用途为投资股票、场外配资、期货合约、结构化产品及其他衍生品等高风险的融资提供信息中介服务。	《暂行办法》第三条、第十条（十一）等相关规定
（十二）	从事股权众筹等业务	31	发售股权众筹产品或以"股权众筹"名义开展业务宣传、推介等。	《暂行办法》第三条、第十条（十二）等相关规定
二、违反法定义务及风险管理要求				
（十三）	未对融资项目的真实性、合法性及其信用风险等情况进行审核、评价、分类	32	未制定对融资项目的真实性、合法性及其信用风险等情况进行审核、评价、分类的制度、措施，或相关制度、措施不健全。	《暂行办法》第九条（一）、（二）等相关规定
		33	未实际执行对融资项目的真实性、合法性及其信用风险等情况进行审核、评价、分类的制度、措施。	

续表

序号	存在主要问题	项目号	问题涉及具体情况	法律依据
（十四）	未采取措施防范欺诈行为	34	未制定防范欺诈的制度、措施或未实际执行已经制定的防范欺诈制度、措施。	按照《暂行办法》第九条（三）规定
		35	发现欺诈行为或其他损害出借人利益的情形，未能依法及时公告并终止相关网络借贷活动。	
（十五）	未履行反洗钱和反恐怖融资规定	36	未制定客户身份识别、可疑交易报告、客户身份资料和交易记录保存等反洗钱和反恐怖融资方面的制度、措施。	按照《暂行办法》第九条（七）规定
		37	未进行客户身份识别、未进行可疑交易报告、未对客户身份资料和交易记录等依法保存。	
（十六）	未落实客户实名注册要求	38	未要求或未严格执行出借人、借款人实名注册要求。	《暂行办法》第十一条等相关规定
（十七）	违反借贷金额应当小额分散的要求	39	网贷机构仍存在2016年8月24日后新增自然人、法人或其他组织的借款余额超限额的情形。	《暂行办法》第十七条等相关规定
（十八）	违反信息安全保障相关管理要求	40	未聘请有资质的专业机构对本机构进行信息安全等级保护测评，或者未申请并通过公安机关网络安全部门的信息系统安全审核。	按照《暂行办法》第十八条规定
		41	未建立完善的防火墙、入侵检测、数据加密以及灾难恢复等网络安全设施和管理制度。	
		42	未建立信息科技管理、科技风险管理和科技审计有关制度。	
		43	未记录并留存借贷双方上网日志信息、信息交互内容等数据。	
		44	未能每两年至少开展一次全面的信息安全评估，或未接受国家及行业主管部门的信息安全检查和审计。	
		45	未能在成立两年之内建立或使用与自身业务规模相匹配的应用级灾备系统设施。	

续表

序号	存在主要问题	项目号	问题涉及具体情况	法律依据
（十九）	未对单一融资项目设置募集期	46	未对融资项目明确投标截止日或募集期超过20个工作日。	《暂行办法》第十九条等相关规定
（二十）	未按要求加强与相关征信系统的业务合作	47	未按要求及时接入有关征信系统并依法提供、查询和使用有关金融信用信息。	《暂行办法》第二十一条等相关规定
（二十一）	电子签名、数字认证不符合规定	48	对出借人与借款人的基本信息及交易信息使用电子签名、电子认证时未按照有关法律法规执行。	《暂行办法》第二十二条等相关规定
		49	使用第三方数字认证系统时，未对第三方数字认证机构进行定期评估以保证有关认证安全可靠并具有独立性。	
（二十二）	未妥善保存网络借贷业务活动数据和资料	50	未制定网络借贷业务活动数据和资料保存制度。	《暂行办法》第二十三条等相关规定
		51	未采取适当的方法和技术记录并妥善保存网络借贷业务活动数据和资料、未做好电子数据的备份。	
		52	网络借贷业务活动数据和资料保存期限违反法律法规及网络借贷有关监管规定的要求、借贷合同到期后保存时间少于5年即灭失、损毁或销毁。	
	三、未履行对出借人与借款人的保护义务			
（二十三）	未经出借人授权代出借人行使决策	53	未经出借人书面明确授权，代出借人选择出借项目、同意出借条件等（包括未经出借人书面明确授权开展"自动投标"等业务）。	《暂行办法》第二十五条等相关规定
（二十四）	未对出借人进行风险提示、尽职评估、分类管理	54	未通过网贷机构APP、官方网站、相关合同协议、风险揭示书等出借人可获取的渠道向其提示网贷风险和禁止性行为	《暂行办法》第九条（二）、（四）及第二十六条等相关规定
		55	虽然向出借人提示网贷风险和禁止性行为，但存在字体不醒目、位置隐蔽等出借人易忽略、不易得的情形，或虽以醒目方式提示网贷风险和禁止性行为，但未经出借人确认。	

续表

序号	存在主要问题	项目号	问题涉及具体情况	法律依据
（二十四）	未对出借人进行风险提示、尽职评估、分类管理	56	未制定或未实施对出借人的年龄、财务状况、投资经验、风险偏好、风险承受能力等进行审核评估的制度、措施。	《暂行办法》第九条（二）、（四）及第二十六条等相关规定
		57	向未进行风险评估的出借人提供交易服务，或未根据风险评估结果对出借人进行分级管理。	
		58	未根据风险评估及出借人分级结果对不同风险等级的出借人设置可动态调整的出借限额及出借标的限制。	
（二十五）	未对借款人进行风险提示、尽职评估	59	未以醒目方式向借款人提示利息及相关费用收取规则、禁止性行为、违约后果等，或者虽有提示但并未经借款人确认。	《暂行办法》第九条（二）等相关规定
		60	未制定或未实施对借款人的年龄、身份、借款用途、还款能力、资信状况等进行审核评估的制度、措施。	
（二十六）	未能合法、安全地采集、处理及使用出借人、借款人信息	61	未制定客户信息采集、使用及处理方面的安全保护制度。	《暂行办法》第九条（六）、第二十七条等相关规定
		62	出借人与借款人信息采集、处理及使用违反相关法律法规或存在安全问题	
		63	删除、篡改客户信息，未经同意将客户信息用于所提供服务之外目的、未经同意泄露、传播、买卖客户信息。	
		64	中国境内获取的出借人与借款人信息的分析、处理及存储实际在境外进行。	
		65	未有法律法规依据、向境外提供境内出借人和借款人信息。	

续表

序号	存在主要问题	项目号	问题涉及具体情况	法律依据
（二十七）	未按规定开展客户资金存管	66	未完成与银行业金融机构的资金存管（包含仅签订存管协议但业务未上线运行、业务未全部上线、存管银行未通过测评）。	《暂行办法》第二十八条、《网络借贷资金存管业务指引》、《关于做好P2P网络借贷风险专项整治整改验收工作的通知》（整治办函〔2017〕57号）附件等相关规定
		67	网贷机构设立的资金存管专用账户，绑定的银行卡具备透支功能；专用账户下设子账户的，子账户具备透支功能。	
		68	虽已实施资金存管、但尚未完全符合《网络借贷资金存管业务指引》的具体要求。	
四、违反信息披露相关要求					
（二十八）	未按要求加强信息披露管理	69	未在官方网站及提供网络借贷信息中介服务的网络渠道显著位置设置信息披露专栏、展示信息披露内容。	《暂行办法》第三条、第九条（四）、第三十条，及《网络借贷信息中介机构业务活动信息披露指引》（银监办发〔2017〕113号）相关规定
		70	未建立健全信息披露制度，或未指定专人负责信息披露事务，无法确保信息披露专栏内容可供社会公众随时查阅。	
		71	信息披露专栏的内容全部或部分没有网络借贷信息中介机构法定代表人签字确认。	
		72	未向公众披露咨询、投诉、举报联系电话、电子邮箱、通讯地址等。	
		73	披露的信息没有采用中文文本；或同时采用外文文本的，未能保证两种文本的内容一致。	
		74	未将信息披露公告文稿和相关备查文件及时报送其工商登记注册地的地方金融监管部门、国务院银行业监督管理机构派出机构，并置备于网络借贷信息中介机构住所供社会公众查阅。	
		75	网贷机构官方网站、提供网络借贷信息中介服务的网络渠道以及其他互联网渠道信息披露内容不一致。	

续表

序号	存在主要问题	项目号	问题涉及具体情况	法律依据
(二十八)	未按要求加强信息披露管理	76	信息披露内容存在虚假记载、误导性陈述、重大遗漏或拖延披露。	《暂行办法》第三条、第九条（四）、第三十条，及《网络借贷信息中介机构业务活动信息披露指引》（银监办发〔2017〕113号）相关规定
		77	其他有关问题（如，信批指引没有详细规定，但不披露相关信息可能导致借款人、出借人产生错误判断的信息未及时披露等）。	
(二十九)	信息披露的内容、时间不符合要求	78	未按《网络借贷信息中介机构业务活动信息披露指引》（银监办发〔2017〕113号）第七条第一项要求披露相关备案信息。	《暂行办法》第三条、第九条（四）、第三十条，及《网络借贷信息中介机构业务活动信息披露指引》（银监办发〔2017〕113号）相关规定
		79	未按《网络借贷信息中介机构业务活动信息披露指引》（银监办发〔2017〕113号）第七条第二项要求披露相关组织信息。	
		80	未按《网络借贷信息中介机构业务活动信息披露指引》（银监办发〔2017〕113号）第七条第三项要求披露相关审核信息。	
		81	未在《网络借贷信息中介机构业务活动信息披露指引》（银监办发〔2017〕113号）第七条规定时间内披露相关信息。	
		82	未在《网络借贷信息中介机构业务活动信息披露指引》（银监办发〔2017〕113号）第八条规定时间内、逐月向公众披露截至上月末撮交易的相关信息。	
		83	未按《网络借贷信息中介机构业务活动信息披露指引》（银监办发〔2017〕113号）第九条要求及时向出借人披露相关信息。	
		84	未按《网络借贷信息中介机构业务活动信息披露指引》（银监办发〔2017〕113号）第十条要求及时向公众披露相关重大信息。	

续表

序号	存在主要问题	项目号	问题涉及具体情况	法律依据
（二十九）	信息披露的内容、时间不符合要求	85	未按《网络借贷信息中介机构业务活动信息披露指引》（银监办发〔2017〕113号）第十一条要求在官方网站上定期以公告形式向公众披露年度报告、相关法律法规及网络借贷有关监管规定。	《暂行办法》第三条、第九条（四）、第三十条，及《网络借贷信息中介机构业务活动信息披露指引》（银监办发〔2017〕113号）相关规定
		86	信息披露内容违反法律法规关于国家秘密、商业秘密、个人隐私的有关规定。	
五、违反重点领域相关监管要求					
（三十）	相关监管要求下发后仍继续开展违规业务	87	2017年6月之后，仍在违规开展以在校学生为放款对象的校园网贷业务。	《关于进一步加强校园网贷规范管理工作的通知》（银监发〔2017〕26号）第二项相关规定
		88	2017年7月15日后，仍与各类地方金融交易场所开展合作。存量合作业务未逐步转让或清偿。	57号文、《关于对互联网网贷机构与各类交易场所合作从事违法违规业务开展清理整顿的通知》（整治办函〔2017〕64号）
		89	2017年12月20日以后，仍开展"现金贷"业务；存量业务未逐步压缩，未制定退出时间表。	57号文、《关于规范整顿"现金贷"业务的通知》（整治办函〔2017〕141号，以下简称141号文）
（三十一）	未按要求设定、收取利息及各类费用	90	以利率和各种费用形式对借款人收取的综合资金成本超过了最高人民法院关于民间借贷利率的上限规定。	《关于规范整顿"现金贷"业务的通知》（整治办函〔2017〕141号）

续表

序号	存在主要问题	项目号	问题涉及具体情况	法律依据
（三十一）	未按要求设定、收取利息及各类费用	91	向借款人收取的综合资金成本（含利息及各类费用）未统一折算为年化形式告知借款人。	《关于规范整顿"现金贷"业务的通知》（整治办函〔2017〕141号）
		92	各项贷款条件以及逾期处理等信息没有在事前全面、公开披露，或者没有事前向借款人提示相关风险。	
		93	从借贷本金中先行扣除利息、保证金或手续费、管理费等各类费用。	
		94	设定高额逾期利息、滞纳金、罚息等，设定金额超过了最高人民法院关于民间借贷逾期利率的上限规定。	
		95	采用线下收取息费、第三方合作机构向借款人收取息费的方式规避综合资金成本上限要求。	
（三十二）	违反客户保护相关要求	96	以各种手段诱致借款人过度举债、陷入债务陷阱。	《关于规范整顿"现金贷"业务的通知》（整治办函〔2017〕141号）
		97	没有全面持续评估借款人的信用情况、偿付能力、贷款用途等情况，未能审慎确定借款人适当性、综合资金成本、贷款金额上限、贷款期限、贷款展期限制、贷款用途限定、还款方式等。	
		98	向在校学生、无收入来源、无还款来源或不具备还款能力的借款人提供借贷撮合业务。	
		99	提供首付贷、赎楼贷、房地产场外配资等购房融资借贷撮合服务。	
		100	提供无指定用途的借贷撮合业务。	
		101	将客户的信息采集、甄别筛选、资信评估、开户等核心工作外包。	

续表

序号	存在主要问题	项目号	问题涉及具体情况	法律依据
(三十三)	违反审慎经营原则	102	未充分考虑信用记录缺失、多头借款、欺诈等因素对贷款质量可能造成的影响。	《关于规范整顿"现金贷"业务的通知》（整治办函〔2017〕141号）
		103	以"大数据"为名窃取、滥用客户隐私信息。	
		104	隐匿不良资产。	
		105	撮合借贷资金的本息没有直接通过借款人银行账户支付或扣除，而是通过第三方合作机构账户中转收付。	
(三十四)	非法催收	106	网贷机构自身或委托第三方机构均通过暴力、恐吓、侮辱、诽谤、骚扰等方式催收贷款或向债务人、担保人以外的人员进行催收。	《关于规范整顿"现金贷"业务的通知》（整治办函〔2017〕141号）
六、其他违反有关法律法规、监管规定的情形					
(三十五)	规模控制不到位	107	检查时点的规模总量较2017年6月增长幅度较大。	
(三十六)	公司内控管理	108	未建立客户投诉处理制度，或者对客户投诉未能依法、及时答复、处理；未落实相关监管要求，包括：未按照有关监管部门要求报送各类信息、资料、未按照有关监管规定及时报告重大事项、及时整改违规经营行为及其他未落实监管要求的情形。	按照《暂行办法》第九条（五）规定

关于立即暂停批设网络小额贷款公司的通知

(整治办函〔2017〕138号)

各省(自治区、直辖市)整治办:

近年来,有些地区陆续批设了网络小额贷款公司或允许小额贷款公司开展网络小额贷款业务,部分机构开展的"现金贷"业务存在较大风险隐患。为贯彻落实国务院领导同志批示精神,经商网贷风险专项整治工作小组办公室,自即日起,各级小额贷款公司监管部门一律不得新批设网络(互联网)小额贷款公司,禁止新增批小额贷款公司跨省(区、市)开展小额贷款业务。

小额贷款公司网络小额贷款业务风险专项整治实施方案

(网贷整治办函〔2017〕56号)

近年来,部分小额贷款公司利用互联网技术开展网络小额贷款业务,在提高金融服务普惠性、改善金融服务质效和降低金融服务成本等方面发挥了一定作用,但也存在资质审批不严、越权审批、高利放贷、暴力催收、非法经营等问题,潜藏较大的金融风险和社会风险隐患。为贯彻落实党中央、国务院决策部署,防范小额贷款公司网络小额贷款业务风险,根据全国金融工作会议精神,《非法金融机构和非法金融业务活动取缔办法》(国务院令第247号)、《关于小额贷款公司试点的指导意见》(银监发〔2008〕23号)、《关于促进互联网金融健康发展的指导意见》(银发〔2015〕221号)、《关于印发互联网金融风险专项整治工作实施方案的通知》(国办发〔2016〕21号)、《关于进一步做好互联网金融风险专项整治清理整顿工作的通知》(银发〔2017〕119号)和《关于规范整顿"现金贷"业务的通知》(整治办函〔2017〕141号,以下简称《现金贷通知》),决定集中一段时间开展小额贷款公司网络小额贷款业务风险专项整治工作,制定实施方案如下。

一、工作目标和原则

(一)工作目标

通过本次专项整治,严格网络小额贷款资质审批,规范网络小额贷款经营行为,严厉打击和取缔非法经营网络小额贷款的机构。并以此为契机,进一步完善网络小额贷款经营规则和监管机制,实现监管全面覆盖和风险有效防控。

(二)工作原则

借鉴经验,措施稳妥。充分借鉴前期互联网金融风险专项整治工作经验,注重与现有监管政策的衔接,依法、有序、稳妥推进各项工作。

标本兼治,着眼长远。既要立足当前,以专项整治为契机,着力防范化解重点领域风险隐患;又要着眼长远,及时总结提炼长效监管建议。

高度重视，加强协作。各地要高度重视此次专项整治工作，加强组织领导，完善工作机制，加强内外协调和上下联动，强化跨部门和跨区域协作配合，切实落实整治责任。

做好预案，守住底线。统筹考虑各种突发风险，做好风险应急预案和舆情预案，防止借款人借机逃废债，防范产生处置风险的风险，守住风险底线。

二、排查和整治重点

网络小额贷款是指互联网企业通过其控制的小额贷款公司，利用互联网向客户提供的小额贷款，具有通过互联网平台上获取借款人，运用互联网平台积累的客户经营、网络消费等特定场景信息等评定信用风险，在线上完成贷款全业务流程等特点。主要形式包含全国范围内纯线上经营网络小额贷款业务的小额贷款公司，跨区域线上、线下结合开展网络小额贷款的小额贷款公司。

本次专项整治主要排查小额贷款公司利用互联网开展小额贷款业务的合法合规性，打击无网络小额贷款经营资质甚至无放贷资质却经营网络小额贷款的机构。在排查和整治时，重点突出以下方面：

（一）严格管理审批权限。小额贷款公司的批设部门应符合国务院有关文件规定。对于不符合相关规定的已批设机构，要重新核查业务资质。已由计划单列市批设的相关机构，由省级政府小额贷款公司监管部门和计划单列市小额贷款公司监管部门协商核查业务资质。

（二）重新审查网络小额贷款经营资质。根据网络小额贷款业务的特点，根据国务院有关文件和当地现行有关制度规定（当地无相关监管制度的应尽快补齐），主要审查发起股东资质、借款人来源、互联网场景、内生数据基础和数字化风控技术等方面的经营资质要求是否严格合理，核查获批经营资质的机构是否符合相关条件。

（三）股权管理。排查小额贷款公司的股东是否具有良好的社会声誉、诚信记录、纳税记录和财务状况，是否符合法律法规规定和监管要求。运用穿透式监管手段，排查股东是否以委托资金、债务资金等非自有资金出资入股，是否委托他人或接受他人委托持有小额贷款公司股权。

（四）表内融资。排查小额贷款公司是否主要以自有资金从事放贷业务。是否进行非法集资、吸收或变相吸收公众存款。是否通过网络借贷信息中介机构融入资金。排查通过股东借款方式融入的资金是否为股东自有资金。

（五）资产证券化等融资。通过信贷资产转让、资产证券化等方式融资的，排查是否符合有关规定，审批（备案）手续是否齐备，是否通过互联网、地方各类交易场所或线下协商方式销售、转让及变相转让本公司的信贷资产，穿透式核查最终投资者是否是合格投资者，其用于交易的基础资产是否是合法合规的信贷资产，不得直接或变相以"现金贷""校园贷""首付贷"等为基础资产发售（类）证券化产品或其他产品。以信贷资产转让、资产证券化等名义融入资金的比例按照《现金贷通知》有关要求执行。

（六）综合实际利率。将以利率和各种费用形式对借款人收取的所有借款成本与贷款本金的比例计算为综合实际利率，并折算为年化形式。排查综合实际利率是否符合最高人民法院关于民间借贷利率的规定。是否存在从贷款本金中先行扣除利息、手续费、管理费、保证金或设定高额逾期利息、滞纳金、罚息等行为。综合实际利率、贷款额度、贷款期限、还款方式以及逾期处理等关键信息是否在事前向借款人全面、充分披露并提示相关风险。

（七）贷款管理和催收行为。排查是否建立较为完善的网络小额贷款风险控制体系，即全面考虑信用记录缺失、多头借款、欺诈等因素对贷款质量可能造成的影响，从借款人身份识别到贷款本息收回的全流程风控体系。是否充分评估和持续关注借款人的信用状况、偿付能力、贷款用途等，审慎确定综合实际利率、贷款额度、贷款期限、贷款用途限定、还款方式等。是否诱导借款人超过自身可负担能力过度举债，陷入债务陷阱。是否自行或委托第三方通过暴力、恐吓、侮辱、诽谤和骚扰等方式催收贷款。

（八）贷款范围。排查小额贷款公司是否在其监管部门批准的经营区域或业务范围外发放贷款。是否发放无特定场景依托、无指定用途的网络小额贷款。是否采取有效措施防范借款人"以贷养贷"和"多头借贷"等行为。是否发放"校园贷"和"首付贷"。是否发放贷款用于股票、期货等投机经营。

（九）业务合作。排查小额贷款公司是否与未履行网站备案手续或取得相应的电信业务经营许可的互联网平台合作发放网络小额贷款。是否与无放贷业务资质的机构共同出资发放贷款，是否为无放贷业务资质的机构提供资金发放贷款。与第三方机构合作开展贷款业务的，是否将授信审查、风险控制等核心业务外包，是否通过"抽屉协议"等方式接受无担保资质的第三方机构提供增信服务以及兜底承诺等变相增信服务，第三方机构是否向借款人收取息费。

（十）信息安全。排查小额贷款公司是否建立网络信息安全管理体系，是否妥善保管客户资料和交易信息，保护客户隐私。是否以"大数据"为名窃取或滥用客户隐私信息，非法买卖或泄露客户信息。

（十一）非法经营。排查是否存在未经批准或不具备放贷资质的机构经营网络小额贷款业务，或者以其他各种名义支付款项但实质是经营网络小额贷款业务。充分利用举报平台等渠道，及时发现非法经营网络小额贷款业务有关线索，充分发挥社会监督作用。

三、工作职责和分工

根据互联网金融风险专项整治工作机制，P2P网络借贷风险专项整治工作领导小组办公室负责网络小额贷款风险专项整治工作的总体部署和重大事项的协调处理，制定专项整治实施方案，组织研究专项整治工作中遇到的新问题，适时赴各地对专项整治工作进行督导。

在各省（区、市、计划单列市）落实整治方案工作领导小组的统一领导下，按照"谁审批、谁监管、谁担责"的要求，各省（区、市、计划单列市）小额贷款公司监管部门具体负责本次专项整治工作，按进度推进摸底排查、分类处置等各项工作，按时做好专项整治工作总结汇报，提出长效机制建设建议。

四、工作步骤和方式

（一）摸底排查

对本地区网络小额贷款经营情况进行摸底排查，于2018年1月底前将摸底排查情况报P2P网络借贷风险专项整治工作领导小组办公室。报送的摸底排查情况包含按编写说明（附件1）编写的摸底排查情况报告、本地区排查网络小额贷款经营情况汇总表（附件2）和各机构填写的排查网络小额贷款经营情况表（附件3）。

（二）分类处置

以摸底排查结果为基础，以法律法规和有关监管要求为依据，根据违法违规性质、情节轻重、风险程度和社会危害程度等因素对各类机构实施分类处置。此项工作于2018年3月底前完成。具体分类处置方式如下：

合规类机构。对于已获得网络小额贷款经营资质的机构，按专项整治要求重新审查网络小额贷款经营资质，对确认符合资质要求、依法合规开展业务的纳入合规类机构，继续实施有效监管，督促其规范经营。

整改类机构。一是对于已获得网络小额贷款经营资质，重新审查后发现不符合经营资质要求的，撤销网络小额贷款经营资质，严禁此类机构在其批设部门所辖行政区域外开展贷款业务，由机构提出整改计划，监管部门监督执行。二是对于已获得网络小额贷款经营资质，重新审查后确认符合资质要求，但在股权管理、融入资金、综合实际利率、贷款管理、贷款催收、贷款范围、业务合作、信息安全等方面不符合专项整治要求和有关规定的，责令限期整改。整改后验收合格的，继续实施有效监管，督促其规范经营，发生违法违规行为的视情节轻重采取相应监管措施。整改后验收不合格的，撤销网络小额贷款经营资质，并且依法予以处置，违法违规情节严重的坚决取缔，涉嫌非法集资的按照处置非法集资工作机制予以查处。

取缔类机构。对于未经批准或不具备放贷资质却经营网络小额贷款业务的机构，依法予以严厉打击和取缔，责令其停止开办网络小额贷款业务，涉嫌犯罪的，移送相关司法机关。

（三）总结报告

形成本地区的整治总结情况（含长效监管建议）报送 P2P 网络借贷风险专项整治工作领导小组办公室。此项工作于 2018 年 4 月底前完成。报送的整治总结情况包含按编写说明（附件4）编写的整治总结报告，长效监管建议，本地区专项整治情况汇总表（附件5），合规类机构及验收合格的机构填写的小额贷款公司网络小额贷款经营情况表（附件6）。

其中，长效监管建议包含但不限于以下内容：针对全国范围内线上经营网络小额贷款业务的机构，跨区域线上、线下结合开展网络小额贷款的小额贷款公司以及在省级行政区域内经营线上贷款的小额贷款公司，分别提出定义、监管体制、准入条件（注册资本、股东资质等）、融资比例（表内、表外）、风控机制、信息披露、消费者权益保护措施等方面的监管建议。针对按《现金贷通知》要求，已经批准筹建、暂停批准开业的小额贷款公司，逐一提出评估和处置建议。

附件：1.《××省（区、市、计划单列市）小额贷款公司网络小额贷款业务风险摸底排查情况报告》编写说明（略）

2. 本地区排查网络小额贷款经营情况汇总表（略）

3. 排查网络小额贷款经营情况表（略）

4.《××省（区、市、计划单列市）小额贷款公司网络小额贷款业务风险整治总结情况报告》编写说明（略）

5. 本地区专项整治情况汇总表（略）

6. 小额贷款公司网络小额贷款经营情况表（略）

关于进一步加强校园贷规范管理工作的通知

（银监发〔2017〕26号）

各银监局，各省、自治区、直辖市及新疆生产建设兵团教育厅（局、教委）、金融办（局）、人力资源社会保障厅（局），各政策性银行、大型银行、股份制银行，邮储银行，中央所属各高等院校：

银监会、教育部等六部委《关于进一步加强校园网贷整治工作的通知》（银监发〔2016〕47号，以下简称银监发47号文）印发以来，各地加大对网络借贷信息中介机构（以下简称网贷机构）校园网贷业务的清理整顿，取得了初步成效。但部分地区仍存在校园贷乱象，特别是一些非网贷机构针对在校学生开展借贷业务，突破了校园网贷的范畴和底线，一些地方"求职贷""培训贷""创业贷"等不良借贷问题突出，给校园安全和学生合法权益带来严重损害，造成了不良社会影响。为进一步加大校园贷监管整治力度，从源头上治理乱象，防范和化解校园贷风险，现就加强校园贷规范管理工作通知如下：

一、疏堵结合，维护校园贷正常秩序

为满足大学生在消费、创业、培训等方面合理的信贷资金和金融服务需求，净化校园金融市场环境，使校园贷回归良性发展，商业银行和政策性银行应在风险可控的前提下，有针对性地开发高校助学、培训、消费、创业等金融产品，向大学生提供定制化、规范化的金融服务，合理设置信贷额度和利率，提高大学生校园贷服务质效，畅通正规、阳光的校园信贷服务渠道。开展校园贷的银行应制定完善的校园信贷风险管理制度，建立风险预警机制，加强贷前调查评估，认真审核评定贷款大学生资质，重视贷后管理监督，确保资金流向符合合同规定。如发现贷款大学生存在资料造假等欺骗行为，应提前收回贷款。银行应及时掌握贷款大学生资金流动状况和信用评分变化情况，评估其还款能力，采取应对措施，确保风险可控。

针对当前各类放贷主体进入校园贷市场，缺乏相应制度和监管约束，以及放贷主体自身风险控制机制缺失等问题，为切实规范校园贷管理，杜绝校园贷欺诈、高利贷和暴力催收等行为，未经银行业监督管理部门批准设立的机构不得进入校园为大学生提供信贷服务。

二、整治乱象，暂停网贷机构开展校园网贷业务

各地金融办（局）和银监局要在前期对网贷机构开展校园网贷业务整治的基础上，协同相关部门进一步加大整治力度，杜绝网贷机构发生高利放贷、暴力催收等严重危害大学生安全的行为。现阶段，一律暂停网贷机构开展在校大学生网贷业务，逐步消化存量业务。要督促网贷机构按照分类处置工作要求，对于存量校园网贷业务，根据违法违规情节轻重、业务规模等状况，制定整改计划，确定整改完成期限，明确退出时间表。要督促网贷机构按期完成业务整改，主动下线校园网贷相关业务产品，暂停发布新的校园网贷业务标的，有序清退校园网贷业务待还余额。对拒不整改或超期未完成整改的，要暂停其开展网贷业务，依法依规予以关闭或取缔，对涉嫌恶意欺诈、暴力催收、制作贩卖传播淫秽物品等严重违法违规行为的，移交公安、司法机关依法追究刑事责任。

三、综合施策，切实加强大学生教育管理

各高校要把校园贷风险防范和综合整治工作作为当前维护学校安全稳定的重大工作来抓，完善工作机制，建立党委负总责、有关部门各负其责的管控体系，切实担负起教育管理学生的主体责任。一是加强教育引导。积极开展常态化、丰富多彩的消费观、金融理财知识及法律法规常识教育，培养学生理性消费、科学消费、勤俭节约、自我保护等意识。现阶段，应向每一名学生发放校园贷风险告知书并签字确认，每学期至少集中开展一次校园贷专项宣传教育活动，加强典型案例通报警示教育，让学生深刻认识不良校园贷危害，提醒学生远离不良校园贷。二是建立排查整治机制。开展校园贷集中排查，加强校园秩序管理。未经校方批准，严禁任何人、任何组织在校园内进行各种校园贷业务宣传和推介，及时清理各类借贷小广告。畅通不良校园贷举报渠道，鼓励教职员工和学生对发现的不良校园贷线索进行举报。对未经校方批准在校宣传推介、组织引导学生参与校园贷或利用学生身份证件办理不良校园贷的教职工或在校学生，要依规依纪严肃查处。三是建立应急处置机制。对于发现的学生参与不良校园贷事件要及时告知学生家长，并会同学生家长及有关方面做好应急处置工作，将危害消灭在初始状态。同时，对发现的重大事件要及时报告当地金融监管部门、公安部门、教育主管部门。四是切实做好学生资助工作。帮助

每一名家庭经济困难学生解决好学费、住宿费和基本生活费等方面困难。五是建立不良校园贷责任追究机制。对校内有关部门和院系开展校园贷教育、警示、排查、处置等情况进行定期检查，凡责任落实不到位的，要追究有关部门、院系和相关人员责任。对因校园贷引发恶性事件或造成重大案件的，教育主管部门要倒查倒追有关高校及相关责任人，发现未开展宣传教育、风险警示、排查处置等工作的，予以严肃处理。

四、分工负责，共同促进校园贷健康发展

各部门要高度重视校园贷规范管理工作，明确分工，压实职责，加强信息共享，形成监管合力。各地金融办（局）和银监局要加强引导，鼓励合规机构积极进入校园，为大学生提供合法合规的信贷服务。要制定正负面清单，明确校园贷市场参与机构。要积极配合教育主管部门开展金融消费者教育保护和宣传工作。要加强信息共享与经验交流，以案说法，务求整治实效。各地教育主管部门、各高校要切实采取有效措施，做好本地本校工作分层对接和具体落实，筑好防范违规放贷机构进入校园的"防火墙"，加强风险警示、教育引导和校园管理工作。各地人力资源社会保障部门要加强人力资源市场和职业培训机构监管，依法查处"黑中介"和未经许可擅自从事职业培训业务等各类侵害就业权益的违法行为，杜绝公共就业人才服务机构以培训、求职、职业指导等名义，捆绑推荐信贷服务。涉及校园网贷整治相关事项，有关部门应按照银监发 47 号文要求抓好贯彻落实。

请各地区、各有关部门认真梳理辖内校园贷规范管理工作落实情况，并于 2017 年 6 月 30 日前将书面报告报送银监会、教育部、人力资源社会保障部。

关于开展"现金贷"业务活动清理整顿工作的通知

(网贷整治办函〔2017〕19号)

各省(区、市、计划单列市)P2P网络借贷风险专项整治联合工作办公室:

近日,网络上出现关于"现金贷"的负面报道,引发社会高度关注,考虑到部分"现金贷"平台行为影响恶劣,容易触发社会风险,亟须规范和引导,根据国务院领导批示,及互联网金融风险专项整治工作领导小组办公室要求,将"现金贷"纳入互联网金融风险专项整治工作,请各省(区、市、计划单列市)P2P网络借贷风险专项整治联合工作办公室根据P2P网贷整治实施方案对各地区开展"现金贷"业务活动进行清理整顿,具体工作要求如下:

一、高度重视,全面摸清"现金贷"风险底数

近年来"现金贷"平台遍地开花,良莠不齐,部分平台存在三个突出问题:一是利率畸高,根据媒体报道,"现金贷"平均利率为158%,最高的"发薪贷"利率高达598%,实质是以"现金贷"之名行"高利贷"之实,严重影响市场经济稳定。二是风控基本为零,坏账率极高,依靠暴利覆盖风险。部分平台大力招聘线下人员,盲目扩张,且放款随意,部分平台借款人只需要输入简单信息和提供部分授权即可借款,行业坏账率普遍在20%以上。三是利滚利让借款人陷入负债危机。借款人一旦逾期,平台将收取高额罚金,同时采取电话"轰炸"其亲朋好友或暴力催收等手段,部分借款人在一个平台上的借款无法清偿时,被迫转向其他平台"借新还旧",使得借款人负债成倍增长。

考虑到上述部分平台行为影响恶劣,极易引发社会关切,各地应给予高度重视,结合本次网络借贷风险专项整治工作部署要求,集中配置监管力量,对各地区"现金贷"平台开展摸底排查与集中整治,请各地区根据排查情况确定"现金贷"机构名单,摸清风险底数,防止风险的集中爆发和蔓延,维护网贷行业正常发展秩序。

二、分类整治，切实防范风险

各地根据风险排查的实际情况，按照情节轻重对"现金贷"P2P网贷平台进行分类处置，对违反《网络借贷信息中介机构业务活动管理暂行办法》相关规定的平台按期完成整改；对涉嫌恶意欺诈、发放高利贷和暴力催收等违法违规的平台，各地在掌握犯罪行为事实证据和线索的情况下，及时移送公安机关进行处置。同时，对网络小贷开展"现金贷"业务进行风险排查和整治，对于未经许可开展此类业务的机构立即叫停，存量业务逐步压降至零；对于存在涉嫌恶意欺诈、发放高利贷和暴力催收等违法违规行为的网络小贷，及时移送公安机关进行处置，切实防范风险，引导"现金贷"业务健康有序发展。

请各地于每月10日前，按月将相关整治进展情况报送我办，报告内容包括但不限于："现金贷"平台基本情况（如机构数量、交易规模、借款人数、出借人数、借款利率等）、初步查实的违规问题、尚待进一步查明的线索和问题以及下一步清理整规工作计划等。

三、宣传引导，及时开展相关风险提示和宣传教育活动

各地在清理整顿过程中应当做好舆论引导，通过官网发布、媒体访谈、专家解读等多种方式，持续开展相关风险提示和宣传教育活动，主动对外发声，释放监管信号，及时回应公众关切，正面引导舆情。

关于开展"现金贷"业务活动清理整顿工作的补充说明

(网贷整治办函〔2017〕20号)

各省(区、市、计划单列市)P2P网络借贷风险专项整治联合工作办公室：

根据各地P2P网络借贷风险专项整治联合工作办公室反馈意见，现对《关于开展"现金贷"业务活动清理整顿工作的通知》(网贷整治办函〔2017〕19号)文件作出如下补充说明：

一、"现金贷"业务活动主要业务特征

根据当前市场"现金贷"业务活动经营模式，请各地开展"现金贷"业务活动清理整顿工作中，对具有下列特征的平台应当予以重点关注：

1. 平台利率畸高。当前部分平台采取日息、月息等概念吸引借款人，而实际年化利率超过36%，造成部分借款人负债累增。根据最高人民法院《关于审理民间借贷案件适用法律若干问题的规定》第二十六条"借贷双方约定的利率未超过年利率24%，出借人请求借款人按照约定的利率支付利息的，人民法院应予支持"，"借贷双方约定的利率超过年利率36%，超过部分的利息约定无效。借款人请求出借人返还已支付的超过年利率36%部分的利息的，人民法院应予支持。"

2. 实际放款金额与借款合同金额不符，部分平台在给借款人放贷时，存在从借贷本金中先行扣除利息、手续费、管理费、保证金等金额，造成借款人实际收到的借款金额与借款合同约定金额不符，变相提高借款人借款利率。

3. 无抵押，期限短。"现金贷"平台主要通过无抵押信用贷款，借款期限集中在130天，放款速度快等方式吸引借款人。

4. 依靠暴利覆盖风险，暴力催收。当前部分"现金贷"平台风险控制十分薄弱，行业坏账率普遍在20%以上，平台依靠收取的高额利率平衡风险。而借款人一旦逾期，平台则采取非法手段对借款人进行各种方式的暴力催收，极易引此恶性事件的发生。

二、核查处置依据

各地开展"现金贷"业务活动过程中，可参考《关于审理民间借贷案件适用法律若干问题的规定》《非法金融机构和非法金融业务活动取缔办法》《关于小额贷款公司试点的指导意见》《网络借贷信息中介机构业务活动暂行管理办法》《P2P 网络借贷风险专项整治工作实施方案》等文件作为清理整顿工作依据，对违法违规行为予以监督管理，对违法犯罪行为及时移送相关机关。

三、部分"现金贷"平台名单

根据上述"现金贷"业务活动相关特征，以搜索的方式，有关部门协助我办排查出部分具有上述特征的平台，现发送给各地，供各省（区、市、计划单列市）P2P 网络借贷风险专项整治联合工作办公室参考，请各地根据各地区实际情况，开展清理整顿工作，排查名单不限于上述机构。

关于规范整顿"现金贷"业务的通知

(整治办函〔2017〕141号)

各省(自治区、直辖市)互联网金融风险专项整治工作领导小组办公室、网络借贷风险专项整治联合工作办公室:

近期,具有无场景依托、无指定用途、无客户群体限定、无抵押等特征的"现金贷"业务快速发展,在满足部分群体正常消费信贷需求方面发挥了一定作用,但过度借贷、重复授信、不当催收、畸高利率、侵犯个人隐私等问题十分突出,存在着较大的金融风险和社会风险隐患。

为贯彻落实全国金融工作会议精神,依据《中华人民共和国银行业监督管理法》《中华人民共和国商业银行法》《非法金融机构和非法金融业务活动取缔办法》《关于小额贷款公司试点的指导意见》《互联网金融风险专项整治工作实施方案》《P2P网络借贷风险专项整治工作实施方案》《通过互联网开展资产管理及跨界从事金融业务风险专项整治工作实施方案》《网络借贷信息中介机构业务活动管理暂行办法》等有关法律法规和政策文件,现就规范整顿"现金贷"业务有关事宜通知如下。

一、提高认识,准确把握"现金贷"业务开展原则

(一)设立金融机构、从事金融活动,必须依法接受准入管理。未依法取得经营放贷业务资质,任何组织和个人不得经营放贷业务。

(二)各类机构以利率和各种费用形式对借款人收取的综合资金成本应符合最高人民法院关于民间借贷利率的规定,禁止发放或撮合违反法律有关利率规定的贷款。各类机构向借款人收取的综合资金成本应统一折算为年化形式,各项贷款条件以及逾期处理等信息应在事前全面、公开披露,向借款人提示相关风险。

(三)各类机构应当遵守"了解你的客户"原则,充分保护金融消费者权益,不得以任何方式诱致借款人过度举债,陷入债务陷阱。应全面持续评估借款人的信用情况、偿付能力、贷款用途等,审慎确定借款人适当性、综合资金成本、贷款金额上限、贷款期限、贷款展期限制、"冷静期"要求、贷款用途

限定、还款方式等。不得向无收入来源的借款人发放贷款，单笔贷款的本息费债务总负担应明确设定金额上限，贷款展期次数一般不超过2次。

（四）各类机构应坚持审慎经营原则，全面考虑信用记录缺失、多头借款、欺诈等因素对贷款质量可能造成的影响，加强风险内控，谨慎使用"数据驱动"的风控模型，不得以各种方式隐匿不良资产。

（五）各类机构或委托第三方机构均不得通过暴力、恐吓、侮辱、诽谤、骚扰等方式催收贷款。

（六）各类机构应当加强客户信息安全保护，不得以"大数据"为名窃取、滥用客户隐私信息，不得非法买卖或泄露客户信息。

二、统筹监管，开展对网络小额贷款清理整顿工作

（一）小额贷款公司监管部门暂停新批设网络（互联网）小额贷款公司；暂停新增批小额贷款公司跨省（区、市）开展小额贷款业务。已经批准筹建的，暂停批准开业。

小额贷款公司的批设部门应符合国务院有关文件规定。对于不符合相关规定的已批设机构，要重新核查业务资质。

（二）严格规范网络小额贷款业务管理。暂停发放无特定场景依托、无指定用途的网络小额贷款，逐步压缩存量业务，限期完成整改。应采取有效措施防范借款人"以贷养贷""多头借贷"等行为。禁止发放"校园贷"和"首付贷"。禁止发放贷款用于股票、期货等投机经营。地方金融监管部门应建立持续有效的监管安排，中央金融监管部门将加强督导。

（三）加强小额贷款公司资金来源审慎管理。禁止以任何方式非法集资或吸收公众存款。禁止通过互联网平台或地方各类交易场所销售、转让及变相转让本公司的信贷资产。禁止通过网络借贷信息中介机构融入资金。以信贷资产转让、资产证券化等名义融入的资金应与表内融资合并计算，合并后的融资总额与资本净额的比例暂按当地现行比例规定执行，各地不得进一步放宽或变相放宽小额贷款公司融入资金的比例规定。

对于超比例规定的小额贷款公司，应制定压缩规模计划，限期内达到相关比例要求，由小额贷款公司监管部门监督执行。

网络小额贷款清理整顿工作由各省（区、市）小额贷款公司监管部门具体负责。中央金融监管部门将制定并下发网络小额贷款风险专项整治的实施方案，进一步细化有关工作要求。

三、加大力度,进一步规范银行业金融机构参与"现金贷"业务

(一)银行业金融机构(包括银行、信托公司、消费金融公司等)应严格按照《个人贷款管理暂行办法》等有关监管和风险管理要求,规范贷款发放活动。

(二)银行业金融机构不得以任何形式为无放贷业务资质的机构提供资金发放贷款,不得与无放贷业务资质的机构共同出资发放贷款。

(三)银行业金融机构与第三方机构合作开展贷款业务的,不得将授信审查、风险控制等核心业务外包。"助贷"业务应当回归本源,银行业金融机构不得接受无担保资质的第三方机构提供增信服务以及兜底承诺等变相增信服务,应要求并保证第三方合作机构不得向借款人收取息费。

(四)银行业金融机构及其发行、管理的资产管理产品不得直接投资或变相投资以"现金贷""校园贷""首付贷"等为基础资产发售的(类)证券化产品或其他产品。

银行业金融机构参与"现金贷"业务的规范整顿工作,由银监会各地派出机构负责开展,各地整治办配合。

四、持续推进,完善 P2P 网络借贷信息中介机构业务管理

(一)不得撮合或变相撮合不符合法律有关利率规定的借贷业务;禁止从借贷本金中先行扣除利息、手续费、管理费、保证金以及设定高额逾期利息、滞纳金、罚息等。

(二)不得将客户的信息采集、甄别筛选、资信评估、开户等核心工作外包。

(三)不得撮合银行业金融机构资金参与 P2P 网络借贷。

(四)不得为在校学生、无还款来源或不具备还款能力的借款人提供借贷撮合业务。不得提供"首付贷"、房地产场外配资等购房融资借贷撮合服务。不得提供无指定用途的借贷撮合业务。

各地网络借贷风险专项整治联合工作办公室应当结合《关于开展"现金贷"业务活动清理整顿工作的通知》(网贷整治办函〔2017〕19 号)要求,对网络借贷信息中介机构开展"现金贷"业务进行清理整顿。

五、分类处置，加大对各类违法违规机构处置力度

（一）各类机构违反前述规定开展业务的，由各监管部门按照情节轻重，采取暂停业务、责令改正、通报批评、不予备案、取消业务资质等措施督促其整改，情节严重的坚决取缔；同时，视情由省级人民政府相关职能部门及金融监管部门依法实施行政处罚。对协助各类机构违法违规开展业务的网站、平台等，有关部门应叫停并依法追究责任。

（二）对于未经批准经营放贷业务的组织或个人，在银监会指导下，各地依法予以严厉打击和取缔；对于借机逃废债、不支持配合清理整顿工作的，加大处罚、打击力度；涉嫌非法经营的，移送相关部门进行查处；金融机构和非银行支付机构停止提供金融服务，通信管理部门依法处置互联网金融网站和移动应用程序。涉嫌非法集资、非法证券等违法违规活动的，分别按照处置非法集资、打击非法证券活动、清理整顿各类交易场所等工作机制予以查处。

（三）对涉嫌恶意欺诈和暴力催收等严重违法违规的机构，及时将线索移交公安机关，切实防范风险，确保社会大局稳定。

六、抓好落实，注重长效，确保规范整顿工作效果

（一）各地应加强组织领导和统筹协调，由地方金融监管部门牵头，明确各类机构的整治主责任部门，摸清风险底数，制定整顿计划，压实辖内从业机构主体责任，全面深入开展清理整顿，抓紧建立属地责任与跨区域协同相结合的工作机制。同时，做好应急预案，守住风险底线。

（二）各地应引导辖内相关机构充分利用国家金融信用信息基础数据库和中国互联网金融协会信用信息共享平台，防范借款人多头借贷、过度借贷。各地应当引导借款人依法履行债务清偿责任，建立失信信息公开、联合惩戒等制度，使得失信者一处失信、处处受限。

（三）各地应开展风险警示教育，提高民众识别不公平、欺诈性贷款活动和违法违规金融活动的能力，增强风险防范意识。

（四）各地应建立举报和重奖重罚制度，充分利用中国互联网金融协会举报平台等渠道，对提供违法违规活动线索的举报人给予奖励，充分发挥社会监督作用，对违法违规行为进行重罚，形成有效震慑。

（五）各地应严格按照本通知要求开展规范整顿。对监管责任缺位和落实不力的，将严肃问责。

（六）各地应将整治计划和月度工作进展（月后 5 个工作日内）报送 P2P 网贷风险专项整治工作小组办公室（银监会），并抄送互联网金融风险专项整治领导小组办公室（人民银行）。

股权众筹风险专项整治工作实施方案

(证监发〔2016〕29号)

股权众筹融资具有公开、小额、大众的特征，涉及社会公共利益和经济金融安全，必须依法监管。为贯彻落实党中央、国务院决策部署，根据《关于促进互联网金融健康发展的指导意见》（以下简称《指导意见》）和《互联网金融风险专项整治工作实施方案》，制定本方案。

一、工作目标和原则

（一）工作目标

规范互联网股权融资行为，惩治通过互联网从事非法发行证券、非法集资等非法金融活动，切实保护投资者合法权益。建立和完善长效机制，实现规范与发展并举、创新与防范风险并重，为股权众筹融资试点创造良好环境，切实发挥互联网股权融资支持大众创业、万众创新的积极作用。一是通过全覆盖的集中排查，全面掌握互联网股权融资现状。对排查中发现并确认的问题，依法依规责令整改；对有关机构和个人逾期不改或整改不力的，予以严肃处理。二是集中力量查处一批涉及互联网股权融资的非法金融活动案件，依法严肃处理涉案机构和人员，对典型案件予以曝光，对不法分子起到震慑作用。三是加大有关政策法规的宣传解读，使投资者和互联网股权融资从业机构及人员了解和掌握有关规定，增强依法经营、审慎投资的意识。四是进一步健全法规制度，完善监管长效机制，为互联网股权融资健康发展创造有利条件。

（二）工作原则

高度重视，加强协作。各有关部门、各省级人民政府要高度重视，加强组织领导，完善工作机制，坚持部门与地方条块联动、协作配合。

周密部署，全面排查。结合互联网股权融资的特点，拟定具体方案，精心组织实施，全面排查和纠正违法违规行为，落实证券法等法律法规和《指导意见》的相关要求。

突出重点，集中整治。既要坚持问题导向，对当前存在的突出问题开展重点整治，有力打击各类非法证券活动及非法集资行为；又要集中整治不规范行为,消除风险隐患,实现风险有效整治和监管全面覆盖。

积极稳妥,讲究策略。讲究方式方法,把握力度节奏,妥善化解存量风险,有效控制增量风险,防范风险蔓延和叠加,切实管控好整治过程中产生的风险,严守不发生系统性、区域性金融风险的底线。

近远结合,注重实效。既要立足当前,切实防范化解互联网股权融资领域存在的风险,对违法违规行为形成有效震慑;又要着眼长远,以专项整治为契机,及时总结提炼经验,建立健全互联网股权融资长效监管机制。

二、整治重点和要求

(一)整治重点

一是互联网股权融资平台(以下简称平台)以"股权众筹"等名义从事股权融资业务。

二是平台以"股权众筹"名义募集私募股权投资基金。

三是平台上的融资者未经批准,擅自公开或者变相公开发行股票。

四是平台通过虚构或夸大平台实力、融资项目信息和回报等方法,进行虚假宣传,误导投资者。

五是平台上的融资者欺诈发行股票等金融产品。

六是平台及其工作人员挪用或占用投资者资金。

七是平台和房地产开发企业、房地产中介机构以"股权众筹"名义从事非法集资活动。

八是证券公司、基金公司和期货公司等持牌金融机构与互联网企业合作,违法违规开展业务。

(二)工作要求

1. 明确界限。平台及平台上的融资者进行互联网股权融资,严禁从事以下活动:

一是擅自公开发行股票。向不特定对象发行股票或向特定对象发行股票后股东累计超过 200 人的,为公开发行,应依法报经证监会核准。未经核准擅自发行的,属于非法发行股票。

二是变相公开发行股票。向特定对象发行股票后股东累计不超过 200 人的,为非公开发行。非公开发行股票及其股权转让,不得采用广告、公告、广播、电话、传真、信函、推介会、说明会、网络、短信、公开劝诱等公开方式或变相公开方式向社会公众发行,不得通过手机 APP、微信公众号、QQ 群和微信群等方式进行宣传推介。严禁任何公司股东自行或委托他人以公开方式向社会公众转让股票。向特定对象转让股票，未依法报经证监会核准的，股票转让后公司股东累计不得超过 200 人。

三是非法开展私募基金管理业务。根据证券投资基金法、私募投资基金监督管理暂行办法等有关规定，私募基金管理人不得向合格投资者之外的单位和个人募集资金，不得变相乱集资，不得向不特定对象宣传推介，不得通过分拆、分期、与资产管理计划嵌套等方式变相增加投资者数量，合格投资者累计不得超过 200 人，合格投资者的标准应当符合私募投资基金监督管理暂行办法的规定。

四是非法经营证券业务。股票承销、经纪（代理买卖）、证券投资咨询等证券业务由证监会依法批准设立的证券机构经营，未经证监会批准，其他任何机构和个人不得经营证券业务，不得向投资人提供购买建议。

五是对金融产品和业务进行虚假违法广告宣传。平台及融资者发布的信息应当真实准确，不得违反相关法律法规规定，不得虚构项目误导或欺诈投资者，不得进行虚假陈述和误导性宣传。宣传内容涉及的事项需要经有权部门许可的，应当与许可的内容相符合。

六是挪用或占用投资者资金。根据《指导意见》，互联网金融从业机构应当严格落实客户资金第三方存管制度，对客户资金进行管理和监督，实现客户资金与自身资金分账管理，平台应严格落实客户资金第三方存管制度。平台及其工作人员，不得利用职务上的便利，将投资者资金非法占为己有，或挪用归个人使用、借贷给他人、进行营利或非法活动。

此外，对于证券公司、基金公司和期货公司等持牌金融机构与互联网企业合作开展业务的情况进行排查，持牌金融机构不得与未取得相应业务资质的互联网金融从业机构开展合作，持牌金融机构与互联网企业合作开展业务不得违反相关法律法规规定，不得通过互联网跨界开展金融活动进行监管套利。

2. 分类处置。对于整治中发现以"股权众筹"等名义从事股权融资业务或募集私募股权投资基金的，积极予以规范。发现涉嫌非法发行股票或非法从事证券活动的，按照打击非法证券活动工作机制予以查处。发现涉嫌非法集资的，按照处置非法集资工作机制予以查处。发现存在虚假陈述或误导性宣传行为的，依据相关法律法规进行处理。发现发布的网络信息内容违反相关规定的，按照互联网信息管理规定予以处理。发现挪用或占用投资者资金、欺诈发行等涉嫌犯罪行为的，依法追究刑事责任。

查处违法违规行为过程中，要区别情况，分类处理。对违法情节轻微、主动整改、有效控制风险、积极消除危害后果的，依法从轻处理；对违法情节严重、拒不配合整改、提供虚假情况或造成严重后果的，依法从重处罚。

三、职责分工

证监会是股权众筹风险专项整治工作的牵头部门，成立股权众筹风险专项整治工作领导小组，负责牵头制定股权众筹风险专项整治工作实施方案，指导、协调、督促开展专项整治工作，做好专项整治工作总结，汇总提出长效机制建设意见。

各省级人民政府按整治方案要求，组织开展本地区专项整治，建立风险事件应急制度和处理预案，做好本地区维稳工作，防范处置风险的风险。建立互联网股权融资违法违规行为有奖举报制度，鼓励广大群众积极举报互联网股权融资风险专项整治范围内的违法违规行为；对举报情况进行核查，对提供重要线索或为侦破案件提供重大帮助的举报人予以奖励。

在省级人民政府统一领导下，省金融办（局）与证监会省级派出机构共同牵头负责本地区分领域整治工作，共同承担分领域整治任务。

四、时间进度

按照摸底排查、清理整顿、督查和评估、验收和总结四个步骤，稳步推进股权众筹风险专项整治工作。具体要求和时间进度按照《互联网金融风险专项整治工作实施方案》要求进行，即摸底排查工作于 2016 年 7 月底前完成，清理整顿工作于 2016 年 11 月底前完成，督查和评估工作于 2016 年 11 月底前完成，验收和总结工作于 2017 年 1 月底前完成。

五、其他事项

按照边整治、边研究、边总结、边完善的总体思路，通过专项整治工作着力解决目前互联网股权融资领域面临的突出问题，建章立制，弥补立法空白。

对互联网非公开股权融资，结合其业务特点和规范引导的客观要求，证监会会同有关部门研究制定并择机出台指导意见，划清监管边界，明确政策底线。

对股权众筹融资试点，证监会会同有关部门继续做好试点各项准备工作，根据国务院统一部署，适时发布股权众筹融资试点监管规则，启动试点。

通过互联网开展资产管理及跨界从事金融业务风险专项整治工作实施方案

(银发〔2016〕113号)

为贯彻落实党中央、国务院决策部署，做好通过互联网开展资产管理及跨界从事金融业务（P2P网络借贷、股权众筹、互联网保险、第三方支付另有规定）风险专项整治工作，根据《关于促进互联网金融健康发展的指导意见》和《互联网金融风险专项整治工作实施方案》，制定本方案。

一、工作目标和原则

（一）工作目标。

按照业务定性要准、整治责任要清、整治措施要实的要求，坚持防治结合，通过督促整改一批、取缔关停一批等整治措施，鼓励和保护有益的创新，形成正向激励机制，正本清源。同时建立健全行业奖惩机制、举报机制、信息披露和投资人保护机制，实现规范与创新并重，促进行业良性发展。

（二）工作原则。

坚持实质穿透，明确职责分工。结合从业机构的持牌状况和主营业务特征，采取"穿透式"监管方法，透过表面界定业务本质属性，落实整治责任。业务跨省经营的，由注册地相关部门牵头负责整治工作，经营所在地的地方人民政府和金融管理部门应加强配合。

坚持全面覆盖，实施分层整治。依据法律法规和金融行业相关制度规范，运用现代技术手段对相关企业进行广泛排查，实现风险全面整治和监管全面覆盖。结合业务实质和违法违规严重程度，由牵头部门出具整改意见，情节较轻的督促限期整改，情节严重的移送公安机关等有关部门依法依规查处。

坚持整治并举，建立长效机制。在清理整顿违法违规业务同时，对于确无法律和监管要求的创新业务，及时制定政策加以规范，强化功能监管和综合监管，防范监管套利，消除监管真空。

二、整治重点

（一）具有资产管理相关业务资质，但开展业务不规范的各类互联网企业。重点查处以下问题：一是将线下私募发行的金融产品通过线上向非特定公众销售，或者向特定对象销售但突破法定人数限制。二是通过多类资产管理产品嵌套开展资产管理业务，规避监管要求。三是未严格执行投资者适当性标准，向不具有风险识别能力的投资者推介产品，或未充分采取技术手段识别客户身份。四是开展虚假宣传和误导式宣传，未揭示投资风险或揭示不充分。五是未采取资金托管等方式保障投资者资金安全，侵占、挪用投资者资金。

（二）跨界开展资产管理等金融业务的各类互联网企业。重点查处以下问题：一是持牌金融机构委托无代销业务资质的互联网企业代销金融产品。二是未取得资产管理业务资质，通过互联网企业开办资产管理业务。三是未取得相关金融业务资质，跨界互联网金融活动（不含P2P网络借贷、股权众筹、互联网保险、第三方支付、资产管理业务）。

（三）具有多项金融业务资质，综合经营特征明显的互联网企业。重点查处各业务板块之间未建立防火墙制度，未遵循禁止关联交易和利益输送等方面的监管规定，账户管理混乱，客户资金保障措施不到位等问题。

三、职责分工

一是持有金融业务牌照但开展业务不规范的，由牌照主管部门进行整治。二是不持有金融业务牌照，但明显具备P2P网络借贷、股权众筹、互联网保险、第三方支付业务特征的，按照相关分领域的专项整治工作方案进行整治。三是不持有金融业务牌照，也不明确具备P2P网络借贷、股权众筹、互联网保险、第三方支付业务特征，或者不以P2P网络借贷、股权众筹、互联网保险、第三方支付为主营业务的，由省级人民政府统一组织，采取"穿透式"监管方法，综合资金来源、中间环节与最终投向等全流程信息，对业务实质进行界定，落实整治责任。

省级人民政府要全面掌握各类企业通过互联网跨界开展资产管理等金融业务的专项整治情况，督促省金融办（局）与相关金融管理部门当地派驻机构共同承担牵头整治责任，并督促当地工商、公安等部门积极配合做好整治工作。省金融办（局）利用各类举报信息或建立举报信息平台，汇总各方面关于互联网资产管理等跨界金融活动的信息；组织相关部门对涉嫌违法违规的信息进行业务性质界定，按照界定的业务性质由相关部门牵头进行整治。省金融办（局）牵头对本地区的各类交易场所、担保公司、小额贷款公司、典当行、租赁公司开展互联网金融活动进行整治。人民银行省级分支机构积极配合省金融办（局）开展信息摸查和业务定性等相关工作，对于业务嵌套关系复杂、职责难以界定的，要承担牵头责任，会同当地有关部门联合整治。银监会省级派出机构负责对界定为通过互联网开展银行理财、信托理财、消费金融、金融租赁以及其他基于借贷关系的金融活动牵头进行整治。证监会省级派出机构负责对界定为证券、基金、期货、私募股权投资基金相关的互联网金融活动牵头进行整治。保监会省级派出机构要负责对界定为从事互联网保险等金融活动进行整治。省工商局负责对相关机构违法广告行为进行整治，将企业登记注册信息提供给金融管理部门，金融管理部门与工商部门共同开展对以投资理财名义开展金融活动的整治。省通信管理局负责对相关部门认定存在违法违规行为的机构网站和移动应用程序依法予以处置，做好专项整治的技术支持工作。省公安厅（局）负责查处涉嫌犯罪案件，强化防逃、控赃、追赃、挽损工作，配合做好群体性事件的预防和处置工作。省宣传部门和互联网信息办公室牵头负责专项整治工作的新闻宣传和舆论引导工作。省住房城乡建设部门等其他部门要与金融管理部门共同对本行业的企业跨界开展互联网金融活动进行摸查取证、业务定性、督促整改，做好整治工作。

本方案不改变非法集资、非法证券期货活动现行处置机制安排，认定为非法集资、非法证券期货活动的互联网金融活动，仍按现行工作机制进行处置。

四、工作程序及时间进度

（一）信息排查。省工商局与整治工作的相关牵头部门实现工商登记信息的互联互通，牵头对本地区企业注册名称中使用"交易所""交易中心""金融""资产管理""理财""基金""基金管理""投资管理""财富管理""股权投资基金"等字样的企业进行筛选。省通信管理局运用现代技术手段，挖掘可疑的企业信息。省金融办（局）对外公布举报电话、传真、邮箱等信息，汇总各方面举报信息，以及信息排查获得的涉嫌违法违规企业信息。对于跨区域经营的互联网金融平台，注册所在地和经营所在地的省金融办（局）和金融管理部门当地派驻机构要加强合作，互通汇总摸查情况。对于房地产等重点行业企业开办的互联网金融平台，相关行业主管部门要积极配合摸查信息。摸查过程中，要积极做好客户资金保护工作。此项工作于2016年7月底前完成。

（二）职责界定。对于信息排查阶段获得的涉嫌违法违规的企业名册，省金融办（局）组织相关金融管理部门当地派驻机构进行业务性质界定，按照本方案的分工安排，分别由相关部门牵头进行整治。金融管理部门当地派驻机构应高度重视业务性质界定工作，积极配合省金融办（局）落实整治责任，不留监管空白。此项工作于 2016 年 8 月底前完成。

（三）清理整顿。各有关部门对涉嫌违法违规企业开展集中整治工作，并向违法违规从业机构出具整改意见。对于违法违规行为情节较轻的，由牵头出具意见的部门督促其限期整改，整改完成前不得开展新业务；对于违法违规行为情节严重、涉嫌非法开展金融活动的，由牵头出具意见的部门责令其限期停止开办金融业务，工商部门依法吊销营业执照。通信主管部门根据整改意见对违法违规从业机构的网站及移动应用程序依法予以处置。公安机关结合整改意见依法查处相关从业机构及责任人。

各有关部门应组织对各自负责领域的整治情况进行自查，将工作进展、疑难问题等情况及时向地方人民政府落实整治方案领导小组报告。地方人民政府落实整治方案领导小组要加强对相关工作的督导，开展工作效果评估。对于整治工作好的经验做法，及时推广；对于整治工作落实不力、整治一批、又出一批的，应查找问题、及时纠偏，并建立问责和惩处机制。此项工作于 2016 年 11 月底前完成。

（四）验收总结。各省级人民政府对本地区企业整治情况进行验收，组织起草各类企业通过互联网跨界开展资产管理等金融业务领域整治工作的总结报告，报送互联网金融风险专项整治工作领导小组办公室。此项工作于 2017 年 1 月底前完成。

关于加大通过互联网开展资产管理业务整治力度及开展验收工作的通知

(整治办函〔2018〕29号)

各省(自治区、直辖市)、深圳市互联网金融风险专项整治工作领导小组办公室；人民银行上海总部，各分行、营业管理部、省会(首府)城市中心支行、深圳市中心支行：

为做好通过互联网开展资产管理业务领域清理整顿工作，我办先后下发《关于做好通过互联网开展资产管理及跨界从事金融业务风险专项整治清理整顿工作的通知》(整治办函〔2016〕96号)、《关于进一步做好互联网金融风险专项整治清理整顿工作的通知》(银发〔2017〕119号)、《关于对互联网平台与各类交易场所合作从事违法违规业务开展清理整顿的通知》(整治办函〔2017〕64号)等文件，明确了合法合规标准和清理整顿要求。各省领导小组办公室(以下简称各省整治办)认真落实各项要求，相关工作取得积极进展，存量违法违规业务规模有所下降，增量风险有所控制。

根据专项整治总体进度安排，下一阶段将进入验收及总结阶段。验收是本领域专项整治工作的关键环节，是对专项整治开展以来工作成效的检验。请各省整治办高度重视，明确工作目标，加大工作力度，引导从业机构依法合规开展业务，坚决打击违法违规互联网资产管理活动，打赢防范化解金融风险攻坚战。根据《国务院办公厅关于印发互联网金融风险专项整治工作实施方案的通知》(国办发〔2016〕21号)、《通过互联网开展资产管理及跨界从事金融业务风险专项整治工作实施方案》(银发〔2016〕113号)文件精神，现就本领域验收工作有关事宜通知如下：

一、验收标准

1. 通过互联网开展资产管理业务的本质是开展资产管理业务。资产管理业务作为金融业务，属于特许经营行业，须纳入金融监管。非金融机构不得发行、销售资产管理产品，国家另有规定的除外。

依托互联网公开发行、销售资产管理产品，须取得中央金融管理部门颁发的资产管理业务牌照或资产管理产品代销牌照。未经许可，不得依托互联网公开发行、销售资产管理产品。

2. 未经许可，依托互联网以发行销售各类资产管理产品（包括但不限于"定向委托计划""定向融资计划""理财计划""资产管理计划""收益权转让"）等方式公开募集资金的行为，应当明确为非法金融活动，具体可能构成非法集资、非法吸收公众存款、非法发行证券等。相关认定标准参照《中华人民共和国刑法》《最高人民法院关于审理非法集资刑事案件具体应用法律若干问题的解释》《非法金融机构和非法金融业务活动取缔办法》《中华人民共和国证券法》等相关法律法规规定执行。

3. 未经许可，依托互联网发行销售资产管理产品的行为，须立即停止，存量业务应当最迟于2018年6月底前压缩至零。个别从业机构情况特别复杂、确有必要适当延长整改时限的，应经省级人民政府批准，并由省级人民政府指定相关部门负责后续整改监督及验收。

4. 互联网平台不得为各类交易场所代销（包括"引流"等方式变相提供代销服务）涉嫌突破国发〔2011〕38号文、国办发〔2012〕37号文以及清理整顿各类交易场所"回头看"政策要求的资产管理产品。互联网平台应配合各类交易场所妥善化解存量业务。

二、验收流程

1. 成立验收专班，制定工作方案。各省整治办应成立由省金融办（局）、人民银行分支机构以及银监局、证监局、保监局、公安、通信管理、市场监督管理等部门组成的验收工作专班，并充分调动第三方专业机构力量，制定验收工作方案并组织开展验收。

2. 验收阶段工作从2018年4月至2018年6月底，各省整治办可根据实际情况，对辖内从业机构进行分批次验收。验收应当实现重点对象全覆盖，对前期随机抽查发现仍在开展互联网资产管理业务的非重点对象也应纳入验收工作范围。

3. 各省整治办应要求辖内从业机构提交整改落实报告及验收申请，对照整治办函〔2016〕96号文、银发〔2017〕119号文、整治办函〔2017〕64号文以及本通知明确的各项验收标准和相关法律法规，组织开展验收。验收措施可包括网络巡查、现场访谈、核查合同、调取账务数据、信息公示等，切实掌握从业机构违法违规业务化解情况。

三、分类处置

1. 对于已补齐资产管理业务相关牌照的机构，由各省整治办出具验收合格意见，并移交相关牌照发放部门进行日常监管。

2. 对于仍未持有资产管理业务相关牌照，但存量业务已经化解至零、未新增业务的机构，各省整治办应要求机构及其控制人出具不再从事互联网资产管理业务的承诺书，并限期办理工商及 ICP 备案变更等，确保工商注册信息及网站内容等不得含有与资产管理业务相关的误导性陈述。

3. 对于存量互联网资产管理业务未化解至零的机构，应明确为从事非法金融活动，纳入取缔类进行处置。各省整治办应当组织地方金融监管部门及中央金融管理部门派驻机构共同出具行政认定和处置意见，协调相关职能部门予以处置，包括注销电信经营许可、封禁网站、下架移动 APP，吊销工商营业执照，要求从事金融业务的持牌机构不得向其提供各类金融服务等。

各省整治办应组织相关部门对非法金融活动是否涉及非法集资、非法发行证券等进一步研判定性，并根据定性情况移送处置非法集资、打击非法证券活动等工作机制予以查处。

4. 对于网贷机构将互联网资产管理业务剥离、分立为不同实体的，应当将分立后的实体视为原网贷机构的组成部分，一并进行验收，承接互联网资产管理业务的实体未将存量业务压缩至零前，不得对相关网贷机构予以备案登记。各地应加强拟备案网贷机构的股东资质审核，对于存量违法违规业务未化解完成的互联网资产管理机构，不得对其实际控制人或股东投资设立的网贷机构予以备案登记。

各省整治办应当建立辖内网贷领域风险整治和互联网资产管理领域风险整治的协调工作机制，并加强与其他相关地区的沟通协作，加强信息互通。

四、其他相关要求

1. 以罚促改，对于未经许可依托互联网公开发行、销售资产管理产品的，应开展行政处罚，特别是对存量业务化解不力的机构，各省整治办应组织中央金融管理部门当地派驻机构对其是否存在变相吸收公众存款、非法发行证券等行为进行行政调查，按照《非法金融机构和非法金融业务活动取缔办法》《中华人民共和国证券法》《中华人民共和国商业银行法》等法律法规从重处罚。

2. 做好预案。各省整治办在相关工作开展过程中，要做好风险应对预案，避免形成连锁反应和交叉传染。对拟取缔对象要稳妥制定取缔方案，协调机构实际控制人做好兑付安排，对停止金融服务工作做出具体安排，确保取缔工作平稳有序。各省整治办要协调地方政府相关部门全面落实源头维稳措施、积极预防、全力化解、妥善处置风险，守住不发生系统性金融风险的底线，维护社会稳定。

3. 协同配合。对于实际经营场所与注册地分离的互联网平台，由注册地省级整治办负责组织验收，实际经营所在地省级整治办应积极配合、提供支持。

4. 信息公示。验收工作开展过程中，各省整治办应通过省金融办（局）官方网站及时公布辖内验收合格的机构，完成整改且承诺不再从事互联网资管业务的机构、取缔类机构名单，并动态更新，帮助公众有效识别风险。

5. 定期报告。请各省整治办自 2018 年 4 月起，每月月底前向我办报送当月验收工作进展情况。

互联网保险风险专项整治工作实施方案

(保监发〔2016〕31号)

为贯彻落实党中央、国务院决策部署，推动互联网保险风险专项整治工作有序开展，根据《关于促进互联网金融健康发展的指导意见》和《互联网金融风险专项整治工作实施方案》，制定本方案。

一、工作目标和原则

(一)工作目标。

规范互联网保险经营模式，优化市场发展环境，完善监管制度规则，实现创新与防范风险并重，促进互联网保险健康可持续发展，切实发挥互联网保险在促进普惠金融发展、服务经济社会方面的独特优势。

(二)工作原则。

突出重点，积极稳妥。坚持问题导向，集中力量对存在的风险进行整治，有效打击各类违法违规活动，同时广泛排查保险业互联网经营模式和保险产品，为完善监管奠定基础。

分类施策，标本兼治。根据违法违规情节分类施策纠偏，讲究方式方法、力度节奏，妥善化解存量风险，有效控制增量风险。既要立足当前，切实防范化解风险，震慑违法违规行为；又要着眼长远，以专项整治为契机，建立健全长效监管机制。

明确责任，加强协作。保监会各相关部门和各省级派出机构要高度重视此次专项整治工作，加强组织领导，落实主体责任，充分考虑互联网保险跨区域、跨领域的特点，完善工作机制，加强内外协调和上下联动。

二、整治重点和措施

(一)互联网高现金价值业务。

重点查处和纠正以下问题：保险公司通过互联网销售保险产品，进行不实描述、片面或夸大宣传过往业绩、违规承诺收益或者承担损失等误导性描述。

具体措施：一是加强互联网保险信息披露监管，要求保险公司严格按照有关规定披露产品信息，满足消费者知情权。二是排查万能型人身保险产品（包括高现价产品）相关风险，出台有针对性的监管政策。三是加大互联网高现价业务查处力度，对于存在违规问题的公司予以严肃查处。

（二）保险机构依托互联网跨界开展业务。

重点查处和纠正以下问题：一是保险公司与不具备经营资质的第三方网络平台合作开展互联网保险业务的行为。二是保险公司与存在提供增信服务、设立资金池、非法集资等行为的互联网信贷平台合作，引发风险向保险领域传递。三是保险公司在经营互联网信贷平台融资性保证保险业务过程中，存在风控手段不完善、内控管理不到位等情况。

（三）非法经营互联网保险业务。

一是清理互联网保险经营资质，重点查处非持牌机构违规开展互联网保险业务，互联网企业未取得业务资质依托互联网开展保险业务等问题。二是查处不法机构和不法人员通过互联网利用保险公司名义或假借保险公司信用进行非法集资。

保险机构不得与未取得相应业务资质的互联网金融从业机构开展合作，保险机构与互联网企业合作开展业务不得违反相关法律法规规定，不得通过互联网跨界开展金融活动实现监管套利。

（四）配套措施。

互联网保险从业机构应严格落实客户资金第三方存管制度要求，保护客户资金安全。依靠举报和重罚机制及时发现问题，纠正不当行为，对违法违规机构进行严厉查处。

三、组织领导和职责分工

（一）组织机构。保监会成立互联网保险专项整治工作领导小组，领导小组组长由保监会负责同志担任。设立领导小组办公室，负责组织协调相关工作。

（二）职责分工。保监会负责专项整治工作的总体部署和重大事项的协调处理，制定互联网保险风险专项整治工作实施方案，按进度推进专项整治工作，组织研究专项整治工作中遇到的新问题，做好专项整治工作总结汇报，汇总提出长效机制建设建议。在省级人民政府统一领导下，省金融办（局）与保监会省级派出机构共同牵头负责本地区分领域整治工作，共同承担分领域整治任务。

四、时间进度

（一）摸底排查。通过全面排查、随机抽查等方式摸排风险底数，制定整改方案。对行业万能险存在的流动性风险、资产负债错配风险、利差损风险和销售误导风险等进行排查。此项工作于 2016 年 7 月底前完成。

（二）查处整改。严格按照制度规定，对相关问题限时、全面整改。适时下发专项通知，规范中短存续期产品。严肃查处，对于违规经营的市场主体采取叫停业务、责令整改等监管措施。此项工作于 2016 年 11 月底前完成。

（三）总结报告。按照《互联网金融风险专项整治工作实施方案》要求，认真总结此次专项整治工作，将有关情况汇总形成书面报告，报送互联网金融风险专项整治工作领导小组办公室。此项工作于 2017 年 1 月底前完成。

五、保障措施

（一）加强组织领导。高度重视本次专项整治工作，深刻认识防范化解互联网金融风险的重要意义，按照工作方案的统一部署，细化整治内容，认真开展工作，狠抓落实，确保专项整治工作落到实处。

（二）务求工作实效。创新方式方法，确保专项整治工作不走过场。深入剖析问题成因，分类处理。坚持即查即改，对于需要协调解决的问题，要说明情况，并提出有针对性和可操作性的意见建议。

（三）加强协调配合。针对互联网金融保险活动跨区域、跨领域、难追责的特点，做好上下沟通及内外协调，形成风险防范合力。加强协作配合，明确职责与分工，推动各有关部门纵横联动和信息共享，确保专项整治工作顺利推进。

（四）建立长效机制。以整治工作中发现的问题为导向，从完善制度、深化改革、加强监督入手，及时积累总结经验，加强对互联网保险的监测预警，引导保险机构加强风险管控，形成对互联网保险领域全覆盖的长效监管体制机制。

关于开展以网络互助计划形式非法从事保险业务专项整治工作的通知

(保监发改〔2016〕241号)

各保监局：

为贯彻落实党中央、国务院决策部署，切实防范相关金融风险，根据《互联网保险风险专项整治工作实施方案》（保监发〔2016〕31号），我会决定开展以网络互助计划形式非法从事保险业务专项整治工作，现将有关事项通知如下：

一、网络互助涉及变相或实际经营保险业务的主要表现

当前，互联网上出现一些意外事故、重大疾病等网络互助计划，少数也涉及车辆风险及家庭财产风险等领域。推出这些网络互助计划的互联网平台多注册为互联网公司或科技公司，以互联网为主要渠道，以互助计划等名义向公众收取费用、招募会员。如果会员发生约定的意外事故、重大疾病等风险事件，再向会员分摊或募集互助金。

为大量吸引会员，一些网络互助平台出现违规宣传和经营现象，甚至涉嫌变相或实际经营保险业务，主要表现在以下方面：一是以互助计划名义通过多种形式向社会公众承诺赔偿给付责任，或诱导社会公众产生获取高额保障的刚性赔付预期，公开宣称足额赔付和提取准备金，违规开展保险运营活动。二是违规使用保险术语，将互助计划与保险产品进行对比和挂钩，混淆保险产品与互助计划的区别。三是打着"保险创新""互联网+保险"等名义进行虚假、误导宣传。四是宣称互助计划及资金管理受到政府监管。五是以互助计划名义收取保险费并非法建立资金池。

二、整治目标

本次专项整治旨在化解潜在金融风险，切实维护消费者合法权益，全面摸清互助平台基本情况和风险底数，发现存在的违法违规问题；通过督促整改和

查处，纠正向社会公众承诺赔偿给付责任或诱导社会公众产生刚性赔付预期的行为，划清互助计划与保险产品界限，防范消费误导。

三、工作步骤

（一）排查分类。

1. 排查。排查工作应当覆盖运营主体工商登记注册在本地区的全部网络互助平台，摸清各平台基本情况和风险底数。

排查方式包括多方情况汇总、逐一比对、网上核验、现场实地认证等。各保监局应对本地区网络互助平台进行认真排查，实现"一平台一档"。排查内容包括机构基本情况、互助计划产品情况和存在的主要问题。

各保监局应于 2017 年 1 月 16 日前完成排查工作，并向我会互联网保险风险专项整治工作领导小组办公室报送《网络互助平台基本情况调查表》（附件1）。

2. 分类。基于排查所掌握的各网络互助平台基本情况，对平台进行分类：一是向公众明示互助计划与保险产品的区别，未诱导公众产生可获得风险保障刚性赔付预期的平台；二是违规使用保险术语，存在虚假、误导宣传或其他不规范行为，但未诱导公众产生刚性赔付预期的平台；三是诱导公众产生刚性赔付预期，或存在以保险费名义向社会公众收取资金并非法建立资金池等行为的平台。其中，二、三类网络互助平台为本次专项整治对象，第三类网络互助平台为重点整治对象。

（二）限期整改。对于二、三类网络互助平台，应进行监管谈话、警示教育，督促其于 2017 年 2 月中旬前按如下要求完成整改：

1. 不得以任何形式承诺风险保障责任或诱导消费者产生保障赔付预期。不得以任何形式承诺足额赔付，不得使用过往互助案例进行宣传和营销，不得使用任何可能诱导消费者产生保障预期的宣传手段，不得使用"保障""保证"等字眼。

2. 明确平台性质。在平台官方网站、微信公众号的首页向公众声明"互助计划不是保险""加入互助计划是单向的捐赠或捐助行为，不能预期获得确定的风险保障"。

3. 与保险产品划清界线。不得使用任何保险术语，不得将互助计划与保险产品进行任何形式的挂钩或对比。

4. 妥善处理存量业务。应制定切实可行的工作预案，对不愿继续参加互助计划的会员进行妥善安排，确保有关工作平稳有序进行。

5. 不得以保险费名义向社会公众收取资金或非法建立资金池。

（三）查处。整改期限结束后，各保监局应及时评估整改结果，按照区别对待、分类处置的原则，于2017年2月底前依法采取差别化处置措施。对违法情节轻微、主动整改、有效控制风险、积极消除危害后果的网络互助平台，依法从轻或者免于处罚。对违法情节严重、拒不配合整改、提供虚假情况或造成严重后果的网络互助平台，应对其开展现场检查，通过查阅台账、银行流水、合同档案、财务报表、网站微信等方式，依法获取各类违法违规的事实和依据。对存在违法违规问题的，按照《保险法》等相关法律法规予以严肃处理。

（四）总结评估。在前期排查、分类、整改、查处工作的基础上，及时进行总结，填写《网络互助平台整治情况汇总表》（附件2），并撰写总结报告，于2017年2月底前报送我会互联网保险风险专项整治工作领导小组办公室。

四、工作要求

（一）加强组织领导，形成工作合力。各保监局要高度重视此次专项整治工作，对辖区内网络互助平台开展深入细致的摸排调查，积极妥善督促各平台做好专项整治工作，协调参与整治工作的各部门发挥职能作用，形成工作合力，切实防范化解相关金融风险。

（二）注重方式方法，加强舆情引导。在摸底排查及查处过程中要讲究整治策略，加强正面的宣传解释与舆论引导工作，同时应做好应急预案，防范区域性、群体性风险事件发生。如遇重大突发情况，应及时向我会互联网保险风险专项整治工作领导小组办公室报告。

附件：1. 网络互助平台基本情况调查表（略）
　　　2. 网络互助平台整治情况汇总表（略）

关于对互联网平台与各类交易场所合作从事违法违规业务开展清理整顿的通知

(整治办函〔2017〕64号)

各省（自治区、直辖市）、深圳市互联网金融风险专项整治工作领导小组办公室；人民银行上海总部，各分行、营业管理部、省会（首府）城市中心支行、深圳市中心支行：

前期，人民银行会同银监会、证监会、保监会等16部委，共同印发《关于进一步做好互联网金融风险专项整治清理整顿工作的通知》（银发〔2017〕119号），明确了互联网金融专项整治期间各项违法违规业务"严控增量、化解存量"的要求。近期我办发现，一些互联网平台仍然与各类交易场所合作开展违法违规业务，存在较大风险隐患。现将有关情况及工作要求通知如下：

一、有关情况

2011年、2012年，国务院先后下发了《国务院关于清理整顿各类交易场所切实防范金融风险的决定》（国发〔2011〕38号）、《国务院办公厅关于清理整顿各类交易场所的实施意见》（国办发〔2012〕37号），明确各类交易场所不得将任何权益拆分为均等份额公开发行，不得将权益按照标准化交易单位持续挂牌交易。权益持有人累计不得超过200人等要求。今年以来，清理整顿各类交易场所部际联席会议部署清理整顿"回头看"工作，再次明确了交易场所不得将权益拆分发行、降低投资者门槛、变相突破200人私募上限等政策红线。

一些互联网平台明知上述要求，仍然与各类交易场所合作，将权益拆分面向不特定对象发行，或以"大拆小""团购""分期"等各种方式变相突破200人限制。一些产品无固定期限、资金和资产无法对应，存在资金池问题；一些产品未向投资者披露信息和提示风险，甚至将高风险资产进行包装粉饰，向不具备风险承受能力的中小投资者出售，一旦信用风险爆发，可能影响社会稳定。

二、清理整顿工作要求

请各地整治办高度重视互联网平台与各类交易场所合作从事违法违规业务的危害性，从防范金融风险、维护金融安全、服务经济社会发展大局出发，坚决整治乱象、消除危害。具体要求如下：

（一）请各地整治办会同人民银行分支机构责令辖内互联网平台认真学习并自觉遵守国发〔2011〕38号和国办发〔2012〕37号文、清理整顿各类交易场所"回头看"工作及本通知相关要求，并于2017年7月15日前，停止与各类交易场所合作开展涉嫌突破政策红线的违法违规业务的增量。同时，互联网平台须积极配合各类交易场所，妥善化解存量违法违规业务。

（二）对于2017年7月16日以后仍继续与各类交易场所合作开展违法违规业务的互联网平台，请各地整治办会同人民银行分支机构及其他相关部门，对相关互联网平台开展现场检查，查实互联网平台是否存在变相吸收公众存款、非法发放贷款、代销违法违规产品、无代销资质销售金融产品、未取得相关资质开办资产管理业务等问题，并按相关法律法规进行处罚。

（三）防范处置风险。各地整治办在相关工作开展过程中，要讲究方式方法，制定风险预案，注意风险隔离，避免形成连锁反应和交叉感染，坚决守住风险底线。

（四）请各地整治办会同人民银行分支机构对辖内互联网平台与各类交易场所合作开展违法违规业务的情况进行全面排查和持续监测，保证问题全面整治，防止相关违法违规业务死灰复燃。

（五）请人民银行分支机构会同各地整治办，于7月15日前，将辖内互联网平台与各类交易场所合作开展违法违规业务清理整顿情况，报告全国整治办。报告内容需含与各类交易场所合作的辖内互联网平台名录、合作业务（产品）名称和情况、相关违法违规业务存量规模和增量停止情况。

关于进一步开展比特币等虚拟货币交易场所清理整治的通知

(整函办函〔2017〕95号)

各省（自治区、直辖市）、深圳市专项整治领导小组办公室：

近年来，比特币等虚拟货币价格快速上涨、波动剧烈，市场风险不断聚集，比特币等虚拟货币交易场所违法违规情况普遍，特别是以比特币等虚拟货币为支持的违法犯罪活动层出不穷，潜藏较大金融和社会风险。国务院已部署将比特币等虚拟货币交易场所的清理整治纳入互联网金融风险专项整治，以及早防范化解相关风险，维护金融和社会稳定。

为做好清理整治工作，我们制定了《比特币等虚拟货币交易场所清理整治工作要求》（见附件1～3），请你们将国务院的部署和要求报告省（区、市）委、省（区、市）政府，在你省（区、市）互联金融风险专项整治领导小组组长领导下，组织有关部门（控制范围）结合实际情况制定辖内比特币等虚拟货币交易场所清理整治的具体实施方案（请于9月20日前报全国互联网金融风险专项整治领导小组办公室）。

请按照要求从9月1日开始于每周一（中午12点前）报送上周工作进展和《比特币等虚拟货币交易场所清理整治工作进程表》《比特币等虚拟货币交易场所信息报送表》（附件2、3），同步抄送人民银行地方分支机构。

附件：1. 比特币等虚拟货币交易场所清理整治工作要求
      2. 比特币等虚拟货币交易场所清理整治工作进程表（略）
      3. 比特币等虚拟货币交易场所信息报送表（略）

附件1

比特币等虚拟货币交易场所清理整治工作要求

根据国务院部署要求，为防范化解相关风险，维护金融和社会稳定，将比特币等虚拟货币交易场所的清理整治纳入互联网金融风险专项整治。具体工作要求如下：

一、清整对象

本要求所指比特币等虚拟货币交易场所（以下简称交易场所），是指以互联网（包括但不限于网站、网络论坛、微信群、QQ群等）为主要渠道，为比特币、莱特币、以太币、瑞波币等虚拟货币的集中和有组织的交易提供买卖撮合、信息中介及所谓"交易担保"等服务的平台设施。

二、总体要求

（一）掌握交易场所相关情况。

交易场所每日向各地金融局（办）上报运营数据（相关要求见附件3），抄送人民银行地方分支机构。由各地金融局（办）汇总整理后每周上报全国整治办。

（二）制定清理整治交易场所具体实施方案。

地方金融局（办）根据本要求，在核实交易场所实际情况的基础上，制定辖内比特币等虚拟货币交易场所清理整治工作的具体实施方案，并于9月20日之前上报全国整治办。

（三）加强交易场所客户资金账户监测和平台高管监控。

要求交易场所将客户资金归集到一个可供监测的账户，建立平台交易与资金账户的一一对应核验机制。防止交易场所挪用或占用投资者的资金或比特币等虚拟货币资产。如有必要，协调地方相关部门采取措施，防止平台高管卷款跑路。

（四）加大对违法违规业务的清理整顿，停止开立新户，压降投资者人数和市场风险。

请各地金融局（办）组织辖内人民银行分支机构、公安部门、工商管理部门、银监局、证监局、保监局、通信管理部门等相关部门，对辖内交易场所开展现场检查，核实交易场所相关信息，并查实其违法违规（包括但不限于《国务院办公厅关于印发互联网金融风险专项整治实施方案的通知》《国务院关于清理整顿各类交易场所切实防范金融风险的决定》《国务院办公厅关于清理整顿各类交易场所的实施意见》《非法金融机构和非法金融业务活动取缔办法》《中华人民共和国反洗钱法》等法律法规和国务院文件）的相关问题。

结合检查情况，落实各项违法违规业务清理整治要求，压降投资者人数。交易场所要严格落实全部客户实名登记要求，并不得开立新账户，落实大额交易、可疑交易报告等反洗钱规定，不得对比特币进行拆分交易，不得开展融资融币业务、比特币理财等业务，不得免手续费、不得参与洗钱、不得违反国家外汇管理规定、不得违规从事支付清算业务、不得超范围经营、不得违反工商广告等法律规定、不得提供杠杆交易服务、不得违反国家证券期货等法律法规等。

（五）监督交易场所有序退出。

在切实加强交易场所资金账户监测，防止平台高管卷款跑路的前提下，要求交易场所自行制定退出方案，并在方案中明确具体退出时限，由地方金融局（办）监督其落实，确保交易场所有序退出。

对于支持配合清理取缔工作、违法违规情节较轻的平台，政策导向上可支持其无风险退出；对于拒不配合有关工作、违法违规情节严重的平台，应严格惩处，坚决取缔。

三、其他注意事项

1. 加强舆论宣传，组织专家学者正面发声，引导公众正确认识比特币等虚拟货币市场风险和相关违法违规金融活动的危害，提升公众防范意识和能力，为清理整治营造良好的舆论氛围。

2. 在清理整治实施过程中，请积极稳妥、周密部署，全面落实源头维稳措施，制定应对预案，保护投资者利益，防范处置风险的风险，切实维护金融市场和社会稳定。

关于对代币发行融资开展清理整顿工作的通知

(整治办函〔2017〕99号)

各省(自治区、直辖市)、深圳市专项整治领导小组办公室:

近期,国内通过发行代币形式包括首次代币发行(ICO)进行融资的活动大量涌现,投机炒作盛行。该类活动本质上属于未经批准的非法公开融资,涉嫌非法集资、非法发行证券、非法发售代币票券以及金融诈骗、传销等违法犯罪活动,严重扰乱了经济金融秩序。

根据党中央、国务院领导同志有关批示要求,为防范化解相关风险,保护投资者合法权益,决定将代币发行融资活动纳入互联网金融风险专项整治工作内容。请各地整治领导小组按照相关工作机制,立即开展代币发行融资活动清理整顿工作,切实防范化解相关风险。具体工作要求如下:

一、积极稳妥化解辖内代币发行融资活动风险。

1. 请各地整治领导小组组织辖内相关部门,立即开展辖内代币发行融资活动摸排工作,要求辖内代币发行融资交易平台上报融资主体、高管人员、融资金额、融资时间等情况,详细掌握代币发行融资交易平台及融资主体的具体情况。请各地整治办汇总辖内代币发行融资交易平台及融资主体情况,并于9月4日下班前报送至全国整治办,同时抄送证监会、银监会、保监会办公厅。

2. 请代币发行融资交易平台注册地整治领导小组牵头,融资主体所在地整治领导小组积极配合,不得相互推诿,合理保护投资者利益。代币发行融资交易平台注册地整治领导小组应对辖内平台高管人员立即实施约谈和监控,同时采取账户监控(必要时冻结资金或资产)等措施防止平台卷款跑路。已完成代币发行融资的组织和个人应当做出清退,妥善处置风险,请平台注册地整治领导小组与融资主体所在地整治领导小组共同督促相关清退工作并监督执行。

二、全面停止新发生代币发行融资活动。请各地整治领导小组组织辖内相关部门,立即叫停辖内所有拟开展的代币发行融资活动。尽快建立代币发行融资活动监测机制,防止相关活动死灰复燃。

三、坚决开展对违法违规活动的清理整顿。对已完成的代币发行融资项目，请各地整治领导小组组织辖内相关部门，逐案研判。根据业务实质，按照处置非法证券活动、非法交易场所和非法集资等现行工作机制和各部门职责分工，加强协同合作，严格执法，坚决打击相关违法违规行为。对于情况特别复杂的，请各地整治领导小组组织辖内相关部门组成联合小组进行清理整顿。

四、注意稳妥有序开展工作。在清理整顿工作过程中，请积极稳妥、周密部署，制定应对预案，保护投资者利益，全面落实源头维稳措施，防范处置风险的风险，做好群体性事件的预防和处置工作，切实维护金融市场和社会稳定。

五、加强宣传教育和舆论引导。请各地整治领导小组会同辖内相关部门，加强政策解读及舆论引导，组织专家学者正面发声，引导公众正确认识代币发行融资活动风险和相关违法违规金融活动的危害，提升公众防范意识和能力，为相关清理整顿工作营造良好的舆论氛围。

六、请各地整治领导小组尽快在辖内传达和部署上述工作要求。

七、相关公告发布前机密，请各地做好必要的保密工作。

关于网络"一元购"业务的定性和处置意见

(整治办函〔2017〕78号)

各省(市、区)互联网金融风险专项整治领导小组办公室:

近期,网络上出现"一元购"业务模式,存在较大风险隐患。根据国务院领导同志批示要求,人民银行会同领导小组相关成员单位对网络"一元购"进行了业务定性,形成了清理整顿意见,现将有关情况通知如下:

一、网络"一元购"的经营模式

网络"一元购",是指将一件商品平分成若干1元金额的"等份"通过互联网平台出售,购买者可以购买其中的一份或多份,当所有"等份"售出后以抽奖方式从购买者中抽出幸运者获得此商品,其他购买者的认购资金不予退还的销售模式。参与人存在获取较大利益的机会,但也承担了损失全部本金的风险。

二、网络"一元购"的定性意见

(一)部分网络"一元购"属于变相赌博行为。

网络"一元购"表面上是销售实物商品,实际上销售的是中奖机会,中奖结果由偶然性决定,在法律上属于射幸合同,具有赌博性质,是一种变相的赌博行为。因此,对纯粹以1元价格销售获取大奖机会的网络"一元购",可以认定为赌博。

(二)部分网络"一元购"涉嫌诈骗。

若经营机构以网络"一元购"为名,采取抽奖造假、以次充好、不寄送奖品甚至卷款潜逃等方式,骗取参与人钱财,其行为是典型的以非法占有为目的,使用欺骗方法骗取他人财物的诈骗行为。

三、清理整顿工作要求

(一)准确定性处置。请各省按照属地管理原则,对辖内"一元购"区分具体情形,采用穿透式的监管方法,从行为本质认定法律性质,并有针对性地采取相应的监管措施。对于利用网络"一元购"从事赌博活动或涉嫌诈骗的违法违规行为,依法予以打击处理。

(二)加强巡查监测。请各省加强对涉"一元购"非法信息的巡查监看,及时清理煽动聚集维权等负面有害信息。鼓励消费者对"一元购"涉及赌博、欺诈等违法违规行为进行举报,充分发挥群防群控和社会监督作用。

(三)注重宣传引导。请各省充分运用各类宣传媒介,积极汇编典型案例和案情分析,用"以案说法"的形式开展网络"一元购"风险警示教育,引导消费者正确认识相关行为,摒弃以小搏大的投机心理。

(四)强化维稳措施。对于辖内已经出现网络"一元购"参与人损失惨重、过激维权等案例,存在扰乱社会秩序隐患的省份,请相应的省份地方政府切实承担维稳工作第一责任人的职责,制定应急处置预案,防止风险无序扩散,坚决守住不发生大规模群体事件的底线。

第三章
互联网支付业务

互联网支付是指银行及持有支付业务许可证的非银行支付机构提供的通过计算机、手机等设备,依托互联网发起支付指令、转移货币资金的服务。

互联网支付包括银行互联网支付和非银行互联网支付两个部分。目前,银行互联网支付的交易额占全部互联网支付交易总额的90%以上,占据主要地位,非银行互联网支付交易额占比较低,但增长迅速。互联网支付业务由人民银行负责监管。

重点合规要求:

1. 支付机构须持有人民银行颁发的支付业务许可证;提供条码付款服务的,应取得网络支付业务许可;为实体特约商户和网络特约商户提供条码支付收单服务的,应分别取得银行卡收单业务许可和网络支付业务许可;从事银行卡清算业务的,应取得银行卡清算业务许可证。

2. 获得互联网支付业务许可的支付机构,经客户主动提出申请,可为其开立支付账户;仅获得移动电话支付、固定电话支付、数字电视支付业务许可的支付机构,不得为客户开立支付账户。

3. 支付机构不得为金融机构,以及从事信贷、融资、理财、担保、信托、货币兑换等金融业务的其他机构开立支付账户。

4. 不可向无证支付机构提供支付清算服务("二清")。

5. 银行、支付机构开展条码支付业务涉及跨行交易时,应当通过人民银行跨行清算系统或者具备合法资质的清算机构处理。

6. 支付机构应根据要求按时按量交存备付金,自2018年7月9日起,按月逐步提高支付机构客户备付金集中交存比例,到2019年1月14日实现100%集中交存(跨境人民币备付金账户、基金销售结算专用账户、外汇备付金账户余额暂不计入交存基数)。

7. 支付机构受理的涉及银行账户的网络支付业务全部通过网联平台处理(2018年6月30日起)。

8. 银行、支付机构应根据《条码支付安全技术规范（试行）》关于风险防范能力的分级，对个人客户的条码支付业务进行限额管理。风险防范等级分别为 A、B、C、D 四级，对应单个账户单日累计交易额分别为无限额、5000 元、1000 元、500 元。

9. 非金融机构在申请《支付业务许可证》前 6 个月内应对其业务系统进行检测认证；支付机构应根据其支付业务发展和安全管理的要求，至少每 3 年对其业务系统进行一次全面的检测认证。

10. 预付卡发卡机构发行预付卡应遵守购卡实名制度、非现金购卡制度和限额发行制度。预付卡不得用于网络支付渠道，下列情形除外：(1) 缴纳公共事业费；(2) 在本发卡机构合法拓展的实体特约商户的网络商店中使用；(3) 同时获准办理"互联网支付"业务的发卡机构，其发行的预付卡可向在本发卡机构开立的实名网络支付账户充值，但同一客户的所有网络支付账户的年累计充值金额合计不超过 5000 元。

电子支付指引(第一号)

(中国人民银行公告〔2005〕第23号)

第一章 总 则

第一条 为规范和引导电子支付的健康发展，保障当事人的合法权益，防范支付风险，确保银行和客户资金的安全，制定本指引。

第二条 电子支付是指单位、个人(以下简称客户)直接或授权他人通过电子终端发出支付指令，实现货币支付与资金转移的行为。

电子支付的类型按电子支付指令发起方式分为网上支付、电话支付、移动支付、销售点终端交易、自动柜员机交易和其他电子支付。

境内银行业金融机构(以下简称银行)开展电子支付业务，适用本指引。

第三条 银行开展电子支付业务应当遵守国家有关法律、行政法规的规定，不得损害客户和社会公共利益。

银行与其他机构合作开展电子支付业务的，其合作机构的资质要求应符合有关法规制度的规定，银行要根据公平交易的原则，签订书面协议并建立相应的监督机制。

第四条 客户办理电子支付业务应在银行开立银行结算账户(以下简称账户)，账户的开立和使用应符合《人民币银行结算账户管理办法》《境内外汇账户管理规定》等规定。

第五条 电子支付指令与纸质支付凭证可以相互转换，二者具有同等效力。

第六条 本指引下列用语的含义为：

(一)"发起行"，是指接受客户委托发出电子支付指令的银行。

(二)"接收行"，是指电子支付指令接收人的开户银行；接收人未在银行开立账户的，指电子支付指令确定的资金汇入银行。

(三)"电子终端"，是指客户可用以发起电子支付指令的计算机、电话、销售点终端、自动柜员机、移动通讯工具或其他电子设备。

第二章　电子支付业务的申请

第七条　银行应根据审慎性原则，确定办理电子支付业务客户的条件。

第八条　办理电子支付业务的银行应公开披露以下信息：

（一）银行名称、营业地址及联系方式；

（二）客户办理电子支付业务的条件；

（三）所提供的电子支付业务品种、操作程序和收费标准等；

（四）电子支付交易品种可能存在的全部风险，包括该品种的操作风险、未采取的安全措施、无法采取安全措施的安全漏洞等；

（五）客户使用电子支付交易品种可能产生的风险；

（六）提醒客户妥善保管、使用或授权他人使用电子支付交易存取工具（如卡、密码、密钥、电子签名制作数据等）的警示性信息；

（七）争议及差错处理方式。

第九条　银行应认真审核客户申请办理电子支付业务的基本资料，并以书面或电子方式与客户签订协议。

银行应按会计档案的管理要求妥善保存客户的申请资料，保存期限至该客户撤销电子支付业务后 5 年。

第十条　银行为客户办理电子支付业务，应根据客户性质、电子支付类型、支付金额等，与客户约定适当的认证方式，如密码、密钥、数字证书、电子签名等。

认证方式的约定和使用应遵循《中华人民共和国电子签名法》等法律法规的规定。

第十一条　银行要求客户提供有关资料信息时，应告知客户所提供信息的使用目的和范围、安全保护措施，以及客户未提供或未真实提供相关资料信息的后果。

第十二条　客户可以在其已开立的银行结算账户中指定办理电子支付业务的账户。该账户也可用于办理其他支付结算业务。

客户未指定的银行结算账户不得办理电子支付业务。

第十三条　客户与银行签订的电子支付协议应包括以下内容：

（一）客户指定办理电子支付业务的账户名称和账号；

（二）客户应保证办理电子支付业务账户的支付能力；

（三）双方约定的电子支付类型、交易规则、认证方式等；

（四）银行对客户提供的申请资料和其他信息的保密义务；

（五）银行根据客户要求提供交易记录的时间和方式；

（六）争议、差错处理和损害赔偿责任。

第十四条 有以下情形之一的，客户应及时向银行提出电子或书面申请：

（一）终止电子支付协议的；

（二）客户基本资料发生变更的；

（三）约定的认证方式需要变更的；

（四）有关电子支付业务资料、存取工具被盗或遗失的；

（五）客户与银行约定的其他情形。

第十五条 客户利用电子支付方式从事违反国家法律法规活动的，银行应按照有权部门的要求停止为其办理电子支付业务。

第三章 电子支付指令的发起和接收

第十六条 客户应按照其与发起行的协议规定，发起电子支付指令。

第十七条 电子支付指令的发起行应建立必要的安全程序，对客户身份和电子支付指令进行确认，并形成日志文件等记录，保存至交易后 5 年。

第十八条 发起行应采取有效措施，在客户发出电子支付指令前，提示客户对指令的准确性和完整性进行确认。

第十九条 发起行应确保正确执行客户的电子支付指令，对电子支付指令进行确认后，应能够向客户提供纸质或电子交易回单。

发起行执行通过安全程序的电子支付指令后，客户不得要求变更或撤销电子支付指令。

第二十条 发起行、接收行应确保电子支付指令传递的可跟踪稽核和不可篡改。

第二十一条 发起行、接收行之间应按照协议规定及时发送、接收和执行电子支付指令，并回复确认。

第二十二条 电子支付指令需转换为纸质支付凭证的，其纸质支付凭证必须记载以下事项（具体格式由银行确定）：

（一）付款人开户行名称和签章；

（二）付款人名称、账号；

（三）接收行名称；

（四）收款人名称、账号；

（五）大写金额和小写金额；

（六）发起日期和交易序列号。

第四章　安全控制

第二十三条　银行开展电子支付业务采用的信息安全标准、技术标准、业务标准等应当符合有关规定。

第二十四条　银行应针对与电子支付业务活动相关的风险，建立有效的管理制度。

第二十五条　银行应根据审慎性原则并针对不同客户，在电子支付类型、单笔支付金额和每日累计支付金额等方面做出合理限制。

银行通过互联网为个人客户办理电子支付业务，除采用数字证书、电子签名等安全认证方式外，单笔金额不应超过 1000 元人民币，每日累计金额不应超过 5000 元人民币。

银行为客户办理电子支付业务，单位客户从其银行结算账户支付给个人银行结算账户的款项，其单笔金额不得超过 5 万元人民币，但银行与客户通过协议约定，能够事先提供有效付款依据的除外。

银行应在客户的信用卡授信额度内，设定用于网上支付交易的额度供客户选择，但该额度不得超过信用卡的预借现金额度。

第二十六条　银行应确保电子支付业务处理系统的安全性，保证重要交易数据的不可抵赖性、数据存储的完整性、客户身份的真实性，并妥善管理在电子支付业务处理系统中使用的密码、密钥等认证数据。

第二十七条　银行使用客户资料、交易记录等，不得超出法律法规许可和客户授权的范围。

银行应依法对客户的资料信息、交易记录等保密。除国家法律、行政法规另有规定外，银行应当拒绝除客户本人以外的任何单位或个人的查询。

第二十八条　银行应与客户约定，及时或定期向客户提供交易记录、资金余额和账户状态等信息。

第二十九条　银行应采取必要措施保护电子支付交易数据的完整性和可靠性：

（一）制定相应的风险控制策略，防止电子支付业务处理系统发生有意或无意的危害数据完整性和可靠性的变化，并具备有效的业务容量、业务连续性计划和应急计划；

（二）保证电子支付交易与数据记录程序的设计发生擅自变更时能被有效侦测；

（三）有效防止电子支付交易数据在传送、处理、存储、使用和修改过程中被篡改，任何对电子支付交易数据的篡改能通过交易处理、监测和数据记录功能被侦测；

（四）按照会计档案管理的要求，对电子支付交易数据，以纸介质或磁性介质的方式进行妥善保存，保存期限为 5 年，并方便调阅。

第三十条　银行应采取必要措施为电子支付交易数据保密：

（一）对电子支付交易数据的访问须经合理授权和确认；

（二）电子支付交易数据须以安全方式保存，并防止其在公共、私人或内部网络上传输时被擅自查看或非法截取；

（三）第三方获取电子支付交易数据必须符合有关法律法规的规定以及银行关于数据使用和保护的标准与控制制度；

（四）对电子支付交易数据的访问均须登记，并确保该登记不被篡改。

第三十一条　银行应确保对电子支付业务处理系统的操作人员、管理人员以及系统服务商有合理的授权控制：

（一）确保进入电子支付业务账户或敏感系统所需的认证数据免遭篡改和破坏。对此类篡改都应是可侦测的，而且审计监督应能恰当地反映出这些篡改的企图。

（二）对认证数据进行的任何查询、添加、删除或更改都应得到必要授权，并具有不可篡改的日志记录。

第三十二条　银行应采取有效措施保证电子支付业务处理系统中的职责分离：

（一）对电子支付业务处理系统进行测试，确保职责分离；

（二）开发和管理经营电子支付业务处理系统的人员维持分离状态；

（三）交易程序和内控制度的设计确保任何单个的雇员和外部服务供应商都无法独立完成一项交易。

第三十三条　银行可以根据有关规定将其部分电子支付业务外包给合法的专业化服务机构，但银行对客户的义务及相应责任不因外包关系的确立而转移。

银行应与开展电子支付业务相关的专业化服务机构签订协议，并确立一套综合性、持续性的程序，以管理其外包关系。

第三十四条 银行采用数字证书或电子签名方式进行客户身份认证和交易授权的，提倡由合法的第三方认证机构提供认证服务。如客户因依据该认证服务进行交易遭受损失，认证服务机构不能证明自己无过错，应依法承担相应责任。

第三十五条 境内发生的人民币电子支付交易信息处理及资金清算应在境内完成。

第三十六条 银行的电子支付业务处理系统应保证对电子支付交易信息进行完整的记录和按有关法律法规进行披露。

第三十七条 银行应建立电子支付业务运作重大事项报告制度，及时向监管部门报告电子支付业务经营过程中发生的危及安全的事项。

第五章 差错处理

第三十八条 电子支付业务的差错处理应遵守据实、准确和及时的原则。

第三十九条 银行应指定相应部门和业务人员负责电子支付业务的差错处理工作，并明确权限和职责。

第四十条 银行应妥善保管电子支付业务的交易记录，对电子支付业务的差错应详细备案登记，记录内容应包括差错时间、差错内容与处理部门及人员姓名、客户资料、差错影响或损失、差错原因、处理结果等。

第四十一条 由于银行保管、使用不当，导致客户资料信息被泄露或篡改的，银行应采取有效措施防止因此造成客户损失，并及时通知和协助客户补救。

第四十二条 因银行自身系统、内控制度或为其提供服务的第三方服务机构的原因，造成电子支付指令无法按约定时间传递、传递不完整或被篡改，并造成客户损失的，银行应按约定予以赔偿。

因第三方服务机构的原因造成客户损失的，银行应予赔偿，再根据与第三方服务机构的协议进行追偿。

第四十三条 接收行由于自身系统或内控制度等原因对电子支付指令未执行、未适当执行或迟延执行致使客户款项未准确入账的，应及时纠正。

第四十四条 客户应妥善保管、使用电子支付交易存取工具。有关电子支付业务资料、存取工具被盗或遗失，应按约定方式和程序及时通知银行。

第四十五条 非资金所有人盗取他人存取工具发出电子支付指令，并且其身份认证和交易授权通过发起行的安全程序的，发起行应积极配合客户查找原因,尽量减少客户损失。

第四十六条 客户发现自身未按规定操作,或由于自身其他原因造成电子支付指令未执行、未适当执行、延迟执行的,应在协议约定的时间内,按照约定程序和方式通知银行。银行应积极调查并告知客户调查结果。

银行发现因客户原因造成电子支付指令未执行、未适当执行、延迟执行的,应主动通知客户改正或配合客户采取补救措施。

第四十七条 因不可抗力造成电子支付指令未执行、未适当执行、延迟执行的,银行应当采取积极措施防止损失扩大。

第六章 附 则

第四十八条 本指引由中国人民银行负责解释和修改。

第四十九条 本指引自发布之日起施行。

关于加强商业银行与第三方支付机构合作业务管理的通知

(银监发〔2014〕10号)

各银监局，中国人民银行上海总部、各分行、营业管理部、各省会（首府）城市中心支行、副省级城市中心支行，各国有商业银行、股份制商业银行，邮政储蓄银行，银监会直接监管的信托公司、企业集团财务公司、金融租赁公司：

为切实保护商业银行客户信息安全，保障客户资金和银行账户安全，维护客户合法权益，加强商业银行与第三方支付机构合作业务管理，现就商业银行与第三方支付机构建立业务关联提出以下要求：

一、商业银行应按照有关法律法规要求，做好客户信息安全与保密工作。商业银行与第三方支付机构合作开展各项业务，对涉及到的客户金融信息管理，应严格遵循有关法律法规和监管制度的规定，严格遵照客户意愿和指令进行支付，不得违法违规泄露。

二、商业银行应对客户的技术风险承受能力进行评估，客户与第三方支付机构相关的账户关联、业务类型、交易限额等决策要求应与其技术风险承受能力相匹配。

三、客户银行账户与第三方支付机构首次建立业务关联时，应经双重认证，即客户在通过第三方支付机构认证同时，还需通过商业银行的客户身份鉴别。账户所在银行应通过物理网点、电子渠道或其他有效方式直接验证客户身份，明确双方权利与义务。

四、商业银行通过电子渠道验证和辨别客户身份，应采取双（多）种因素验证方式对客户身份进行鉴别，对不具备双（多）种因素认证条件的客户，其任何账户不得与第三方支付机构建立业务关联。

五、商业银行对账户与第三方支付机构建立业务关联的客户，应开通至少一种账户变动即时通知技术方式，不具备即时通知条件的客户，不得通过银行与第三方支付机构建立一次签约、多次支付的业务合作关系。

六、商业银行应设立与客户技术风险承受能力相匹配的支付限额，包括单笔支付限额和日累计支付限额。

商业银行应向客户提供临时调整支付限额的服务，在进行身份验证和辨别后，按照客户申请，在临时期限内可以适当调整单笔支付限额和日累计支付限额。

七、商业银行应对客户通过第三方支付机构进行大额资金划转强化身份认证，确保由客户本人发出资金划转要求。商业银行在与第三方支付机构签订业务合作协议时，应就商业银行直接进行客户身份认证的批量和扣数或电子支付，与第三方支付机构就赔付问题达成一致。

八、对预留的手机号码且设定短信通知的客户，商业银行应在客户进行支付时对第三方支付机构提供的手机号码和银行预留的手机号码进行一次检验，通过后方可进行支付。如果银行已按照前述要求在业务关联时进行了相关信息验证，确保客户身份真实可靠，在交易时可以无须再次验证。

九、商业银行应保留完整的支付信息，在相关法律法规规定的期限内妥善保管，并向客户提供第三方支付机构的签约查询和交易查询功能。

十、商业银行应就大额支付、可疑支付要及时通知客户。对开通短信或其他方式即时通知功能的客户，应就每一笔支付交易即时通知客户。通知信息中包含但不限于第三方支付机构名称、交易金额、交易时间等。

十一、商业银行应明确要求第三方支付机构不得在未经授权的情况下屏蔽本银行的支付界面与接口。

十二、从银行账户划出的支付交易资金，遇到交易终止、失败应划回原银行账户。

十三、商业银行接受客户申请，通过身份验证后，应当提供可以撤销客户账户与第三方支付机构业务合作关联的服务。

十四、商业银行应将与第三方支付机构的合作业务纳入全行业务运营风险监测系统的监控范围，对其中的商户和客户在本行的账户资金活动情况进行实时监控，达到风险标准的应组织核查，特别是对其中大额、异常的资金收付应做到逐笔监测、认真核查、及时预警、及时控制。

十五、商业银行对客户通过第三方支付机构进行的交易建立自动化的交易监控机制和风险监控模型，对资金实时监控，及时发现和处置异常行为、套现或欺诈事件。

十六、商业银行应做好数据和操作指令的整理和日志备份，便于事后检查和审计。商业银行与第三方支付机构合作开展各项业务，凡涉及备付金存放和资金划转的，均应建立每日对账制度，不得使用或变相使用银行内部账户以待清算资金等名义为第三方支付机构存放客户备付金。商业银行应就第三方支付机构备付金存管业务建立统一管理机制，未经总行书面授权，任何分支机构不得直接与第三方支付机构合作开展备付金存管业务，强化备付金的监督管理。

十七、商业银行应采取技术措施保障来自第三方支付机构的传输数据（如客户数据、交易数据等）和操作指令（如支付指令、身份验证指令等）的完整性、一致性和不可抵赖性。对不具备对等安全保障能力的第三方支付机构，原则上应不予合作。

十八、银行应构建安全的网络通道（如专线连接、VPN 通道等），制定安全边界（如部署防火墙、DMZ 隔离区等），防止第三方机构越界访问。

十九、商业银行应按照本通知各项要求，做好相应的制度及合同修订工作。相关工作最迟应于 2014 年 6 月 30 日前完成。

二十、其他银行业金融机构开展相关业务时，参照本通知执行。

非金融机构支付服务管理办法

(中国人民银行令〔2010〕第2号)

第一章 总 则

第一条 为促进支付服务市场健康发展，规范非金融机构支付服务行为，防范支付风险，保护当事人的合法权益，根据《中华人民共和国中国人民银行法》等法律法规，制定本办法。

第二条 本办法所称非金融机构支付服务，是指非金融机构在收付款人之间作为中介机构提供下列部分或全部货币资金转移服务：

（一）网络支付；

（二）预付卡的发行与受理；

（三）银行卡收单；

（四）中国人民银行确定的其他支付服务。

本办法所称网络支付，是指依托公共网络或专用网络在收付款人之间转移货币资金的行为，包括货币汇兑、互联网支付、移动电话支付、固定电话支付、数字电视支付等。

本办法所称预付卡，是指以营利为目的发行的、在发行机构之外购买商品或服务的预付价值，包括采取磁条、芯片等技术以卡片、密码等形式发行的预付卡。

本办法所称银行卡收单，是指通过销售点（POS机）终端等为银行卡特约商户代收货币资金的行为。

第三条 非金融机构提供支付服务，应当依据本办法规定取得《支付业务许可证》，成为支付机构。

支付机构依法接受中国人民银行的监督管理。

未经中国人民银行批准，任何非金融机构和个人不得从事或变相从事支付业务。

第四条 支付机构之间的货币资金转移应当委托银行业金融机构办理，不得通过支付机构相互存放货币资金或委托其他支付机构等形式办理。

支付机构不得办理银行业金融机构之间的货币资金转移，经特别许可的除外。

第五条 支付机构应当遵循安全、效率、诚信和公平竞争的原则，不得损害国家利益、社会公共利益和客户合法权益。

第六条 支付机构应当遵守反洗钱的有关规定，履行反洗钱义务。

第二章 申请与许可

第七条 中国人民银行负责《支付业务许可证》的颁发和管理。

申请《支付业务许可证》的，需经所在地中国人民银行分支机构审查后，报中国人民银行批准。

本办法所称中国人民银行分支机构，是指中国人民银行副省级城市中心支行以上的分支机构。

第八条 《支付业务许可证》的申请人应当具备下列条件：

（一）在中华人民共和国境内依法设立的有限责任公司或股份有限公司，且为非金融机构法人；

（二）有符合本办法规定的注册资本最低限额；

（三）有符合本办法规定的出资人；

（四）有5名以上熟悉支付业务的高级管理人员；

（五）有符合要求的反洗钱措施；

（六）有符合要求的支付业务设施；

（七）有健全的组织机构、内部控制制度和风险管理措施；

（八）有符合要求的营业场所和安全保障措施；

（九）申请人及其高级管理人员最近3年内未因利用支付业务实施违法犯罪活动或为违法犯罪活动办理支付业务等受过处罚。

第九条 申请人拟在全国范围内从事支付业务的，其注册资本最低限额为1亿元人民币；拟在省（自治区、直辖市）范围内从事支付业务的，其注册资本最低限额为3000万元人民币。注册资本最低限额为实缴货币资本。

本办法所称在全国范围内从事支付业务，包括申请人跨省（自治区、直辖市）设立分支机构从事支付业务，或客户可跨省（自治区、直辖市）办理支付业务的情形。

中国人民银行根据国家有关法律法规和政策规定，调整申请人的注册资本最低限额。

外商投资支付机构的业务范围、境外出资人的资格条件和出资比例等，由中国人民银行另行规定，报国务院批准。

第十条 申请人的主要出资人应当符合以下条件：

（一）为依法设立的有限责任公司或股份有限公司；

（二）截至申请日，连续为金融机构提供信息处理支持服务 2 年以上，或连续为电子商务活动提供信息处理支持服务 2 年以上；

（三）截至申请日，连续盈利 2 年以上；

（四）最近 3 年内未因利用支付业务实施违法犯罪活动或为违法犯罪活动办理支付业务等受过处罚。

本办法所称主要出资人，包括拥有申请人实际控制权的出资人和持有申请人 10% 以上股权的出资人。

第十一条 申请人应当向所在地中国人民银行分支机构提交下列文件、资料：

（一）书面申请，载明申请人的名称、住所、注册资本、组织机构设置、拟申请支付业务等；

（二）公司营业执照（副本）复印件；

（三）公司章程；

（四）验资证明；

（五）经会计师事务所审计的财务会计报告；

（六）支付业务可行性研究报告；

（七）反洗钱措施验收材料；

（八）技术安全检测认证证明；

（九）高级管理人员的履历材料；

（十）申请人及其高级管理人员的无犯罪记录证明材料；

（十一）主要出资人的相关材料；

（十二）申请资料真实性声明。

第十二条 申请人应当在收到受理通知后按规定公告下列事项：

（一）申请人的注册资本及股权结构；

（二）主要出资人的名单、持股比例及其财务状况；

（三）拟申请的支付业务；

（四）申请人的营业场所；

（五）支付业务设施的技术安全检测认证证明。

第十三条 中国人民银行分支机构依法受理符合要求的各项申请,并将初审意见和申请资料报送中国人民银行。中国人民银行审查批准的,依法颁发《支付业务许可证》,并予以公告。

《支付业务许可证》自颁发之日起,有效期 5 年。支付机构拟于《支付业务许可证》期满后继续从事支付业务的,应当在期满前 6 个月内向所在地中国人民银行分支机构提出续展申请。中国人民银行准予续展的,每次续展的有效期为 5 年。

第十四条 支付机构变更下列事项之一的,应当在向公司登记机关申请变更登记前报中国人民银行同意:

(一)变更公司名称、注册资本或组织形式;

(二)变更主要出资人;

(三)合并或分立;

(四)调整业务类型或改变业务覆盖范围。

第十五条 支付机构申请终止支付业务的,应当向所在地中国人民银行分支机构提交下列文件、资料:

(一)公司法定代表人签署的书面申请,载明公司名称、支付业务开展情况、拟终止支付业务及终止原因等;

(二)公司营业执照(副本)复印件;

(三)《支付业务许可证》复印件;

(四)客户合法权益保障方案;

(五)支付业务信息处理方案。

准予终止的,支付机构应当按照中国人民银行的批复完成终止工作,交回《支付业务许可证》。

第十六条 本章对许可程序未作规定的事项,适用《中国人民银行行政许可实施办法》(中国人民银行令〔2004〕第 3 号)。

第三章 监督与管理

第十七条 支付机构应当按照《支付业务许可证》核准的业务范围从事经营活动,不得从事核准范围之外的业务,不得将业务外包。

支付机构不得转让、出租、出借《支付业务许可证》。

第十八条 支付机构应当按照审慎经营的要求,制订支付业务办法及客户权益保障措施,建立健全风险管理和内部控制制度,并报所在地中国人民银行分支机构备案。

第十九条　支付机构应当确定支付业务的收费项目和收费标准，并报所在地中国人民银行分支机构备案。

支付机构应当公开披露其支付业务的收费项目和收费标准。

第二十条　支付机构应当按规定向所在地中国人民银行分支机构报送支付业务统计报表和财务会计报告等资料。

第二十一条　支付机构应当制定支付服务协议，明确其与客户的权利和义务、纠纷处理原则、违约责任等事项。

支付机构应当公开披露支付服务协议的格式条款，并报所在地中国人民银行分支机构备案。

第二十二条　支付机构的分公司从事支付业务的，支付机构及其分公司应当分别到所在地中国人民银行分支机构备案。

支付机构的分公司终止支付业务的，比照前款办理。

第二十三条　支付机构接受客户备付金时，只能按收取的支付服务费向客户开具发票，不得按接受的客户备付金金额开具发票。

第二十四条　支付机构接受的客户备付金不属于支付机构的自有财产。

支付机构只能根据客户发起的支付指令转移备付金。禁止支付机构以任何形式挪用客户备付金。

第二十五条　支付机构应当在客户发起的支付指令中记载下列事项：

（一）付款人名称；

（二）确定的金额；

（三）收款人名称；

（四）付款人的开户银行名称或支付机构名称；

（五）收款人的开户银行名称或支付机构名称；

（六）支付指令的发起日期。

客户通过银行结算账户进行支付的，支付机构还应当记载相应的银行结算账号。客户通过非银行结算账户进行支付的，支付机构还应当记载客户有效身份证件上的名称和号码。

第二十六条　支付机构接受客户备付金的，应当在商业银行开立备付金专用存款账户存放备付金。中国人民银行另有规定的除外。

支付机构只能选择一家商业银行作为备付金存管银行，且在该商业银行的一个分支机构只能开立一个备付金专用存款账户。

支付机构应当与商业银行的法人机构或授权的分支机构签订备付金存管协议，明确双方的权利、义务和责任。

支付机构应当向所在地中国人民银行分支机构报送备付金存管协议和备付金专用存款账户的信息资料。

第二十七条 支付机构的分公司不得以自己的名义开立备付金专用存款账户，只能将接受的备付金存放在支付机构开立的备付金专用存款账户。

第二十八条 支付机构调整不同备付金专用存款账户头寸的，由备付金存管银行的法人机构对支付机构拟调整的备付金专用存款账户的余额情况进行复核，并将复核意见告知支付机构及有关备付金存管银行。

支付机构应当持备付金存管银行的法人机构出具的复核意见办理有关备付金专用存款账户的头寸调拨。

第二十九条 备付金存管银行应当对存放在本机构的客户备付金的使用情况进行监督，并按规定向备付金存管银行所在地中国人民银行分支机构及备付金存管银行的法人机构报送客户备付金的存管或使用情况等信息资料。

对支付机构违反第二十五条至第二十八条相关规定使用客户备付金的申请或指令，备付金存管银行应当予以拒绝；发现客户备付金被违法使用或有其他异常情况的，应当立即向备付金存管银行所在地中国人民银行分支机构及备付金存管银行的法人机构报告。

第三十条 支付机构的实缴货币资本与客户备付金日均余额的比例，不得低于10%。

本办法所称客户备付金日均余额，是指备付金存管银行的法人机构根据最近90日内支付机构每日日终的客户备付金总量计算的平均值。

第三十一条 支付机构应当按规定核对客户的有效身份证件或其他有效身份证明文件，并登记客户身份基本信息。

支付机构明知或应知客户利用其支付业务实施违法犯罪活动的，应当停止为其办理支付业务。

第三十二条 支付机构应当具备必要的技术手段，确保支付指令的完整性、一致性和不可抵赖性，支付业务处理的及时性、准确性和支付业务的安全性；具备灾难恢复处理能力和应急处理能力，确保支付业务的连续性。

第三十三条 支付机构应当依法保守客户的商业秘密，不得对外泄露。法律法规另有规定的除外。

第三十四条 支付机构应当按规定妥善保管客户身份基本信息、支付业务信息、会计档案等资料。

第三十五条 支付机构应当接受中国人民银行及其分支机构定期或不定期的现场检查和非现场检查，如实提供有关资料，不得拒绝、阻挠、逃避检查，不得谎报、隐匿、销毁相关证据材料。

第三十六条 中国人民银行及其分支机构依据法律、行政法规、中国人民银行的有关规定对支付机构的公司治理、业务活动、内部控制、风险状况、反洗钱工作等进行定期或不定期现场检查和非现场检查。

中国人民银行及其分支机构依法对支付机构进行现场检查，适用《中国人民银行执法检查程序规定》（中国人民银行令〔2010〕第1号发布）。

第三十七条 中国人民银行及其分支机构可以采取下列措施对支付机构进行现场检查：

（一）询问支付机构的工作人员，要求其对被检查事项作出解释、说明；

（二）查阅、复制与被检查事项有关的文件、资料，对可能被转移、藏匿或毁损的文件、资料予以封存；

（三）检查支付机构的客户备付金专用存款账户及相关账户；

（四）检查支付业务设施及相关设施。

第三十八条 支付机构有下列情形之一的，中国人民银行及其分支机构有权责令其停止办理部分或全部支付业务：

（一）累计亏损超过其实缴货币资本的50%；

（二）有重大经营风险；

（三）有重大违法违规行为。

第三十九条 支付机构因解散、依法被撤销或被宣告破产而终止的，其清算事宜按照国家有关法律规定办理。

第四章 罚 则

第四十条 中国人民银行及其分支机构的工作人员有下列情形之一的，依法给予行政处分；构成犯罪的，依法追究刑事责任：

（一）违反规定审查批准《支付业务许可证》的申请、变更、终止等事项的；

（二）违反规定对支付机构进行检查的；

（三）泄露知悉的国家秘密或商业秘密的；

（四）滥用职权、玩忽职守的其他行为。

第四十一条　商业银行有下列情形之一的，中国人民银行及其分支机构责令其限期改正，并给予警告或处 1 万元以上 3 万元以下罚款；情节严重的，中国人民银行责令其暂停或终止客户备付金存管业务：

（一）未按规定报送客户备付金的存管或使用情况等信息资料的；

（二）未按规定对支付机构调整备付金专用存款账户头寸的行为进行复核的；

（三）未对支付机构违反规定使用客户备付金的申请或指令予以拒绝的。

第四十二条　支付机构有下列情形之一的，中国人民银行分支机构责令其限期改正，并给予警告或处 1 万元以上 3 万元以下罚款：

（一）未按规定建立有关制度办法或风险管理措施的；

（二）未按规定办理相关备案手续的；

（三）未按规定公开披露相关事项的；

（四）未按规定报送或保管相关资料的；

（五）未按规定办理相关变更事项的；

（六）未按规定向客户开具发票的；

（七）未按规定保守客户商业秘密的。

第四十三条　支付机构有下列情形之一的，中国人民银行分支机构责令其限期改正，并处 3 万元罚款；情节严重的，中国人民银行注销其《支付业务许可证》；涉嫌犯罪的，依法移送公安机关立案侦查；构成犯罪的，依法追究刑事责任：

（一）转让、出租、出借《支付业务许可证》的；

（二）超出核准业务范围或将业务外包的；

（三）未按规定存放或使用客户备付金的；

（四）未遵守实缴货币资本与客户备付金比例管理规定的；

（五）无正当理由中断或终止支付业务的；

（六）拒绝或阻碍相关检查监督的；

（七）其他危及支付机构稳健运行、损害客户合法权益或危害支付服务市场的违法违规行为。

第四十四条　支付机构未按规定履行反洗钱义务的，中国人民银行及其分支机构依据国家有关反洗钱法律法规等进行处罚；情节严重的，中国人民银行注销其《支付业务许可证》。

第四十五条　支付机构超出《支付业务许可证》有效期限继续从事支付

业务的，中国人民银行及其分支机构责令其终止支付业务；涉嫌犯罪的，依法移送公安机关立案侦查；构成犯罪的，依法追究刑事责任。

第四十六条 以欺骗等不正当手段申请《支付业务许可证》但未获批准的，申请人及持有其5%以上股权的出资人3年内不得再次申请或参与申请《支付业务许可证》。

以欺骗等不正当手段申请《支付业务许可证》且已获批准的，由中国人民银行及其分支机构责令其终止支付业务，注销其《支付业务许可证》；涉嫌犯罪的，依法移送公安机关立案侦查；构成犯罪的，依法追究刑事责任；申请人及持有其5%以上股权的出资人不得再次申请或参与申请《支付业务许可证》。

第四十七条 任何非金融机构和个人未经中国人民银行批准擅自从事或变相从事支付业务的，中国人民银行及其分支机构责令其终止支付业务；涉嫌犯罪的，依法移送公安机关立案侦查；构成犯罪的，依法追究刑事责任。

第五章 附 则

第四十八条 本办法实施前已经从事支付业务的非金融机构，应当在本办法实施之日起1年内申请取得《支付业务许可证》。逾期未取得的，不得继续从事支付业务。

第四十九条 本办法由中国人民银行负责解释。

第五十条 本办法自2010年9月1日起施行。

非金融机构支付服务管理办法实施细则

(中国人民银行公告〔2010〕第 17 号)

第一条 根据《非金融机构支付服务管理办法》(中国人民银行令〔2010〕第 2 号发布,以下简称《办法》)及有关法律法规,制定本细则。

第二条 《办法》所称预付卡不包括:

(一)仅限于发放社会保障金的预付卡;

(二)仅限于乘坐公共交通工具的预付卡;

(三)仅限于缴纳电话费等通信费用的预付卡;

(四)发行机构与特约商户为同一法人的预付卡。

第三条 《办法》第八条第(四)项所称有 5 名以上熟悉支付业务的高级管理人员,是指申请人的高级管理人员中至少有 5 名人员具备下列条件:

(一)具有大学本科以上学历或具有会计、经济、金融、计算机、电子通信、信息安全等专业的中级技术职称;

(二)从事支付结算业务或金融信息处理业务 2 年以上或从事会计、经济、金融、计算机、电子通信、信息安全工作 3 年以上。

前款所称高级管理人员,包括总经理、副总经理、财务负责人、技术负责人或实际履行上述职责的人员。

第四条 《办法》第八条第(五)项所称反洗钱措施,包括反洗钱内部控制、客户身份识别、可疑交易报告、客户身份资料和交易记录保存等预防洗钱、恐怖融资等金融犯罪活动的措施。

第五条 《办法》第八条第(六)项所称支付业务设施,包括支付业务处理系统、网络通信系统以及容纳上述系统的专用机房。

第六条 《办法》第八条第(七)项所称组织机构,包括具有合规管理、风险管理、资金管理和系统运行维护职能的部门。

第七条 《办法》第十条第(二)项所称信息处理支持服务,包括信息处理服务和为信息处理提供支持服务。

第八条 《办法》第十条所称拥有申请人实际控制权的出资人,包括:

(一)直接持有申请人的股权超过 50% 的出资人;

（二）直接持有申请人股权且与其间接持有的申请人股权累计超过 50% 的出资人；

（三）直接持有申请人股权且与其间接持有的申请人股权累计不足 50%，但依其所享有的表决权足以对股东会、股东大会的决议产生重大影响的出资人。

第九条 《办法》第十条所称持有申请人 10% 以上股权的出资人，包括：

（一）直接持有申请人的股权超过 10% 的出资人；

（二）直接持有申请人股权且与其间接持有的申请人股权累计超过 10% 的出资人。

第十条 《办法》第十一条第（一）项所称书面申请应当明确拟申请支付业务的具体类型。

第十一条 《办法》第十一条第（二）项所称营业执照（副本）复印件应当加盖申请人的公章。

第十二条 《办法》第十一条第（五）项所称财务会计报告，是指截至申请日最近 1 年内的财务会计报告。

申请人设立时间不足 1 年的，应当提交存续期间的财务会计报告。

第十三条 《办法》第十一条第（六）项所称支付业务可行性研究报告，应当包括下列内容：

（一）拟从事支付业务的市场前景分析；

（二）拟从事支付业务的处理流程，载明从客户发起支付业务到完成客户委托支付业务各环节的业务内容以及相关资金流转情况；

（三）拟从事支付业务的技术实现手段；

（四）拟从事支付业务的风险分析及其管理措施，并区分支付业务各环节分别进行说明；

（五）拟从事支付业务的经济效益分析。

申请人拟申请不同类型支付业务的，应当按照支付业务类型分别提供前款规定内容。

第十四条 《办法》第十一条第（七）项所称反洗钱措施验收材料，是指包括下列内容的报告：

（一）反洗钱内部控制制度文件，载明反洗钱合规管理框架、客户身份识别和资料保存措施、可疑交易报告措施、交易记录保存措施、反洗钱审计和培训措施、协助反洗钱调查的内部程序、反洗钱工作保密措施；

（二）反洗钱岗位设置及职责说明，载明负责反洗钱工作的内设机构、反洗钱高级管理人员和专职反洗钱工作人员及其联系方式；

（三）开展可疑交易监测的技术条件说明。

第十五条 《办法》第十一条第（八）项所称技术安全检测认证证明，是指据以表明支付业务设施符合中国人民银行规定的业务规范、技术标准和安全要求的文件、资料，应当包括检测机构出具的检测报告和认证机构出具的认证证书。

前款所称检测机构和认证机构均应当获得中国合格评定国家认可委员会（CNAS）的认可，并符合中国人民银行关于技术安全检测认证能力的要求。

未按照中国人民银行规定的业务规范、技术标准和安全要求进行技术安全检测认证，或技术安全检测认证的程序、方法存在重大缺陷的，中国人民银行及其分支机构可以要求申请人重新进行检测认证。

第十六条 《办法》第十一条第（九）项所称履历材料，包括高级管理人员的履历说明以及学历、技术职称相关证明材料。

第十七条 《办法》第十一条第（十一）项所称主要出资人的相关材料，应当包括下列文件、资料：

（一）申请人关于出资人之间关联关系的说明材料；

（二）主要出资人的公司营业执照（副本）复印件；

（三）主要出资人的信息处理支持服务合作机构出具的业务合作证明，载明服务内容、服务时间，并加盖合作机构的公章；

（四）主要出资人最近2年经会计师事务所审计的财务会计报告；

（五）主要出资人最近3年内未因利用支付业务实施违法犯罪活动或为违法犯罪活动办理支付业务等受过处罚的证明材料。

主要出资人为金融机构的，还应当提交相关金融业务许可证复印件以及准予其投资支付机构的证明文件。

第十八条 《办法》第十一条第（十二）项所称申请资料真实性声明，是指由申请人出具的、据以表明申请人对所提交的文件、资料的真实性、准确性和完整性承担相应责任的书面文件。

申请资料真实性声明应当由申请人的法定代表人签署并加盖公章。

第十九条 《办法》第十一条、第十三条、第十四条、第十五条所需申请文件、资料均以中文书写为准，并应当提供纸质文档和电子文档（数据光盘）一式三份。

第二十条 申请人应当自收到受理通知之日起 10 日内在所在地中国人民银行分支机构的网站上连续公告《办法》第十二条所列事项 3 日。

第二十一条 《支付业务许可证》分为正本和副本，正本和副本具有同等法律效力。

支付机构应当将《支付业务许可证》（正本）放置其住所显著位置。支付机构有互联网网站的，还应当在网站主页显著位置公示其《支付业务许可证》（正本）的影像信息。

第二十二条 支付机构申请续展《支付业务许可证》有效期的，应当提交下列文件、资料：

（一）公司法定代表人签署的书面申请，载明公司名称、支付业务开展情况、申请续展的理由；

（二）公司营业执照（副本）复印件；

（三）《支付业务许可证》（副本）复印件。

支付机构申请续展《支付业务许可证》有效期的，不得同时申请变更其他事项。

第二十三条 中国人民银行对支付机构的经营情况进行全面审查和综合评价后作出是否准予续展《支付业务许可证》有效期的决定。

中国人民银行准予续展《支付业务许可证》有效期的，支付机构应当交回原许可证，领取新许可证。

第二十四条 《支付业务许可证》在有效期内非因不可抗力灭失、损毁的，支付机构应当自其确认许可证灭失、损毁之日起 10 日内，在中国人民银行指定的全国性报纸和所在地中国人民银行分支机构指定的地方性报纸上连续公告 3 日，声明原许可证作废。

第二十五条 支付机构应当自公告《支付业务许可证》灭失、损毁结束之日起 10 日内持登载声明向所在地中国人民银行分支机构重新申领许可证。

中国人民银行审核后向支付机构补发《支付业务许可证》。

第二十六条 《支付业务许可证》（副本）在有效期内灭失、损毁的，比照本细则第二十四条、第二十五条办理。

第二十七条 支付机构拟变更《办法》第十四条所列事项的，应当向所在地中国人民银行分支机构提交公司法定代表人签署的书面申请，载明公司名称、拟变更事项及变更原因。

第二十八条 《办法》第十五条第（四）项所称客户合法权益保障方案，

应当包括下列内容：

（一）对客户知情权的保护措施，明确告知客户终止支付业务的原因、停止受理客户委托支付业务的时间、拟终止支付业务的后续安排；

（二）对客户隐私权的保护措施，明确客户身份信息的接收机构及其移交安排、销毁方式及其监督安排；

（三）对客户选择权的保护措施，明确可供客户选择的、两个以上客户备付金退还方案。

客户合法权益保障方案涉及其他支付机构的，还应当提交与所涉支付机构签订的客户身份信息移交协议、客户备付金退还安排相关证明文件。

第二十九条 《办法》第十五条第（五）项所称支付业务信息处理方案，应当明确支付业务信息的接收机构及其移交安排、销毁方式及其监督安排。

涉及其他支付机构的，还应当提交与所涉支付机构签订的支付业务信息移交协议相关证明文件。

第三十条 支付机构应当根据法律法规、部门规章的有关规定确定其支付业务的收费项目和收费标准。法律法规、部门规章未明确支付业务的收费项目和收费标准的，支付机构可以按照市场原则合理确定其支付业务的收费项目和收费标准。

支付机构应当在营业场所显著位置披露其支付业务的收费项目和收费标准。支付机构有互联网网站的，还应当在网站主页显著位置进行披露。

支付机构调整支付业务的收费项目或收费标准的，应当在实施新的支付业务收费项目或收费标准之前按照前款规定连续公示30日。

第三十一条 支付机构应当在每个会计年度结束之日起4个月内向所在地中国人民银行分支机构报送上一会计年度经会计师事务所审计的财务会计报告。

第三十二条 《办法》第二十一条所称支付服务协议，包括符合法律法规要求、可供调取查用的纸质形式或数据电文形式的合同。

支付机构应当在营业场所显著位置披露其支付服务协议的格式条款内容。支付机构有互联网网站的，还应当在网站主页显著位置进行披露。

第三十三条 支付机构的支付服务协议格式条款应当遵循公平原则，全面、准确界定支付机构与客户之间的权利、义务和责任。

支付机构应当提请客户注意支付服务协议格式条款中免除或者限制其责任的内容，并予以说明。

支付机构拟调整支付服务协议格式条款的，应当在调整前 30 日告知客户，并提示拟调整的内容。未向客户履行告知义务的，调整后的条款对该客户不具有约束力。

第三十四条 《办法》第二十二条所称支付机构的分公司从事支付业务办理备案手续时，应当提交下列文件、资料：

（一）公司法定代表人签署的书面报告；

（二）《支付业务许可证》（副本）复印件；

（三）分公司营业执照（副本）复印件。

上述文件、资料需提供纸质文档一式两份，由支付机构及其分公司分别报送所在地中国人民银行分支机构。

支付机构可以根据业务需要为备案的分公司申请《支付业务许可证》（副本）。分公司应当将《支付业务许可证》（副本）放置分公司住所显著位置。

第三十五条 《办法》第二十二条所称支付机构的分公司终止支付业务办理备案手续时，应当提交下列文件、资料：

（一）公司法定代表人签署的书面报告；

（二）《支付业务许可证》（副本）复印件；

（三）分公司营业执照（副本）复印件；

（四）客户合法权益保障方案；

（五）中国人民银行要求的其他资料。

前款第（四）项所称客户合法权益保障方案比照本细则第二十八条办理。

上述文件、资料需提供纸质文档一式两份，由支付机构及其分公司分别报送所在地中国人民银行分支机构。

支付机构分公司应当于备案时交回其持有的《支付业务许可证》（副本）。

第三十六条 《办法》第三十二条所称灾难恢复处理能力，是指支付机构应当在支付业务中断后 24 小时之内恢复支付业务，并至少符合以下要求：

（一）具有应急处理和灾难恢复的制度规定；

（二）具有稳妥的应急处理预案及演练计划；

（三）具有必要的灾难恢复处理人员和应急营业场所；

（四）具有同机房数据备份设施和同城应用级备份设施。

第三十七条 支付机构因突发事件导致支付业务中止超过 2 小时的，应当立即将有关情况报告所在地中国人民银行分支机构，并在 3 个工作日内以书面形式报告事故的原因、影响及补救措施。

支付机构的分公司出现上述情形的，支付机构及其分公司应当比照前款分别报告所在地中国人民银行分支机构。

第三十八条 支付机构应当采取必要的管理措施和技术措施，防止客户身份信息和支付业务信息等资料灭失、损毁、泄露。

支付机构不得以任何形式对外提供客户身份信息和支付业务信息等资料。法律法规另有规定的除外。

第三十九条 支付机构对客户身份信息和支付业务信息的保管期限自业务关系结束当年起至少保存5年。

司法部门正在调查的可疑交易或违法犯罪活动涉及客户身份信息和支付业务信息，且相关调查工作在前款规定的最低保存期届满时仍未结束的，支付机构应当将其保存至相关调查工作结束。

第四十条 支付机构对会计档案的保管期限适用《会计档案管理办法》（财会字〔1998〕32号文印发）相关规定。

第四十一条 《办法》第三十八条所称重大违法违规行为，包括：

（一）支付机构的高级管理人员明知他人实施违法犯罪活动仍为其办理支付业务的；

（二）支付机构多次发生工作人员明知他人实施违法犯罪活动仍为其办理支付业务的。

第四十二条 本细则自发布之日起实施。

中国人民银行办公厅关于开展支付安全风险专项排查工作的通知

（银办发〔2018〕146号）

中国人民银行上海总部，各分行、营业管理部，各省会（首府）城市中心支行，各副省级城市中心支行；各国有商业银行、股份制商业银行、中国邮政储蓄银行；中国银联股份有限公司、中国支付清算协会、中国互联网金融协会、网联清算有限公司；各非银行支付机构：

为贯彻落实《中华人民共和国网络安全法》，进一步加强支付领域网络与信息安全管理，有效防范支付风险，切实保障消费者合法权益，人民银行决定开展支付安全风险专项排查工作，现将有关事项通知如下：

一、工作依据

（一）法律制度

《中华人民共和国网络安全法》、《非银行支付机构网络支付业务管理办法》（中国人民银行公告〔2015〕第43号公布）、《银行卡收单业务管理办法》（中国人民银行公告〔2013〕第9号公布）、《中国人民银行关于进一步加强银行卡风险管理的通知》（银发〔2016〕170号）、《中国人民银行 国家认证认可监督管理委员会关于加强支付技术产品标准实施与安全管理的通知》（银发〔2017〕208号）、《中国人民银行关于落实个人银行账户分类管理制度的通知》（银发〔2016〕302号）、《中国人民银行关于改进个人银行账户分类管理有关事项的通知》（银发〔2018〕16号）、《中国人民银行办公厅关于强化银行卡磁条交易安全管理的通知》（银办发〔2017〕120号）等。

（二）标准规范

《中国金融移动支付 支付标记化技术规范》（JR/T 0149）、《中国金融移动支付 客户端技术规范》（JR/T 0092）、《中国金融移动支付 检测规范 第8部分：个人信息保护》（JR/T 0098.8）、《条码支付安全技术规范（试行）》（银办发〔2017〕242号文印发）、《条码支付受理终端技术规范（试行）》（银办发〔242〕号文印发）、《中国金融集成电路（IC）卡规范》（JR/T 0025）、《金融行业信息系统信息安全等级保护实施指引》（JR/T 0071）、《非金融机构支付业务设施技术要求》（JR/T 0122）、《银行卡受理终端安全规范》（JR/T 0120）、《网上银行系统信息安全通用规范》（JR/T 0068）、《网络支付报文结构及要素技术规范（V1.0）》（银办发〔2016〕222 号文印发）等。

二、排查内容、范围及方式

（一）排查内容

按照《支付安全风险专项排查列表》（附件1）开展专项排查，内容包括：一是排查客户端应用软件敏感信息保护、安全漏洞防护、信息传输安全等方面存在的隐患。二是排查支付业务系统在系统安全、交易安全、数据保护、业务连续性、账户管理、内控管理等方面存在的问题。三是督查支付交易报文规范化改造、终端信息注册等工作落实情况。四是排查支付产品质量管理方面存在的不足，切实防范支付业务安全风险。

（二）排查范围

1. 机构范围：商业银行、非银行支付机构、清算机构等（以下统称从业机构）。

2. 客户端应用软件范围：涵盖从业机构支付业务相关的客户端应用软件，包括但不限于手机银行、移动支付等客户端应用软件及支付控件。

3. 系统范围：涵盖从业机构支付业务相关系统，包括但不限于商业银行的银行卡发行与受理、互联网支付、移动支付、手机银行、风控管理、账户管理等系统，非银行支付机构的互联网支付、移动支付、银行卡收单、预付卡发行与受理、风控管理等系统，清算机构的转接清算系统、大数据分析校验平台、支付终端注册管理平台等系统。

三、工作安排

（一）从业机构自查整改（2018年9月至10月）

1. 2018年9月30日前，从业机构向人民银行报送《客户端应用软件明细表》（附件2）。

2. 从业机构严格对照《支付安全风险专项排查列表》逐项对本机构支付安全隐患进行自查，对发现的问题及时整改，并建立问题清单管控和动态跟踪机制。对于短期内无法完成整改的问题，要采取补偿措施，明确整改计划和方案，按期整改。2018年10月31日前，形成自查报告报送人民银行。

（二）人民银行核实（2018年11月至12月）

1. 全面核查。人民银行对从业机构自查及整改情况采取访谈、查看系统、查阅资料等方式进行全面核查。对于自查质量不高、问题较多或整改率较低的从业机构进行现场核查。

2. 抽样检测。人民银行依据《客户端应用软件明细表》，开展客户端应用软件抽样检测工作。

（三）总结及后续管理（2019年1月至2月）

人民银行分支机构要对整体情况及主要问题进行认真全面分析总结，形成书面报告，于2019年3月1日前报送人民银行总行、对于未完成整改的问题，要求从业机构作为2019年内部审计和外部安全评估的重点，持续监督整改。

人民银行总行将根据排查整体情况，总结归纳突出、典型问题，及时发布风险提示，并对支付安全风险专项排查及整改情况进行通报。

四、工作要求

（一）人民银行分支机构要求成立专项排查小组，结合本地实际情况制定切实可行的工作方案，认真组织从业机构进行全面自查及整改，做好核实工作。

（二）从业机构要高度重视，根据本通知要求制定行之有效的自查方案，全面开展自查和整改工作，积极配合人民银行做好核实工作。

（三）人民银行分支机构要以此次排查为契机，充分利用排查结果，形成从业机构支付安全画像，并将其作为辖区内商业银行考核和非银行支付机构分类评级、支付业务许可证续展的参考依据。

（四）对于本通知规定的报告事项，全国性商业银行、清算机构报送人民银行总行，其他商业银行、非银行支付机构报送法人所在地人民银行副省级城市中心支行以上分支机构。

请人民银行上海总部，各分行、营业管理部，各省会（首府）城市中心支行，各副省级城市中心支行及时将本通知转发至辖区内城市商业银行、农村商业银行、农村合作银行、民营银行、村镇银行、城市信用社、农村信用社和外资银行，加强组织落实。

附件：1. 支付安全风险专项排查列表（略）
　　　2. 客户端应用软件明细表（略）

非金融机构支付服务业务系统检测认证管理规定

(中国人民银行公告〔2011〕第 14 号)

第一章 总 则

第一条 为加强非金融机构支付服务业务的信息安全管理与技术风险防范，保证其系统检测认证的客观性、及时性、全面性和有效性，依据《非金融机构支付服务管理办法》(中国人民银行令〔2010〕第 2 号发布)、《非金融机构支付服务管理办法实施细则》(中国人民银行公告〔2010〕第 17 号公布)制定本规定。

第二条 非金融机构支付服务业务系统检测认证，是指对申请《支付业务许可证》的非金融机构(以下统称非金融机构)或《非金融机构支付服务管理办法》所指的支付机构(以下统称支付机构)，其支付业务处理系统、网络通信系统以及容纳上述系统的专用机房进行的技术标准符合性和安全性检测认证工作。

第三条 非金融机构在申请《支付业务许可证》前 6 个月内应对其业务系统进行检测认证；支付机构应根据其支付业务发展和安全管理的要求，至少每 3 年对其业务系统进行一次全面的检测认证。

第四条 本规定所称的检测机构应按照国家有关认证认可的规定取得资质认定，通过中国合格评定国家认可中心的认可，并取得中国人民银行关于非金融机构支付服务业务系统检测授权资格。

第五条 本规定所称的认证机构应经国家认证认可监督管理委员会批准成立，通过中国合格评定国家认可中心的认可，并取得中国人民银行关于非金融机构支付服务业务系统认证授权资格。

第六条 中国人民银行负责检测、认证资格的认定和管理工作，并定期向社会公布通过检测、认证资格认定的机构名单及其业务范围。

第七条 非金融机构或支付机构在检测认证过程中应与检测机构和认证机构建立信息保密工作机制。

第八条 支付机构不得连续两次将业务系统检测委托给同一家检测机构。

第二章 检 测

第九条 非金融机构或支付机构在实施业务系统检测前，应作如下准备：

（一）与检测机构签订书面合同，合同应明确规定保密条款；

（二）与检测机构就检测的范围、内容、进度等事项进行沟通，制定详细的检测计划，并签字确认；

（三）向检测机构提交所申请检测认证的业务系统与生产系统的一致性声明。

第十条 检测应严格遵守中国人民银行制定的技术标准和检测规范，真实反映非金融机构或支付机构业务系统技术标准符合性和安全性状况，保证非金融机构或支付机构业务系统符合国家信息系统安全等级保护第三级的基本要求。

第十一条 业务系统检测应包括但不限于：

（一）功能测试。

验证业务系统的功能是否正确实现，测试其业务处理的准确性。

（二）风险监控测试。

评估业务系统的风险监控、预警和管理措施，测试其业务系统异常交易、大额交易、非法卡号交易、密码错误交易等风险的监测和防范能力。

（三）性能测试。

验证业务系统是否满足业务需求的多用户并发操作，是否满足业务性能需求，评估压力解除后的自恢复能力，测试系统性能极限。

（四）安全性测试。

评估业务系统在网络安全、主机安全、应用安全、数据安全、运行维护安全、电子认证安全、业务连续性等方面的能力及管理措施，评价其业务系统的安全防控和安全管理水平。

（五）文档审核。

验证业务系统的用户文档、开发文档、管理文档等是否完整、有效、一致，是否符合相关标准并遵从更新控制和配置管理的要求。

第十二条 检测机构应于检测完成后10个工作日内向非金融机构或支付机构提交正式的检测报告（一式四份）。

第十三条 检测报告应包括以下内容：

（一）支付服务业务系统名称、版本；

（二）检测的时间、范围；

（三）检测设备、工具及环境说明；

（四）检测机构名称、检测人员说明；

（五）检测内容与检测具体结果描述；

（六）检测过程中发现的问题及整改情况；

（七）检测结果及建议；

（八）申请检测认证的业务系统与生产系统的一致性声明；

（九）其他需要说明的问题。

第十四条 非金融机构或支付机构在收到检测机构出具的检测报告后，应及时将检测报告及相关材料提交认证机构，并申请认证。

第三章 认 证

第十五条 非金融机构或支付机构在实施支付服务业务系统认证前，应与认证机构签订书面合同，合同应明确规定保密条款。

第十六条 认证应秉承客观、公正、科学的原则，按照国家有关认证认可法律法规及中国人民银行关于非金融机构支付服务业务系统的技术标准和认证要求实施。

第十七条 认证机构应及时处理认证申请，并在正式受理申请后的20个工作日内向非金融机构或支付机构通告认证结果，对合格机构出具认证证书。

第四章 监督与管理

第十八条 支付机构正式开办支付业务后，有下列情况之一的，应及时进行检测：

（一）出现重大安全事故；

（二）业务系统应用架构变更、重要版本变更；

（三）生产中心机房场地迁移；

（四）其他中国人民银行要求的情况。

第十九条 检测认证程序、方法不符合国家检测认证相关规定和中国人民银行相关要求，或检测认证结果严重失真的，中国人民银行及其分支机构可以要求重新进行检测或认证，因此而产生的费用由违反规定的检测机构、认证机构承担。

第二十条 检测机构或认证机构未按照中国人民银行制定的检测认证规范

和相关要求进行检测认证活动，或未严格坚持科学、公正的原则进行检测认证工作并造成不良后果的，中国人民银行视其情节轻重给予以下处罚：

（一）通报批评；

（二）责令限期改正，整改期间暂停相关检测认证工作；

（三）整改不力的，取消其从事非金融机构支付服务业务系统检测或认证资格，并报国家认证认可监督管理部门备案。

第五章　附　则

第二十一条　本规定由中国人民银行负责解释。

第二十二条　本规定自发布之日起施行。

非银行支付机构分类评级管理办法

(银发〔2016〕106号)

第一章 总 则

第一条 为有效实施非银行支付机构(以下称支付机构)监管,合理配置监管资源,提高监管效率,防范支付风险,保护客户合法权益,根据《非金融机构支付服务管理办法》(中国人民银行令〔2010〕第2号发布)等规章制度,制定本办法。

第二条 支付机构分类评级是指以支付机构的合规经营情况、风险管理水平、可持续发展能力为基础,按照本办法评价和确定支付机构的类别、级次。

中国人民银行及其分支机构根据支付机构的分类评级结果采取差异化、针对性的监管措施。

第三条 支付机构分类评级坚持以下原则:

(一)全面与重点相结合。在全面分析支付机构的经营管理、业务发展、支付业务设施、反洗钱管理等情况基础上,以风险控制和合规为导向,重点评价支付机构的客户备付金安全、业务合规情况。

(二)定量与定性相结合。综合定量因素与定性因素对支付机构进行评价。

(三)非现场监管与现场调查相结合。以非现场监管掌握的情况为基础,结合现场检查、调查取得的数据资料进行评价。

(四)监管评级和自律评级相结合,综合衡量支付机构落实监管规定和自律规则的情况。

第四条 支付机构分类评级工作由中国人民银行组织实施。

第二章 评价指标及方法

第五条 支付机构分类评级指标包括监管指标和自律管理指标。监管指标包括客户备付金管理、合规与风险防控、客户权益保护、系统安全性、反洗钱措施、持续发展能力6项。

（一）客户备付金管理。主要评价支付机构存放使用客户备付金，保障客户备付金安全的情况。

（二）合规与风险防控。主要评价支付机构的合规管理体系建设、规范运作、风险防范与管理能力等情况。

（三）客户权益保护。主要评价支付机构实名制落实、客户服务水平、处理客户投诉、维护客户权益等情况。

（四）系统安全性。主要评价支付机构支付业务设施运行的安全性、稳定性及应急处理能力和措施。

（五）反洗钱措施。主要评价支付机构反洗钱工作机制、履行反洗钱义务的情况。

（六）持续发展能力。主要评价支付机构的盈利能力、支付业务持续发展前景。

自律管理指标由中国支付清算协会制定并报中国人民银行。

第六条 支付机构分类评级按照《非银行支付机构分类评级指标与标准》（见附1），在100分基准分基础上，加上自律管理评价计分以及奖惩项计分，确定支付机构的评价计分。

自律管理评价计分由中国支付清算协会按照自律管理指标和标准组织支付机构实施。

中国人民银行根据市场发展情况和审慎监管原则，适时调整支付机构分类评级监管指标与标准。

第七条 支付机构参与农村支付服务环境、扶贫开发金融等普惠金融建设，取得显著成效，可进行奖励加分，最高加5分。

第三章 评价结果及运用

第八条 中国人民银行根据支付机构的评价计分及相关特殊情形，将支付机构分为A（AAA、AA、A）、B（BBB、BB、B）、C（CCC、CC、C）、D、E共5类11级。

A类机构：六项基本评价指标整体优异。备付金管理规范；风险防控能力强，合规状况好；客户权益得到有效保护；技术安全稳定性和业务系统处理能力强；反洗钱义务履行到位；可持续发展能力强；主动、积极配合行业自律管理。

B类机构：六项基本评价指标整体表现良好，个别指标表现一般。备付金管理较为规范；风险防控能力较强，合规状况较好；客户权益得到一定保护；技术安全稳定性和业务系统处理能力较强；反洗钱义务履行较为到位；具有一定可持续发展能力；配合行业自律管理较为主动、积极。

C 类机构：六项基本评价指标整体表现一般，部分指标存在问题。备付金管理基本规范；风险防控能力和合规状况一般；客户权益保护一般；技术安全稳定性和业务系统处理能力较弱；反洗钱义务履行一般；可持续发展能力一般；配合行业自律管理一般。

D 类机构：潜在风险较大。备付金管理存在较大问题；业务合规、支付业务设施等方面存在较大缺陷；客户权益无法得到有效保护；反洗钱义务履行不到位；未实质性开展业务或业务发展停滞；消极配合行业自律管理。

E 类机构：风险隐患严重。备付金管理存在重大问题；业务合规、支付业务设施、客户权益保障、反洗钱等方面存在重大缺陷；不配合行业自律管理。

第九条 中国人民银行根据行业发展情况，以前年度评价结果及当年评价计分情况等，确定 A、B、C 等 3 类机构具体级次。

第十条 支付机构在评价期内存在下列任一情形，但未造成重大恶劣影响的，视情直接评定为 D 级：

（一）已获许可 1 年以上但全部支付业务从未实质开展，或连续停止展业 2 年以上。

（二）存在占用、挪用、借用客户备付金行为。

（三）银行卡收单业务等支付业务存在较大违法违规情况或经营风险，扰乱市场秩序、损害商户合法权益，包括但不限于核心业务外包、为无证经营支付业务机构提供交易处理和资金结算通道等支付便利、以不正当手段抢夺商户、虚假商户占比超过 5% 等。

（四）预付卡业务等支付业务的客户备付金管理存在漏洞。

（五）发生客户信息泄露或资金盗失等风险事件，造成不良社会影响。

（六）因利用支付业务实施违法犯罪活动，或为违法犯罪活动办理支付业务，受到刑事处罚或者较重的行政处罚；或因业务违规一年内受到 3 次（含）以上行政处罚。

（七）支付业务设施不符合相关标准和信息安全要求。

（八）违反反洗钱法律法规，情节严重且未积极整改。

（九）累计亏损超过实缴货币资本的 30%。

（十）超出核准范围开展支付业务。

（十一）发生经核实的纠纷、投诉、举报 5 次（含）以上，或发生较大负面舆情，且处理不当，对客户合法权益造成损害，或对支付服务市场产生较大负面影响。

（十二）未按规定办理主要出资人变更等重大事项，且性质较为恶劣。

第十一条 支付机构在评价期内存在下列任一情形，直接评定为 E 类机构：

（一）出现第十条所列任一情形，性质恶劣、涉及违法犯罪案件或已造成重大损失。

（二）被责令停业整顿、进入风险处置阶段。

（三）通过伪造、变造、隐匿数据等手段故意规避监管要求，或故意拒绝、阻碍监督检查。

（四）转让或变相转让、出租、出借《支付业务许可证》。

（五）累计亏损超过实缴货币资本的 50%。

（六）发生经核实的纠纷、投诉、举报 10 次（含）以上，或发生重大负面舆情，且处理不当，对客户合法权益造成损害，或对支付服务市场产生重大负面影响。

（七）发生其他重大风险事件、违规事件或多次暴露重大风险隐患，造成恶劣社会影响。

第十二条 中国人民银行及其分支机构根据支付机构分类评级结果，衡量支付机构整体情况、风险程度，确定监管重点，制定监管计划及措施。

（一）对 A 类机构，不采取特别的监管措施。

（二）对 B 类机构，除日常监管措施外，还应采取以下措施：

1. 限期整改所存在的问题。

2. 监管谈话，每年至少约谈其董事长或总经理一次。

3. 每年视情对所存在的问题开展现场检查一次，至少涵盖 B 类 B 级机构。

（三）对 C 类机构，除日常监管措施外，还应采取以下监管措施：

1. 限期整改所存在的问题。

2. 监管谈话，每半年至少约谈其董事长或总经理一次。

3. 风险提示。

4. 每年视情开展全面检查一次，至少涵盖 C 类 C 级机构。

（四）对 D 类机构，除可采取对 C 类机构的监管措施外，还可以责令其停止办理部分或全部支付业务。

（五）对 E 类机构，除可采取对 D 类机构的监管措施外，对限期未整改到位的，依法注销《支付业务许可证》。

第十三条 中国人民银行根据支付机构分类评级结果，对支付机构采取下列政策支持或实施监管奖惩。

（一）确定其支付账户的功能、限额和实名制核验手段等管理要求。

（二）作为核准其增加支付业务类型或覆盖范围、拓宽客户备付金存放形式、续展《支付业务许可证》的依据。

（三）作为是否为其申请上市（含首次公开发行股票、挂牌公开转让等）等事项出具意见、批复主要出资人变更等重要事项的参考。

（四）核定风险准备金计提比例，调整客户备付金与资本实力的比例，确定备付金银行集中存放比例。

（五）确定新业务（产品）的试点范围、推广进度。

（六）其他手段和内容。

第十四条 支付机构评价结果仅限中国人民银行及其分支机构监管使用，不对外披露。

支付机构不得将评价结果用于广告、宣传、营销等商业目的。

第四章　组织实施

第十五条 支付机构分类评级每年进行一次，评价期为上一年度，涉及的财务数据以上一年度经审计的财务报表为准，业务数据以报中国人民银行的季度数据为准。

中国人民银行可根据行业风险状况、监管资源配置情况适当调整评价频率。

第十六条 支付机构应于每年 3 月 1 日前将自评结果上报法人所在地中国人民银行分支机构。

中国支付清算协会于每年 5 月 1 日前将支付机构自律评价计分结果报中国人民银行。

中国人民银行分支机构根据日常监管情况，采取检查、外部征询意见等必要手段，就支付机构有关问题进行核实、确认，并对支付机构评价计分，于每年 5 月 1 日前将评价计分结果报中国人民银行。

中国人民银行组织审定，确定支付机构的类别、级次，于每年 7 月 1 日前书面通报中国人民银行分支机构和中国支付清算协会。

第十七条 支付机构应实事求是、全面完整开展自评，经公司法定代表人和公司合规风控负责人（总经理或副总经理等，下同）签字确认后，将自评报告、自评结果及自评依据材料报法人所在地中国人民银行分支机构。

支付机构自评结果作为中国人民银行及其分支机构评价参考，但不作为评价依据。

第十八条 支付机构的自评结果存在迟报、漏报、瞒报、虚报等情况的，中国人民银行分支机构扣减 5~15 分，中国人民银行至少下调 1~3 个评级。

支付机构的自评结果存在重大事项隐瞒、重大信息虚假、遗漏或误导性陈述的，或支付机构不上报自评结果的，中国人民银行及其分支机构将评价结果直接认定为 D 类，情节严重的，认定为 E 类。

第十九条 中国人民银行分支机构应通过文件、约谈、会议等方式，向支付机构通报评价结果及存在的主要问题。支付机构接到评价结果通知后，应立即向公司决策层报告，并于 15 个工作日内向中国人民银行分支机构提交经公司法定代表人和公司合规风控负责人签字的整改方案。

支付机构对评价结果有异议的，应于接到评价结果通知之日起 10 个工作日内向有关中国人民银行分支机构提出经法定代表人签字的书面意见及证明材料；中国人民银行分支机构进行核实确认，视情提请中国人民银行作出调整。

第二十条 支付机构发生重大不良变化或出现异常，且足以导致机构分类评级调整的，或连续多次出现 D 类或 E 类相关情形的，中国人民银行及其分支机构随时向下调整其分类评级结果，并采取相应的监管措施，直至注销《支付业务许可证》。

第五章 附 则

第二十一条 本办法由中国人民银行负责解释、修订。

第二十二条 本办法自发布之日起实施。

附：1. 非银行支付机构分类评级指标与标准
    2. 非银行支付机构分类评级指标与计分标准要点（略）

附1

非银行支付机构分类评级指标与标准

基本评价指标	具体评价标准		分值
	序号	内容	
一、客户备付金管理（25%）	1.1	按规定办理备付金出金、入金业务	4
	1.2	按规定存放、使用备付金	4
	1.3	按规定选择备付金银行、开立和使用备付金账户，与备付金银行建立备付金核验机制核对备付金信息，且核验结果无异常	4
	1.4	按要求与人民银行相关监管系统对接并及时、准确报送信息	4
	1.5	按规定计提风险准备金并足额缴纳行业备偿基金	2
	1.6	备付金安全性保障措施健全，透明度高。包括： 1. 支付业务能够被人民银行和备付金银行实时监测，或与备付金银行实现逐日逐笔核对客户备付金交易明细，或通过备付金银行为客户提供备付金信息查询 2. 通过商业保险，或为客户备付金提供担保，或由备付金银行出具客户备付金担保函等措施保障客户备付金安全	4
	1.7	采取措施控制备付金规模，且取得实效。包括： 1. 有无措施，如调整业务模式、缩减结算周期、支付账户限额、拓展小额应用等 2. 有无实效，如备付金规模变化趋势、与业务发展规模匹配情况	3
二、合规与风险防控（25%）	2.1	按规定办理变更主要出资人等变更事项	2
	2.2	财务、技术、合规风控等核心岗位职责明晰，相关岗位负责人实际履职，且保持相对稳定	2
	2.3	与控股股东或实际控制人独立经营，在业务、人员、财务等方面严格分离	1
	2.4	具备满足业务管理需要的业务系统与设施	2
	2.5	按规定设立分公司，办理备案手续并接受监管	2
	2.6	外包业务符合规定	2
	2.7	按要求报告重大事项（含信息安全事项）、业务数据、创新业务等	2
	2.8	建立重大风险预警机制和突发事件应急处理制度，内容科学合理	2
	2.9	发生重大风险或突发事件（含信息安全事件）时，严格实施重大风险预警机制和突发事件应急处理制度规定，能够及时、有效、稳妥应对处理	2

续表

基本评价指标	序号	具体评价标准 内容	分值
二、合规与风险防控（25%）	2.10	就控制支付业务欺诈率、损失率等风险指标制定明确的制度和措施，且执行到位	2
	2.11	配合支付、科技、反洗钱现场检查、非现场监管及调研等工作	2
	2.12	对监管措施整改落实到位	2
	2.13	未发生造成重大不良影响的负面舆情	2
三、客户权益保护（10%）	3.1	采取有效措施落实客户身份识别要求，且取得实效。包括： 1. 有无采取措施、采取哪些措施进行核实（单方式或多渠道） 2. 有无实效，如实名制完成比例高低	4
	3.2	按规定存储客户身份信息和交易信息，对于允许存储的客户信息，能够采取有效措施保护相关信息安全	2
	3.3	依法合理制定、披露支付服务协议条款，明晰收费项目和标准、客户权利等重要事项	2
	3.4	建立客户投诉处理机制，处理流程、时限、责任明确，且执行到位	1
	3.5	有合理的客户损失赔付机制，且执行到位	1
四、系统安全（15%）	4.1	采取有效措施落实网络安全要求，应关注结构安全设计，配置严格的网络访问控制规则，检查边界完整性，具有网络入侵防范和恶意代码防范措施，配置网络设备防护	1
	4.2	采取有效措施落实主机安全要求，根据业务及安全需要配置主机身份鉴别措施，分配访问控制权限，具有系统保护、入侵防范、恶意代码防范和资源控制措施	1
	4.3	采取有效措施落实应用安全要求，具有有效的身份标识和鉴别措施，关注页面安全，根据业务及安全需要分配访问控制权限，具有剩余信息保护、资源控制、应用容错的措施，具有保障报文完整性和保密性的措施，能够实现抗抵赖，注意编码过程的安全，应用第三方电子认证技术	1
	4.4	采取有效措施落实数据安全要求，确保数据存储、访问、传输、使用、销毁等生命周期的安全性，提供完善的本异地数据备份及恢复机制并落实实施	1
	4.5	采取有效措施落实运维安全要求，能够对网络、主机等设备操作日志进行详细的记录并审计，并定期进行漏洞扫描和补丁更新。应关注环境管理、介质管理和设备管理，对运维人员、来访人员等进行管理及限制，监控运行设备及环境，对变更、安全事件进行定义和管理，制定应急预案并定期演练及修订	1

续表

基本评价指标	序号	具体评价标准		分值
		内容		
四、系统安全（15%）	4.6	采取有效措施落实业务连续性要求，具备能够保障业务连续性的技术环境包括备份机房、网络双链路等，根据业务连续性需求分析制定合理的业务连续性目标和计划，具有完善的故障及异常处理机制并落实到位，定期进行业务连续性培训和演练等		1
	4.7	采取有效措施落实物理安全要求，具有完善的机房和设备安全管理制度，备份机房建设符合行业标准要求，并按要求定期对机房设施进行维护		1
	4.8	支付业务设施符合国家和相关金融行业标准，出具公正、客观、权威的技术设施安全证明材料		4
	4.9	检测认证等外部评估发现的问题整改情况		4
五、反洗钱措施（15%）	5.1	反洗钱组织架构健全，反洗钱风险控制体系规范		2
	5.2	建立健全反洗钱内部控制制度，落实各项监管要求		1.5
	5.3	建立洗钱风险评估机制和客户风险等级分类标准，对高风险业务、高风险客户采取强化监控措施		1.5
	5.4	建立并应用功能完整的反洗钱系统，满足反洗钱工作需要		1.5
	5.5	严格执行客户身份识别制度，客户身份基本信息登记完整、身份证明文件真实有效		1.5
	5.6	客户身份资料和交易记录保存内容、范围、期限符合反洗钱监管要求		1.5
	5.7	可疑交易标准科学合理，分析上报流程健全、合理、有效		1.5
	5.8	对涉及反洗钱履职的各项客户身份信息、交易记录及其他反洗钱资料保密		0.5
	5.9	建立反洗钱宣传培训长效机制，开展时间、对象、内容设置合理		0.5
	5.10	有无发生重大违规事项或涉嫌洗钱等案件		3
六、持续发展能力（10%）	6.1	支付业务发展趋势 注：可参考业务笔数、金额的同比增长率等指标		2
	6.2	公司整体发展趋势 注：可参考营业收入增长率、净资产收益率、盈利情况等指标		3
	6.3	支付业务市场影响 注：可参考业务规模、支付业务收入占整体收入比重等指标		3

续表

基本评价指标	序号	具体评价标准		分值
		内容		
六、持续发展能力（10%）	6.4	资本实力与备付金规模相匹配		1
		注：可参考备付金与注册资本、与同期净资产的比例等指标		
	6.5	对新业务研发的重视情况		1
		注：可参考研发人员占比、资本投入、新业务产出及影响等指标		
七、自律管理	7	自觉接受行业自律管理，对自律监督检查中发现的问题能够积极整改		30
八、奖励加分项	8	参与农村支付服务环境、扶贫开发金融、普惠金融建设，取得明显成效		5
九、减分项	9.1	因违法违规被采取行政监管措施（监管约谈、责令整改、通报批评、行政处罚等）		15
	9.2	支付机构对自评结果存在迟报、漏报、瞒报、虚报等情况		5~15

支付机构客户备付金存管办法

(中国人民银行公告〔2013〕第 6 号)

第一章 总 则

第一条 为规范支付机构客户备付金管理，保障当事人合法权益，促进支付行业健康有序发展，根据《中华人民共和国中国人民银行法》《非金融机构支付服务管理办法》等规定，制定本办法。

第二条 本办法适用于客户备付金的存放、归集、使用、划转等存管活动。

本办法所称客户备付金，是指支付机构为办理客户委托的支付业务而实际收到的预收待付货币资金。

第三条 支付机构接收的客户备付金必须全额缴存至支付机构在备付金银行开立的备付金专用存款账户。

本办法所称备付金银行，是指与支付机构签订协议、提供客户备付金存管服务的境内银行业金融机构，包括备付金存管银行和备付金合作银行。

本办法所称备付金专用存款账户，是指支付机构在备付金银行开立的专户存放客户备付金的活期存款账户，包括备付金存管账户、备付金收付账户和备付金汇缴账户。

第四条 客户备付金只能用于办理客户委托的支付业务和本办法规定的情形。

任何单位和个人不得擅自挪用、占用、借用客户备付金，不得擅自以客户备付金为他人提供担保。

第五条 支付机构和备付金银行应当按照法律法规、本办法以及双方协议约定，开展客户备付金存管业务，保障客户备付金安全完整，维护客户合法权益。

备付金银行依照本办法对客户备付金的存放、使用、划转实行监督，支付机构应当配合。

第六条 中国人民银行及其分支机构对支付机构和备付金银行的客户备付

金存管业务活动进行监督管理。

第二章 备付金银行账户管理

第七条 支付机构的备付金银行应当符合下列条件：

（一）总资产不得低于 2000 亿元，有关资本充足率、杠杆率、流动性等风险控制指标符合监管规定。支付机构在同一备付金银行仅开立备付金汇缴账户的，该银行的总资产不得低于 1000 亿元。

（二）具备监督客户备付金的能力和条件，包括有健全的客户备付金业务操作办法和规程，监测、核对客户备付金信息的技术能力，能够按规定建立客户备付金存管系统。

（三）境内分支机构数量和网点分布能够满足支付机构的支付业务需要，并具有与支付机构业务规模相匹配的系统处理能力。

（四）具备必要的灾难恢复处理能力和应急处理能力，能够确保业务的连续性。

第八条 支付机构应当并且只能选择一家备付金存管银行，可以根据业务需要选择备付金合作银行。

本办法所称备付金存管银行是指可以为支付机构办理客户备付金的跨行收付业务，并负责对支付机构存放在所有备付金银行的客户备付金信息进行归集、核对与监督的备付金银行。

本办法所称备付金合作银行是指可以为支付机构办理客户备付金的收取和本银行支取业务，并负责对支付机构存放在本银行的客户备付金进行监督的备付金银行。

第九条 支付机构应当与备付金银行或其授权的一个境内分支机构签订备付金协议，约定双方的权利、义务和责任。

备付金协议应当约定支付机构从备付金银行划转客户备付金的支付指令，以及客户备付金发生损失时双方应当承担的偿付责任和相关偿付方式。

备付金协议对客户备付金安全保障的责任约定不明的，支付机构和备付金银行应当优先保证客户备付金安全及支付业务的连续性，不得因争议影响客户正当权益。

第十条 支付机构与备付金银行或其授权分支机构应当自备付金协议签订之日起 5 个工作日内，分别向支付机构所在地中国人民银行分支机构报备。

备付金协议内容发生变更的，比照前款办理。

第十一条 支付机构应当在备付金存管银行开立至少一个自有资金账户。

支付机构的备付金专用存款账户应当与自有资金账户分户管理，不得办理现金支取。

第十二条 备付金存管账户是支付机构在备付金存管银行开立的，可以以现金形式接收客户备付金、以银行转账方式办理客户备付金收取和支取业务的专用存款账户。

支付机构在同一个省（自治区、直辖市、计划单列市），只能开立一个备付金存管账户。

第十三条 备付金收付账户是支付机构在备付金合作银行开立的，可以以现金形式或以银行转账方式接收客户备付金、以本银行资金内部划转方式办理客户备付金支取业务的专用存款账户。

支付机构在同一备付金合作银行或其授权的分支机构只能开立一个备付金收付账户。

第十四条 备付金汇缴账户是支付机构在备付金银行开立的可以以现金形式接收或以本银行资金内部划转方式接收客户备付金的专用存款账户。

备付金银行应当于每日营业终了前，将备付金汇缴账户内的资金全额划转至支付机构的备付金存管账户或在同一备付金合作银行开立的备付金收付账户。

支付机构可以通过备付金汇缴账户将客户备付金直接退回至原资金转出账户。

第十五条 支付机构开立备付金专用存款账户，应当出具其开立基本存款账户规定的证明文件、基本存款账户开户登记证、《支付业务许可证》（副本）和备付金协议。

备付金专用存款账户的名称应当标明支付机构名称和"客户备付金"字样。

第十六条 支付机构在满足办理日常支付业务需要后，可以以单位定期存款、单位通知存款、协定存款或中国人民银行认可的其他形式存放客户备付金。

支付机构以前款规定的非活期存款形式存放客户备付金的，应当将备付金存管账户或备付金收付账户内的客户备付金转存至支付机构在同一开户银行开立的银行账户。该银行账户视同备付金专用存款账户，遵守本办法有关规定。

支付机构通过备付金收付账户转存的非活期存款，存放期限不得超过 12

个月。非活期存款转为活期存款的，应退回至原转存的备付金账户。

第十七条 支付机构的分支机构应当将接收的客户备付金存放在以支付机构名义开立的备付金银行账户，不得以该分支机构自身的名义开立备付金银行账户。

第十八条 支付机构拟撤销部分备付金专用存款账户的，应当书面告知该备付金银行或其授权分支机构，并于拟撤销账户内的资金全额转入承接账户后，办理销户手续。

支付机构拟撤销部分备付金存管账户的，承接账户为支付机构在备付金存管银行或其授权分支机构开立的备付金存管账户；拟撤销备付金收付账户的，承接账户为备付金存管账户；拟撤销备付金汇缴账户的，承接账户为支付机构的备付金存管账户或在同一备付金合作银行开立的备付金收付账户。

第十九条 支付机构拟变更备付金存管银行并撤销全部备付金存管账户的，应当提前5个工作日向所在地中国人民银行分支机构报告变更理由、时间安排、变更后的备付金存管银行以及承接账户信息等事项。

变更前的备付金存管银行应当于资金划转结清当日，撤销支付机构在该行开立的全部备付金存管账户。

第二十条 支付机构终止支付业务的，应当在按照《非金融机构支付服务管理办法》规定提交的客户权益保障方案中，说明备付金银行账户撤销事项，并根据批复办理销户手续。

第二十一条 支付机构和备付金合作银行应当在备付金银行账户开立、变更、撤销当日分别书面告知备付金存管银行或其授权分支机构。

支付机构和备付金银行应当在备付金银行账户开立起5个工作日内、变更或撤销起2个工作日内，向支付机构所在地中国人民银行分支机构报备。

第二十二条 支付机构和备付金银行应当妥善保管备付金银行账户信息，保障客户信息安全和交易安全。

第三章 客户备付金的使用与划转

第二十三条 支付机构应当在收到客户备付金或客户划转客户备付金不可撤销的支付指令后，办理客户委托的支付业务，不得提前办理。

第二十四条 支付机构通过银行转账方式接收的客户备付金，应当直接缴存备付金专用存款账户；按规定可以现金形式接收的客户备付金，应当在收讫日起2个工作日内全额缴存备付金专用存款账户。

第二十五条 支付机构每月在备付金存管银行存放的客户备付金日终余额合计数，不得低于上月所有备付金银行账户日终余额合计数的50%。

第二十六条 支付机构只能通过备付金存管银行办理客户委托的跨行付款业务，以及调整不同备付金合作银行的备付金银行账户头寸。

支付机构在备付金合作银行存放的客户备付金，不得跨行划转至备付金存管银行之外的商业银行。

第二十七条 不同支付机构的备付金银行之间不得办理客户备付金的划转。

第二十八条 支付机构按规定为客户办理备付金赎回的，应当通过备付金专用存款账户划转资金，不得使用现金；按规定可以现金形式为客户办理备付金赎回的，应当先通过自有资金账户办理，再从其备付金存管账户将相应额度的客户备付金划转至自有资金账户。

第二十九条 支付机构应当按季计提风险准备金，存放在备付金存管银行或其授权分支机构开立的风险准备金专用存款账户，用于弥补客户备付金特定损失以及中国人民银行规定的其他用途。

风险准备金按照所有备付金银行账户利息总额的一定比例计提。支付机构开立备付金收付账户的合作银行少于4家（含）时，计提比例为10%。支付机构增加开立备付金收付账户的合作银行的，计提比例动态提高。

风险准备金的计提与管理办法由中国人民银行另行制定。

第三十条 支付机构的支付业务手续费收入划转至客户备付金专用存款账户的，支付机构应当通过备付金存管银行或其授权分支机构结转至自有资金账户。

第三十一条 支付机构因办理客户备付金划转产生的手续费费用，不得使用客户备付金支付。

第三十二条 支付机构因以现金形式为客户办理备付金赎回、结转支付业务手续费收入等涉及的自有资金账户，应当在备付金存管银行开立的自有资金账户中确定，且一家支付机构只能确定一个自有资金账户。

支付机构和备付金存管银行应当自自有资金账户确定之日起5个工作日内，分别向支付机构所在地中国人民银行分支机构报备。支付机构拟变更自有资金账户的，应当提前5个工作日向所在地中国人民银行分支机构报告变更原因、变更后的自有资金账户、变更时间等事项。

第三十三条 支付机构应当按照备付金协议约定向备付金银行提交支付指

令，并确保相关资金划转事项的真实性、合规性。

备付金银行应当对支付指令审核无误后，办理资金划转，必要时可以要求支付机构提交相应的证明文件。

备付金银行有权拒绝执行支付机构未按约定发送的支付指令。

第三十四条 支付机构和备付金银行应当建立客户备付金信息核对机制，逐日核对客户备付金的存放、使用、划转等信息，并保存核对记录。

第四章 监督管理

第三十五条 中国人民银行及其分支机构依法对支付机构和备付金银行的客户备付金存管业务活动实施非现场监管以及现场检查。

中国人民银行及其分支机构有权根据监管需要，调阅支付机构和备付金银行相关交易、会计处理和档案资料，要求支付机构对其客户备付金等相关项目进行外部专项审计。

中国人民银行建立支付机构客户备付金信息统计监测、核对校验制度，组织建设相关系统。

第三十六条 中国支付清算协会对支付机构客户备付金存管业务活动进行自律管理。

第三十七条 中国人民银行及其分支机构根据《非金融机构支付服务管理办法》和本办法监督管理支付机构实缴货币资本与客户备付金日均余额比例、备付金存管银行的客户备付金存放比例、风险准备金计提比例。

支付机构在备付金银行账户中存放客户备付金以外资金的，可以在计算前款规定的比例时，向所在地中国人民银行分支机构申请扣减。

第三十八条 支付机构和备付金银行符合下列条件之一的，支付机构可以向中国人民银行申请适当调整第三十七条所规定的比例：

（一）支付机构的支付业务能够被备付金银行实时监测；

（二）支付机构和备付金银行能够逐日逐笔核对客户备付金交易明细；

（三）支付机构能通过备付金银行为客户提供备付金信息查询；

（四）支付机构的公司治理规范、风险管理制度健全、客户备付金安全保障措施有效，以及能够主动配合备付金银行监督、备付金银行对其业务合规性评价较高。

第三十九条 备付金银行应当与支付机构定期或不定期核对账务，发现客户备付金异常的，应当立即督促支付机构纠正，并立即报告支付机构所在地中国人民银行分支机构、备付金银行法人或其授权分支机构。

第四十条 备付金银行与支付机构不在同一省（自治区、直辖市、计划单列市）的，备付金银行向支付机构所在地中国人民银行分支机构报送各类信息、材料时，还应当抄送其所在地中国人民银行分支机构。

第四十一条 备付金银行应当于每年第一个季度内，向中国人民银行提交上年度与其合作的所有支付机构的客户备付金存管业务专项报告，包括备付金存放、归集、使用、年终余额以及对支付机构业务合规性评价等内容。

第四十二条 支付机构或备付金银行违反本办法的，中国人民银行及其分支机构依据《非金融机构支付服务管理办法》的相关规定进行处罚。

第五章 附 则

第四十三条 本办法由中国人民银行负责解释和修订。

第四十四条 本办法自发布之日起施行。

关于实施支付机构客户备付金集中存管有关事项的通知

(银办发〔2017〕10号)

中国人民银行上海总部，各分行、营业管理部，各省会（首府）城市中心支行，各副省级城市中心支行；各国有商业银行，股份制商业银行，中国邮政储蓄银行；各非银行支付机构：

为贯彻落实党中央、国务院关于互联网金融风险专项整治工作总体部署，根据《国务院办公厅关于印发互联网金融风险专项整治工作实施方案的通知》（国办发〔2016〕21号）提出的"非银行支付机构不得挪用、占用客户备付金，客户备付金账户应开立在人民银行或符合要求的商业银行。人民银行或商业银行不向非银行支付机构备付金账户计付利息"相关要求，人民银行决定对支付机构客户备付金实施集中存管。现通知如下：

一、自2017年4月17日起，支付机构应将客户备付金按照一定比例交存至指定机构专用存款账户，该账户资金暂不计付利息。

二、人民银行根据支付机构的业务类型和最近一次分类评级结果确定支付机构交存客户备付金的比例，并根据管理需要进行调整。

三、2017年4月17日起，支付机构交存客户备付金执行以下比例，获得多项支付业务许可的支付机构，从高适用交存比例。

网络支付业务：12%（A类）、14%（B类）、16%（C类）、18%（D类）、20%（E类）；

银行卡收单业务：10%（A类）、12%（B类）、14%（C类）、16%（D类）、18%（E类）；

预付卡发行与受理：16%（A类）、18%（B类）、20%（C类）、22%（D类）、24%（E类）。

四、支付机构应交存客户备付金的金额根据上季度客户备付金日均余额与支付机构适用的交存比例计算得出，每季度调整一次，每季度首月16日完成资金划转（遇节假日顺延）。

五、商业银行为支付机构交存的客户备付金不计入一般存款，不纳入存款准备金交存基数。

六、支付机构和备付金交存银行未按照本通知有关要求执行的，人民银行及其分支机构将视情节轻重，按照《非金融机构支付服务管理办法》第四十一条至第四十三条规定予以处罚，并将支付机构相关行为纳入分类评级管理。

七、人民银行分支机构应根据本通知要求切实履行职责，指导支付机构和备付金交存银行做好相关工作，并加强相关工作的检查、监督。

请人民银行分支机构将本通知转发至辖区内各有客户备付金存管资质的商业银行。执行中如遇问题，请及时告知人民银行支付结算司。

关于调整支付机构客户备付金集中交存比例的通知

(银办发〔2017〕248号)

中国人民银行上海总部,各分行、营业管理部,各省会(首府)城市中心支行,各副省级城市中心支行;各国有商业银行、股份制商业银行、中国邮政储蓄银行;各非银行支付机构:

为贯彻落实第五次全国金融工作会议"强化金融监管""防范金融风险"的会议精神,人民银行决定自2018年起调整支付机构客户备付金集中交存比例。现将有关事项通知如下:

一、考虑春节前现金投放等季节性因素的影响,为维护银行体系流动性合理稳定,2018年1月仍执行现行集中交存比例,2018年2月至4月按每月10%逐月提高集中交存比例,具体要求见附件。

二、自2018年第二季度起,支付机构按新的集中交存比例交存客户备付金,交存金额恢复按季度调整,交存时间调整为每季度首月第二个星期一(遇节假日顺延)。

三、支付机构需在日间支取集中交存的客户备付金的,应委托备付金存管银行办理。备付金存管银行可通过人民银行营业部门柜台办理,或通过中央银行会计核算数据集中系统(ACS)综合前置子系统以电子化方式办理(相关业务流程另文下发)。

四、支付机构执行新的集中交存比例后,应确保其日终在备付金存管银行存放的客户备付金,不低于当日所有未集中交存客户备付金总额的50%。

五、支付机构需在春节等节假日期间使用集中交存的客户备付金的,应提前向人民银行分支机构书面报告。

六、人民银行将根据具体情况灵活开展公开市场操作,对冲支付机构客户备付金集中交存对银行体系流动性的影响,维护银行体系流动性合理稳定。

请人民银行分支机构将本通知转发至辖区内有客户备付金存管资质的商业银行。执行中如遇问题,请及时告知人民银行支付结算司。

附件

2018年支付机构客户备付金集中交存安排

交存时间	交存比例	交存基数
1月8日	银行卡收单业务：10%（A类）、12%（B类）14%（C类）、16%（D类）、18%（E类）； 网络支付业务：12%（A类）、14%（B类）、16%（C类）、18%（D类）、20%（E类）； 预付卡发行与受理：16%（A类）、18%（B类）、20%（C类）、22%（D类）、24%（E类）。	2017年第四季度客户备付金日均余额
2月22日（正月初七）	银行卡收单业务：20%（A类）、22%（B类）、24%（C类）、26%（D类）、28%（E类）； 网络支付业务：22%（A类）、24%（B类）、26%（C类）、28%（D类）、30%（E类）； 预付卡发行与受理：26%（A类）、28%（B类）、30%（C类）、32%（D类）、34%（E类）。	2017年第四季度客户备付金日均余额
3月12日	银行卡收单业务：30%（A类）、32%（B类）、34%（C类）、36%（D类）、38%（E类）； 网络支付业务：32%（A类）、34%（B类）、36%（C类）、38%（D类）、40%（E类）； 预付卡发行与受理：36%（A类）、38%（B类）、40%（C类）、42%（D类）、44%（E类）。	2017年第四季度客户备付金日均余额
4月9日	银行卡收单业务：40%（A类）、42%（B类）、44%（C类）、46%（D类）、48%（E类）； 网络支付业务：42%（A类）、44%（B类）、46%（C类）、48%（D类）、50%（E类）； 预付卡发行与受理：46%（A类）、48%（B类）、50%（C类）、52%（D类）、54%（E类）。	2018年第一季度客户备付金日均余额

关于支付机构客户备付金全部集中交存有关事宜的通知

（银办发〔2018〕114号）

中国人民银行上海总部，各分行、营业管理部，各省会（首府）城市中心支行，各副省级城市中心支行；各国有商业银行、股份制商业银行、中国邮政储蓄银行；中国银联股份有限公司，网联清算有限公司；各非银行支付机构：

为贯彻落实党的十九大关于强化金融监管、防范金融风险的精神，按照党中央、国务院互联网金融风险专项整治工作部署人民银行决定将支付机构客户备付金集中交存比例逐步提高至100%，现将有关事项通知如下：

一、自2018年7月9日起，按月逐步提高支付机构客户备付金集中交存比例，到2019年1月14日实现100%集中交存。交存时间为每月第二个星期一（遇节假日顺延），交存基数为上一个月客户备付金日均余额。跨境人民币备付金账户、基金销售结算专用账户、外汇备付金账户余额暂不计入交存基数（具体要求见附件1）。

二、为满足支付机构特定业务需求，支付机构可以在备付金银行持有相关业务专用账户。

（一）开展跨境人民币业务的支付机构，可以持有1个跨境人民币备付金账户，办理业务过程中，应遵守人民银行跨境人民币业务有关规定。

（二）提供基金销售支付服务的支付机构，可以持有1个基金销售结算专用账户，办理业务过程中，应遵守中国证券监督管理委员会有关规定。

（三）获准办理"预付卡发行与受理"业务的支付机构，可以持有1个备付金账户。该账户只能用于收取客户的购卡、充值等资金，账户内资金应于每个工作日大额支付系统业务截止前全部交存至人民银行"备付金集中存管账户"。

（四）外汇备付金账户的开立和使用，执行国家外汇管理局现行规定。

除上述跨境人民币备付金账户、基金销售结算专用账户、预付卡备付金账户和外汇备付金账户外，支付机构应于2019年1月14日前注销在商业银行的其余备付金账户。

三、自本通知发布之日起，支付机构应根据与中国银联股份有限公司或网联清算有限公司的业务对接情况，于 2019 年 1 月 14 日前在法人所在地人民银行分支机构开立"备付金集中存管账户"，并于开户之日起 2 个工作日内将原委托备付金存管银行开立的"备付金交存专户"销户（具体流程见附件 2）。支付机构"备付金集中存管账户"的资金划转应当通过中国银联股份有限公司或网联清算有限公司办理。

四、中国银联股份有限公司和网联清算有限公司应根据客户备付金集中交存安排，支持商业银行和支付机构按期、有序接入，确保各项业务正常处理。

五、人民银行分支机构应根据本通知规定指导辖区内支付机构、商业银行切实做好相关工作，鼓励、支持满足条件的支付机构提前执行，要求支付机构强化流动性管理，确保备付金集中交存工作稳妥、有序开展。

请人民银行分支机构将本通知转发至辖区内有客户备付金存管资质的商业银行。执行中如遇问题，请及时报告人民银行支付结算司。

附件：1. 支付机构客户备付金集中交存安排
　　　2. 支付机构备付金集中存管账户开立流程

附件 1

支付机构客户备付金集中交存安排

交存时间	交存比例	交存基数
2018 年 7 月 9 日	银行卡收单业务：50%（A 类）、52%（B 类）、54%（C 类）、56%（D 类）、58%（E 类）； 网络支付业务：52%（A 类）、54%（B 类）、56%（C 类）、58%（D 类）、60%（E 类）； 预付卡发行与受理：56%（A 类）、58%（B 类）、60%（C 类）、62%（D 类）、64%（E 类）。	2018 年 6 月客户备付金日均余额
2018 年 8 月 13 日	银行卡收单业务：60%（A 类）、62%（B 类）、64%（C 类）、66%（D 类）、68%（E 类）； 网络支付业务：62%（A 类）、64%（B 类）、66%（C 类）、68%（D 类）、70%（E 类）； 预付卡发行与受理：66%（A 类）、68%（B 类）、70%（C 类）、72%（D 类）、74%（E 类）。	2018 年 7 月客户备付金日均余额

续表

交存时间	交存比例	交存基数
2018年9月10日	银行卡收单业务：70%（A类）、72%（B类）、74%（C类）、76%（D类）、78%（E类）； 网络支付业务：72%（A类）、74%（B类）、76%（C类）、78%（D类）、80%（E类）； 预付卡发行与受理：76%（A类）、78%（B类）、80%（C类）、82%（D类）、84%（E类）。	2018年8月客户备付金日均余额
2018年10月15日	银行卡收单业务：75%（A类）、77%（B类）、79%（C类）、81%（D类）、83%（E类）； 网络支付业务：77%（A类）、79%（B类）、81%（C类）、83%（D类）、85%（E类）； 预付卡发行与受理：81%（A类）、83%（B类）、85%（C类）、87%（D类）、89%（E类）。	2018年9月客户备付金日均余额
2018年11月12日	银行卡收单业务：80%（A类）、82%（B类）、84%（C类）、86%（D类）、88%（E类）； 网络支付业务：82%（A类）、84%（B类）、86%（C类）、88%（D类）、90%（E类）； 预付卡发行与受理：86%（A类）、88%（B类）、90%（C类）、92%（D类）、94%（E类）。	2018年10月客户备付金日均余额
2018年12月10日	银行卡收单业务：85%（A类）、87%（B类）、89%（C类）、91%（D类）、93%（E类）； 网络支付业务：87%（A类）、89%（B类）、91%（C类）、93%（D类）、95%（E类）； 预付卡发行与受理：91%（A类）、93%（B类）、95%（C类）、97%（D类）、99%（E类）。	2018年11月客户备付金日均余额
2019年1月14日	100%	—

附件2

支付机构备付金集中存管账户开立流程

一、支付机构向法人所在地人民银行分支机构支付结算部门提交《支付机构客户备付金集中存管账户开立申请书》一式三份（附，以下简称申请书）。

二、申请书经人民银行分支机构支付结算部门审核通过后，一份由支付结算部门留存，其余两份分别送交人民银行分支机构营业部门和支付机构。

三、支付机构携审核通过的申请书、统一社会信用证、支付业务许可证、法定代表人或负责人身份证件原件和复印件及其他开户所需材料前往所在地人民银行分支机构营业部门办理开户手续。

四、人民银行分支机构营业部门审核支付机构提交的上述开户材料通过后，为支付机构开立备付金集中存管账户。

五、开户当日，支付机构应委托备付金存管银行将备付金交存专户内的资金全额转入新开立的备付金集中存管账户，并于2个工作日内完成备付金交存专户销户。

六、开户当日及每月备付金集中交存日前，人民银行分支机构营业部门应根据支付结算部门提供的备付金交存核定表，完成备付金交存专户或备付金集中存管账户的应交存金额、生效日期等考核参数的设置（支付机构将客户备付金100%交存至备付金集中存管账户后，无须设置考核参数）。

七、支付机构可通过中国银联股份有限公司或网联清算有限公司实时查询备付金集中存管账户余额等信息。

附：支付机构客户备付金集中存管账户开立申请书

附

支付机构客户备付金集中存管账户开立申请书

（一式三份）

支付机构名称			电话	
地址			邮编	
统一社会信用代码			支付业务许可编号	
法定代表人或负责人	姓名			
	证件类型		证件号码	
注册资金				
经营范围				
本支付机构申请开立客户备付金集中存管账户，并承诺所提供的开户资料真实、有效。 支付机构法人签字： 支付机构公章： 年　月　日			人民银行分支机构支付结算部门审核意见： 经办人（签章） 人民银行分支机构支付结算部门（签章） 年　月　日		

非银行支付机构网络支付业务管理办法

(中国人民银行公告〔2015〕第 43 号)

第一章 总 则

第一条 为规范非银行支付机构(以下简称支付机构)网络支付业务,防范支付风险,保护当事人合法权益,根据《中华人民共和国中国人民银行法》《非金融机构支付服务管理办法》(中国人民银行令〔2010〕第 2 号发布)等规定,制定本办法。

第二条 支付机构从事网络支付业务,适用本办法。

本办法所称支付机构是指依法取得《支付业务许可证》,获准办理互联网支付、移动电话支付、固定电话支付、数字电视支付等网络支付业务的非银行机构。

本办法所称网络支付业务,是指收款人或付款人通过计算机、移动终端等电子设备,依托公共网络信息系统远程发起支付指令,且付款人电子设备不与收款人特定专属设备交互,由支付机构为收付款人提供货币资金转移服务的活动。

本办法所称收款人特定专属设备,是指专门用于交易收款,在交易过程中与支付机构业务系统交互并参与生成、传输、处理支付指令的电子设备。

第三条 支付机构应当遵循主要服务电子商务发展和为社会提供小额、快捷、便民小微支付服务的宗旨,基于客户的银行账户或者按照本办法规定为客户开立支付账户提供网络支付服务。

本办法所称支付账户,是指获得互联网支付业务许可的支付机构,根据客户的真实意愿为其开立的,用于记录预付交易资金余额、客户凭以发起支付指令、反映交易明细信息的电子簿记。

支付账户不得透支,不得出借、出租、出售,不得利用支付账户从事或者协助他人从事非法活动。

第四条 支付机构基于银行卡为客户提供网络支付服务的,应当执行银行卡业务相关监管规定和银行卡行业规范。

支付机构对特约商户的拓展与管理、业务与风险管理应当执行《银行卡收单业务管理办法》（中国人民银行公告〔2013〕第9号公布）等相关规定。

支付机构网络支付服务涉及跨境人民币结算和外汇支付的，应当执行中国人民银行、国家外汇管理局相关规定。支付机构应当依法维护当事人合法权益，遵守反洗钱和反恐怖融资相关规定，履行反洗钱和反恐怖融资义务。

第五条 支付机构依照中国人民银行有关规定接受分类评价，并执行相应的分类监管措施。

第二章 客户管理

第六条 支付机构应当遵循"了解你的客户"原则，建立健全客户身份识别机制。支付机构为客户开立支付账户的，应当对客户实行实名制管理，登记并采取有效措施验证客户身份基本信息，按规定核对有效身份证件并留存有效身份证件复印件或者影印件，建立客户唯一识别编码，并在与客户业务关系存续期间采取持续的身份识别措施，确保有效核实客户身份及其真实意愿，不得开立匿名、假名支付账户。

第七条 支付机构应当与客户签订服务协议，约定双方责任、权利和义务，至少明确业务规则（包括但不限于业务功能和流程、身份识别和交易验证方式、资金结算方式等），收费项目和标准，查询、差错争议及投诉等服务流程和规则，业务风险和非法活动防范及处置措施，客户损失责任划分和赔付规则等内容。

支付机构为客户开立支付账户的，还应在服务协议中以显著方式告知客户，并采取有效方式确认客户充分知晓并清晰理解下列内容："支付账户所记录的资金余额不同于客户本人的银行存款，不受《存款保险条例》保护，其实质为客户委托支付机构保管的、所有权归属于客户的预付价值。该预付价值对应的货币资金虽然属于客户，但不以客户本人名义存放在银行，而是以支付机构名义存放在银行，并且由支付机构向银行发起资金调拨指令。"

支付机构应当确保协议内容清晰、易懂，并以显著方式提示客户注意与其有重大利害关系的事项。

第八条 获得互联网支付业务许可的支付机构，经客户主动提出申请，可为其开立支付账户；仅获得移动电话支付、固定电话支付、数字电视支付业务许可的支付机构，不得为客户开立支付账户。支付机构不得为金融机构，以及从事信贷、融资、理财、担保、信托、货币兑换等金融业务的其他机构开立支付账户。

第三章　业务管理

第九条　支付机构不得经营或者变相经营证券、保险、信贷、融资、理财、担保、信托、货币兑换、现金存取等业务。

第十条　支付机构向客户开户银行发送支付指令，扣划客户银行账户资金的，支付机构和银行应当执行下列要求：

（一）支付机构应当事先或在首笔交易时自主识别客户身份并分别取得客户和银行的协议授权，同意其向客户的银行账户发起支付指令扣划资金；

（二）银行应当事先或在首笔交易时自主识别客户身份并与客户直接签订授权协议，明确约定扣款适用范围和交易验证方式，设立与客户风险承受能力相匹配的单笔和单日累计交易限额，承诺无条件全额承担此类交易的风险损失先行赔付责任；

（三）除单笔金额不超过 200 元的小额支付业务，公共事业缴费、税费缴纳、信用卡还款等收款人固定并且定期发生的支付业务，以及符合第三十七条规定的情形以外，支付机构不得代替银行进行交易验证。

第十一条　支付机构应根据客户身份对同一客户在本机构开立的所有支付账户进行关联管理，并按照下列要求对个人支付账户进行分类管理：

（一）对于以非面对面方式通过至少一个合法安全的外部渠道进行身份基本信息验证，且为首次在本机构开立支付账户的个人客户，支付机构可以为其开立Ⅰ类支付账户，账户余额仅可用于消费和转账，余额付款交易自账户开立起累计不超过 1000 元（包括支付账户向客户本人同名银行账户转账）；

（二）对于支付机构自主或委托合作机构以面对面方式核实身份的个人客户，或以非面对面方式通过至少三个合法安全的外部渠道进行身份基本信息多重交叉验证的个人客户，支付机构可以为其开立Ⅱ类支付账户，账户余额仅可用于消费和转账，其所有支付账户的余额付款交易年累计不超过 10 万元（不包括支付账户向客户本人同名银行账户转账）；

（三）对于支付机构自主或委托合作机构以面对面方式核实身份的个人客户，或以非面对面方式通过至少五个合法安全的外部渠道进行身份基本信息多重交叉验证的个人客户，支付机构可以为其开立Ⅲ类支付账户，账户余额可以用于消费、转账以及购买投资理财等金融类产品，其所有支付账户的余额付款交易年累计不超过 20 万元（不包括支付账户向客户本人同名银行账户转账）。

客户身份基本信息外部验证渠道包括但不限于政府部门数据库、商业银行信息系统、商业化数据库等。其中，通过商业银行验证个人客户身份基本信息的，应为Ⅰ类银行账户或信用卡。

第十二条 支付机构办理银行账户与支付账户之间转账业务的，相关银行账户与支付账户应属于同一客户。支付机构应按照与客户的约定及时办理支付账户向客户本人银行账户转账业务，不得对Ⅱ类、Ⅲ类支付账户向客户本人银行账户转账设置限额。

第十三条 支付机构为客户办理本机构发行的预付卡向支付账户转账的，应当按照《支付机构预付卡业务管理办法》（中国人民银行公告〔2012〕第12号公布）相关规定对预付卡转账至支付账户的余额单独管理，仅限其用于消费，不得通过转账、购买投资理财等金融类产品等形式进行套现或者变相套现。

第十四条 支付机构应当确保交易信息的真实性、完整性、可追溯性以及在支付全流程中的一致性，不得篡改或者隐匿交易信息。交易信息包括但不限于下列内容：

（一）交易渠道、交易终端或接口类型、交易类型、交易金额、交易时间，以及直接向客户提供商品或者服务的特约商户名称、编码和按照国家与金融行业标准设置的商户类别码；

（二）收付款客户名称，收付款支付账户账号或者银行账户的开户银行名称及账号；

（三）付款客户的身份验证和交易授权信息；

（四）有效追溯交易的标识；

（五）单位客户单笔超过5万元的转账业务的付款用途和事由。

第十五条 因交易取消（撤销）、退货、交易不成功或者投资理财等金融类产品赎回等原因需划回资金的，相应款项应当划回原扣款账户。

第十六条 对于客户的网络支付业务操作行为，支付机构应当在确认客户身份及真实意愿后及时办理，并在操作生效之日起至少五年内，真实、完整保存操作记录。

客户操作行为包括但不限于登录和注销登录、身份识别和交易验证、变更身份信息和联系方式、调整业务功能、调整交易限额、变更资金收付方式，以及变更或挂失密码、数字证书、电子签名等。

第四章 风险管理与客户权益保护

第十七条 支付机构应当综合客户类型、身份核实方式、交易行为特征、资信状况等因素，建立客户风险评级管理制度和机制，并动态调整客户风险评级及相关风险控制措施。支付机构应当根据客户风险评级、交易验证方式、交易渠道、交易终端或接口类型、交易类型、交易金额、交易时间、商户类别等因素，建立交易风险管理制度和交易监测系统，对疑似欺诈、套现、洗钱、非法融资、恐怖融资等交易，及时采取调查核实、延迟结算、终止服务等措施。

第十八条 支付机构应当向客户充分提示网络支付业务的潜在风险，及时揭示不法分子新型作案手段，对客户进行必要的安全教育，并对高风险业务在操作前、操作中进行风险警示。

支付机构为客户购买合作机构的金融类产品提供网络支付服务的，应当确保合作机构为取得相应经营资质并依法开展业务的机构，并在首次购买时向客户展示合作机构信息和产品信息，充分提示相关责任、权利、义务及潜在风险，协助客户与合作机构完成协议签订。

第十九条 支付机构应当建立健全风险准备金制度和交易赔付制度，并对不能有效证明因客户原因导致的资金损失及时先行全额赔付，保障客户合法权益。

支付机构应于每年1月31日前，将前一年度发生的风险事件、客户风险损失发生和赔付等情况在网站对外公告。支付机构应在年度监管报告中如实反映上述内容和风险准备金计提、使用及结余等情况。

第二十条 支付机构应当依照中国人民银行有关客户信息保护的规定，制定有效的客户信息保护措施和风险控制机制，履行客户信息保护责任。

支付机构不得存储客户银行卡的磁道信息或芯片信息、验证码、密码等敏感信息，原则上不得存储银行卡有效期。

因特殊业务需要，支付机构确需存储客户银行卡有效期的，应当取得客户和开户银行的授权，以加密形式存储。支付机构应当以"最小化"原则采集、使用、存储和传输客户信息，并告知客户相关信息的使用目的和范围。支付机构不得向其他机构或个人提供客户信息，法律法规另有规定，以及经客户本人逐项确认并授权的除外。

第二十一条 支付机构应当通过协议约定禁止特约商户存储客户银行卡的磁道信息或芯片信息、验证码、有效期、密码等敏感信息，并采取定期检查、技术监测等必要监督措施。

特约商户违反协议约定存储上述敏感信息的，支付机构应当立即暂停或者终止为其提供网络支付服务，采取有效措施删除敏感信息、防止信息泄露，并依法承担因相关信息泄露造成的损失和责任。

第二十二条 支付机构可以组合选用下列三类要素，对客户使用支付账户余额付款的交易进行验证：

（一）仅客户本人知悉的要素，如静态密码等；

（二）仅客户本人持有并特有的，不可复制或者不可重复利用的要素，如经过安全认证的数字证书、电子签名，以及通过安全渠道生成和传输的一次性密码等；

（三）客户本人生理特征要素，如指纹等。

支付机构应当确保采用的要素相互独立，部分要素的损坏或者泄露不应导致其他要素损坏或者泄露。

第二十三条 支付机构采用数字证书、电子签名作为验证要素的，数字证书及生成电子签名的过程应符合《中华人民共和国电子签名法》《金融电子认证规范》（JR/T 0118—2015）等有关规定，确保数字证书的唯一性、完整性及交易的不可抵赖性。

支付机构采用一次性密码作为验证要素的，应当切实防范一次性密码获取端与支付指令发起端为相同物理设备而带来的风险，并将一次性密码有效期严格限制在最短的必要时间内。

支付机构采用客户本人生理特征作为验证要素的，应当符合国家、金融行业标准和相关信息安全管理要求，防止被非法存储、复制或重放。

第二十四条 支付机构应根据交易验证方式的安全级别，按照下列要求对个人客户使用支付账户余额付款的交易进行限额管理：

（一）支付机构采用包括数字证书或电子签名在内的两类（含）以上有效要素进行验证的交易，单日累计限额由支付机构与客户通过协议自主约定；

（二）支付机构采用不包括数字证书、电子签名在内的两类（含）以上有效要素进行验证的交易，单个客户所有支付账户单日累计金额应不超过5000元（不包括支付账户向客户本人同名银行账户转账）；

（三）支付机构采用不足两类有效要素进行验证的交易，单个客户所有支付账户单日累计金额应不超过1000元（不包括支付账户向客户本人同名银行账户转账），且支付机构应当承诺无条件全额承担此类交易的风险损失赔付责任。

第二十五条　支付机构网络支付业务相关系统设施和技术，应当持续符合国家、金融行业标准和相关信息安全管理要求。如未符合相关标准和要求，或者尚未形成国家、金融行业标准，支付机构应当无条件全额承担客户直接风险损失的先行赔付责任。

第二十六条　支付机构应当在境内拥有安全、规范的网络支付业务处理系统及其备份系统，制定突发事件应急预案，保障系统安全性和业务连续性。

支付机构为境内交易提供服务的，应当通过境内业务处理系统完成交易处理，并在境内完成资金结算。

第二十七条　支付机构应当采取有效措施，确保客户在执行支付指令前可对收付款客户名称和账号、交易金额等交易信息进行确认，并在支付指令完成后及时将结果通知客因交易超时、无响应或者系统故障导致支付指令无法正常处理的，支付机构应当及时提示客户；因客户原因造成支付指令未执行、未适当执行、延迟执行的，支付机构应当主动通知客户更改或者协助客户采取补救措施。

第二十八条　支付机构应当通过具有合法独立域名的网站和统一的服务电话等渠道，为客户免费提供至少最近一年以内交易信息查询服务，并建立健全差错争议和纠纷投诉处理制度，配备专业部门和人员据实、准确、及时处理交易差错和客户投诉。支付机构应当告知客户相关服务的正确获取途径，指导客户有效辨识服务渠道的真实性。

支付机构应当于每年 1 月 31 日前，将前一年度发生的客户投诉数量和类型、处理完毕的投诉占比、投诉处理速度等情况在网站对外公告。

第二十九条　支付机构应当充分尊重客户自主选择权，不得强迫客户使用本机构提供的支付服务，不得阻碍客户使用其他机构提供的支付服务。

支付机构应当公平展示客户可选用的各种资金收付方式，不得以任何形式诱导、强迫客户开立支付账户或者通过支付账户办理资金收付，不得附加不合理条件。

第三十条　支付机构因系统升级、调试等原因，需暂停网络支付服务的，应当至少提前 5 个工作日予以公告。支付机构变更协议条款、提高服务收费标准或者新设收费项目的，应当于实施之前在网站等服务渠道以显著方式连续公示 30 日，并于客户首次办理相关业务前确认客户知悉且接受拟调整的全部详细内容。

第五章　监督管理

第三十一条　支付机构提供网络支付创新产品或者服务、停止提供产品或者服务、与境外机构合作在境内开展网络支付业务的，应当至少提前30日向法人所在地中国人民银行分支机构报告。

支付机构发生重大风险事件的，应当及时向法人所在地中国人民银行分支机构报告；发现涉嫌违法犯罪的，同时报告公安机关。

第三十二条　中国人民银行可以结合支付机构的企业资质、风险管控特别是客户备付金管理等因素，确立支付机构分类监管指标体系，建立持续分类评价工作机制，并对支付机构实施动态分类管理。具体办法由中国人民银行另行制定。

第三十三条　评定为"A"类且Ⅱ类、Ⅲ类支付账户实名比例超过95%的支付机构，可以采用能够切实落实实名制要求的其他客户身份核实方法，经法人所在地中国人民银行分支机构评估认可并向中国人民银行备案后实施。

第三十四条　评定为"A"类且Ⅱ类、Ⅲ类支付账户实名比例超过95%的支付机构，可以对从事电子商务经营活动、不具备工商登记注册条件且相关法律法规允许不进行工商登记注册的个人客户（以下简称个人卖家）参照单位客户管理，但应建立持续监测电子商务经营活动、对个人卖家实施动态管理的有效机制，并向法人所在地中国人民银行分支机构备案。

支付机构参照单位客户管理的个人卖家，应至少符合下列条件：

（一）相关电子商务交易平台已依照相关法律法规对其真实身份信息进行审查和登记，与其签订登记协议，建立登记档案并定期核实更新，核发证明个人身份信息真实合法的标记，加载在其从事电子商务经营活动的主页面醒目位置；

（二）支付机构已按照开立Ⅲ类个人支付账户的标准对其完成身份核实；

（三）持续从事电子商务经营活动满6个月，且期间使用支付账户收取的经营收入累计超过20万元。

第三十五条　评定为"A"类且Ⅱ类、Ⅲ类支付账户实名比例超过95%的支付机构，对于已经实名确认、达到实名制管理要求的支付账户，在办理第十二条第一款所述转账业务时，相关银行账户与支付账户可以不属于同一客户。但支付机构应在交易中向银行准确、完整发送交易渠道、交易终端或接口类型、交易类型、收付款客户名称和账号等交易信息。

第三十六条 评定为"A"类且Ⅱ类、Ⅲ类支付账户实名比例超过95%的支付机构，可以将达到实名制管理要求的Ⅱ类、Ⅲ类支付账户的余额付款单日累计限额，提高至第二十四条规定的2倍。

评定为"B"类及以上，且Ⅱ类、Ⅲ类支付账户实名比例超过90%的支付机构，可以将达到实名制管理要求的Ⅱ类、Ⅲ类支付账户的余额付款单日累计限额，提高至第二十四条规定的1.5倍。

第三十七条 评定为"A"类的支付机构按照第十条规定办理相关业务时，可以与银行根据业务需要，通过协议自主约定由支付机构代替进行交易验证的情形，但支付机构应在交易中向银行完整、准确发送交易渠道、交易终端或接口类型、交易类型、商户名称、商户编码、商户类别码、收付款客户名称和账号等交易信息；银行应核实支付机构验证手段或渠道的安全性，且对客户资金安全的管理责任不因支付机构代替验证而转移。

第三十八条 对于评定为"C"类及以下、支付账户实名比例较低、对零售支付体系或社会公众非现金支付信心产生重大影响的支付机构，中国人民银行及其分支机构可以在第十九条、第二十八条等规定的基础上适度提高公开披露相关信息的要求，并加强非现场监管和现场检查。

第三十九条 中国人民银行及其分支机构对照上述分类管理措施相应条件，动态确定支付机构适用的监管规定并持续监管。支付机构分类评定结果和支付账户实名比例不符合上述分类管理措施相应条件的，应严格按照第十条、第十一条、第十二条及第二十四条等相关规定执行。

中国人民银行及其分支机构可以根据社会经济发展情况和支付机构分类管理需要，对支付机构网络支付业务范围、模式、功能、限额及业务创新等相关管理措施进行适时调整。

第四十条 支付机构应当加入中国支付清算协会，接受行业自律组织管理。

中国支付清算协会应当根据本办法制定网络支付业务行业自律规范，建立自律审查机制，向中国人民银行备案后组织实施。自律规范应包括支付机构与客户签订协议的范本，明确协议应记载和不得记载事项，还应包括支付机构披露有关信息的具体内容和标准格式。

中国支付清算协会应当建立信用承诺制度，要求支付机构以标准格式向社会公开承诺依法合规开展网络支付业务、保障客户信息安全和资金安全、维护客户合法权益、如违法违规自愿接受约束和处罚。

第六章　法律责任

第四十一条　支付机构从事网络支付业务有下列情形之一的，中国人民银行及其分支机构依据《非金融机构支付服务管理办法》第四十二条的规定进行处理：

（一）未按规定建立客户实名制管理、支付账户开立与使用、差错争议和纠纷投诉处理、风险准备金和交易赔付、应急预案等管理制度的；

（二）未按规定建立客户风险评级管理、支付账户功能与限额管理、客户支付指令验证管理、交易和信息安全管理、交易监测系统等风险控制机制的，未按规定对支付业务采取有效风险控制措施的；

（三）未按规定进行风险提示、公开披露相关信息的；

（四）未按规定履行报告义务的。

第四十二条　支付机构从事网络支付业务有下列情形之一的，中国人民银行及其分支机构依据《非金融机构支付服务管理办法》第四十三条的规定进行处理；情节严重的，中国人民银行及其分支机构依据《中华人民共和国中国人民银行法》第四十六条的规定进行处理：

（一）不符合支付机构支付业务系统设施有关要求的；

（二）不符合国家、金融行业标准和相关信息安全管理要求的，采用数字证书、电子签名不符合《中华人民共和国电子签名法》《金融电子认证规范》等规定的；

（三）为非法交易、虚假交易提供支付服务，发现客户疑似或者涉嫌违法违规行为未按规定采取有效措施的；

（四）未按规定采取客户支付指令验证措施的；

（五）未真实、完整、准确反映网络支付交易信息，篡改或者隐匿交易信息的；

（六）未按规定处理客户信息，或者未履行客户信息保密义务，造成信息泄露隐患或者导致信息泄露的；

（七）妨碍客户自主选择支付服务提供主体或资金收付方式的；

（八）公开披露虚假信息的；

（九）违规开立支付账户，或擅自经营金融业务活动的。

第四十三条　支付机构违反反洗钱和反恐怖融资规定的，依据国家有关法律法规进行处理。

第七章　附　则

第四十四条　本办法相关用语含义如下：单位客户，是指接受支付机构支付服务的法人、其他组织或者个体工商户。

个人客户，是指接受支付机构支付服务的自然人。单位客户的身份基本信息，包括客户的名称、地址、经营范围、统一社会信用代码或组织机构代码；可证明该客户依法设立或者可依法开展经营、社会活动的执照、证件或者文件的名称、号码和有效期限；法定代表人（负责人）或授权办理业务人员的姓名、有效身份证件的种类、号码和有效期限。

个人客户的身份基本信息，包括客户的姓名、国籍、性别、职业、住址、联系方式以及客户有效身份证件的种类、号码和有效期限。法人和其他组织客户的有效身份证件，是指政府有权机关颁发的能够证明其合法真实身份的证件或文件，包括但不限于营业执照、事业单位法人证书、税务登记证、组织机构代码证；个体工商户的有效身份证件，包括营业执照、经营者或授权经办人员的有效身份证件。

个人客户的有效身份证件，包括：在中国境内已登记常住户口的中国公民为居民身份证，不满十六周岁的，为居民身份证或户口簿；香港、澳门特别行政区居民为港澳居民往来内地通行证；台湾地区居民为台湾居民来往大陆通行证；定居国外的中国公民为中国护照；外国公民为护照或者外国人永久居留证（外国边民，按照边贸结算的有关规定办理）；法律、行政法规规定的其他身份证明文件。

客户本人，是指客户本单位（单位客户）或者本人（个人客户）。

第四十五条　本办法由中国人民银行负责解释和修订。

第四十六条　本办法自 2016 年 7 月 1 日起施行。

关于将非银行支付机构网络支付业务由直连模式迁移至网联平台处理的通知

(银支付〔2017〕209号)

中国人民银行上海总部金融服务一部,各分行、营业管理部、省会(首府)城市中心支行,各副省级城市中心支行支付结算处(会计财务处);各国有商业银行、股份制商业银行,中国邮政储蓄银行运营管理部;各非银行支付机构:

根据党中央、国务院关于互联网金融风险专项整治的工作部署,人民银行指导支付清算协会建设"非银行支付机构网络支付清算平台"(以下简称网联平台),主要处理非银行支付机构(以下简称支付机构)发起的涉及银行账户的网络支付业务。现就网络支付业务由支付机构与银行直连模式迁移至网联平台处理有关事项通知如下:

一、自2018年6月30日起,支付机构受理的涉及银行账户的网络支付业务全部通过网联平台处理。

二、各银行和支付机构应于2017年10月15日前完成接入网联平台和业务迁移相关准备工作。

三、网联平台运营机构应制定实施计划,组织各银行和支付机构妥善做好接入工作,包括联调测试、生产验证、压力测试和存量协议迁移等,并提供相关业务、技术支持。

四、各银行和支付机构应高度重视,加强组织协调,按照计划完成相关工作。指定专人负责工作对接,并于8月15日前将联系人名单反馈人民银行支付结算司。

五、请人民银行各分支机构支付结算处速将本通知转发至辖区内各银行和支付机构,指导并督促其认真做好接入网联平台和业务切量工作。

条码支付业务规范（试行）

（银发〔2017〕296号）

第一章 总　则

第一条　为规范条码（二维码）支付（以下简称条码支付）业务，保护消费者合法权益，促进条码支付业务健康发展，根据《电子支付指引（第一号）》（中国人民银行公告〔2005〕第23号公布）、《非金融机构支付服务管理办法》（中国人民银行公告〔2010〕第2号公布）、《银行卡收单业务管理办法》（中国人民银行公告〔2013〕第9号公布）、《非银行支付机构网络支付业务管理办法》（中国人民银行公告〔2015〕第43号公布）等规定，制定本规范。

第二条　本规范所称条码支付业务是指银行业金融机构（以下简称银行）、非银行支付机构（以下简称支付机构）应用条码技术，实现收付款人之间货币资金转移的业务活动。

条码支付业务包括付款扫码和收款扫码。付款扫码是指付款人通过移动终端识读收款人展示的条码完成支付的行为。收款扫码是指收款人通过识读付款人移动终端展示的条码完成支付的行为。

第三条　银行、支付机构开展条码支付业务应遵循本规范。

第四条　支付机构开展条码支付业务，应按规定取得相应的业务许可，并按相应管理办法规范开展业务。

第五条　支付机构不得基于条码技术，从事或变相从事证券、保险、信贷、融资、理财、担保、信托、货币兑换、现金存取等业务。

第六条　银行、支付机构开展条码支付业务应遵守客户实名制管理规定；遵守反洗钱法律法规要求，履行反洗钱和反恐怖融资义务；依法维护客户及相关主体的合法权益。

第七条　银行、支付机构应自觉遵守商业道德，不得以任何形式诋毁其他市场主体的商业信誉，不得采用不正当竞争手段排挤竞争对手、损害其他市场主体利益，破坏市场公平竞争秩序。

第八条 银行、支付机构应遵守中国人民银行发布的相关技术标准与规范要求，保证条码支付业务的交易安全和信息安全。

第二章　条码生成和受理

第九条 银行、支付机构开展条码支付业务，应将客户用于生成条码的银行账户或支付账户、身份证件号码、手机号码进行关联管理。

第十条 银行、支付机构开展条码支付业务，可以组合选用下列三种要素，对客户条码支付交易进行验证：

（一）仅客户本人知悉的要素，如静态密码等；

（二）仅客户本人持有并特有的，不可复制或者不可重复利用的要素，如经过安全认证的数字证书、电子签名，以及通过安全渠道生成和传输的一次性密码等；

（三）客户本人生物特征要素，如指纹等。

银行、支付机构应当确保采用的要素相互独立，部分要素的损坏或者泄露不应导致其他要素损坏或者泄露。

第十一条 采用数字证书、电子签名作为验证要素的，数字证书及生成电子签名的过程应符合相关规定，应确保数字证书的唯一性、完整性及交易的不可抵赖性。

采用一次性密码作为验证要素的，应当切实防范一次性密码获取端与支付指令发起端为相同物理设备而带来的风险，并将一次性密码有效期严格限制在最短的必要时间内。

采用客户本人生物特征作为验证要素的，应当符合国家、金融行业标准和相关信息安全管理要求，防止被非法存储、复制或重放。

第十二条 银行、支付机构应根据《条码支付安全技术规范（试行）》（银办发〔2017〕242号）关于风险防范能力的分级，对个人客户的条码支付业务进行限额管理：

（一）风险防范能力达到A级，即采用包括数字证书或电子签名在内的两类（含）以上有效要素对交易进行验证的，可与客户通过协议自主约定单日累计限额；

（二）风险防范能力达到B级，即采用不包括数字证书、电子签名在内的两类（含）以上有效要素对交易进行验证的，同一客户单个银行账户或所有支付账户单日累计交易金额应不超过5000元；

（三）风险防范能力达到 C 级，即采用不足两类要素对交易进行验证的，同一客户单个银行账户或所有支付账户单日累计交易金额应不超过 1000 元；

（四）风险防范能力达到 D 级，即使用静态条码的，同一客户单个银行账户或所有支付账户单日累计交易金额应不超过 500 元。

第十三条 支付机构向客户开户银行发送支付指令，扣划客户银行账户资金的，同一客户全部银行账户合计日累计交易限额执行第十二条的规定。

第十四条 银行、支付机构提供付款扫码服务的，应具备差异化的风控措施和完善的客户权益受损解决机制，在条码生成、识读、支付等核心业务流程中明确提示客户支付风险，切实防范不法分子通过在条码中植入木马、病毒等方式造成客户信息泄露和资金损失。

第十五条 银行、支付机构提供收款扫码服务的，应使用动态条码，设置条码有效期、使用次数等方式，防止条码被重复使用导致重复扣款，确保条码真实有效。

第十六条 银行、支付机构开展条码支付业务所涉及的业务系统、客户端软件、受理终端（网络支付接口）等，应当持续符合监管部门及行业标准要求，确保条码生成和识读过程的安全性、真实性和完整性。

第十七条 银行、支付机构应按照中国人民银行相关规定强化支付敏感信息内控管理和安全防护，强化交易密码保护机制；通过支付标记化技术应用等手段，从源头控制信息泄露和欺诈交易风险。

第十八条 银行、支付机构应指定专人操作与维护条码生成相关系统。条码信息仅限包含当次支付相关信息，不应包含任何与客户及其账户相关的支付敏感信息。

特约商户展示的条码，仅限包含与当次支付有关的特约商户、商品（服务）或商品（服务）订单等信息。

移动终端展示的条码，不得包含未经加密处理的客户本人账户信息。

第十九条 银行、支付机构应确保条码支付交易经客户确认或授权后发起，支付指令应真实、完整、有效。

移动终端完成条码扫描后，应正确、完整显示扫码内容，供客户确认。

特约商户受理终端完成条码扫描后，应仅显示扫码结果并提示下一步操作，不得显示付款人的支付敏感信息。

第二十条 银行、支付机构应根据条码支付的真实场景，按规定正确选用交易类型，准确标识交易信息并完整发送，确保交易信息的完整性、真实性和可追溯性。

交易信息至少应包括：直接提供商品或服务的特约商户名称、类别和代码，受理终端（网络支付接口）类型和代码，交易时间和地点（网络特约商户的网络地址），交易金额，交易类型和渠道，交易发起方式等。网络特约商户的交易信息还应当包括订单号和网络交易平台名称。

银行、支付机构应在支付交易报文中通过特定域标识该交易为条码支付交易，以供报文接收方正确识别并进行授权处理。

第二十一条 支付交易完成后，特约商户受理终端和移动终端应显示支付结果；支付失败的，特约商户受理终端和移动终端还应显示失败原因。

第三章 特约商户管理

第二十二条 银行、支付机构拓展条码支付特约商户，应遵循"了解你的客户"原则，确保所拓展的是依法设立、合法经营的特约商户。

第二十三条 中国支付清算协会、清算机构应将条码支付特约商户纳入特约商户信息管理系统及黑名单管理机制。银行、支付机构拓展特约商户时，应进行查询确认，如商户及其法定代表人或负责人在特约商户信息管理系统中存在不良信息记录的，应谨慎为该商户提供条码支付服务；不得将已纳入黑名单的单位和个人，以及由纳入黑名单个人担任法定代表人或者负责人的单位拓展为特约商户，已经拓展为特约商户的，应当自该特约商户被列入黑名单之日起10日内予以清退。

第二十四条 银行、支付机构拓展特约商户应落实实名制规定，严格审核特约商户的营业执照等证明文件，以及法定代表人或负责人的有效身份证件等申请材料，确认申请材料的真实性、完整性、有效性，并留存申请材料的影印件或复印件。

对依据法律法规和相关监管规定免于办理工商注册登记的实体特约商户（小微商户），收单机构在遵循"了解你的客户"原则的前提下，可以通过审核商户主要负责人身份证明文件和辅助证明材料为其提供条码支付收单服务。辅助证明材料包括但不限于营业场所租赁协议或者产权证明、集中经营场所管理方出具的证明文件等能够反映小微商户真实、合法从事商品或服务交易活动的材料。

以同一个身份证件在同一家收单机构办理的全部小微商户基于信用卡的条码支付收款金额日累计不超过1000元、月累计不超过1万元。银行、支付机构应当结合小微商户风险等级动态调整交易卡种、交易限额、结算周期等，强化对小微商户的交易监测。

第二十五条　银行、支付机构应与特约商户签订条码支付受理协议，就银行结算账户的设置和变更、资金结算周期、结算手续费标准、差错和争议处理等条码支付服务相关事项进行约定，明确双方的权利、义务和违约责任。

第二十六条　银行、支付机构在条码支付受理协议中，应要求特约商户基于真实的商品或服务交易背景受理条码支付；按规定使用受理终端或网络支付接口、银行结算账户，不得利用其从事或协助他人从事非法活动；妥善处理交易数据信息、保存交易凭证，保障交易信息安全；不得向客户收取或变相收取附加费用，或降低服务水平。

第二十七条　银行、支付机构应建立特约商户信息管理系统，记录特约商户名称和经营地址、特约商户身份资料信息、特约商户类别、结算手续费标准、银行结算账户信息、开通的交易类型和开通时间、受理终端（网络交易接口）类型和安装地址等信息，并及时进行更新。

银行、支付机构应按规定向中国支付清算协会和清算机构特约商户信息管理系统报送特约商户基本信息。

第二十八条　银行、支付机构应建立特约商户检查制度，明确检查频率、检查内容、检查记录等管理要求，落实检查责任。

第二十九条　银行、支付机构应当对实体特约商户条码收单业务进行本地化经营和管理，通过在特约商户及其分支机构所在省（区、市）辖内的收单机构或其分支机构提供收单服务，不得跨省（区、市）开展条码收单业务。

第三十条　银行、支付机构应按照《中国人民银行关于加强银行卡收单业务外包管理的通知》（银发〔2015〕199号）相关要求审慎选择外包服务机构，严格规范与外包服务机构的业务合作，强化收单外包业务的风险管理责任。银行、支付机构作为条码支付收单业务主体的管理责任和风险承担责任不因外包关系而转移。

银行、支付机构不得将特约商户资质审核、受理协议签订、资金结算、交易处理、风险监测、受理终端主密钥生成和管理、网络支付接口管理、差错和争议处理工作交由外包服务机构办理。银行、支付机构与外包服务机构系统对接开展业务的，应确保外包服务机构无法获取或者接触支付敏感信息、不得从事或者变相从事特约商户资金结算。

第三十一条　银行、支付机构应尊重特约商户的自主选择权，不得干涉或变相干涉特约商户与其他机构的合作。

第三十二条 银行、支付机构开展条码支付业务应参照银行卡刷卡手续费定价标准科学合理定价，不得采用交叉补贴、低于成本价格倾销等不正当手段排挤竞争对手，扰乱市场秩序。

第四章 风险管理

第三十三条 银行、支付机构应建立全面风险管理体系和内部控制机制，提升风险识别能力，采取有效措施防范风险，及时发现、处理可疑交易信息及风险事件。

第三十四条 银行、支付机构开展条码支付业务，应当评估业务相关的洗钱和恐怖融资风险，采取与风险水平相适应的管控措施。

第三十五条 银行、支付机构应建立特约商户风险评级制度，综合考虑特约商户的区域和行业特征、经营规模、财务和资信状况等因素，对特约商户进行风险评级。

第三十六条 银行、支付机构应结合特约商户风险等级及交易类型等因素，设置或与其约定单笔及日累计交易限额。

第三十七条 银行、支付机构对风险等级较高的特约商户，应通过强化交易监测、建立特约商户风险准备金、延迟清算等风险管理措施，防范交易风险。

第三十八条 银行、支付机构应建立特约商户检查、评估制度，根据特约商户的风险等级，制定不同的检查、评估频率和方式，并保留相关记录。

第三十九条 银行、支付机构应制定突发事件应急预案，建立灾难备份系统，确保条码支付业务的连续性和业务系统安全运行。

第四十条 银行、支付机构应能够有效识别本机构发行的客户端程序和特约商户受理终端，能够确保条码生成和识读过程的安全性。

第四十一条 银行、支付机构应确保客户身份或账户信息安全，防止泄露，并根据收付款不同业务场景设置条码有效性和使用次数。

第四十二条 银行、支付机构应建立条码支付交易风险监测体系，及时发现可疑交易，并采取阻断交易、联系客户核实交易等方式防范交易风险。

第四十三条 银行、支付机构发现特约商户发生疑似套现、洗钱、恐怖融资、欺诈、留存或泄露账户信息等风险事件的，应对特约商户采取延迟资金结算、暂停交易、冻结账户等措施，并承担因未采取措施导致的风险损失责任；

发现涉嫌违法犯罪活动的，应及时向公安机关报案。

第四十四条 银行、支付机构应持续完善客户服务体系，及时受理和解决条码支付业务中的客户咨询、查询和投诉等问题，自觉维护客户的合法权益。

第四十五条 银行、支付机构应充分披露条码支付业务产品类型、办理流程、操作规程、收费标准等信息，明确业务风险点及相关责任承担机制、风险损失赔付方式及操作方式。

第四十六条 银行、支付机构应开展对客户的条码支付安全教育，提升其风险防范意识和应对能力。

第四十七条 银行、支付机构应向中国支付清算协会、清算机构风险信息管理系统报送其条码支付特约商户风险信息。

银行、支付机构或其外包服务机构、条码支付特约商户发生涉嫌重大支付违法犯罪案件或重大风险事件的，应当于 2 个工作日内向中国人民银行或其分支机构报告。

第五章 附 则

第四十八条 采取自定义符号、图形、图像等作为信息载体传递交易信息用于支付服务的，参照本规范进行管理。

第四十九条 本规范相关用语含义如下：

移动终端，指客户使用的、具有移动通讯功能，用于展示或识读条码，完成支付的终端设备。如手机、平板电脑等。

特约商户受理终端，指具有条码展示或识读等功能，参与条码支付完成销售收款的特约商户端专用设备。包括具有条码展示功能的显码设备；识读条码并且向后台系统发起支付指令的专用设备，包括但不限于带扫码装置的收银系统、销售点终端（POS 机）、自助终端等。

支付敏感信息，是指一旦遭到泄露或修改，会对标识的信息主体的信息安全和资金安全造成危害的信息。包括但不限于支付密码、银行卡密码、验证码、卡片有效期、生物特征以及未获客户授权的金融信息。

第五十条 本规范自 2018 年 4 月 1 日起实施。

关于加强条码支付安全管理的通知

(银办发〔2017〕242号)

中国人民银行上海总部,各分行、营业管理部,各省会(首府)城市中心支行,各副省级城市中心支行;各国有商业银行、股份制商业银行,中国邮政储蓄银行;中国银联股份有限公司,中国支付清算协会,中国互联网金融协会,网联清算有限公司;各非银行支付机构:

为加强条码支付安全管理,切实保障人民群众财产安全和合法权益,现将《条码支付安全技术规范(试行)》(见附件1)和《条码支付受理终端技术规范(试行)》(见附件2)印发给你们,并提出如下工作要求,请一并遵照执行:

一、强化条码支付技术风险防范

各商业银行、非银行支付机构、清算机构要严格落实《条码支付安全技术规范(试行)》,强化条码支付技术风险防范。一是采取安全单元(SE)、支付标记化(Tokenization)、有效期控制、条码防伪识别等手段,保障条码的可靠性和有效性。二是运用交易验证强度与交易额度相匹配的技术措施提高条码支付交易的安全性。三是合理应用大数据分析、用户行为建模等手段建立条码支付风险监控机制,强化条码支付交易风险监测与预警。四是从木马病毒防范、信息加密保护、运行环境可信等方面提升条码支付客户端软件的安全防护能力。

二、推进条码支付受理终端注册管理

各商业银行、非银行支付机构、清算机构要严格落实《条码支付受理终端技术规范(试行)》,加强条码支付受理终端(含扫码设备、显码设备等)技术管理。清算机构应于2018年1月31日前完成条码支付受理终端注册管理、大数据分析校验等平台建设,并启动受理终端注册相关工作。各商业银行、非银行支付机构应积极配合清算机构做好受理终端注册等工作。

三、规范条码支付交易报文管理

各商业银行、非银行支付机构、清算机构要严格落实《中国人民银行办公厅关于印发〈网络支付报文结构及要素技术规范（V1.0）〉的通知》（银办发〔2016〕222 号）要求，加强条码支付交易报文管理。一是采用数字签名、加密传输等措施，加强对支付指令真实性管理，防范交易信息被篡改或隐匿。二是在交易报文中准确记录发起方、接收方、网络路由等信息，采用唯一交易流水号、受理终端编码等，保障资金的可追溯性和支付指令的一致性。三是完善付款方、商户、渠道、订单等方面交易信息，精准刻画交易全貌，确保支付指令的完整性。

四、加强条码支付产品质量管理

各商业银行、非银行支付机构、清算机构、行业协会要严格落实《中国人民银行　国家认证认可监督管理委员会关于加强支付技术产品标准实施与安全管理的通知》（银发〔2017〕208 号）要求，加强标准落地实施，强化条码支付产品质量和安全管理，健全条码支付风险防控机制，有效提升条码支付产品的技术标准符合性和安全性。

五、加大督导管理力度

人民银行分支机构要统筹做好指导协调、政策宣传、情况通报等工作，对辖区内条码支付技术标准的落地实施情况进行监督，加大条码支付技术管理力度。行业协会要加强条码支付技术风险自律管理，定期向人民银行报送相关情况。

请人民银行上海总部、各分行、营业管理部，各省会（首府）城市中心支行，各副省级城市中心支行及时将本通知转发至辖区内各城市商业银行、农村商业银行、农村合作银行、民营银行、村镇银行、城市信用社、农村信用社和外资银行，加强组织落实。

执行中如遇问题，请及时向人民银行报告。

附件：1. 条码支付安全技术规范（试行）
　　　2. 条码支付受理终端技术规范（试行）

附件 1

条码支付安全技术规范（试行）
2017 年 12 月

1 范围

本规范规定了条码支付系统、终端、数据和交易的安全技术要求。

本规范适用于银行、非银行支付机构、清算机构开展条码支付业务时所需软硬件的设计、研发、集成和维护。

2 规范性引用文件

下列文件对于本文件的应用是必不可少的。凡是注日期的引用文件，仅所注日期的版本适用于本文件。凡是不注日期的引用文件，其最新版本（包括所有的修改单）适用于本文件。

GB/T 22239—2008 信息安全技术　信息系统安全等级保护基本要求

JR/T 0118—2015 金融电子认证规范

JR/T 0149—2016 中国金融移动支付　支付标记化技术规范条码支付受理终端技术规范（试行）

3 术语和定义

下列术语和定义适用于本文件。

3.1 条码 bar code

由一组规则排列的条、空及其对应字符组成的标记，用以表示一定的信息，包括线性条码、二维条码等。

3.2 线性条码 linear bar code

一维条码 one – dimensional bar code

条形码 bar code

宽度不等的多个黑条和空白，按照一定的编码规则排列，用以表达一组信息的图形标识符。

3.3 二维条码 two – dimensional bar code

二维码 two – dimensional bar code

在线性条码的基础上扩展出另一维具有可读性的条码，使用具有明显色差的深浅色矩形图案表示二进制数据，被设备识读和解码后可获取其中所包含的信息。

3.4 静态条码 static bar code

具有较长时效，可多次重复使用的条码。

3.5 动态条码 dynamic bar code

通过显码设备展示,并且有较短时效的条码。

3.6 条码支付 bar code payment

条码技术在支付领域中的应用,其本质是以条码为信息载体,通过移动终端或受理终端直接或间接获取支付要素,并利用已有支付渠道完成交易的一种支付方式。

3.7 移动终端 mobile terminal

具有移动通讯、条码展示或识读能力的客户设备,如手机、平板电脑等。

3.8 受理终端 payment terminal

具有条码展示或识读等功能,参与条码支付的商户端专用机具,包括显码设备和扫码设备。

3.9 显码设备 bar code display device

具有条码展示功能的专用设备。

3.10 扫码设备 bar code reader

识读条码并且向后台系统发起支付指令的专用设备,包括但不限于带扫码装置的收银机、POS 终端、自助终端等。

4 系统安全

4.1 物理安全要求

物理安全应符合 GB/T 22239—2008 中 7.1.1 的相关要求。

4.2 网络安全要求

网络安全应符合 GB/T 22239—2008 中 7.1.2 的相关要求。

4.3 主机安全要求

主机安全应符合 GB/T 22239—2008 中 7.1.3 的相关要求。

4.4 应用安全要求

4.4.1 基本要求

应用安全应符合 GB/T 22239—2008 中 7.1.4 的相关要求。

其他基本要求如下:

——不应在日志中记录客户支付敏感信息;

——应采用数字签名等技术手段保证交易信息的完整性;

——基于浏览器的应用,应使用数字证书标识网站身份,使用即时加密等安全措施降低恶意软件窃取客户支付敏感信息的风险。

4.4.2 会话安全

会话安全要求如下：

——会话标识应唯一、随机、不可猜测；

——会话过程中应维持登录认证状态，防止信息未经授权访问；

——会话应设置超时时间，当空闲时间超过设定时间应自动终止会话；

——会话结束后，应及时清除会话信息；

——应采取加密等措施防止会话令牌在传输、存储过程中被窃取；

——应用审计日志宜记录暴力破解会话令牌的事件。

4.4.3 常见攻击防范

应对常见的攻击（如跨站脚本攻击、注入攻击、拒绝服务攻击等）进行有效防范，包括但不限于以下手段：

——应在服务器端对提交的数据进行有效性检查（如对提交的表单、参数等进行合法性判断和非法字符过滤等）；

——应对条码中包含的网址等信息进行校验，对非法地址和恶意请求进行拦截；

——应具有防范暴力破解的保护措施；

——应进行代码审查，防范应用程序中不可信数据被解析为命令或查询语句；

——应使用安全的接口，防范接口被攻击和非授权调用；

——应采取有效措施防范针对服务器端的拒绝服务攻击；

——应对文件的上传和下载进行访问控制，避免执行恶意文件或未授权访问；

——数据库宜使用存储过程或参数化查询，并严格定义数据库用户的角色和权限；

——宜通过自动化工具（如弱点扫描工具等）对应用程序进行检查。

4.5 数据安全及备份恢复

数据安全及备份恢复应符合 GB/T 22239—2008 中 7.1.5 的相关要求。

5 移动终端安全

5.1 人机交互安全

5.1.1 身份验证信息管理

身份验证信息管理应满足以下要求：

——原始身份验证信息不应明文保存在移动终端本地；

——客户输入交易密码时，应提供即时加密功能；

——验证操作结束后应及时清除缓存，防止信息泄露；

——应严格限制使用初始交易密码，对交易密码复杂度进行校验，避免采用简单交易密码或与客户个人信息相似度过高的交易密码；

——应采取有效措施提醒客户避免设置与常用软件（如社交软件）、网站（如社交平台、论坛）相同或相似的用户名和密码组合；

——应采取有效措施引导客户设置独立的支付密码。

5.1.2 交易异常处理

当交易出现异常时，客户端应向客户提示出错等信息。

5.2 客户端软件安全

5.2.1 数据有效性校验

客户端软件应提供数据有效性校验功能，保证通过人机接口或通信接口输入的数据格式或长度等信息符合系统设定要求，如输入的交易金额等信息应不含特殊字符、负数等非法参数。

5.2.2 页面回退清除敏感信息机制

客户端软件应支持页面回退清除密钥、密码等敏感信息的机制。

5.2.3 反编译

客户端软件应采用防逆向工程保护措施，如客户端软件采取代码花指令、反调试、代码混淆等技术手段，防范攻击者对客户端软件的反编译分析。

5.2.4 客户端软件完整性

客户端软件完整性应满足以下要求：

——应对客户端软件进行签名，标识客户端软件的来源和发布者，保证客户所下载的客户端软件来源于所信任的机构；

——客户端软件启动和更新时，应进行真实性和完整性校验，防范客户端软件被篡改。

5.2.5 运行时安全

客户端软件运行时安全应满足以下要求：

——客户端软件应从木马病毒防范、信息加密保护、运行环境可信等方面提升安全防控能力；

——客户端软件应能监测并向后台系统反馈手机支付环境安全状况，作为风控策略的依据。

5.3 通信安全
5.3.1 网络通讯协议

网络通讯协议应满足以下要求：

——应在客户端与服务器之间建立安全的信息传输通道，通过公开网络进行数据传输时应进行双向认证，例如使用安全套接字层或传输层安全（SSL/TLS）、互联网协议安全（IPSec）等协议；

——如果使用 SSL/TLS 协议，应使用安全的版本，取消对存在安全隐患版本协议的支持。

5.3.2 抗抵赖

通过客户端发送报文的关键要素宜进行数字签名，以确保支付内容的真实性和抗抵赖性。

6 受理终端安全

受理终端安全应满足以下要求：

——参照《中国人民银行关于强化银行卡受理终端安全管理的通知》（银发〔2017〕21号）等相关要求，应从终端产品选型、验收、现场检查等环节加强安全管理，确保终端的技术标准符合性；

——受理终端应使用经国家密码管理机构认可的商用密码产品；

——应符合《条码支付受理终端技术规范（试行）》相关要求。

7 交易安全
7.1 基本要求

交易安全应满足以下要求：

——应遵守国家安全、国家网络安全相关法律法规，严格落实《中国人民银行关于进一步加强银行卡风险管理的通知》（银发〔2016〕170号）等相关规定，确保条码支付业务设施的安全、稳定和高效运行；

——应按照 JR/T 0149 的相关要求，对银行卡卡号、卡片验证码、支付账户等信息进行脱敏，支持基于支付标记化技术的交易处理，采取技术手段从源头控制信息泄露和欺诈交易风险；

——条码支付涉及的软硬件应使用经国家密码管理机构认可的商用密码产品；

——应定期开展支付敏感信息安全的内部审计；

——支付敏感信息的采集、存储、传输、使用等环节应符合《中国人民银行关于进一步加强银行卡风险管理的通知》（银发〔2016〕170号）的要求。

7.2 码制

条码应使用符合国家标准的码制。

7.3 数据录入

数据录入应满足以下要求：

——客户输入交易密码等信息，客户端不应明文显示；

——客户输入支付敏感信息时，应采用信息输入安全防护、即时数据加密等安全措施防止数据被非法截获；

——客户输入支付敏感信息时，应采取防篡改机制防止数据被非法篡改；

——客户输入关键交易信息时，如收款人信息、交易金额等，应采取防篡改机制防止数据被非法篡改。

7.4 数据访问

数据访问应满足以下要求：

——应根据业务需要保证支付敏感信息仅供授权用户或授权应用组件访问；

——支付敏感信息应按业务需求进行保存和使用，显示时应进行屏蔽处理。

7.5 数据存储

数据存储应满足以下要求：

——在满足法律、管理规定的前提下，客户端应保留最少的客户信息，并限制数据存储量和保留时间；

——客户端在使用支付敏感信息后，应及时清除；

——不得留存非本机构的支付敏感信息，确有必要留存的，应取得客户本人及账户管理机构的授权并进行加密或不可逆变换。

7.6 数据传输

数据传输应满足以下要求：

——支付敏感信息通过公共网络传输时应采取加密措施，保证支付敏感信息传输的保密性；

——支付敏感信息在本地软件其他进程间传输时应采取加密措施，保证支付敏感信息传输的保密性；

——交易信息在传输时，客户端应采取安全措施如报文鉴别码（MAC）以确保交易信息的完整性。

7.7 条码生成
7.7.1 基本要求

条码支付分为收款扫码和付款扫码。收款扫码是指收款人通过识读付款人移动终端展示的条码完成支付的行为。付款扫码是指付款人通过移动终端识读收款人展示的条码完成支付的行为。

条码生成时,应满足以下基本要求:

——应使用支付标记化技术对支付账号、银行卡卡号等信息进行脱敏处理;

——应确保生成条码软硬件的安全性,防止生成的条码携带病毒、木马等恶意代码;

——应根据风控能力,严格设置条码使用有效期;

——应采用有效措施,确保条码信息的真实性、完整性、一致性和不可抵赖性。

7.7.2 收款扫码

收款扫码的条码生成方式包括服务器端生成条码和移动终端生成条码两大类。其中,服务器端生成条码方式包括移动终端实时获取、移动终端批量获取;移动终端生成条码方式包括安全单元(SE)加密动态生成、客户端软件通过生成因子加密动态生成。

采用收款扫码方式时,应满足以下基本要求:

——展示条码的客户端应先进行身份验证;

——条码应限制一次使用且展示周期原则上应小于 1 分钟;

——应采取有效措施防止展示条码被截屏等方式窃取;

——应采用加密方式生成条码。

对于服务器端生成、由移动终端批量获取的条码生成方式,还应满足以下要求:

——移动终端客户端软件从后台服务器批量获取预生成的条码,应以安全的方式在移动终端上保存;

——保存的条码应与移动终端的唯一标识信息绑定,防止被非法复制到其他移动终端使用;

——预生成的条码应定期更换,更新周期宜小于 24 小时;

——应采取密码技术对预生成的条码进行保护,防止受到未授权的访问;

——从后台服务器获取条码时,后台服务器应对客户端软件进行身份验证，防止恶意获取条码。对于移动终端客户端软件通过生成因子加密动态生成条码的方式，还应满足以下要求：

——移动终端客户端软件应从后台服务器获取条码生成因子，以安全的方式保存，并通过生成因子加密动态生成条码；

——条码生成因子应与移动终端的唯一标识信息绑定，防止被非法复制到其他移动终端使用；

——条码生成因子应定期更换，更新周期宜小于 7 天；

——应采取密码技术对生成因子进行保护，防止生成因子受到未授权的访问。

7.7.3 付款扫码

采用付款扫码方式时，条码生成应满足以下要求：

——采用显码设备展示条码时：

- 条码应加密、动态生成，原则上应实时生成或从后台服务器获取，并限一次性使用。

——采用静态条码时：

- 条码应由后台服务器加密生成；
- 宜采用防伪纸张展示条码，可参考附录 A；
- 展示条码的介质应放置在商户收银员视线范围内，并采用防护罩等物理防护手段避免条码被覆盖或替换，商户应定期对介质进行检查；宜使用防伪封签对防护罩等物理防护手段进行标记，及时发现物理防护手段被人为破坏，可参考附录 A；
- 应在介质显著位置明显展示收款人信息，便于客户核对信息。

7.8 条码识读与解析

条码识读设备应保证识读结果的保密性，避免条码信息泄露。

条码解析时应满足以下要求：

——应对条码的完整性进行校验；

——应对条码的真实性进行校验；

——应保证条码解析程序自身的健壮性；

——应识别病毒、木马等恶意代码，保障交易的安全性。

7.9 交易验证与确认

交易验证可以组合选用下列三类要素：

——仅客户本人知悉的要素，如静态密码等；

——仅客户本人持有并特有的，不可复制或者不可重复利用的要素，如经过安全认证的数字证书、电子签名，以及通过安全渠道生成和传输的一次性密码等；

——客户本人生物特征要素，如指纹等。

交易验证要素的使用，应满足以下要求：

——应确保采用的要素相互独立，即部分要素的损坏或者泄露不应导致其他要素损坏或者泄露；

——采用数字证书、电子签名作为验证要素的，数字证书及生成电子签名的过程应符合《中华人民共和国电子签名法》、JR/T0118等有关规定，确保数字证书的唯一性、完整性及交易的抗抵赖性；

——采用一次性密码作为验证要素的，应切实防范一次性密码获取端与支付指令发起端为相同物理设备而带来的风险，并将一次性密码有效期严格限制在最短的必要时间内；

——采用客户本人生物特征作为验证要素的，应符合国家、金融行业标准和相关信息安全管理要求，防止被非法存储、复制或重放。

采用付款扫码支付方式时，应满足以下要求：

——应在移动终端展现交易信息，并在界面的显著位置展示收款人信息，便于客户核对；

——应经过客户确认并进行交易验证，交易验证宜同时采用上述三类要素中的两类要素，不足两类的应采取相应的风险补偿措施；

——由付款人发起支付指令，交易信息包含但不限于收款人名称、金额等。

采用收款扫码支付方式时，应满足以下要求：

——应经过客户确认并进行交易验证，交易验证宜同时采用上述三类要素中的两类要素，不足两类的应采取相应的风险补偿措施；

——在移动终端进行交易验证时，应在移动终端上展现交易信息。

7.10 交易风险控制

应采用大数据分析、客户行为建模等手段，建立交易风险监控模型和系统，对异常交易进行及时预警，并采取调查核实、风险提示、延迟结算等处理措施。

针对批量或高频登录等异常行为，应利用IP地址、终端设备标识等信息进行综合识别，及时采取附加验证、拒绝请求等手段。

对于资金类交易等高风险业务，应在确保客户联系方式有效的前提下，及时告知客户其资金变化情况。

应按照7.9条进行交易验证，根据不同风险防范能力设置相应的日累计交易限额。

使用动态条码进行支付的，风险防范能力分级见表1。

表1　　　　　　　　　　　风险防范能力分级表

交易验证方式	风险防范能力
采用包括数字证书或电子签名在内的两类（含）以上有效要素进行验证的（具体要求见7.9条）。	A级
采用不包括数字证书、电子签名在内的两类（含）以上有效要素进行验证的（具体要求见7.9条）。	B级
采用不足两类有效要素进行验证的（具体要求见7.9条）。	C级

使用静态条码进行支付的，风险防范能力为D级。

7.11　交易过程安全

7.11.1　交易报文安全

按照《中国人民银行办公厅关于印发〈网络支付报文结构及要素技术规范（V1.0）〉的通知》（银办发〔2016〕222号）等相关规定，交易报文安全应满足以下要求：

——应防止对交易的重放攻击；

——应保证交易的抗抵赖性，包括但不限于数字证书、电子签名等技术手段；

——在交易报文传输过程中应使用安全协议保证传输安全；

——应用系统应保证在一段时期内同一商户交易、订单的唯一性；

——应用系统应检查交易请求报文中记载的交易要素是否完整，拒绝不完整的交易请求；

——应用系统应防止对支付成功的订单重复支付；

——应对条码识别后的内容进行严格的安全校验，保证只有合法有效的条码才能进入后续支付流程；

——应提供用户客户身份标识唯一和鉴别信息复杂度检查功能，保证应用系统中不存在重复用户客户身份标识、身份鉴别信息不易被冒用。

7.11.2 风险识别与干预

风险识别与干预应满足以下要求：

——应采取必要措施，在交易过程中给予必要的支付风险提示，可每次提示，也可在业务开通时给予提示；

——应对交易过程进行风险识别与干预，防范潜在的非法交易、欺诈交易。

7.11.3 交易监控

交易监控应满足以下要求：

——应建立交易监控系统，能够甄别并预警潜在风险的交易，例如套现、洗钱、欺诈等可疑交易，并生成风险监控报告；

——应根据交易的风险特征建立风险交易模型，有效监测可疑交易，对可疑交易建立报告、复核、查结机制；

——应对监控到的风险交易进行及时分析与处置；

——应建立条码支付的黑白名单验证和管理机制，在黑名单中的应直接拒绝。

7.11.4 客户和商户教育

客户和商户教育应满足以下要求：

——应通过公开渠道向客户提供安全的包含条码支付功能的客户端程序；

——应向客户宣传条码支付的安全知识，提高客户安全防范意识；

——应在支付过程中向客户明确提示相关的安全风险和注意事项；

——应加强对交易密码等信息的保护管理和客户安全教育，提示客户及时修改密码；

——应向商户提示静态条码的风险及防范措施。

附录 A（资料性附录） 防伪技术要求

A.1 概述

防伪纸张适用于通用打印机打印，主要用于打印静态条码，粘贴在商户经营场所内进行静态条码展示。

防伪封签单面可粘贴，粘贴后不易脱落，主要用于静态条码展示介质物理防护手段的标记。防伪封签贴在静态条码展示介质物理防护手段开口处，避免后期人为替换静态条码。

防伪纸张和防伪封签采用特种印刷工艺生产，具有易识别、防复制、难伪造、可追溯的特点，便于长期使用和识别。

A.2 防伪技术

防伪纸张的材质为特种防伪纸，防伪封签的材质为特种防伪不干胶纸，应采用防伪技术，具备多种防伪特征，如炫彩动感光变开窗安全线、光彩光变图案、雕刻凹印图案、环形光角变色纤维、有色荧光图案、有色荧光号码等。

A.3 技术要求

A.3.1 规格

A.3. 防伪纸张宜为矩形，方便打印，中间预留方形静态条码打印区域。防伪纸张克重宜为 $100g/m^2 \sim 120g/m^2$。

防伪封签克重（面纸加底纸）宜为 $120g/m^2 \sim 160g/m^2$。

A.3.2 外观质量

表面平整光洁，不得有破损、残缺、卷边、多边、卷角、荷叶边等。

文字图案线条清晰，墨色适当，无模糊、浅花、断线、蹭脏等问题。

开窗安全线开窗规整，不得出现无线、乱线、多根线、翻面线、子母线等。

A.3.3 荧光特征

防伪纸张和防伪封签的荧光特征明显、图案完整、颜色鲜明。

A.3.4 物化耐性

防伪纸张和防伪封签应具有较强的耐酸、耐碱、耐热水、耐光等特性。

参考文献

[1] GB/T 12406—2008 表示货币和资金的代码

[2] GB/T 22080—2016 信息技术　安全技术　信息安全管理体系要求

[3] GB/T 22081—2016 信息技术　安全技术　信息安全控制实践指南

附件2

条码支付受理终端技术规范（试行）
2017年12月

1 范围

本规范规定了条码支付涉及到的受理终端在展示、识读、安全保护、适应性和可靠性方面的技术要求。

本规范适用于银行、非银行支付机构、清算机构开展条码支付业务时所需受理终端的设计、研发、维护和采购。

2　规范性引用文件

下列文件对于本文件的应用是必不可少的。凡是注日期的引用文件，仅所注日期的版本适用于本文件。凡是不注日期的引用文件，其最新版本（包括所有的修改单）适用于本文件。

GB 18030—2005 信息技术　中文编码字符集

GB/T 23704—2009 信息技术　自动识别与数据采集技术　二维条码符号印制质量的检验

JR/T 0120.1 银行卡受理终端安全规范　第 1 部分：销售点（POS）终端

JR/T 0120.2 银行卡受理终端安全规范　第 2 部分：受理商户信息系统

JR/T 0120.5 银行卡受理终端安全规范　第 5 部分：PIN 输入设备

3　术语和定义

下列术语和定义适用于本文件。

3.1　条码 bar code

由一组规则排列的条、空及其对应字符组成的标记，用以表示一定的信息，包括线性条码，二维条码等。

3.2　线性条码 linear bar code

一维条码 one – dimensional bar code

条形码 bar code

宽度不等的多个黑条和空白，按照一定的编码规则排列，用以表达一组信息的图形标识符。

3.3　二维条码 two – dimensional bar code

二维码 two – dimensional code

在线性条码的基础上扩展出另一维具有可读性的条码，使用具有明显色差的深浅色矩形图案表示二进制数据，被设备识读和解码后可获取其中所包含的信息。

3.4　条码支付 bar code payment

条码技术在支付领域中的应用，其本质是以条码为信息载体，通过移动终端或受理终端直接或间接获取支付要素，并利用已有支付渠道完成交易的一种支付方式。

3.5　受理终端 payment terminal

具有条码展示或识读等功能，参与条码支付的商户端专用机具，包括显码设备和扫码设备。

3.6 显码设备 bar code display device
具有条码展示功能的专用设备。

3.7 扫码设备 bar code reader
识读条码并且向后台系统发起支付指令的专用设备，包括但不限于带扫码装置的收银机、POS 终端、自助终端等。

3.8 移动终端 mobile terminal
具有移动通讯、条码展示或识读能力的客户设备，如手机、平板电脑等。

3.9 打印对比度 print contrast signal
码图（条码符号）中浅色模块反射率（用 R_{max} 表示）、深色模块反射率（用 R_{min} 表示）之差与浅色模块反射率的百分比，用 PCS 表示。

计算公式：PCS = [（R_{max} − R_{min}）/R_{max}] ×100%

3.10 测试版 test chart
由各种码图样本及其他信息构成的测试卡片，包含标准测试版、打印对比度测试版、低品质测试版等。

3.11 标准测试版 standard test chart
由 GB/T 23704—2009 中规定符号等级为"A"的码图样本组成，用于考察产品对标准条码的识读效果。

4 显码设备技术要求

4.1 数据要求

4.1.1 正确性
显码设备的数据正确性应满足以下要求：

——输入数据信息转成一个或多个条码，被识读解码后应完全重现输入数据信息，不得出现任何差异；

——条码的表达应符合相应的国家标准。输入数据信息转成一个或多个条码，被条码识读设备识读后的数据信息应具有唯一性。

4.1.2 规范性
显码设备的数据规范性应满足以下要求：

——输入数据信息，如果包含采用 GB 18030—2005 编码的汉字，且条码码制支持汉字编码类型，应优先采用汉字编码类型表述输入数据信息中的汉字；

——输入数据信息，如果能被条码码制用多种内部数据编码类型表述的，应优先采用最紧凑的数据编码类型表述。输入数据信息可以分段采用不同的内部数据编码类型，实现整体的紧凑表述；

——二维条码纠错等级应选用可恢复码字比例不小于 15% 的等级；

——在满足上述条件基础上，二维条码应选用最小的符号版本。

4.1.3 码制

条码应使用符合国家标准的码制。

4.2 条码表现要求

4.2.1 外形

显码设备显示的条码外形应满足以下要求：

——应表现在平面介质上，不得扭曲、变形、破坏；

——应完整表现，且条码外围空白区应符合码制要求。

4.2.2 介质

条码可表现在以下介质上：

——主动发光表面介质，包括但不限于液晶显示器（LCD）、发光二极管（LED）屏幕等；

——半主动发光表面介质，包括但不限于光学投影幕墙等；

——被动反射表面介质，包括但不限于电子墨水屏幕等。

4.2.3 颜色

显码设备显示的条码颜色应满足以下要求：

——条码主体应采用黑白或深浅反差尽量大的两种色块表示；

——对于被动反射表面介质，要求 PCS 值不小于 30%。

4.2.4 精度

不同条码表现介质上的精度应满足以下要求：

——对于被动反射表面介质，最高表示精度不应超过 0.254mm（10mil）；

——对于主动、半主动发光表面介质，最高表示精度不应超过 0.381mm（15mil）。

5 扫码设备技术要求

5.1 数据要求

5.1.1 准确性

扫码设备识读条码应满足以下要求：

——条码支付交易过程一次识读后输出的数据信息，应具有唯一性和可重复性；

——条码的识读解码机制应符合相应的国家标准，输出数据信息的表达应没有歧义。

5.1.2 规范性

扫码设备识读条码后的输出数据信息如果包含汉字，汉字编码字符集应符合 GB 18030—2005 等。

5.2 性能要求

5.2.1 精度

扫码设备识读条码的精度应满足以下要求：

——对于被动反射表面介质，最高识读精度应达到 0.254mm（10mil）；

——对于主动、半主动发光表面介质，最高识读精度应达到 0.381mm（15mil）。

5.2.2 识读速度

扫码设备识读一个条码的时间应不超过 1 秒。

5.2.3 出错率

对于识读解码能力范围内的标准测试版，出错率应小于 0.01%。

6 安全性技术要求

条码支付受理终端应符合以下安全性技术要求：

——应保证条码识读结果的机密性，避免条码信息泄露。

——应保证条码解析的准确性。

——应保证条码识读解析结果表达的规范性。

——受理终端如果用于个人识别码（PIN）输入相关场景，应具备物理、逻辑安全机制，包括但不限于：

- 应具备入侵检测机制；
- 应防止 PIN 输入过程被监听；
- 应保证支付敏感信息的安全存储；
- 应具备完整的密钥体系；
- 在 PIN 输入设备和非接触式读卡器间传输 PIN 相关信息时，应采取有效措施保护所传输的数据；
- PIN 输入设备应符合 JR/T 0120.5 的要求。

——在条码支付交易过程中，受理终端应符合 JR/T 0120.1、JR/T 0120.2 等相关要求；涉及支付敏感信息处理的还应符合《中国人民银行关于进一步加强银行卡风险管理的通知》（银发〔2016〕170 号）的要求。

——在条码支付交易过程中，受理终端需要输入身份验证信息的，应对身份验证信息的输入方式、过程及内容具备安全防护机制。

——受理终端应具有唯一标识，唯一标识应以安全方式保护，以保障无法被篡改，如使用安全单元（SE）、可信执行环境（TEE）等；交易报文中应包含受理终端标识，并采取加密等措施保证在交易过程中不可被篡改。

——应采取技术手段实现条码支付受理终端、通讯网络与商户自身业务系统的隔离。

——应在受理终端与服务器之间建立安全的信息传输通道，通过公开网络进行数据传输时应进行双向认证，例如使用安全套接字层或传输层安全（SSL/TLS）、互联网协议安全（IPSec）等协议；如果使用 SSL/TLS 协议，应使用安全的版本，取消对存在安全隐患版本协议的支持。

7 适应性技术要求

7.1 电源适应能力

在额定电压偏差 ±5% 范围内的条件下，受理终端应能正常工作。

7.2 接口

受理终端需要与外部进行数据传输交换的，应支持以下全部或部分类型的接口：

——串行通讯接口（RS232、RS485 等）；

——USB 接口；

——红外通讯接口；

——以太网通讯接口；

——蓝牙通讯接口；

——无线通讯接口；

——其他。

7.3 环境适应性

7.3.1 气候环境适应性

气候环境适应性应满足表 1 的要求。

表 1　　　　　　　　气候环境适应性

设备状态	气候环境	
	温度	相对湿度
工作	0℃ ~ 40℃	15% ~ 90%，无冷凝
贮存运输	−20℃ ~ 60℃	5% ~ 93%，无冷凝

7.3.2 光照环境适应性

受理终端在不同光照环境下应满足以下要求：

——在户外阳光照射不高于86112 Lux 的照度下应能正常工作；

——在室内不高于4842 Lux 的照度下应能正常工作。

8 可靠性技术要求

受理终端可靠性应满足以下要求：

——受理终端应采用平均无故障工作时间（MTBF）衡量产品的可靠性水平；

——受理终端的m_1值（MTBF 的不可接收值）不得低于15000h。

参考文献

[1] GB/T 5007.1—2010 信息技术 汉字编码字符集（基本集）24点阵字型

[2] GB/T 5199—2010 信息技术 汉字编码字符集（基本集）15×16点阵字型

[3] GB/T 9254—2008 信息技术设备的无线电骚扰限值和测量方法

[4] GB/T 13000—2010 信息技术 通用多八位编码字符集（UCS）

[5] GB/T 17618—2015 信息技术设备 抗扰度 限值和测量方法

[6] GB 17625.1—2012 电磁兼容 限值 谐波电流发射限值（设备每相输入电流≤16A）

关于加强支付结算管理防范
电信网络新型违法犯罪有关事项的通知

(银发〔2016〕261号)

中国人民银行上海总部、各分行、营业管理部、各省会(首府)城市中心支行、深圳市中心支行；国家开发银行、各政策性银行、国有商业银行、股份制商业银行、中国邮政储蓄银行；中国银联股份有限公司、中国支付清算协会；各非银行支付机构：

为有效防范电信网络新型违法犯罪，切实保护人民群众财产安全和合法权益，现就加强支付结算管理有关事项通知如下：

一、加强账户实名制管理

(一)全面推进个人账户分类管理。

1. 个人银行结算账户。自2016年12月1日起，银行业金融机构(以下简称银行)为个人开立银行结算账户的，同一个人在同一家银行(以法人为单位，下同)只能开立一个Ⅰ类户，已开立Ⅰ类户，再新开户的，应当开立Ⅱ类户或Ⅲ类户。银行对本银行行内异地存取现、转账等业务，收取异地手续费的，应当自本通知发布之日起三个月内实现免费。

个人于2016年11月30日前在同一家银行开立多个Ⅰ类户的，银行应当对同一存款人开户数量较多的情况进行摸排清理，要求存款人作出说明，核实其开户的合理性。对于无法核实开户合理性的，银行应当引导存款人撤销或归并账户，或者采取降低账户类别等措施，使存款人运用账户分类机制，合理存放资金，保护资金安全。

2. 个人支付账户。自2016年12月1日起，非银行支付机构(以下简称支付机构)为个人开立支付账户的，同一个人在同一家支付机构只能开立一个Ⅲ类账户。支付机构应当于2016年11月30日前完成存量支付账户清理工作，联系开户人确认需保留的账户，其余账户降低类别管理或予以撤并；开户人未按规定时间确认的，支付机构应当保留其使用频率较高和金额较大的账户，后续可根据其申请进行变更。

（二）暂停涉案账户开户人名下所有账户的业务。自 2017 年 1 月 1 日起，对于不法分子用于开展电信网络新型违法犯罪的作案银行账户和支付账户，经设区的市级及以上公安机关认定并纳入电信网络新型违法犯罪交易风险事件管理平台"涉案账户"名单的，银行和支付机构中止该账户所有业务。

银行和支付机构应当通知涉案账户开户人重新核实身份，如其未在 3 日内向银行或者支付机构重新核实身份的，应当对账户开户人名下其他银行账户暂停非柜面业务，支付账户暂停所有业务。银行和支付机构重新核实账户开户人身份后，可以恢复除涉案账户外的其他账户业务；账户开户人确认账户为他人冒名开立的，应当向银行和支付机构出具被冒用身份开户并同意销户的声明，银行和支付机构予以销户。

（三）建立对买卖银行账户和支付账户、冒名开户的惩戒机制。自 2017 年 1 月 1 日起，银行和支付机构对经设区的市级及以上公安机关认定的出租、出借、出售、购买银行账户（含银行卡，下同）或者支付账户的单位和个人及相关组织者，假冒他人身份或者虚构代理关系开立银行账户或者支付账户的单位和个人，5 年内暂停其银行账户非柜面业务、支付账户所有业务，3 年内不得为其新开立账户。人民银行将上述单位和个人信息移送金融信用信息基础数据库并向社会公布。

（四）加强对冒名开户的惩戒力度。银行在办理开户业务时，发现个人冒用他人身份开立账户的，应当及时向公安机关报案并将被冒用的身份证件移交公安机关。

（五）建立单位开户审慎核实机制。对于被全国企业信用信息公示系统列入"严重违法失信企业名单"，以及经银行和支付机构核实单位注册地址不存在或者虚构经营场所的单位，银行和支付机构不得为其开户。银行和支付机构应当至少每季度排查企业是否属于严重违法企业，情况属实的，应当在 3 个月内暂停其业务，逐步清理。

对存在法定代表人或者负责人对单位经营规模及业务背景等情况不清楚、注册地和经营地均在异地等异常情况的单位，银行和支付机构应当加强对单位开户意愿的核查。银行应当对法定代表人或者负责人面签并留存视频、音频资料等，开户初期原则上不开通非柜面业务，待后续了解后再审慎开通。支付机构应当留存单位法定代表人或者负责人开户时的视频、音频资料等。

支付机构为单位开立支付账户，应当参照《人民币银行结算账户管理办法》（中国人民银行令〔2003〕第 5 号发布）第十七条、第二十四条、第二十六条等相关规定，要求单位提供相关证明文件，并自主或者委托合作机构以面对面方式核实客户身份，或者以非面对面方式通过至少三个合法安全的外部渠道对单位基本信息进行多重交叉验证。对于本通知发布之日前已经开立支付账户的单位，支付机构应当于 2017 年 6 月底前按照上述要求核实身份，完成核实前不得为其开立新的支付账户；逾期未完成核实的，支付账户只收不付。支付机构完成核实工作后，将有关情况报告法人所在地人民银行分支机构。

支付机构应当加强对使用个人支付账户开展经营性活动的资金交易监测和持续性客户管理。

（六）加强对异常开户行为的审核。有下列情形之一的，银行和支付机构有权拒绝开户：

1. 对单位和个人身份信息存在疑义，要求出示辅助证件，单位和个人拒绝出示的。

2. 单位和个人组织他人同时或者分批开立账户的。

3. 有明显理由怀疑开立账户从事违法犯罪活动的。

银行和支付机构应当加强账户交易活动监测，对开户之日起 6 个月内无交易记录的账户，银行应当暂停其非柜面业务，支付机构应当暂停其所有业务，银行和支付机构向单位和个人重新核实身份后，可以恢复其业务。

（七）严格联系电话号码与身份证件号码的对应关系。银行和支付机构应当建立联系电话号码与个人身份证件号码的一一对应关系，对多人使用同一联系电话号码开立和使用账户的情况进行排查清理，联系相关当事人进行确认。对于成年人代理未成年人或者老年人开户预留本人联系电话等合理情形的，由相关当事人出具说明后可以保持不变；对于单位批量开户，预留财务人员联系电话等情形的，应当变更为账户所有人本人的联系电话；对于无法证明合理性的，应当对相关银行账户暂停非柜面业务，支付账户暂停所有业务。

二、加强转账管理

（八）增加转账方式，调整转账时间。自 2016 年 12 月 1 日起，银行和支付机构提供转账服务时应当执行下列规定：

1. 向存款人提供实时到账、普通到账、次日到账等多种转账方式选择，存款人在选择后才能办理业务。

2. 除向本人同行账户转账外，个人通过自助柜员机（含其他具有存取款功能的自助设备，下同）转账的，发卡行在受理24小时后办理资金转账。在发卡行受理后24小时内，个人可以向发卡行申请撤销转账。受理行应当在受理结果界面对转账业务办理时间和可撤销规定作出明确提示。

3. 银行通过自助柜员机为个人办理转账业务的，应当增加汉语语音提示，并通过文字、标识、弹窗等设置防诈骗提醒；非汉语提示界面应当对资金转出等核心关键字段提供汉语提示，无法提示的，不得提供转账。

（九）加强银行非柜面转账管理。自2016年12月1日起，银行在为存款人开通非柜面转账业务时，应当与存款人签订协议，约定非柜面渠道向非同名银行账户和支付账户转账的日累计限额、笔数和年累计限额等，超出限额和笔数的，应当到银行柜面办理。

除向本人同行账户转账外，银行为个人办理非柜面转账业务，单日累计金额超过5万元的，应当采用数字证书或者电子签名等安全可靠的支付指令验证方式。单位、个人银行账户非柜面转账单日累计金额分别超过100万元、30万元的，银行应当进行大额交易提醒，单位、个人确认后方可转账。

（十）加强支付账户转账管理。自2016年12月1日起，支付机构在为单位和个人开立支付账户时，应当与单位和个人签订协议，约定支付账户与支付账户、支付账户与银行账户之间的日累计转账限额和笔数，超出限额和笔数的，不得再办理转账业务。

（十一）加强交易背景调查。银行和支付机构发现账户存在大量转入转出交易的，应当按照"了解你的客户"原则，对单位或者个人的交易背景进行调查。如发现存在异常的，应当按照审慎原则调整向单位和个人提供的相关服务。

（十二）加强特约商户资金结算管理。银行和支付机构为特约商户提供T+0资金结算服务的，应当对特约商户加强交易监测和风险管理，不得为入网不满90日或者入网后连续正常交易不满30日的特约商户提供T+0资金结算服务。

三、加强银行卡业务管理

（十三）严格审核特约商户资质，规范受理终端管理。任何单位和个人不得在网上买卖POS机（包括MPOS）、刷卡器等受理终端。银行和支付机构应当对全部实体特约商户进行现场检查，逐一核对其受理终端的使用地点。对于违规移机使用、无法确认实际使用地点的受理终端一律停止业务功能。银行和支付机构应当于 2016 年 11 月 30 日前形成检查报告备查。

（十四）建立健全特约商户信息管理系统和黑名单管理机制。中国支付清算协会、银行卡清算机构应当建立健全特约商户信息管理系统，组织银行、支付机构详细记录特约商户基本信息、启动和终止服务情况、合规风险状况等。对同一特约商户或者同一个人控制的特约商户反复更换服务机构等异常状况的，银行和支付机构应当审慎为其提供服务。

中国支付清算协会、银行卡清算机构应当建立健全特约商户黑名单管理机制，将因存在重大违规行为被银行和支付机构终止服务的特约商户及其法定代表人或者负责人、公安机关认定为违法犯罪活动转移赃款提供便利的特约商户及相关个人、公安机关认定的买卖账户的单位和个人等，列入黑名单管理。中国支付清算协会应当将黑名单信息移送金融信用信息基础数据库。银行和支付机构不得将黑名单中的单位以及由相关个人担任法定代表人或者负责人的单位拓展为特约商户；已经拓展为特约商户的，应当自该特约商户被列入黑名单之日起 10 日内予以清退。

四、强化可疑交易监测

（十五）确保交易信息真实、完整、可追溯。支付机构与银行合作开展银行账户付款或者收款业务的，应当严格执行《银行卡收单业务管理办法》（中国人民银行令〔2013〕第 9 号发布）、《非银行支付机构网络支付业务管理办法》（中国人民银行公告〔2015〕第 43 号公布）等制度规定，确保交易信息的真实性、完整性、可追溯性以及在支付全流程中的一致性，不得篡改或者隐匿交易信息，交易信息应当至少保存 5 年。银行和支付机构应当于 2017 年 3 月 31 日前按照网络支付报文相关金融行业技术标准完成系统改造，逾期未完成改造的，暂停有关业务。

（十六）加强账户监测。银行和支付机构应当加强对银行账户和支付账户的监测，建立和完善可疑交易监测模型，账户及其资金划转具有集中转入分散转出等可疑交易特征的（详见附件1），应当列入可疑交易。

对于列入可疑交易的账户，银行和支付机构应当与相关单位或者个人核实交易情况；经核实后银行和支付机构仍然认定账户可疑的，银行应当暂停账户非柜面业务，支付机构应当暂停账户所有业务，并按照规定报送可疑交易报告或者重点可疑交易报告；涉嫌违法犯罪的，应当及时向当地公安机关报告。

（十七）强化支付结算可疑交易监测的研究。中国支付清算协会、银行卡清算机构应当根据公安机关、银行、支付机构提供的可疑交易情形，构建可疑交易监测模型，向银行和支付机构发布。

五、健全紧急止付和快速冻结机制

（十八）理顺工作机制，按期接入电信网络新型违法犯罪交易风险事件管理平台。2016年11月30日前，支付机构应当理顺本机构协助有权机关查询、止付、冻结和扣划工作流程；实现查询账户信息和交易流水以及账户止付、冻结和扣划等；指定专人专岗负责协助查询、止付、冻结和扣划工作，不得推诿、拖延。银行、从事网络支付的支付机构应当根据有关要求，按时完成本单位核心系统的开发和改造工作，在2016年底前全部接入电信网络新型违法犯罪交易风险事件管理平台。

六、加大对无证机构的打击力度

（十九）依法处置无证机构。人民银行分支机构应当充分利用支付机构风险专项整治工作机制，加强与地方政府以及工商部门、公安机关的配合，及时出具相关非法从事资金支付结算的行政认定意见，加大对无证机构的打击力度，尽快依法处置一批无证经营机构。人民银行上海总部，各分行、营业管理部、省会（首府）城市中心支行应当按月填制《无证经营支付业务专项整治工作进度表》（见附件2），将辖区工作进展情况上报总行。

七、建立责任追究机制

（二十）严格处罚，实行责任追究。人民银行分支机构、银行和支付机构应当履职尽责，确保打击治理电信网络新型违法犯罪工作取得实效。

凡是发生电信网络新型违法犯罪案件的，应当倒查银行、支付机构的责任落实情况。银行和支付机构违反相关制度以及本通知规定的，应当按照有关规定进行处罚；情节严重，人民银行依据《中华人民共和国中国人民银行法》第四十六条的规定予以处罚，并可采取暂停1个月至6个月新开立账户和办理支付业务的监管措施。

凡是人民银行分支机构监管责任不落实，导致辖区内银行和支付机构未有效履职尽责，公众在电信网络新型违法犯罪活动中遭受严重资金损失，产生恶劣社会影响的，应当对人民银行分支机构进行问责。

人民银行分支机构、银行、支付机构、中国支付清算协会、银行卡清算机构应当按照规定向人民银行总行报告本通知执行情况并填报有关统计表（具体报送方式及内容见附件3）。

请人民银行上海总部，各分行、营业管理部、省会（首府）城市中心支行，深圳市中心支行及时将该通知转发至辖区内各城市商业银行、农村商业银行、农村合作银行、村镇银行、城市信用社、农村信用社和外资银行等。

各单位在执行中如遇问题，请及时向人民银行报告。

附件：1. 涉电信诈骗犯罪可疑特征报送指引（略）
   2. 无证经营支付业务专项整治工作进度表（略）
   3. 报告模板（略）

关于规范支付创新业务的通知

(银发〔2017〕281号)

中国人民银行上海总部,各分行、营业管理部,各省会(首府)城市中心支行,各副省级城市中心支行;各国有商业银行、股份制商业银行、中国邮政储蓄银行;各非银行支付机构;中国银联股份有限公司、中国支付清算协会、城市商业银行资金清算中心、农信银资金清算中心、网联清算有限公司:

近年来,我国支付业务创新不断发展,支付服务环境日趋完善,对提高支付效率、便利社会生产生活发挥了积极作用。为进一步加强支付业务管理,促进支付创新,推动支付服务市场持续健康发展,现就有关事项通知如下:

一、开展支付创新业务应事前报告

各银行业金融机构(以下简称银行)、非银行支付机构(以下简称支付机构)提供支付创新产品或者服务、与境外机构合作开展跨境支付业务、与其他机构开展重大业务合作的,应当对相关业务的合规性和安全性进行全面评估,并于业务开展前30日书面报告中国人民银行及其分支机构。全国性银行报告中国人民银行;其他银行、支付机构按属地管理原则,报告法人所在地中国人民银行分支机构。

报告内容包括但不限于以下方面:拟推出产品或者服务的名称、基本业务流程、支付指令传输路径、资金清算及结算方式,合作机构名称及业务开展情况、合作方式,业务规则、技术标准、客户权益保护措施、内部控制及风险管理制度,业务试点开展时间及区域,收费项目及标准,潜在市场影响,相关合同及协议模板等。

二、维护支付服务市场公平竞争秩序

各银行、支付机构应当切实增强社会责任意识,遵循依法合规、安全可控、商业可持续的原则,稳妥推广支付业务,共同维护支付服务市场健康持续发展。不得滥用本机构及关联企业的市场优势地位,排除、限制支付服务竞争;不得采用低价倾销、交叉补贴等不当手段拓展市场;不得夸大宣传、散布虚假信息，损害其他市场主体的商业信誉。

中国支付清算协会应当充分发挥行业自律作用，动态调整支付结算违法违规行为重要举报事项，将扰乱市场秩序、侵害消费者合法权益等行为纳入重要举报事项范畴，进一步加大自律惩戒力度。

三、加强收单业务受理终端管理

收单机构应当建立并完善受理终端管理制度，明确受理终端选型、采购、布放、密钥管理、参数设置、程序灌装、日常维护、交易监测和巡检等各环节管理措施；自主完成受理终端采购、主密钥生成和管理，对终端密钥及相关参数实行专人管理。

收单机构及其外包服务机构不得通过任何传播媒体、宣传工具或者方式发布销售银行卡受理终端、条码支付受理终端或者收款码的广告。在推广业务时，收单机构及其外包服务机构应当围绕服务质量、安全保障等进行真实、合理的广告宣传，准确披露收单机构名称及联系方式，广告内容中不得使用或者变相使用"零扣率""低扣率""费率自由定义""商户滚动切换""一机多商户""T+0""D+0""即时到账""刷单""套现"等涉嫌不正当竞争、误导消费者或者违法违规行为的文字。

收单机构应当遵循"谁入网、谁负责"的原则，对通过其加入清算网络的银行卡受理终端、条码支付受理终端或者收款码承担管理责任，严格规范与外包服务机构的业务合作。

四、规范小微商户收单业务管理

对依据法律法规和相关监管规定免于办理工商注册登记的实体特约商户（小微商户），收单机构在遵循"了解你的客户"原则的前提下，可以通过审核商户主要负责人身份证明文件和辅助证明材料为其提供收单服务。辅助证明材料包括但不限于营业场所租赁协议或者产权证明、集中经营场所管理方出具的证明文件等反映小微商户真实从事商品或者服务交易活动的材料。

收单机构为上述小微商户提供收单服务的，不得为其开通受理终端磁条交易功能。收单机构应当结合小微商户的风险等级，动态调整其可受理的银行卡种类和交易限额，以同一个身份证件在同一家收单机构办理的全部小微商户受理信用卡的收款金额上限为日累计1000元、月累计1万元。

清算机构应当配套建立小微商户收单业务规则和管理系统，细化小微商户准入、商户注册数量、交易限额和交易监测等风险管理措施。

五、加强代收业务管理

银行、支付机构等代收服务机构根据收款人的委托协议，定期向付款人开户机构（包括银行和支付机构）发送支付指令，提请付款人开户机构不经交易验证直接扣划付款人账户资金的，应当执行下列要求：

付款人开户机构应当事先或者在首笔交易时取得付款人授权，明确收款人名称、支付款项的用途、扣款时间、授权期限、交易限额、异议处理和交易关闭方式等事项，并在后续交易时及时提示付款人交易信息。

代收服务机构应当要求收款人事先与付款人签订收款协议，并在代收交易处理中验证协议关系。代收服务机构应当真实、完整传输交易金额、交易时间、收款人名称和收款用途等代收交易信息，并采取有效措施禁止收款人滥用、出借、出租、出售代收交易接口。

具备合法资质的清算机构在核准业务范围内提供代收业务的交易转接和资金清算服务的，可通过与成员机构制定业务规则或者签订协议等方式，约定代收服务机构和付款人开户机构之间的权利、义务和责任。清算机构应当严格规范代收交易信息，完善交易监测机制，并及时处置违规交易。

上述代收业务的使用范围仅限于固定收款人定期发起的支付业务，其他支付业务应由付款人开户机构按照有关规定进行交易验证，不得由收款人代为验证。

六、加强支付业务系统接口管理

各银行、支付机构、清算机构应当建立支付业务系统接口统一管理制度，明确牵头部门，严格业务审批，加强接入单位审核、使用范围、交易信息和资金安全等管理。同时，加大交易监测力度，确保接入单位将支付业务系统接口用于协议约定的范围和用途，并采取有效措施防止支付业务系统接口被用于违法违规用途。各银行、支付机构之间不得相互开放和转接支付业务系统接口，预付卡发卡机构为其受理机构开放支付业务系统接口的，以及中国人民银行另有规定的除外。严禁银行、支付机构、清算机构支持或者变相支持无证机构经营支付业务。

七、严格遵守跨行清算政策要求

各银行、支付机构开展支付业务涉及跨行清算业务时，必须通过中国人民银行跨行清算系统或者具备合法资质的清算机构处理。自本通知印发之日起，各银行、支付机构不得新增不同法人机构间直连处理跨行清算的支付产品或者服务；对存量业务，应当按照中国人民银行有关规定尽快迁移到合法的清算机构处理。

八、强化监督管理

中国人民银行分支机构应当切实履行属地监管职责，将本通知执行情况纳入业务检查重点，加大对违规行为的处罚力度。银行、支付机构的行为违反法律、行政法规以及中国人民银行有关管理规定的，中国人民银行及其分支机构可以依法予以处罚。

请中国人民银行分支机构将本通知转发至辖区内城市商业银行、农村商业银行、农村合作银行、农村信用社、村镇银行、外资银行。

支付机构预付卡业务管理办法

(中国人民银行公告〔2012〕第 12 号)

第一章 总 则

第一条 为规范支付机构预付卡业务管理，防范支付风险，维护持卡人合法权益，根据《中华人民共和国中国人民银行法》《非金融机构支付服务管理办法》(中国人民银行令〔2010〕第 2 号公布)，制定本办法。

第二条 支付机构在中华人民共和国境内从事预付卡业务，适用本办法。

本办法所称支付机构，是指取得《支付业务许可证》，获准办理"预付卡发行与受理"业务的发卡机构和获准办理"预付卡受理"业务的受理机构。

本办法所称预付卡，是指发卡机构以特定载体和形式发行的、可在发卡机构之外购买商品或服务的预付价值。

第三条 支付机构应当依法维护相关当事人的合法权益，保障信息安全和交易安全。

第四条 支付机构应当严格按照《支付业务许可证》核准的业务类型和业务覆盖范围从事预付卡业务，不得在未设立省级分支机构的省（自治区、直辖市、计划单列市）从事预付卡业务。

第五条 支付机构应当严格执行中国人民银行关于支付机构客户备付金管理等规定，履行反洗钱和反恐怖融资义务。

第二章 发 行

第六条 预付卡分为记名预付卡和不记名预付卡。

记名预付卡是指预付卡业务处理系统中记载持卡人身份信息的预付卡。

不记名预付卡是指预付卡业务处理系统中不记载持卡人身份信息的预付卡。

第七条 发卡机构发行的预付卡应当以人民币计价，单张记名预付卡资金限额不超过 5000 元，单张不记名预付卡资金限额不超过 1000 元。

中国人民银行可视情况调整预付卡资金限额。

第八条 记名预付卡应当可挂失，可赎回，不得设置有效期。

不记名预付卡不挂失，不赎回，本办法另有规定的除外。不记名预付卡有效期不得低于 3 年。预付卡不得具有透支功能。

发卡机构发行销售预付卡时，应向持卡人告知预付卡的有效期及计算方法。超过有效期尚有资金余额的预付卡，发卡机构应当提供延期、激活、换卡等服务，保障持卡人继续使用。

第九条 预付卡卡面应当记载预付卡名称、发卡机构名称、是否记名、卡号、有效期限或有效期截止日、持卡人注意事项、客户服务电话等要素。

第十条 个人或单位购买记名预付卡或一次性购买不记名预付卡 1 万元以上的，应当使用实名并提供有效身份证件。

发卡机构应当识别购卡人、单位经办人的身份，核对有效身份证件，登记身份基本信息，并留存有效身份证件的复印件或影印件。代理他人购买预付卡的，发卡机构应当采取合理方式确认代理关系，核对代理人和被代理人的有效身份证件，登记代理人和被代理人的身份基本信息，并留存代理人和被代理人的有效身份证件的复印件或影印件。

第十一条 使用实名购买预付卡的，发卡机构应当登记购卡人姓名或单位名称、单位经办人姓名、有效身份证件名称和号码、联系方式、购卡数量、购卡日期、购卡总金额、预付卡卡号及金额等信息。

对于记名预付卡，发卡机构还应当在预付卡核心业务处理系统中记载持卡人的有效身份证件信息、预付卡卡号、金额等信息。

第十二条 单位一次性购买预付卡 5000 元以上，个人一次性购买预付卡 5 万元以上的，应当通过银行转账等非现金结算方式购买，不得使用现金。

购卡人不得使用信用卡购买预付卡。

第十三条 采用银行转账等非现金结算方式购买预付卡的，付款人银行账户名称和购卡人名称应当一致。

发卡机构应当核对账户信息和身份信息的一致性，在预付卡核心业务处理系统中记载付款人银行账户名称和账号、收款人银行账户名称和账号、转账金额等信息。

第十四条 发卡机构应当向购卡人公示、提供预付卡章程或签订协议。

预付卡章程或协议应当包括但不限于以下内容：

（一）预付卡的名称、种类和功能；

（二）预付卡的有效期及计算方法；

（三）预付卡购买、使用、赎回、挂失的条件和方法；

（四）为持卡人提供的消费便利或优惠内容；

（五）预付卡发行、延期、激活、换发、赎回、挂失等服务的收费项目和收费标准；

（六）有关当事人的权利、义务和违约责任；

（七）交易、账务纠纷处理程序。

发卡机构变更预付卡章程或协议文本的，应当提前30日在其网点、网站显著位置进行公告。新章程或协议文本中涉及新增收费项目、提高收费标准、降低优惠条件等内容的，发卡机构在新章程或协议文本生效之日起180日内，对原有客户应当按照原章程或协议执行。

第十五条 发卡机构应当采取有效措施加强对购卡人和持卡人信息的保护，确保信息安全，防止信息泄露和滥用。未经购卡人和持卡人同意，不得用于与购卡人和持卡人的预付卡业务无关的目的。法律法规另有规定的除外。

第十六条 发卡机构应当按照实收人民币资金等值发行预付卡，严格按照《中华人民共和国发票管理办法》等有关规定开具发票。

第十七条 发卡机构应当通过实体网点发行销售预付卡。除单张资金限额200元以下的预付卡外，不得采取代理销售方式。

发卡机构委托销售合作机构代理销售的，应当建立代销风险控制机制。销售资金应当直接存入发卡机构备付金银行账户。发卡机构应当要求销售合作机构在购卡人达到本办法实名购卡要求时，参照相关规定销售预付卡。

发卡机构作为预付卡发行主体的所有责任和义务不因代理销售而转移。

第十八条 发卡机构应当在中华人民共和国境内拥有并自主运行独立、安全的预付卡核心业务处理系统，建立突发事件应急处置机制，确保预付卡业务处理的及时性、准确性和安全性。

预付卡核心业务处理系统包含但不限于发卡系统、账务主机系统、卡片管理系统及客户信息管理系统。

预付卡核心业务处理系统不得外包或变相外包。

第十九条 发卡机构不得发行或代理销售采用或变相采用银行卡清算机构分配的发卡机构标识代码的预付卡，卡面上不得使用银行卡清算机构品牌标识；不得与其他支付机构合作发行预付卡；不同的发卡机构不得采用具有统一识别性的品牌标识。

第三章 受 理

第二十条 发卡机构应当为其发行的预付卡提供受理服务，其自行拓展、签约和管理的特约商户数不低于受理该预付卡全部特约商户数的70%。

第二十一条 受理机构只能受理发卡机构按照本办法规定发行的预付卡，受理范围不得超过发卡机构获准办理"预付卡发行与受理"的业务覆盖范围。

受理机构应当获得发卡机构的委托，并参照本办法第二十五条的规定，与发卡机构、特约商户签订三方合作协议。受理机构不得将发卡机构委托其开展的预付卡受理业务外包。

预付卡只能在本发卡机构参与签署合作协议的特约商户使用，卡面上不得使用发卡机构委托的受理机构的品牌标识。发卡机构对特约商户应承担的资金结算与风险管理责任不因受理机构参与预付卡受理而转移。

第二十二条 预付卡可与银行卡共用受理终端，但应当使用与银行卡不同的应用程序和受理网络，并采取安全隔离措施，与银行卡交易分别处理和管理。

第二十三条 发卡机构、受理机构不得发展非法设立、非法经营或无实体经营场所的特约商户。

发卡机构、受理机构拓展特约商户时应当严格审核特约商户营业执照、税务登记证、法定代表人或负责人的有效身份证件，留存相关证件的复印件或影印件，并对商户的经营场所进行现场核实、拍照留存。

第二十四条 发卡机构应当通过其客户备付金存管银行直接向特约商户划转结算资金，受理机构不得参与资金结算。

特约商户只能指定其一个单位银行结算账户进行收款。发卡机构应当核验特约商户指定的单位银行结算账户开户许可证或其开户银行出具的开户证明，留存加盖公章的复印件。

第二十五条 发卡机构应当与特约商户签订预付卡受理协议。受理协议应当包括但不限于以下内容：

（一）特约商户基本信息；

（二）收费项目和标准；

（三）持卡人用卡权益的保障要求；

（四）卡片信息、交易数据、受理终端、交易凭证的管理要求；

（五）特约商户收款账户名称、开户行、账号及资金结算周期；

（六）账务核对、差错处理和业务纠纷的处置要求；

（七）相关业务风险承担和违约责任的承担机制；

（八）协议终止条件、终止后的债权债务清偿方式。

第二十六条 发卡机构、受理机构应当在中华人民共和国境内拥有并自主运行独立、安全的预付卡受理系统，建立突发事件应急处置机制，确保预付卡业务处理的及时性、准确性和安全性。

发卡机构、受理机构应当分别建立特约商户信息管理系统及业务风险防控系统。受理机构不得以任何形式存储与受理业务无关的预付卡信息。

第二十七条 特约商户向持卡人办理退货，只能通过发卡机构将资金退回至原预付卡。无法退回的，发卡机构应当将资金退回至持卡人提供的同一发卡机构的同类预付卡。

预付卡接受退货后的卡内资金余额不得超过规定限额。

第二十八条 发卡机构、受理机构应当加强对特约商户的巡检和监控，要求特约商户在营业场所显著位置标明受理的预付卡名称和种类，按照预付卡受理协议的要求受理预付卡，履行相关义务。

特约商户不得以任何形式存储与商户结算、对账无关的预付卡信息。

特约商户出现损害当事人合法权益及其他严重违规违约操作的，发卡机构、受理机构应当立即终止其预付卡受理服务。

特约商户不得协助持卡人进行任何形式的预付卡套现。

第四章 使用、充值和赎回

第二十九条 预付卡不得用于或变相用于提取现金；不得用于购买、交换非本发卡机构发行的预付卡、单一行业卡及其他商业预付卡或向其充值；卡内资金不得向银行账户或向非本发卡机构开立的网络支付账户转移。

第三十条 预付卡不得用于网络支付渠道，下列情形除外：

（一）缴纳公共事业费；

（二）在本发卡机构合法拓展的实体特约商户的网络商店中使用；

（三）同时获准办理"互联网支付"业务的发卡机构，其发行的预付卡可向在本发卡机构开立的实名网络支付账户充值，但同一客户的所有网络支付账户的年累计充值金额合计不超过 5000 元。

以上情形下的预付卡交易，均应当由发卡机构自主受理，不得由受理机构受理。

第三十一条 发卡机构办理记名预付卡或一次性金额 1 万元以上不记名预付卡充值业务的，应当参照本办法第十条、第十一条的规定办理。

第三十二条 预付卡只能通过现金、银行转账方式进行充值。同时获准办理"互联网支付"业务的发卡机构，还可通过持卡人在本发卡机构开立的实名网络支付账户进行充值。

不得使用信用卡为预付卡充值。

办理一次性金额 5000 元以上预付卡充值业务的，不得使用现金。单张预付卡充值后的资金余额不得超过规定限额。

第三十三条 预付卡现金充值应当通过发卡机构网点进行，但单张预付卡同日累计现金充值在 200 元以下的，可通过自助充值终端、销售合作机构代理等方式充值，收取的现金应当直接存入发卡机构备付金银行账户。

第三十四条 发卡机构应当向记名预付卡持卡人提供紧急挂失服务，并提供至少一种 24 小时免费紧急挂失渠道。正式挂失和补卡应当在约定时间内通过网点，以书面形式办理。以书面形式挂失的，发卡机构应当要求持卡人出示有效身份证件，并按协议约定办理挂失手续。

发卡机构应当免费向持卡人提供特约商户名录、卡内资金余额及一年以内的交易明细查询服务，并提供至少一种 24 小时免费查询渠道。

第三十五条 记名预付卡可在购卡 3 个月后办理赎回，赎回时，持卡人应当出示预付卡及持卡人和购卡人的有效身份证件。由他人代理赎回的，应当同时出示代理人和被代理人的有效身份证件。单位购买的记名预付卡，只能由单位办理赎回。发卡机构应当参照本办法第十条、第十一条的规定，识别、核对赎回人及代理人的身份信息，确保与购卡时登记的持卡人和购卡人身份信息一致，并保存赎回记录。

第三十六条 发行可在公共交通领域使用的预付卡发卡机构，其在公共交通领域实现的当年累计预付卡交易总额不得低于同期发卡总金额的 70%；其发行的不记名预付卡，单张卡片余额在 100 元以下的，可按约定赎回。

第三十七条 发卡机构按照规定终止预付卡业务的，应当向持卡人免费赎回所发行的全部记名、不记名预付卡。

赎回不记名预付卡的，发卡机构应当核实和登记持卡人的身份信息，采用密码验证方式的预付卡还应当核验密码，并保存赎回记录。

第三十八条 发卡机构办理赎回业务的网点数应当不低于办理发行销售业务网点数的 70%。预付卡赎回业务营业时间应当不短于发行销售业务的营业时间。

第三十九条 预付卡赎回应当使用银行转账方式，由发卡机构将赎回资金退至原购卡银行账户。用现金购买或原购卡银行账户已撤销的，赎回资金应当退至持卡人提供的与购卡人同名的单位或个人银行账户。

单张预付卡赎回金额在100元以下的，可使用现金。

第五章 监督管理

第四十条 中国人民银行及其分支机构依法对支付机构的预付卡业务活动、内部控制及风险状况等进行非现场监管及现场检查。

支付机构应当按照中国人民银行及其分支机构的相关规定履行报告义务。

第四十一条 支付机构应当加入中国支付清算协会。中国支付清算协会应当组织制定预付卡行业自律规范，并按照中国人民银行有关要求，对支付机构执行中国人民银行规定和行业自律规范的情况进行检查。

第四十二条 支付机构不得为任何单位或个人查询、冻结、扣划预付卡内资金，国家法律法规另有规定或得到持卡人授权的除外。

第四十三条 支付机构办理预付卡发行业务活动获得和产生的相关信息，应当保存至该预付卡实收人民币资金全部结算后5年以上；办理预付卡受理、使用、充值和赎回等业务活动获得和产生的相关信息，应当保存至该业务活动终止后5年以上。

第四十四条 支付机构不得以股权合作、业务合作及其他任何形式，出租、出借、转让或变相出租、出借、转让预付卡业务资质。

第四十五条 支付机构及其分支机构违反本办法的，中国人民银行可依据《非金融机构支付服务管理办法》等法律法规规章的规定，给予警告、限期改正、罚款、暂停部分或全部业务等处罚；情节严重的，依法注销其《支付业务许可证》。

支付机构违反本办法规定，涉嫌犯罪的，依法移送公安机关处理。

第四十六条 特约商户有下列情形之一的，中国人民银行及其分支机构责令支付机构取消其特约商户资格，其他支付机构不得再将其发展为特约商户；涉嫌犯罪的，依法移送公安机关处理。

（一）为持卡人进行洗钱、赌博等犯罪活动提供协助的；

（二）使用虚假材料申请受理终端后进行欺诈活动，或转卖、提供机具给他人使用的；

（三）违规存储、泄露、转卖预付卡信息或交易信息的；

（四）以虚构交易、虚开价格、现金退货等方式为持卡人提供预付卡套现的；

（五）在持卡人不知情的情况下，编造虚假交易或重复刷卡盗取资金的；

（六）具有其他危害持卡人权益、市场秩序或社会稳定行为的。

第四十七条　任何单位和个人不得私自设立预付卡交易场所；不得以牟利为目的倒卖预付卡，不得伪造、变造预付卡，不得使用明知是伪造、变造的预付卡。涉嫌犯罪的，依法移送公安机关处理。

第六章　附　则

第四十八条　本办法所称中国人民银行分支机构，是指中国人民银行上海总部，各分行、营业管理部、省会（首府）城市中心支行、副省级城市中心支行。

第四十九条　本办法所称个人有效身份证件包括居民身份证件、军人身份证件、武警身份证件、港澳台居民通行证、外国公民护照等；单位有效身份证件包括营业执照、有关政府部门的批文、登记证书或其他能证实其合法真实身份的证明等。

第五十条　本办法所称"以上""以下""不超过""不低于"均包含本数。

第五十一条　本办法由中国人民银行负责解释。

第五十二条　本办法自2012年11月1日起施行。

关于规范商业预付卡管理的意见

(国办发〔2011〕25号)

近年来,适应信息技术发展和小额支付服务市场创新的客观需要,商业预付卡市场发展迅速。商业预付卡以预付和非金融主体发行为典型特征,按发卡人不同可划分为两类:一类是专营发卡机构发行,可跨地区、跨行业、跨法人使用的多用途预付卡;另一类是商业企业发行,只在本企业或同一品牌连锁商业企业购买商品、服务的单用途预付卡。总体看,商业预付卡在减少现钞使用、便利公众支付、刺激消费等方面发挥了一定作用。同时,商业预付卡市场也存在监管不严、违反财务纪律、缺乏风险防范机制、公款消费和收卡受贿等突出问题,严重扰乱了税收和财务管理秩序,助长了腐败行为。为规范商业预付卡管理、严肃财经纪律、防范金融风险、促进反腐倡廉,现提出如下意见:

一、明确职责,加强管理

强化对商业预付卡发卡人的管理,是规范商业预付卡管理的首要环节,必须进一步明确部门职责,落实分类监管。人民银行要严格按照《非金融机构支付服务管理办法》(中国人民银行令〔2010〕第2号)的规定,加强对多用途预付卡发卡人的监督检查,完善业务管理规章,维护支付体系安全稳定运行。未经人民银行批准,任何非金融机构不得发行多用途预付卡,一经发现,按非法从事支付结算业务予以查处。对商业企业发行的单用途预付卡,商务部门要强化管理,抓紧制定行业标准,适时出台管理办法。金融机构未经批准,不得发行预付卡。

二、健全制度,规范行为

规范商业预付卡的发行和购买,是防范利用商业预付卡洗钱、套现、偷逃税款以及行贿受贿的有效途径,必须进一步建立健全规章制度,加大执法力度。一是建立商业预付卡购卡实名登记制度。对于购买记名商业预付卡和一次性购买1万元(含)以上不记名商业预付卡的单位或个人,由发卡人进行实名登记。二是实施商业预付卡非现金购卡制度。单位一次性购卡金额达5000

元（含）以上或个人一次性购卡金额达 5 万元（含）以上的，通过银行转账方式购买，不得使用现金；使用转账方式购卡的，发卡人要对转出、转入账户名称、账号、金额等进行逐笔登记。三是实行商业预付卡限额发行制度。不记名商业预付卡面值不超过 1000 元，记名商业预付卡面值不超过 5000 元。

严格发票和财务管理。发卡人必须严格按照《中华人民共和国发票管理办法》有关规定开具发票。税务部门要加强发票管理和税收稽查，坚决依法查处发卡人在售卡环节出具虚假发票、购卡单位在税前扣除与生产经营无关支出等行为。财政部门要加强财务管理，严厉查处挪用预算资金、利用购卡进行公款消费等行为。

三、坚决治理，防贿促廉

治理收卡受贿等违纪违法行为，是加强反腐倡廉工作的迫切要求和重要环节，必须进一步狠抓落实，加大查处力度。按照《中国共产党党员领导干部廉洁从政若干准则》和《中共中央办公厅国务院办公厅关于严禁党政机关及其工作人员在公务活动中接受和赠送礼金、有价证券的通知》（中办发〔1993〕5 号）的规定，严禁国家工作人员特别是领导干部在公务活动中收受任何形式的商业预付卡。凡收受商业预付卡又不按规定及时上交的，以收受同等数额的现金论处。对涉嫌受贿的，依法严肃查处。

四、防范风险，维护权益

加强预付资金管理，维护持卡人合法权益，是防范金融风险的重要手段，必须引起足够重视，进一步完善工作机制。多用途预付卡发卡人接受的、客户用于未来支付需要的预付资金，不属于发卡人的自有财产，发卡人不得挪用、挤占。多用途预付卡发卡人必须在商业银行开立备付金专用存款账户存放预付资金，并与银行签订存管协议，接受银行对备付金使用情况的监督。人民银行要加强对多用途预付卡备付金专用存款账户开立和使用的监管。商务部门要采取有效措施，加强对单用途预付卡预付资金的监管，防范资金风险。

人民银行、商务部要继续健全商业预付卡收费、投诉、保密、赎回、清退等业务管理制度，全面维护持卡人合法权益。为防止发卡人无偿占有卡内残值，方便持卡人使用，记名商业预付卡不设有效期，不记名商业预付卡有效期不得少于 3 年。对于超过有效期尚有资金余额的，发卡人应提供激活、换卡等配套服务。工商部门要进一步加强监督检查，加大消费维权工作力度，严厉打击侵犯消费者权益的不法行为，及时开展相关消费提示，营造良好的消费环境。

商业预付卡管理涉及部门众多，情况复杂，规范整顿的任务十分艰巨。各有关部门要各负其责，建立对商业预付卡的联合监督检查机制，进一步加强协调配合，齐抓共管，形成合力。2011年年底前，人民银行、商务部等有关部门要联合开展一次商业预付卡市场专项检查，以检查促整改，促进商业预付卡市场规范发展。

关于进一步加强预付卡业务管理的通知

(银发〔2012〕234号)

中国人民银行上海总部,各分行、营业管理部,各省会(首府)城市中心支行,各副省级城市中心支行;中国支付清算协会:

为落实《国务院办公厅转发人民银行监察部等部门关于规范商业预付卡管理意见的通知》(国办发〔2011〕25号,以下简称25号文)和《非金融机构支付服务管理办法》(中国人民银行令〔2010〕第2号公布,以下简称2号令),维护支付服务市场秩序,现就进一步加强预付卡业务管理的有关事项通知如下:

一、强化合规经营意识,依法从事预付卡业务

取得支付业务许可证,获准办理"预付卡发行与受理"业务的发卡机构和获准办理"预付卡受理"业务的受理机构(以下简称支付机构)应强化合规经营意识,建立健全规章制度,加强业务管理,严格按照核准的业务类型和业务地域范围从事预付卡业务。

各支付机构应严格按照25号文要求,全面落实购卡实名登记制度、非现金购卡制度和限额发行制度,严格按照《中华人民共和国发票管理办法》(国务院令第587号公布)的规定开具发票,不得利用节假日,放松审查、违规突击发卡;应采取有效措施确保预付卡发行、受理、使用、充值、挂失和赎回各业务环节的合规性;严格履行反洗钱义务;对不符合25号文和2号令规定的内部业务制度、系统设置及操作流程等,应立即全面整改。

二、加强客户备付金管理,防范资金风险

各支付机构应切实加强客户备付金管理,严格区分客户备付金与自有资金,按规定与商业银行签订存管协议,开立专用存款账户存放客户备付金,并自觉接受商业银行对备付金使用情况的监督。支付机构只能根据客户发起的支付指令转移客户备付金,不得以任何形式挤占、挪用,不得将客户备付金用于缴存商户结算保证金,确保资金安全。

三、切实履行支付机构义务，保护持卡人合法权益

各支付机构应依法履行相关义务，对持卡人身份信息、购卡信息和交易信息予以严格保密，采取强化系统安全保障、加强商户管理及信息安全教育等措施，防止持卡人信息泄露和滥用。

各支付机构应当向持卡人公示或提供预付卡章程、协议，公开披露收费项目和收费标准，变更章程、协议内容或收费项目、标准的，应提前在网点、网站进行公告，不得损害客户的知情权和选择权。应健全延期、激活、赎回、换卡等配套服务措施，提供安全便利的查询、赎回渠道，维护持卡人的合法权益。

四、加强监督管理和行业自律，规范预付卡业务发展

人民银行各分支机构应切实履行职责，加强对辖区内支付机构的监督管理，指导和督促辖区内各支付机构认真落实 25 号文、2 号令和本通知要求；加强辖区内预付卡市场的监督检查和清理整顿，严厉查处金融机构未经批准发行预付卡、支付机构违规开展预付卡业务的行为，依法实施行政处罚，并及时将有关情况向总行报告。

中国支付清算协会应切实加强预付卡行业自律管理，维护预付卡市场秩序，引导支付机构充分发挥预付卡作为小额便民的非现金支付工具在减少现金使用、便利公众支付、刺激消费等方面的积极作用，适时对支付机构执行自律规范的情况开展监督检查，防范预付卡业务风险，维护消费者合法权益。

请人民银行各分支机构及时将本通知转发至辖区内支付机构，并提出相关监管要求。执行中如遇问题，请及时报告总行。

银行卡清算机构管理办法

(中国人民银行 中国银行业监督管理委员会令〔2016〕第 2 号)

第一章 总 则

第一条 为促进我国银行卡清算市场健康发展,规范银行卡清算机构管理,保护当事人合法权益,根据《中华人民共和国中国人民银行法》《国务院关于实施银行卡清算机构准入管理的决定》(国发〔2015〕22 号),制定本办法。

第二条 本办法所称银行卡清算机构是指经批准,依法取得银行卡清算业务许可证,专门从事银行卡清算业务的企业法人。

第三条 仅为跨境交易提供外币的银行卡清算服务的境外机构(以下简称境外机构),原则上可以不在中华人民共和国境内设立银行卡清算机构,但对境内银行卡清算体系稳健运行或公众支付信心具有重要影响的,应当在中华人民共和国境内设立法人,依法取得银行卡清算业务许可证。

第四条 银行卡清算机构应当遵守国家安全、国家网络安全相关法律法规,确保银行卡清算业务基础设施的安全、稳定和高效运行。银行卡清算业务基础设施应满足国家信息安全等级保护要求,使用经国家密码管理机构认可的商用密码产品,符合国家及行业相关金融标准,且其核心业务系统不得外包。

第五条 为保障金融信息安全,境内发行的银行卡在境内使用时,其相关交易处理应当通过境内银行卡清算业务基础设施完成。

第六条 银行卡清算机构与境内入网发卡机构或收单机构(以下简称入网机构)的银行卡交易资金清算应当通过境内银行以人民币完成资金结算,为跨境交易提供外币的银行卡清算服务的情形除外。

第七条 银行卡清算机构和境外机构应当对从银行卡清算服务中获取的身份信息、账户信息、交易信息以及其他相关敏感信息等当事人金融信息予以保密;除法律法规另有规定外,未经当事人授权不得对外提供。

银行卡清算机构和境外机构为处理银行卡跨境交易且经当事人授权,向境外发卡机构或收单机构传输境内收集的相关个人金融信息的,应当通过业务规则及协议等有效措施，要求境外发卡机构或收单机构为所获得的个人金融信息保密。

第八条 银行卡清算机构和境外机构应当遵守法律法规的有关规定，遵循诚信和公平竞争的原则，不得损害国家利益和社会公共利益。

第九条 银行卡清算机构和境外机构应当遵守反洗钱和反恐怖融资法律法规和相关规定，履行反洗钱和反恐怖融资义务。

银行卡清算机构办理银行卡跨境交易，应当遵守国家外汇及跨境人民币管理的有关规定。

第十条 中国人民银行、中国银行业监督管理委员会按照分工，依法对银行卡清算机构和境外机构实施监督管理，并加强沟通协调，共同防范银行卡清算业务系统性风险。

第二章 申请与许可

第十一条 银行卡清算机构的注册资本不低于 10 亿元人民币，出资人应当以自有资金出资，不得以委托资金、债务资金等非自有资金出资。

第十二条 银行卡清算机构 50% 以上的董事（含董事长、副董事长）和全部高级管理人员应当具备相应的任职专业知识，5 年以上银行、支付或者清算的从业经验和良好的品行、声誉，以及担任职务所需的独立性。

除《中华人民共和国公司法》规定的情形外，有以下情形之一的，不得担任银行卡清算机构的董事、高级管理人员：

（一）有重大过失或犯罪记录的。

（二）因违法行为或者违纪行为被金融监管机构取消任职资格的董事、监事、高级管理人员，自被取消任职资格之日起未逾 5 年的。

（三）曾经担任被金融监管机构行政处罚单位的董事、监事或者高级管理人员，并对被行政处罚负有个人责任或者直接领导责任，自执行期满未逾 2 年的。

第十三条 申请人向中国人民银行提出银行卡清算机构筹备申请的，应当提交下列申请材料：

（一）筹备申请书，载明公司的名称、住所、注册资本等。

（二）企业法人营业执照复印件和公司章程，申请人为外商投资企业的，还应当提交外商投资企业批准证书复印件。

（三）证明其资本实力符合要求的材料及相关证明。

（四）真实、完整、公允的最近一年财务会计报告，设立时间不足一年的除外。

（五）出资人出资决议，出资金额、方式及资金来源，以及出资人之间关联关系的说明。

（六）主要出资人和其他单一持股比例超过10%的出资人的资质证明材料，包括但不限于营业执照、最近三年财务会计报告、无重大违法违规记录证明和从业经历证明等。

出资人为境内银行业金融机构的，应当提供金融业务许可证复印件和中国银行业监督管理委员会允许其投资银行卡清算机构的批准文件。

（七）关于公司实际控制人情况的说明。

（八）公司组织架构设置、财务独立性、风控体系构建及合规机制建设等情况说明。

（九）反洗钱和反恐怖融资内部控制制度方案、组织架构方案以及开展相关工作的技术条件说明。

（十）银行卡清算品牌商标标识的商标注册证，使用出资人所有的银行卡清算品牌的，应当提供出资人的商标权属证明、转让协议或授权使用协议，以及申请人经备案的商标使用许可。

（十一）银行卡清算业务可行性研究报告、业务发展规划和基础设施建设计划。

（十二）符合国家标准、行业标准的银行卡清算业务标准体系和业务规则的框架。

（十三）持卡人和商户权益保护策略及机制。

（十四）筹备工作方案及主要工作人员名单、履历。

（十五）其他需专门说明的事项及申请材料真实性声明。

上述材料为外国文字的，应当同时提供中文译本，并以中文译本为准。

经研判，依法需要进行国家安全审查的，在完成国家安全审查后，中国人民银行正式受理上述材料。

第十四条 中国人民银行收到银行卡清算机构筹备申请的，应当自受理之日起10日内，将申请材料送交中国银行业监督管理委员会。中国银行业监督管理委员会应当自收到申请材料之日起30日内出具书面意见，送交中国人民银行。

第十五条 中国人民银行根据有利于银行卡清算市场公平竞争和健康发展

的审慎性原则，以及中国银行业监督管理委员会的意见，自受理之日起 90 日内作出批准或不批准筹备的决定，并书面通知申请人。决定不批准的，应当说明理由。

第十六条 银行卡清算机构筹备期为获准筹备之日起 1 年。申请人在规定筹备期内未完成筹备工作的，应当说明理由，经中国人民银行批准，可以延长 3 个月。

第十七条 申请人应当在筹备期届满前向中国人民银行提出开业申请，提交下列申请材料：

（一）开业申请书，载明公司的名称、住所、注册资本及营运资金等。

（二）银行卡清算业务标准体系和业务规则的具体内容及详细说明。

（三）银行卡清算业务基础设施架构报告、建设报告、业务连续性计划及应急预案。

（四）银行卡清算业务基础设施标准符合技术安全证明材料。

（五）拟任董事和高级管理人员的任职资格申请材料，包括但不限于履历说明及学历、技术职称、具备担任职务所需的独立性说明，无犯罪记录和未受处罚等相关证明材料。

（六）内部控制、风险防范和合规机制材料。

（七）信息安全保障机制材料，包括但不限于银行卡支付网络信息安全标准、入网安全管理机制、个人信息安全保护机制、核心业务系统信息安全等级保护定级和测评报告、独立的信息安全风险评估报告、信息安全管理体系等。

（八）反洗钱和反恐怖融资措施验收材料。

（九）筹备工作完成情况总结报告，包括原筹备申请材料变动情况说明和相关证明材料。

（十）为满足银行卡清算业务专营性要求，剥离其他业务的完成情况。

（十一）申请人拟使用境外银行卡清算品牌，且拥有该品牌的境外机构已为跨境交易提供外币的银行卡清算服务的，还应提供该服务由境外机构向申请人进行迁移的工作计划与方案。

（十二）其他需专门说明的事项及申请材料真实性声明。

逾期未提交开业申请的，筹备批准文件自动失效。

第十八条 中国人民银行和中国银行业监督管理委员会可以采取查询有关国家机关、国家信用信息共享交换平台、征信机构、拟任职人员曾任职机构，开展专业知识能力测试等方式对拟任职董事、高级管理人员是否符合任职资格条件进行审查。

第十九条 中国人民银行收到银行卡清算机构开业申请的，参照本办法第十四条和第十五条的规定，作出批准或不批准开业的决定，并书面通知申请人。决定批准的，颁发开业核准文件和银行卡清算业务许可证，并予以公告；决定不批准的，说明理由。

第二十条 银行卡清算机构未在规定期限内开业的，开业批准文件失效，由中国人民银行办理开业批准注销手续，收回其《银行卡清算业务许可证》，并予以公告。

第二十一条 境外机构为跨境交易提供外币的银行卡清算服务是指：

（一）授权境内收单机构或与境内银行卡清算机构合作，实现境外发行的银行卡在境内的使用。

（二）授权境内发卡机构发行仅限于境外使用的外币银行卡。

第二十二条 境外机构与境内银行卡清算机构合作授权发行银行卡的，应当采用境内银行卡清算机构的发卡行标识代码。境外机构不得通过合作方式变相从事人民币的银行卡清算业务。

第二十三条 境外机构为跨境交易提供外币的银行卡清算服务的，应当在提供服务前30日向中国人民银行和中国银行业监督管理委员会报告，并提交下列材料：

（一）机构基本信息。

（二）在母国接受监管的情况。

（三）参与国家或国际支付系统的说明。

（四）本机构内部控制、风险防范和信息安全保障机制。

（五）本机构反洗钱和反恐怖融资内部控制制度、组织架构以及开展相关工作的情况说明。

（六）银行卡清算业务基础设施运行情况。

（七）银行卡清算业务规则。

（八）业务发展规划、与境内机构合作的情况说明。

（九）持卡人和商户权益保护策略及机制。

（十）其他需专门说明的事项及材料真实性声明。

上述材料为外国文字的，应当同时提供中文译本，并以中文译本为准。境外机构基本信息发生变更的，应当自变更之日起30日内向中国人民银行和中国银行业监督管理委员会报告。

第二十四条 中国人民银行在收到境外机构报告之日起 30 日内在网站上公示境外机构基本信息。

第三章 变更与终止

第二十五条 银行卡清算机构有下列变更事项之一的，应当按规定向中国人民银行提交变更申请材料：

（一）设立分支机构。

（二）分立或者合并。

（三）变更公司名称或者公司章程。

（四）变更注册资本。

（五）变更主要出资人或其他单一持股比例超过 10% 的出资人。

（六）变更银行卡清算品牌。

（七）更换董事和高级管理人员。

中国人民银行收到上述申请材料的，应当参照本办法第十四条和第十五条的规定，作出批准或不批准的决定，并书面通知申请人。

银行卡清算机构变更单一持股比例超过 5% 以上的出资人，且不属于上述第五项所规定情形的，应当提前向中国人民银行和中国银行业监督管理委员会提交变更情况书面报告。

第二十六条 外国投资者并购银行卡清算机构，应当执行外资并购境内基础设施安全审查的管理规定。

第二十七条 银行卡清算机构终止部分或全部银行卡清算业务及解散的，应当向中国人民银行提交下列申请材料：

（一）终止业务申请表，载明机构的名称和住所等。

（二）股东大会（股东会）或董事会终止业务的决议。

（三）终止业务的评估报告。

（四）与入网机构达成的业务终止处置方案。

（五）终止业务的应急预案。

（六）涉及持卡人和商户权益保护的处理措施。

（七）其他需专门说明的事项及申请材料真实性声明。

中国人民银行收到上述申请材料的，应当参照本办法第十四条和第十五条的规定，作出批准或不批准的决定。中国人民银行批准银行卡清算机构终止全部银行卡清算业务及解散的，应当收回银行卡清算业务许可证。

第二十八条 境外机构终止为跨境交易提供外币的银行卡清算服务的，应当至少提前30日向中国人民银行和中国银行业监督管理委员会报告，提交下列材料：

（一）终止业务的评估报告。

（二）与入网机构达成的业务终止处置方案。

（三）终止业务的应急预案。

（四）涉及持卡人和商户权益保护的处理措施。

（五）其他需专门说明的事项及材料真实性声明。

第四章　法律责任

第二十九条 中国人民银行、中国银行业监督管理委员会的工作人员有下列情形之一的，依法给予行政处分。涉嫌犯罪的，依法移送司法机关追究刑事责任：

（一）违反规定审查批准银行卡清算业务的申请、变更、终止等事项的。

（二）泄露知悉的国家秘密或商业秘密的。

（三）滥用职权、玩忽职守等其他违反法律法规的行为。

第三十条 银行卡清算机构有以下情形的，由中国人民银行会同中国银行业监督管理委员会，责令限期改正，并给予警告或者处1万元以上3万元以下的罚款；情节严重的，根据《中华人民共和国中国人民银行法》第四十六条的规定进行处罚：

（一）未按规定建立银行卡清算业务标准体系、业务规则、内部控制、风险防范和信息安全保障机制的。

（二）未按规定报告相关事项的。

（三）转让、出租、出借银行卡清算业务许可证的。

（四）超出规定范围经营业务的。

（五）任命不符合规定的董事、高级管理人员的。

（六）未按规定申请变更事项或擅自设立分支机构的。

（七）拒绝或者阻碍相关检查、监督管理的。

（八）限制发卡机构或收单机构与其他银行卡清算机构合作的。

（九）银行卡清算业务基础设施出现重大风险的。

（十）无正当理由限制、拒绝银行卡交易，或中断、终止银行卡清算业务的。

（十一）提供虚假的或者隐瞒重要事实的信息或资料的。

（十二）违反有关信息安全管理规定的。

（十三）其他损害持卡人和商户合法权益，或违反有关清算管理规定、危害银行卡市场秩序的违法违规行为。

第三十一条 银行卡清算机构和境外机构违反反洗钱和反恐怖融资规定的，按照有关法律法规进行处理。

第三十二条 申请人隐瞒有关情况或者提供虚假材料申请银行卡清算业务许可的，中国人民银行不予受理或者不予行政许可，并给予警告，申请人在1年内不得再次申请银行卡清算业务许可。

被许可人以欺骗、贿赂等不正当手段取得银行卡清算业务许可的，中国人民银行依法收回银行卡清算业务许可证，并给予行政处罚，申请人在3年内不得再次申请银行卡清算业务许可；涉嫌犯罪的，依法移送司法机关追究刑事责任。

第三十三条 未经中国人民银行批准，擅自从事银行卡清算业务，伪造、变造银行卡清算业务许可证，由中国人民银行责令其终止银行卡清算业务，并依据《中华人民共和国中国人民银行法》第四十六条的规定进行处罚；涉嫌犯罪的，依法移送司法机关追究刑事责任。

第五章 附 则

第三十四条 本办法所称银行卡清算业务标准体系包括卡片标准、受理标准、信息交换标准、业务处理标准和信息安全标准等内容。

第三十五条 本办法所称银行卡清算核心业务系统是指业务处理系统、风险管理系统、差错处理系统、信息服务系统及其灾备系统等。

业务处理系统是指银行卡清算机构提供的银行卡清算交易转接系统和清算系统。

风险管理系统是指银行卡清算机构提供的对银行卡清算业务参与主体和服务内容进行风险识别、评估及管控的系统。

差错处理系统是指银行卡清算机构提供的用于入网机构间提交差错交易、争议案件以解决交易差错、争议及疑问的电子处理系统。

信息服务系统是指银行卡清算机构为入网机构提供当日交易查询、历史交易查询、交易统计分析、清算文件上送与下载、发卡行标识代码信息下发、汇率信息查询与下发等信息服务的辅助系统。

灾备系统是指银行卡清算机构为应对异常灾难的发生提前建立的相关系统的备份系统。

第三十六条 《国务院关于实施银行卡清算机构准入管理的决定》施行前已经依法在中华人民共和国境内从事银行卡清算业务的境内机构，应当凭原批准从事银行卡清算业务的文件，参照本办法第十七条申请银行卡清算业务许可证。

《国务院关于实施银行卡清算机构准入管理的决定》施行前仅为跨境交易提供外币的银行卡清算服务的境外机构，应当参照本办法第二十三条进行报告。

第三十七条 本办法由中国人民银行会同中国银行业监督管理委员会解释。

第三十八条 本办法自发布之日起施行。

关于实施银行卡清算机构准入管理的决定

(国发〔2015〕22号)

各省、自治区、直辖市人民政府，国务院各部委、各直属机构：

为完善我国银行卡清算服务的市场化机制，防范清算风险，维护支付体系稳定，保护持卡人合法权益，进一步促进银行卡清算市场有序竞争和健康发展，现作出如下决定：

一、对银行卡清算机构实施准入管理

在中华人民共和国境内从事银行卡清算业务，应当向中国人民银行提出申请，经中国人民银行征求中国银行业监督管理委员会同意后予以批准，依法取得银行卡清算业务许可证，成为专门从事银行卡清算业务的机构（以下简称银行卡清算机构）未依法取得银行卡清算业务许可证的，不得从事银行卡清算业务，本决定另有规定的除外。

本决定所称银行卡清算业务，是指通过制定银行卡清算标准和规则，运营银行卡清算业务系统，授权发行和受理本银行卡清算机构品牌的银行卡，并为发卡机构和收单机构提供其品牌银行卡的机构间交易处理服务，协助完成资金结算的活动。

根据本决定，中国人民银行会同中国银行业监督管理委员会制定行政许可条件、程序的实施细则，以及相关审慎性监督管理措施，依法向符合条件的申请人颁发银行卡清算业务许可证，并按照分工实施监督管理，共同防范银行卡清算业务系统性风险。

二、申请成为银行卡清算机构应当符合的条件和程序

（一）申请成为银行卡清算机构的，应当为依据《中华人民共和国公司法》设立的企业法人，并符合以下条件：

1. 具有不低于10亿元人民币的注册资本。
2. 至少具有符合规定条件的持股20%以上的单一主要出资人，或者符合规定条件的合计持股25%以上的多个主要出资人，前述主要出资人申请前一

年总资产不低于 20 亿元人民币或者净资产不低于 5 亿元人民币，且提出申请前应当连续从事银行、支付或者清算等业务 5 年以上，连续盈利 3 年以上，最近 3 年无重大违法违规记录；其他单一持股比例超过 10% 的出资人净资产不低于 2 亿元人民币，具有持续盈利能力、信誉良好，最近 3 年无重大违法违规记录。

3. 有符合国家标准、行业标准的银行卡清算标准体系。

4. 在中华人民共和国境内具备符合规定要求、能够独立完成银行卡清算业务的基础设施和异地灾备系统。

5. 董事和高级管理人员应当取得中国人民银行征求中国银行业监督管理委员会同意后核准的任职资格。

6. 具备符合规定的内部控制、风险防范、信息安全保障和反洗钱措施等其他审慎性条件。

银行业金融机构申请发起设立或者投资于银行卡清算机构的，应当依法报经中国银行业监督管理委员会批准。

（二）申请成为银行卡清算机构的，应当按规定向中国人民银行提出筹备申请，中国人民银行在征求中国银行业监督管理委员会同意后，自受理之日起 90 日内作出批准或者不予批准筹备的决定。申请人应当自获准筹备之日起 1 年内完成筹备工作，筹备期间不得从事银行卡清算业务。

筹备工作完成后，申请人具备许可条件的，可以向中国人民银行提出开业申请。中国人民银行在征求中国银行业监督管理委员会同意后，自受理之日起 90 日内作出批准或者不予批准开业的决定。决定批准的，中国人民银行在征求中国银行业监督管理委员会同意后，颁发银行卡清算业务许可证。

申请人应当在取得银行卡清算业务许可证之日起 6 个月内，正式开办银行卡清算业务。

（三）银行卡清算机构设立分支机构、分立或者合并，变更名称、注册资本、单一持股比例超过 10% 的出资人、银行卡清算品牌，更换董事和高级管理人员，终止部分或者全部银行卡清算业务及解散的，应当向中国人民银行提出申请。中国人民银行在征求中国银行业监督管理委员会同意后，自受理之日起 90 日内作出批准或者不予批准的决定。

三、对银行卡清算机构的业务管理要求

（一）银行卡清算机构开展银行卡清算业务，应当使用其自有的或者出资

人所有的银行卡清算品牌。

（二）银行卡清算机构不得限制发卡机构和收单机构与其他银行卡清算机构开展合作。

（三）银行卡清算机构应当确保银行卡清算业务基础设施安全、高效和稳定，确保交易数据完整、真实；应当通过境内银行卡清算业务基础设施处理与境内发卡机构或者收单机构之间的业务，并在境内完成资金结算。

（四）银行卡清算机构应当对从银行卡清算业务中获取的信息予以保密，除法律法规另有规定外，未经当事人授权不得对外提供。在中国境内收集的有关个人金融信息的储存、处理和分析应当在中国境内进行，为处理银行卡跨境交易且经当事人授权的除外。

四、对外资银行卡清算机构的管理规定

（一）境外机构为中华人民共和国境内主体提供银行卡清算服务的，应当依法在中华人民共和国境内设立外商投资企业，并根据本决定规定的条件和程序取得银行卡清算业务许可证；仅为跨境交易提供外币的银行卡清算服务的，原则上无须在境内设立银行卡清算机构，但应当就业务开展情况向中国人民银行和中国银行业监督管理委员会报告，并遵循相关业务管理要求。

（二）外国投资者并购银行卡清算机构的，应当按照相关规定进行外资并购安全审查。

五、其他规定

本决定施行前已经在中华人民共和国境内从事银行卡清算业务的机构，应当自本决定施行之日起1年内，依照本决定的规定申请银行卡清算业务许可证或者向中国人民银行和中国银行业监督管理委员会报告业务开展情况。逾期未申请银行卡清算业务许可证的，不得继续从事银行卡清算业务，逾期未报告业务开展情况的，由中国人民银行责令限期改正。

本决定自2015年6月1日起施行。

中国人民银行公告〔2018〕第 7 号

（2018 年 3 月 19 日）

为推动形成支付服务市场全面开放新格局，经国务院批准，根据《中华人民共和国中国人民银行法》和《非金融机构支付服务管理办法》（中国人民银行令〔2010〕第 2 号发布），现将外商投资支付机构有关事宜公告如下：

一、境外机构拟为中华人民共和国境内主体的境内交易和跨境交易提供电子支付服务的，应当在中华人民共和国境内设立外商投资企业，根据《非金融机构支付服务管理办法》规定的条件和程序取得支付业务许可证。

二、外商投资支付机构应当在中华人民共和国境内拥有安全、规范、能够独立完成支付业务处理的业务系统和灾备系统。

三、外商投资支付机构在中华人民共和国境内收集和产生的个人信息和金融信息的存储、处理和分析应当在境内进行。为处理跨境业务必须向境外传输的，应当符合法律、行政法规和相关监管部门的规定，要求境外主体履行相应的信息保密义务，并经个人信息主体同意。

四、外商投资支付机构的公司治理、日常运营、风险管理、资金处理、备付金交存、应急安排等应当遵守中国人民银行关于非银行支付机构的监管要求。

第四章
P2P 网络借贷业务

个体网络借贷（P2P 网络借贷）是指个体和个体之间通过互联网平台实现的直接借贷，平台主要为借贷双方的直接借贷提供信息服务，不代替客户承诺保本保息，不发放贷款。P2P 网络借贷业务由银监会（现为银保监会）负责监管。

重点合规要求：

1. 在注册地地方金融监管部门备案登记。
2. 持有电信主管部门颁发的增值电信业务经营许可证。
3. 通过国家信息安全等级保护认证。
4. 指定唯一一家通过网贷资金存管业务测评的商业银行进行资金存管。
5. 按照监管要求进行信息披露。
6. 不得自融或变相自融，不得设立资金池，不得发放贷款（法律法规另有规定的除外）。
7. 不得将融资项目期限进行拆分。
8. 不得直接或变相向出借人提供担保或者承诺保本保息。
9. 不得自行或委托、授权第三方在互联网、固定电话、移动电话等电子渠道以外的物理场所进行宣传或推介融资项目。
10. 不得自行发售理财等金融产品募集资金，代销银行理财、券商资管、基金、保险或信托产品等金融产品。
11. 不得开展类资产证券化业务或实现以打包资产、证券化资产、信托资产、基金份额等形式的债权转让行为。
12. 除法律法规和网络借贷有关监管规定允许外，不得与其他机构投资、代理销售、经纪等业务进行任何形式的混合、捆绑、代理。
13. 不得虚构、夸大融资项目的真实性、收益前景，隐瞒融资项目的瑕疵及风险，以歧义性语言或其他欺骗性手段等进行虚假片面宣传或促销等，捏造、散布虚假信息或不完整信息损害他人商业信誉，误导出借人或借款人。

14. 不得向借款用途为投资股票、场外配资、期货合约、结构化产品及其他衍生品等高风险的融资提供信息中介服务。

15. 不得从事股权众筹等业务。

16. 严格遵守借款限额要求：同一自然人在同一平台的借款余额不超过 20 万元；同一法人或其他组织在同一平台的借款余额不超过 100 万元；同一自然人在不同平台借款总余额不超过 100 万元；同一法人或其他组织在不同平台借款总余额不超过人民币 500 万元。

17. 未经银行业监督管理部门批准设立的机构不得进入校园为大学生提供信贷服务。

网络借贷信息中介机构
业务活动管理暂行办法

（中国银行业监督管理委员会　中华人民共和国工业和信息化部　中华人民共和国公安部　国家互联网信息办公室令 2016 年第 1 号）

第一章　总　则

第一条　为规范网络借贷信息中介机构业务活动，保护出借人、借款人、网络借贷信息中介机构及相关当事人合法权益，促进网络借贷行业健康发展，更好满足中小微企业和个人投融资需求，根据《关于促进互联网金融健康发展的指导意见》提出的总体要求和监管原则，依据《中华人民共和国民法通则》《中华人民共和国公司法》《中华人民共和国合同法》等法律法规，制定本办法。

第二条　在中国境内从事网络借贷信息中介业务活动，适用本办法，法律法规另有规定的除外。

本办法所称网络借贷是指个体和个体之间通过互联网平台实现的直接借贷。个体包含自然人、法人及其他组织。网络借贷信息中介机构是指依法设立，专门从事网络借贷信息中介业务活动的金融信息中介公司。该类机构以互联网为主要渠道，为借款人与出借人（即贷款人）实现直接借贷提供信息搜集、信息公布、资信评估、信息交互、借贷撮合等服务。

本办法所称地方金融监管部门是指各省级人民政府承担地方金融监管职责的部门。

第三条　网络借贷信息中介机构按照依法、诚信、自愿、公平的原则为借款人和出借人提供信息服务，维护出借人与借款人合法权益，不得提供增信服务，不得直接或间接归集资金，不得非法集资，不得损害国家利益和社会公共利益。

借款人与出借人遵循借贷自愿、诚实守信、责任自负、风险自担的原则承担借贷风险。网络借贷信息中介机构承担客观、真实、全面、及时进行信息披露的责任，不承担借贷违约风险。

第四条 按照《关于促进互联网金融健康发展的指导意见》中"鼓励创新、防范风险、趋利避害、健康发展"的总体要求和"依法监管、适度监管、分类监管、协同监管、创新监管"的监管原则，落实各方管理责任。国务院银行业监督管理机构及其派出机构负责制定网络借贷信息中介机构业务活动监督管理制度，并实施行为监管。各省级人民政府负责本辖区网络借贷信息中介机构的机构监管。工业和信息化部负责对网络借贷信息中介机构业务活动涉及的电信业务进行监管。公安部牵头负责对网络借贷信息中介机构的互联网服务进行安全监管，依法查处违反网络安全监管的违法违规活动，打击网络借贷涉及的金融犯罪及相关犯罪。国家互联网信息办公室负责对金融信息服务、互联网信息内容等业务进行监管。

第二章 备案管理

第五条 拟开展网络借贷信息中介服务的网络借贷信息中介机构及其分支机构，应当在领取营业执照后，于10个工作日以内携带有关材料向工商登记注册地地方金融监管部门备案登记。

地方金融监管部门负责为网络借贷信息中介机构办理备案登记。地方金融监管部门应当在网络借贷信息中介机构提交的备案登记材料齐备时予以受理，并在各省（区、市）规定的时限内完成备案登记手续。备案登记不构成对网络借贷信息中介机构经营能力、合规程度、资信状况的认可和评价。

地方金融监管部门有权根据本办法和相关监管规则对备案登记后的网络借贷信息中介机构进行评估分类，并及时将备案登记信息及分类结果在官方网站上公示。

网络借贷信息中介机构完成地方金融监管部门备案登记后，应当按照通信主管部门的相关规定申请相应的电信业务经营许可；未按规定申请电信业务经营许可的，不得开展网络借贷信息中介业务。

网络借贷信息中介机构备案登记、评估分类等具体细则另行制定。

第六条 开展网络借贷信息中介业务的机构，应当在经营范围中实质明确网络借贷信息中介，法律、行政法规另有规定的除外。

第七条 网络借贷信息中介机构备案登记事项发生变更的，应当在5个工作日以内向工商登记注册地地方金融监管部门报告并进行备案信息变更。

第八条 经备案的网络借贷信息中介机构拟终止网络借贷信息中介服务的，应当在终止业务前提前至少10个工作日，书面告知工商登记注册地地方金融监管部门，并办理备案注销。

经备案登记的网络借贷信息中介机构依法解散或者依法宣告破产的，除依法进行清算外，由工商登记注册地地方金融监管部门注销其备案。

第三章 业务规则与风险管理

第九条 网络借贷信息中介机构应当履行下列义务：

（一）依据法律法规及合同约定为出借人与借款人提供直接借贷信息的采集整理、甄别筛选、网上发布，以及资信评估、借贷撮合、融资咨询、在线争议解决等相关服务；

（二）对出借人与借款人的资格条件、信息的真实性、融资项目的真实性、合法性进行必要审核；

（三）采取措施防范欺诈行为，发现欺诈行为或其他损害出借人利益的情形，及时公告并终止相关网络借贷活动；

（四）持续开展网络借贷知识普及和风险教育活动，加强信息披露工作，引导出借人以小额分散的方式参与网络借贷，确保出借人充分知悉借贷风险；

（五）按照法律法规和网络借贷有关监管规定要求报送相关信息，其中网络借贷有关债权债务信息要及时向有关数据统计部门报送并登记；

（六）妥善保管出借人与借款人的资料和交易信息，不得删除、篡改，不得非法买卖、泄露出借人与借款人的基本信息和交易信息；

（七）依法履行客户身份识别、可疑交易报告、客户身份资料和交易记录保存等反洗钱和反恐怖融资义务；

（八）配合相关部门做好防范查处金融违法犯罪相关工作；

（九）按照相关要求做好互联网信息内容管理、网络与信息安全相关工作；

（十）国务院银行业监督管理机构、工商登记注册地省级人民政府规定的其他义务。

第十条 网络借贷信息中介机构不得从事或者接受委托从事下列活动：

（一）为自身或变相为自身融资；

（二）直接或间接接受、归集出借人的资金；

（三）直接或变相向出借人提供担保或者承诺保本保息；

（四）自行或委托、授权第三方在互联网、固定电话、移动电话等电子渠道以外的物理场所进行宣传或推介融资项目；

（五）发放贷款，但法律法规另有规定的除外；

（六）将融资项目的期限进行拆分；

（七）自行发售理财等金融产品募集资金，代销银行理财、券商资管、基金、保险或信托产品等金融产品；

（八）开展类资产证券化业务或实现以打包资产、证券化资产、信托资产、基金份额等形式的债权转让行为；

（九）除法律法规和网络借贷有关监管规定允许外，与其他机构投资、代理销售、经纪等业务进行任何形式的混合、捆绑、代理；

（十）虚构、夸大融资项目的真实性、收益前景，隐瞒融资项目的瑕疵及风险，以歧义性语言或其他欺骗性手段等进行虚假片面宣传或促销等，捏造、散布虚假信息或不完整信息损害他人商业信誉，误导出借人或借款人；

（十一）向借款用途为投资股票、场外配资、期货合约、结构化产品及其他衍生品等高风险的融资提供信息中介服务；

（十二）从事股权众筹等业务；

（十三）法律法规、网络借贷有关监管规定禁止的其他活动。

第十一条 参与网络借贷的出借人与借款人应当为网络借贷信息中介机构核实的实名注册用户。

第十二条 借款人应当履行下列义务：

（一）提供真实、准确、完整的用户信息及融资信息；

（二）提供在所有网络借贷信息中介机构未偿还借款信息；

（三）保证融资项目真实、合法，并按照约定用途使用借贷资金，不得用于出借等其他目的；

（四）按照约定向出借人如实报告影响或可能影响出借人权益的重大信息；

（五）确保自身具有与借款金额相匹配的还款能力并按照合同约定还款；

（六）借贷合同及有关协议约定的其他义务。

第十三条 借款人不得从事下列行为：

（一）通过故意变换身份、虚构融资项目、夸大融资项目收益前景等形式的欺诈借款；

（二）同时通过多个网络借贷信息中介机构，或者通过变换项目名称、对项目内容进行非实质性变更等方式，就同一融资项目进行重复融资；

（三）在网络借贷信息中介机构以外的公开场所发布同一融资项目的

信息；

（四）已发现网络借贷信息中介机构提供的服务中含有本办法第十条所列内容，仍进行交易；

（五）法律法规和网络借贷有关监管规定禁止从事的其他活动。

第十四条　参与网络借贷的出借人，应当具备投资风险意识、风险识别能力、拥有非保本类金融产品投资的经历并熟悉互联网。

第十五条　参与网络借贷的出借人应当履行下列义务：

（一）向网络借贷信息中介机构提供真实、准确、完整的身份等信息；

（二）出借资金为来源合法的自有资金；

（三）了解融资项目信贷风险，确认具有相应的风险认知和承受能力；

（四）自行承担借贷产生的本息损失；

（五）借贷合同及有关协议约定的其他义务。

第十六条　网络借贷信息中介机构在互联网、固定电话、移动电话等电子渠道以外的物理场所只能进行信用信息采集、核实、贷后跟踪、抵质押管理等风险管理及网络借贷有关监管规定明确的部分必要经营环节。

第十七条　网络借贷金额应当以小额为主。网络借贷信息中介机构应当根据本机构风险管理能力，控制同一借款人在同一网络借贷信息中介机构平台及不同网络借贷信息中介机构平台的借款余额上限，防范信贷集中风险。

同一自然人在同一网络借贷信息中介机构平台的借款余额上限不超过人民币 20 万元；同一法人或其他组织在同一网络借贷信息中介机构平台的借款余额上限不超过人民币 100 万元；同一自然人在不同网络借贷信息中介机构平台借款总余额不超过人民币 100 万元；同一法人或其他组织在不同网络借贷信息中介机构平台借款总余额不超过人民币 500 万元。

第十八条　网络借贷信息中介机构应当按照国家网络安全相关规定和国家信息安全等级保护制度的要求，开展信息系统定级备案和等级测试，具有完善的防火墙、入侵检测、数据加密以及灾难恢复等网络安全设施和管理制度，建立信息科技管理、科技风险管理和科技审计有关制度，配置充足的资源，采取完善的管理控制措施和技术手段保障信息系统安全稳健运行，保护出借人与借款人的信息安全。

网络借贷信息中介机构应当记录并留存借贷双方上网日志信息，信息交互内容等数据，留存期限为自借贷合同到期起 5 年；每两年至少开展一次全面的安全评估，接受国家或行业主管部门的信息安全检查和审计。

网络借贷信息中介机构成立两年以内，应当建立或使用与其业务规模相匹配的应用级灾备系统设施。

第十九条　网络借贷信息中介机构应当为单一融资项目设置募集期，最长不超过 20 个工作日。

第二十条　借款人支付的本金和利息应当归出借人所有。网络借贷信息中介机构应当与出借人、借款人另行约定费用标准和支付方式。

第二十一条　网络借贷信息中介机构应当加强与金融信用信息基础数据库运行机构、征信机构等的业务合作，依法提供、查询和使用有关金融信用信息。

第二十二条　各方参与网络借贷信息中介机构业务活动，需要对出借人与借款人的基本信息和交易信息等使用电子签名、电子认证时，应当遵守法律法规的规定，保障数据的真实性、完整性及电子签名、电子认证的法律效力。

网络借贷信息中介机构使用第三方数字认证系统，应当对第三方数字认证机构进行定期评估，保证有关认证安全可靠并具有独立性。

第二十三条　网络借贷信息中介机构应当采取适当的方法和技术，记录并妥善保存网络借贷业务活动数据和资料，做好数据备份。保存期限应当符合法律法规及网络借贷有关监管规定的要求。借贷合同到期后应当至少保存 5 年。

第二十四条　网络借贷信息中介机构暂停、终止业务时应当至少提前 10 个工作日通过官方网站等有效渠道向出借人与借款人公告，并通过移动电话、固定电话等渠道通知出借人与借款人。网络借贷信息中介机构业务暂停或者终止，不影响已经签订的借贷合同当事人有关权利义务。

网络借贷信息中介机构因解散或宣告破产而终止的，应当在解散或破产前，妥善处理已撮合存续的借贷业务，清算事宜按照有关法律法规的规定办理。

网络借贷信息中介机构清算时，出借人与借款人的资金分别属于出借人与借款人，不属于网络借贷信息中介机构的财产，不列入清算财产。

第四章　出借人与借款人保护

第二十五条　未经出借人授权，网络借贷信息中介机构不得以任何形式代出借人行使决策。

第二十六条　网络借贷信息中介机构应当向出借人以醒目方式提示网络借贷风险和禁止性行为，并经出借人确认。

网络借贷信息中介机构应当对出借人的年龄、财务状况、投资经验、风险偏好、风险承受能力等进行尽职评估，不得向未进行风险评估的出借人提供交易服务。

网络借贷信息中介机构应当根据风险评估结果对出借人实行分级管理，设置可动态调整的出借限额和出借标的限制。

第二十七条 网络借贷信息中介机构应当加强出借人与借款人信息管理，确保出借人与借款人信息采集、处理及使用的合法性和安全性。

网络借贷信息中介机构及其资金存管机构、其他各类外包服务机构等应当为业务开展过程中收集的出借人与借款人信息保密，未经出借人与借款人同意，不得将出借人与借款人提供的信息用于所提供服务之外的目的。

在中国境内收集的出借人与借款人信息的储存、处理和分析应当在中国境内进行。除法律法规另有规定外，网络借贷信息中介机构不得向境外提供境内出借人和借款人信息。

第二十八条 网络借贷信息中介机构应当实行自身资金与出借人和借款人资金的隔离管理，并选择符合条件的银行业金融机构作为出借人与借款人的资金存管机构。

第二十九条 出借人与网络借贷信息中介机构之间、出借人与借款人之间、借款人与网络借贷信息中介机构之间等纠纷，可以通过以下途径解决：

（一）自行和解；

（二）请求行业自律组织调解；

（三）向仲裁部门申请仲裁；

（四）向人民法院提起诉讼。

第五章　信息披露

第三十条 网络借贷信息中介机构应当在其官方网站上向出借人充分披露借款人基本信息、融资项目基本信息、风险评估及可能产生的风险结果、已撮合未到期融资项目资金运用情况等有关信息。

披露内容应符合法律法规关于国家秘密、商业秘密、个人隐私的有关规定。

第三十一条 网络借贷信息中介机构应当及时在其官方网站显著位置披露本机构所撮合借贷项目等经营管理信息。

网络借贷信息中介机构应当在其官方网站上建立业务活动经营管理信息披

露专栏，定期以公告形式向公众披露年度报告、法律法规、网络借贷有关监管规定。

网络借贷信息中介机构应当聘请会计师事务所定期对本机构出借人与借款人资金存管、信息披露情况、信息科技基础设施安全、经营合规性等重点环节实施审计，并且应当聘请有资质的信息安全测评认证机构定期对信息安全实施测评认证，向出借人与借款人等披露审计和测评认证结果。

网络借贷信息中介机构应当引入律师事务所、信息系统安全评价等第三方机构，对网络信息中介机构合规和信息系统稳健情况进行评估。

网络借贷信息中介机构应当将定期信息披露公告文稿和相关备查文件报送工商登记注册地地方金融监管部门，并置备于机构住所供社会公众查阅。

第三十二条 网络借贷信息中介机构的董事、监事、高级管理人员应当忠实、勤勉地履行职责，保证披露的信息真实、准确、完整、及时、公平，不得有虚假记载、误导性陈述或者重大遗漏。

借款人应当配合网络借贷信息中介机构及出借人对融资项目有关信息的调查核实，保证提供的信息真实、准确、完整。

网络借贷信息披露具体细则另行制定。

第六章 监督管理

第三十三条 国务院银行业监督管理机构及其派出机构负责制定统一的规范发展政策措施和监督管理制度，负责网络借贷信息中介机构的日常行为监管，指导和配合地方人民政府做好网络借贷信息中介机构的机构监管和风险处置工作，建立跨部门跨地区监管协调机制。

各地方金融监管部门具体负责本辖区网络借贷信息中介机构的机构监管，包括对本辖区网络借贷信息中介机构的规范引导、备案管理和风险防范、处置工作。

第三十四条 中国互联网金融协会从事网络借贷行业自律管理，并履行下列职责：

（一）制定自律规则、经营细则和行业标准并组织实施，教育会员遵守法律法规和网络借贷有关监管规定；

（二）依法维护会员的合法权益，协调会员关系，组织相关培训，向会员提供行业信息、法律咨询等服务，调解纠纷；

（三）受理有关投诉和举报，开展自律检查；

（四）成立网络借贷专业委员会；

（五）法律法规和网络借贷有关监管规定赋予的其他职责。

第三十五条 借款人、出借人、网络借贷信息中介机构、资金存管机构、担保人等应当签订资金存管协议，明确各自权利义务和违约责任。

资金存管机构对出借人与借款人开立和使用资金账户进行管理和监督，并根据合同约定，对出借人与借款人的资金进行存管、划付、核算和监督。

资金存管机构承担实名开户和履行合同约定及借贷交易指令表面一致性的形式审核责任，但不承担融资项目及借贷交易信息真实性的实质审核责任。

资金存管机构应当按照网络借贷有关监管规定报送数据信息并依法接受相关监督管理。

第三十六条 网络借贷信息中介机构应当在下列重大事件发生后，立即采取应急措施并向工商登记注册地地方金融监管部门报告：

（一）因经营不善等原因出现重大经营风险；

（二）网络借贷信息中介机构或其董事、监事、高级管理人员发生重大违法违规行为；

（三）因商业欺诈行为被起诉，包括违规担保、夸大宣传、虚构隐瞒事实、发布虚假信息、签订虚假合同、错误处置资金等行为。

地方金融监管部门应当建立网络借贷行业重大事件的发现、报告和处置制度，制定处置预案，及时、有效地协调处置有关重大事件。

地方金融监管部门应当及时将本辖区网络借贷信息中介机构重大风险及处置情况信息报送省级人民政府、国务院银行业监督管理机构和中国人民银行。

第三十七条 除本办法第七条规定的事项外，网络借贷信息中介机构发生下列情形的，应当在5个工作日以内向工商登记注册地地方金融监管部门报告：

（一）因违规经营行为被查处或被起诉；

（二）董事、监事、高级管理人员违反境内外相关法律法规行为；

（三）国务院银行业监督管理机构、地方金融监管部门等要求的其他情形。

第三十八条 网络借贷信息中介机构应当聘请会计师事务所进行年度审计，并在上一会计年度结束之日起4个月内向工商登记注册地地方金融监管部门报送年度审计报告。

第七章 法律责任

第三十九条 地方金融监管部门存在未依照本办法规定报告重大风险和处置情况、未依照本办法规定向国务院银行业监督管理机构提供行业统计或行业报告等违反法律法规及本办法规定情形的,应当对有关责任人依法给予行政处分;构成犯罪的,依法追究刑事责任。

第四十条 网络借贷信息中介机构违反法律法规和网络借贷有关监管规定,有关法律法规有处罚规定的,依照其规定给予处罚;有关法律法规未作处罚规定的,工商登记注册地地方金融监管部门可以采取监管谈话、出具警示函、责令改正、通报批评、将其违法违规和不履行公开承诺等情况记入诚信档案并公布等监管措施,以及给予警告、人民币3万元以下罚款和依法可以采取的其他处罚措施;构成犯罪的,依法追究刑事责任。

网络借贷信息中介机构违反法律规定从事非法集资活动或欺诈的,按照相关法律法规和工作机制处理;构成犯罪的,依法追究刑事责任。

第四十一条 网络借贷信息中介机构的出借人及借款人违反法律法规和网络借贷有关监管规定,依照有关规定给予处罚;构成犯罪的,依法追究刑事责任。

第八章 附 则

第四十二条 银行业金融机构及国务院银行业监督管理机构批准设立的其他金融机构和省级人民政府批准设立的融资担保公司、小额贷款公司等投资设立具有独立法人资格的网络借贷信息中介机构,设立办法另行制定。

第四十三条 中国互联网金融协会网络借贷专业委员会按照《关于促进互联网金融健康发展的指导意见》和协会章程开展自律并接受相关监管部门指导。

第四十四条 本办法实施前设立的网络借贷信息中介机构不符合本办法规定的,除违法犯罪行为按照本办法第四十条处理外,由地方金融监管部门要求其整改,整改期不超过12个月。

第四十五条 省级人民政府可以根据本办法制定实施细则,并报国务院银行业监督管理机构备案。

第四十六条 本办法解释权归国务院银行业监督管理机构、工业和信息化部、公安部、国家互联网信息办公室。

第四十七条 本办法所称不超过、以下、以内,包括本数。

网络借贷信息中介机构备案登记管理指引

(银监办发〔2016〕160号)

第一章 总 则

第一条 为建立健全网络借贷信息中介机构备案登记管理制度,加强网络借贷信息中介机构事中事后监管,完善网络借贷信息中介机构基本统计信息,根据《网络借贷信息中介机构业务活动管理暂行办法》等规定,制定本指引。

第二条 本指引所称网络借贷信息中介机构是指在中华人民共和国境内依法设立,专门从事网络借贷信息中介业务活动的金融信息中介公司。

本指引所称备案登记是指地方金融监管部门依申请对管辖内网络借贷信息中介机构的基本信息进行登记、公示并建立相关机构档案的行为。备案登记不构成对机构经营能力、合规程度、资信状况的认可和评价。

第三条 新设立的网络借贷信息中介机构在依法完成工商登记注册、领取企业法人营业执照后,应当于10个工作日内向工商登记注册地地方金融监管部门申请备案登记。网络借贷信息中介机构设立的分支机构无须办理备案登记。

本指引发布前,已经设立并开展经营的网络借贷信息中介机构,应当依据P2P网络借贷风险专项整治工作有关安排,在各地完成分类处置后再行申请备案登记。

第四条 地方金融监管部门应当结合监管工作实际,按照依法、准确、公开、高效的原则为本辖区内网络借贷信息中介机构办理备案登记。

第二章 新设机构备案登记申请

第五条 新设立的网络借贷信息中介机构备案登记包括下列程序:

(一)网络借贷信息中介机构办理工商登记注册并领取企业法人营业执照,并在经营范围中明确网络借贷信息中介机构等相关内容;

(二)网络借贷信息中介机构向工商登记注册地地金融监管部门提出备案登记申请;

（三）地方金融监管部门应当在文件资料齐备、形式合规的情况下，办理备案登记，并向申请备案登记的网络借贷信息中介机构出具备案登记证明文件；

备案登记证明文件由地方金融监管部门自行设计、印制，其中应当包括网络借贷信息中介机构的基本信息、地方金融监管部门公章等要素。

第六条 新设立的网络借贷信息中介机构申请办理备案登记时应当向金融监管部门提供以下资料：

（一）网络借贷信息中介机构的基本信息，包括名称、住所地、组织形式等；

（二）股东或出资人名册及其出资额、股权结构；

（三）经营发展战略和规划；

（四）合规经营承诺；

（五）企业法人营业执照正副本复印件；

（六）法定代表人及董事、监事、高级管理人员基本信息资料；

（七）分支机构名册及其所在地；

（八）网络借贷信息中介机构官方网站网址及相关 APP 名称；

（九）地方金融监管部门要求提交的其他文件、资料。

第七条 新设立的网络借贷信息中介机构申请备案时应当以书面形式提交合规经营承诺书，对下列事项进行承诺：

（一）在经营期间严格遵守《网络借贷信息中介机构业务活动管理暂行办法》有关规定，依法合规经营；

（二）依法配合地方金融监管部门、银监局的监管工作；

（三）确保及时向地方金融监管部门、银监局报送真实、准确的相关数据、资料。

第八条 地方金融监管部门应当在收到新设立的网络借贷信息中介机构提交的备案材料后，采取多方数据对比、网上核验、实地认证、现场勘查、高管约谈等方式对备案材料进行审核，要求网络借贷信息中介机构法定代表人或经法定代表人授权的高级管理人员对核实后的备案信息进行签字确认。

第九条 新设立的网络借贷信息中介机构办理备案登记的具体时限由地方金融监管部门根据本辖区情况具体规定，但不得超过 40 个工作日。

第三章 已存续机构备案登记管理特别规定

第十条 在本指引发布前,已经设立并开展经营的网络借贷信息中介机构申请备案登记的,地方金融监管部门应当依据P2P网络借贷风险专项整治中分类处置有关工作安排,对合规类机构的备案登记申请予以受理,对整改类机构,在其完成整改并经有关部门认定后受理其备案登记申请。

已经设立并开展经营的网络借贷信息中介机构在申请备案登记前,应当到工商登记部门修改经营范围,明确网络借贷信息中介等相关内容。

第十一条 在本指引发布前,已经设立并开展经营的网络借贷信息中介机构在申请备案登记时,除需要提交本指引第六条所列备案登记材料外,还应当提交机构经营总体情况、产品信息以及违法违规整改情况说明等。补充材料的具体内容可以由地方金融监管部门根据本辖区情况另行明确。

第十二条 在本指引发布前,已经设立并开展经营的网络借贷信息中介机构办理备案登记的具体时限,由地方金融监管部门根据本辖区情况具体规定,但不得超过50个工作日。

第四章 备案登记后管理

第十三条 网络借贷信息中介机构在完成备案登记后,应当根据《网络借贷信息中介机构业务活动管理暂行办法》有关规定,持地方金融监管部门出具的备案登记证明,按照通信主管部门的相关规定申请增值电信业务经营许可,并将许可结果在通信主管部门办理完成后5个工作日内反馈工商登记注册地地方金融监管部门。

第十四条 网络借贷信息中介机构在完成备案登记后,应当持地方金融监管部门出具的备案登记证明,与银行业金融机构签订资金存管协议,并将资金存管协议的复印件在该协议签订后5个工作日内反馈工商登记注册地地方金融监管部门。

第十五条 地方金融监管部门应当及时将完成备案登记的网络借贷信息中介机构的基本信息在地方金融监管部门的网站上进行公示,公示信息应当包含网络借贷信息中介机构的基本信息、增值电信业务经营许可信息及银行业金融机构存管信息等。

地方金融监管部门应当将本辖区备案登记的网络借贷信息中介机构设立分支机构情况于备案登记完成后5个工作日内告知分支机构所在地地方金融监管

部门。

第十六条 地方金融监管部门在完成备案登记后，应当根据相关备案登记信息，建立本辖区网络借贷信息中介机构档案，并将档案信息与本辖区银监局进行共享，为后续日常管理提供依据。

第十七条 网络借贷信息中介机构名称、住所地、组织形式、注册资本、高级管理人员、合作的资金存管银行业金融机构等基本信息发生变更的，以及出现合并、重组、股权重大变更、增值电信业务经营许可变更等情况的，应当在变更之日起 5 个工作日内向工商登记注册地地方金融监管部门申请备案变更。地方金融监管部门应当在 15 个工作日内完成变更信息的工商登记注册核实并进行公示。

第十八条 网络借贷信息中介机构拟终止网络借贷信息中介服务的，应当在终止业务前至少 10 个工作日，书面告知工商登记注册地地方金融监管部门，同时提供存续贷业务处置及资金清算完成情况等相关资料，并办理备案注销。

经备案的网络借贷信息中介机构依法解散或者依法宣告破产的，除依法进行清算外，由工商登记注册地地方金融监管部门注销其备案。

第五章　附　则

第十九条 各银监局应当在职责范围内，发挥自身专业优势，配合所在地地方金融监管部门做好网络借贷信息中介机构备案登记工作。

第二十条 本指引第九条、第十二条、第十五条对地方金融监管部门具体行政行为的时限要求，均自其受理相关备案登记申请之日起计算，网络借贷信息中介机构按要求补正有关备案登记材料的时间不计算在内。

网络借贷信息中介机构按要求补正有关备案登记材料的具体时限由地方金融监管部门自行确定，但不得超过 15 个工作日。

第二十一条 地方金融监管部门可以根据本辖区实际情况，依据《网络借贷信息中介机构业务活动管理暂行办法》及本指引制定网络借贷信息中介机构备案登记的实施细则。

第二十二条 本指引由国务院银行业监督管理机构会同工业和信息化部、国家工商总局负责解释。

第二十三条 本指引自发布之日起施行。

网络借贷资金存管业务指引

(银监办发〔2017〕21号)

第一章 总 则

第一条 为规范网络借贷资金存管业务活动,促进网络借贷行业健康发展,根据《中华人民共和国合同法》《中华人民共和国商业银行法》和《关于促进互联网金融健康发展的指导意见》《网络借贷信息中介机构业务活动管理暂行办法》及其他有关法律法规,制定本指引。

第二条 本指引所称网络借贷资金存管业务,是指商业银行作为存管人接受委托人的委托,按照法律法规规定和合同约定,履行网络借贷资金存管专用账户的开立与销户、资金保管、资金清算、账务核对、提供信息报告等职责的业务。存管人开展网络借贷资金存管业务,不对网络借贷交易行为提供保证或担保,不承担借贷违约责任。

第三条 本指引所称网络借贷资金,是指网络借贷信息中介机构作为委托人,委托存管人保管的,由借款人、出借人和担保人等进行投融资活动形成的专项借贷资金及相关资金。

第四条 本指引所称委托人,即网络借贷信息中介机构,是指依法设立,专门从事网络借贷信息中介业务活动的金融信息中介公司。

第五条 本指引所称存管人,是指为网络借贷业务提供资金存管服务的商业银行。

第六条 本指引所称网络借贷资金存管专用账户,是指委托人在存管人处开立的资金存管汇总账户,包括为出借人、借款人及担保人等在资金存管汇总账户下所开立的子账户。

第七条 网络借贷业务有关当事机构开展网络借贷资金存管业务应当遵循"诚实履约、勤勉尽责、平等自愿、有偿服务"的原则。

第二章 委托人

第八条 网络借贷信息中介机构作为委托人,委托存管人开展网络借贷资金存管业务应符合《网络借贷信息中介机构业务活动管理暂行办法》及《网络借贷信息中介机构备案登记管理指引》的有关规定，包括但不限于在工商管理部门完成注册登记并领取营业执照、在工商登记注册地地方金融监管部门完成备案登记、按照通信主管部门的相关规定申请获得相应的增值电信业务经营许可等。

第九条 在网络借贷资金存管业务中，委托人应履行以下职责：

（一）负责网络借贷平台技术系统的持续开发及安全运营；

（二）组织实施网络借贷信息中介机构信息披露工作，包括但不限于委托人基本信息、借贷项目信息、借款人基本信息及经营情况、各参与方信息等应向存管人充分披露的信息；

（三）每日与存管人进行账务核对，确保系统数据的准确性；

（四）妥善保管网络借贷资金存管业务活动的记录、账册、报表等相关资料，相关纸质或电子介质信息应当自借贷合同到期后保存5年以上；

（五）组织对客户资金存管账户的独立审计并向客户公开审计结果；

（六）履行并配合存管人履行反洗钱义务；

（七）法律、行政法规、规章及其他规范性文件和网络借贷资金存管合同（以下简称存管合同）约定的其他职责。

第三章 存管人

第十条 在中华人民共和国境内依法设立并取得企业法人资格的商业银行，作为存管人开展网络借贷资金存管业务应符合以下要求：

（一）明确负责网络借贷资金存管业务管理与运营的一级部门，部门设置能够保障存管业务运营的完整与独立；

（二）具有自主管理、自主运营且安全高效的网络借贷资金存管业务技术系统；

（三）具有完善的内部业务管理、运营操作、风险监控的相关制度；

（四）具备在全国范围内为客户提供资金支付结算服务的能力；

（五）具有良好的信用记录，未被列入企业经营异常名录和严重违法失信企业名单；

（六）国务院银行业监督管理机构要求的其他条件。

第十一条 存管人的网络借贷资金存管业务技术系统应当满足以下条件：

（一）具备完善规范的资金存管清算和明细记录的账务体系，能够根据资金性质和用途为委托人、委托人的客户（包括出借人、借款人及担保人等）进行明细登记，实现有效的资金管理和登记；

（二）具备完整的业务管理和交易校验功能，存管人应在充值、提现、缴费等资金清算环节设置交易密码或其他有效的指令验证方式，通过履行表面一致性的形式审核义务对客户资金及业务授权指令的真实性进行认证，防止委托人非法挪用客户资金；

（三）具备对接网络借贷信息中介机构系统的数据接口，能够完整记录网络借贷客户信息、交易信息及其他关键信息，并具备提供账户资金信息查询的功能；

（四）系统具备安全高效稳定运行的能力，能够支撑对应业务量下的借款人和出借人各类峰值操作；

（五）国务院银行业监督管理机构要求的其他条件。

第十二条 在网络借贷资金存管业务中，存管人应履行以下职责：

（一）存管人对申请接入的网络借贷信息中介机构，应设置相应的业务审查标准，为委托人提供资金存管服务；

（二）为委托人开立网络借贷资金存管专用账户和自有资金账户，为出借人、借款人和担保人等在网络借贷资金存管专用账户下分别开立子账户，确保客户网络借贷资金和网络借贷信息中介机构自有资金分账管理，安全保管客户交易结算资金；

（三）根据法律法规规定和存管合同约定，按照出借人与借款人发出的指令或业务授权指令，办理网络借贷资金的清算支付；

（四）记录资金在各交易方、各类账户之间的资金流转情况；

（五）每日根据委托人提供的交易数据进行账务核对；

（六）根据法律法规规定和存管合同约定，定期提供网络借贷资金存管报告；

（七）妥善保管网络借贷资金存管业务相关的交易数据、账户信息、资金流水、存管报告等包括纸质或电子介质在内的相关数据信息和业务档案，相关资料应当自借贷合同到期后保存5年以上；

（八）存管人应对网络借贷资金存管专用账户内的资金履行安全保管责任，不应外包或委托其他机构代理进行资金账户开立、交易信息处理、交易密码验证等操作；

（九）存管人应当加强出借人与借款人信息管理，确保出借人与借款人信息采集、处理及使用的合法性和安全性；

（十）法律、行政法规、规章及其他规范性文件和存管合同约定的其他职责。

第四章　业务规范

第十三条　存管人与委托人根据网络借贷交易模式约定资金运作流程，即资金在不同交易模式下的汇划方式和要求，包括但不限于不同模式下的发标、投标、流标、撤标、项目结束等环节。

第十四条　委托人开展网络借贷资金存管业务，应指定唯一一家存管人作为资金存管机构。

第十五条　存管合同至少应包括以下内容：

（一）当事人的基本信息；

（二）当事人的权利和义务；

（三）网络借贷资金存管专用账户的开立和管理；

（四）网络借贷信息中介机构客户开户、充值、投资、缴费、提现及还款等环节资金清算及信息交互的约定；

（五）网络借贷资金划拨的条件和方式；

（六）网络借贷资金使用情况监督和信息披露；

（七）存管服务费及费用支付方式；

（八）存管合同期限和终止条件；

（九）风险提示；

（十）反洗钱职责；

（十一）违约责任和争议解决方式；

（十二）其他约定事项。

第十六条　委托人和存管人应共同制定供双方业务系统遵守的接口规范，并在上线前组织系统联网和灾备应急测试，及时安排系统优化升级，确保数据传输安全、顺畅。

第十七条　资金对账工作由委托人和存管人双方共同完成，每日日终交易结束后，存管人根据委托人发送的日终清算数据，进行账务核对，对资金明细流水、资金余额数据进行分分资金对账、总分资金对账，确保双方账务一致。

第十八条　存管人应按照存管合同的约定，定期向委托人和合同约定的对象提供资金存管报告，披露网络借贷信息中介机构客户交易结算资金的保管及使用情况，报告内容应至少包括以下信息：委托人的交易规模、借贷余额、存管余额、借款人及出借人数量等。

第十九条 委托人暂停、终止业务时应制定完善的业务清算处置方案，并至少提前 30 个工作日通知地方金融监管部门及存管人，存管人应配合地方金融监管部门、委托人或清算处置小组等相关方完成网络借贷资金存管专用账户资金的清算处置工作，相关清算处置事宜按照有关规定及与委托人的合同约定办理。

第二十条 委托人需向存管人提供真实准确的交易信息数据及有关法律文件，包括并不限于网络借贷信息中介机构当事人信息、交易指令、借贷信息、收费服务信息、借贷合同等。存管人不承担借款项目及借贷交易信息真实性的审核责任，不对网络借贷信息数据的真实性、准确性和完整性负责，因委托人故意欺诈、伪造数据或数据发生错误导致的业务风险和损失，由委托人承担相应责任。

第二十一条 在网络借贷资金存管业务中，除必要的披露及监管要求外，委托人不得用"存管人"做营销宣传。

第二十二条 商业银行担任网络借贷资金的存管人，不应被视为对网络借贷交易以及其他相关行为提供保证或其他形式的担保。存管人不对网络借贷资金本金及收益予以保证或承诺，不承担资金运用风险，出借人须自行承担网络借贷投资责任和风险。

第二十三条 存管人应根据存管金额、期限、服务内容等因素，与委托人平等协商确定存管服务费，不得以开展存管业务为由开展捆绑销售及变相收取不合理费用。

第五章 附　则

第二十四条 网络借贷信息中介机构与商业银行开展网络借贷资金存管业务，应当依据《网络借贷信息中介机构业务活动管理暂行办法》及本指引，接受国务院银行业监督管理机构的监督管理。其他机构违法违规从事网络借贷资金存管业务的，由国务院银行业监督管理机构建立监管信息共享协调机制，对其进行业务定性，按照监管职责分工移交相应的监管部门，由监管部门依照相关规定进行查处；涉嫌犯罪的，依法移交公安机关处理。

第二十五条 中国银行业协会依据本指引及其他有关法律法规、自律规则，对商业银行开展网络借贷资金存管业务进行自律管理。

第二十六条 中国互联网金融协会依据本指引及其他有关法律法规、自律规则，对网络借贷信息中介机构开展网络借贷资金存管业务进行自律管理。

第二十七条 对于已经开展了网络借贷资金存管业务的委托人和存管人，在业务过程中存在不符合本指引要求情形的，应在本指引公布后进行整改，整改期自本指引公布之日起不超过 6 个月。逾期未整改的，按照《网络借贷信息中介机构业务活动管理暂行办法》及《网络借贷信息中介机构备案登记管理指引》的有关规定执行。

第二十八条 本指引解释权归国务院银行业监督管理机构。

第二十九条 本指引自公布之日起施行。

网络借贷信息中介机构业务活动信息披露指引

（银监办发〔2017〕113号）

第一章 总 则

第一条 为规范网络借贷信息中介机构业务活动信息披露行为，维护参与网络借贷信息中介机构业务活动主体的合法权益，建立客观、公平、透明的网络借贷信息中介业务活动环境，促进网络借贷行业健康发展，依据《中华人民共和国民法通则》《关于促进互联网金融健康发展的指导意见》《网络借贷信息中介机构业务活动管理暂行办法》等法律法规，制定本指引。

第二条 本指引所称信息披露，是指网络借贷信息中介机构及其分支机构通过其官方网站及其他互联网渠道向社会公众公示网络借贷信息中介机构基本信息、运营信息、项目信息、重大风险信息、消费者咨询投诉渠道信息等相关信息的行为。

第三条 网络借贷信息中介机构应当在其官方网站及提供网络借贷信息中介服务的网络渠道显著位置设置信息披露专栏，展示信息披露内容。披露用语应当准确、精练、严谨、通俗易懂。

第四条 其他互联网渠道包括网络借贷信息中介机构手机应用软件、微信公众号、微博等社交媒体渠道及网络借贷信息中介机构授权开展信息披露的其他互联网平台。各渠道间披露信息内容应当保持一致。

第五条 信息披露应当遵循"真实、准确、完整、及时"原则，不得有虚假记载、误导性陈述、重大遗漏或拖延披露。

第六条 信息披露内容应当符合法律法规关于国家秘密、商业秘密、个人隐私的有关规定。

第二章 信息披露内容

第七条 网络借贷信息中介机构应当向公众披露如下信息：
（一）网络借贷信息中介机构备案信息
1. 网络借贷信息中介机构在地方金融监管部门的备案登记信息；

2. 网络借贷信息中介机构取得的电信业务经营许可信息；

3. 网络借贷信息中介机构资金存管信息；

4. 网络借贷信息中介机构取得的公安机关核发的网站备案图标及编号；

5. 网络借贷信息中介机构风险管理信息。

（二）网络借贷信息中介机构组织信息

1. 网络借贷信息中介机构工商信息，应当包含网络借贷信息中介机构全称、简称、统一社会信用代码、注册资本、实缴注册资本、注册地址、经营地址、成立时间、经营期限、经营状态、主要人员（包括法定代表人、实际控制人、董事、监事、高级管理人员）信息、经营范围；

2. 网络借贷信息中介机构股东信息，应当包含股东全称、股东股权占比；

3. 网络借贷信息中介机构组织架构及从业人员概况；

4. 网络借贷信息中介机构分支机构工商信息，应当包含分支机构全称、分支机构所在地、分支机构成立时间、分支机构主要负责人姓名，分支机构联系电话、投诉电话、员工人数；存在多个分支机构的应当逐一列明；

5. 网络借贷信息中介机构官方网站、官方手机应用及其他官方互联网渠道信息；存在多个官方渠道的应当逐一列明。

（三）网络借贷信息中介机构审核信息

1. 网络借贷信息中介机构上一年度的财务审计报告；

2. 网络借贷信息中介机构经营合规重点环节的审计结果；

3. 网络借贷信息中介机构上一年度的合规性审查报告。

网络借贷信息中介机构应当于每年 1 月 10 日前披露本条款（一）、（二）项信息；应当于每年 4 月 30 日前披露本条款（三）项信息。若上述任一信息发生变更，网络借贷信息中介机构应当于变更后 10 个工作日内更新披露信息。

第八条 网络借贷信息中介机构应当在每月前 5 个工作日内，向公众披露截至于上一月末经网络借贷信息中介机构撮合交易的如下信息：

（一）自网络借贷信息中介机构成立以来的累计借贷金额及笔数；

（二）借贷余额及笔数；

（三）累计出借人数量、累计借款人数量；

（四）当期出借人数量、当期借款人数量；

（五）前十大借款人待还金额占比、最大单一借款人待还金额占比；

（六）关联关系借款余额及笔数；

（七）逾期金额及笔数；

（八）逾期 90 天（不含）以上金额及笔数；

（九）累计代偿金额及笔数；

（十）收费标准；

（十一）其他经营信息。

第九条 网络借贷信息中介机构应当及时向出借人披露如下信息：

（一）借款人基本信息，应当包含借款人主体性质（自然人、法人或其他组织）、借款人所属行业、借款人收入及负债情况、截至借款前 6 个月内借款人征信报告中的逾期情况、借款人在其他网络借贷平台借款情况；

（二）项目基本信息，应当包含项目名称和简介、借款金额、借款期限、借款用途、还款方式、年化利率、起息日、还款来源、还款保障措施；

（三）项目风险评估及可能产生的风险结果；

（四）已撮合未到期项目有关信息，应当包含借款资金运用情况、借款人经营状况及财务状况、借款人还款能力变化情况、借款人逾期情况、借款人涉诉情况、借款人受行政处罚情况等可能影响借款人还款的重大信息。

本条款（一）、（二）、（三）项内容，网络借贷信息中介机构应当于出借人确认向借款人出借资金前向出借人披露。

本条款（四）项内容，若借款期限不超过六个月，网络借贷信息中介机构应当按月（每月前 5 个工作日内）向出借人披露；若借款期限超过六个月，网络借贷信息中介机构应当按季度（每季度前 5 个工作日内）向出借人披露。若已发生足以导致借款人不能按约定期限足额还款的情形时，网络借贷信息中介机构应当及时向出借人披露。

出借人应当对借款人信息予以保密，不得非法收集、使用、加工、传输借款人个人信息，不得非法买卖、提供或者公开借款人个人信息。

第十条 网络借贷信息中介机构或其分支机构发生下列情况之一的，网络借贷信息中介机构应当于发生之日起 48 小时内将事件的起因、目前的状态、可能产生的影响和采取的措施向公众进行披露。

（1）公司减资、合并、分立、解散或申请破产；

（2）公司依法进入破产程序；

（3）公司被责令停业、整顿、关闭；

（4）公司涉及重大诉讼、仲裁，或涉嫌违法违规被有权机关调查，或受到刑事处罚、重大行政处罚；

（5）公司法定代表人、实际控制人、主要负责人、董事、监事、高级管理人员涉及重大诉讼、仲裁，或涉嫌违法违纪被有权机关调查，或受到刑事处罚、重大行政处罚，或被采取强制措施；

（6）公司主要或者全部业务陷入停顿；

（7）存在欺诈、损害出借人利益等其他影响网络借贷信息中介机构经营活动的重大事项。

第十一条　网络借贷信息中介机构应当向公众披露咨询、投诉、举报联系电话、电子邮箱、通讯地址。

网络借贷信息中介机构应当在其官方网站上定期以公告形式向公众披露其年度报告、相关法律法规及网络借贷有关监管规定。

第十二条　披露的信息应当采用中文文本。同时采用外文文本的，应当保证两种文本的内容一致。两种文本产生歧义的，以中文文本为准。

第十三条　披露的信息应当采用阿拉伯数字。除特别说明外，货币单位应当为人民币"元"。

第三章　信息披露管理

第十四条　网络借贷信息中介机构应当建立健全信息披露制度，指定专人负责信息披露事务，确保信息披露专栏内容可供社会公众随时查阅。

第十五条　网络借贷信息中介机构应当对信息披露内容进行书面留存，并应自披露之日起保存五年以上。

第十六条　网络借贷信息中介机构应当按要求将信息披露公告文稿和相关备查文件报送其工商登记注册地地方金融监管部门、国务院银行业监督管理机构派出机构，并置备于网络借贷信息中介机构住所供社会公众查阅。

第十七条　网络借贷信息中介机构的董事、监事、高级管理人员应当忠实、勤勉、尽职，保证披露的信息真实、准确、完整、及时。网络借贷信息中介机构信息披露专栏内容均应当有网络借贷信息中介机构法定代表人的签字确认。

第十八条　借款人应当配合网络借贷信息中介机构及出借人对项目有关信息进行调查核实，保证提供的信息真实、准确、及时、完整、有效。

第十九条　本指引没有规定，但不披露相关信息可能导致借款人、出借人产生错误判断的，网络借贷信息中介机构应当将相关信息予以及时披露。

第二十条　网络借贷信息中介机构拟披露信息属于国家秘密的，按本指引规定披露可能导致其违反国家有关保密法律法规的，可以豁免披露。本指引所称的国家秘密,是指国家有关保密法律法规及部门规章规定的,关系国家安全和利益,依照法定程序确定,在一定时间内只限一定范围的人员知悉,泄露后可能损害国家在政治、经济、国防、外交等领域的安全和利益的信息。

第二十一条 未按本指引要求开展信息披露的相关当事人,由相关监管部门按照《网络借贷信息中介机构业务活动管理暂行办法》第四十条、第四十一条予以处罚。

第二十二条 网络借贷信息中介机构应当按要求及时将信息披露内容报送监管机构。

第四章 附　则

第二十三条 网络借贷信息中介业务活动信息披露行为,应当依据《网络借贷信息中介机构业务活动管理暂行办法》及本指引,接受国务院银行业监督管理机构及其派出机构和地方金融监管部门的监督管理。

第二十四条 中国互联网金融协会依据本指引及其他有关法律法规、自律规则,对网络借贷行业的信息披露进行自律管理。

第二十五条 已开展网络借贷信息中介业务的机构,在开展业务过程中存在不符合本指引要求情形的,应在本指引公布后进行整改,整改期自本指引公布之日起不超过6个月。逾期未整改的,按照《网络借贷信息中介机构业务活动管理暂行办法》及《网络借贷信息中介机构备案登记管理指引》的有关规定执行。

第二十六条 本指引所称不超过、以内、以下,包括本数。

第二十七条 本指引解释权归国务院银行业监督管理机构。

第二十八条 本指引自公布之日起施行。

附件

信息披露内容说明

1.1 数据按月披露的,统计时点为统计月末最后一日24时。数据按季度披露的,统计时点为统计季度末最后一日24时。

1.2 信息披露货币单位为人民币"元",保留两位以上小数;数量单位为"个""人";比例统计单位"%"。

1.3 信息披露日期格式统一为"yyyy-mm-dd",如"2015-01-31"。

1.4 信息披露电话格式统一为"区号—电话号码"或"手机号"。

1.5 网络借贷信息中介机构以下简称"网贷机构"。

2.1 网贷机构备案信息

2.1.1 备案信息:指网贷机构已经备案登记的相关信息,包括备案登记地方金融监管部门、备案登记时间、备案登记编号(如有)等。

2.1.2 电信业务经营许可信息:指网贷机构获得的网络借贷中介业务电信业务经营许可证号。

2.1.3 资金存管信息:指网贷机构资金存管的银行全称。

2.1.4 网站备案图标及编号:指网贷机构获得的公安机关出具的网站备案图标及编号。

2.1.5 风险管理信息:指网贷机构风险管理架构、风险评估流程、风险预警管理情况、催收方式等信息。

2.2 网贷机构组织信息

2.2.1 网贷机构工商信息

(1) 公司全称:指网贷机构在工商部门登记注册的公司全称。

(2) 公司简称(常用名):指网贷机构对外简称或常用简称,如有多个简称,应当逐一列明并以分号分隔。

(3) 统一社会信用代码:指网贷机构在工商部门登记注册后获得的统一社会信用代码;若无统一社会信用代码,则填写组织机构代码。

(4) 公司注册资本:指网贷机构在工商部门依法登记的注册资本。有限责任公司的注册资本为在工商部门依法登记的全体股东认缴的出资额。股份有限公司采取发起设立方式设立的,注册资本为在工商部门依法登记的全体发起人认购的股本总额;股份有限公司采取募集设立方式设立的,注册资本为在工商部门依法登记的实收股本总额。

(5) 实缴注册资本:指网贷机构已实际出资的资金总额。

(6) 公司注册地:指网贷机构在工商部门登记注册的公司地址。

(7) 公司经营地:指网贷机构实际开展经营的地址,如有多个经营地,应当逐一列明并以分号分隔。

(8) 公司成立时间:指网贷机构注册成立的日期,即营业执照上的公司成立日期。

(9) 公司经营期限:指网贷机构在工商部门注册的存续期间。

（10）公司经营状态：指网贷机构目前公司经营状况，分为开业、停业、注销、吊销。若为停业状况，应补充说明原因。

（11）公司法定代表人：指网贷机构营业执照上登记的法定代表人姓名。

（12）公司经营范围：指网贷机构于工商登记注册部门核准登记的经营范围。

2.2.2 网贷机构股东信息

（1）公司股东名称：指网贷机构股东在工商部门依法登记注册的全称。

（2）公司股东占股比例：指网贷机构股东持有股份占网贷机构全部股份的比例，单位为百分比。

2.2.3 组织架构及从业人员概况

（1）组织架构：指网贷机构内部部门设置及层级。

（2）从业人员概况：指在网贷机构工作，由网贷机构支付工资的各类人员，以及有工作岗位，但由于学习、病休产假等原因暂未工作，仍由单位支付工资的员工，包括正式人员、劳务派遣人员、临时聘用人员等的人员总数、年龄分布、学历分布等情况。

2.2.4 分支机构信息

（1）分支机构全称：指网贷机构的分支机构在工商部门登记注册的公司全称。

（2）分支机构所在地：指网贷机构的分支机构在工商部门登记注册的公司地址。

（3）分支机构成立时间：指网贷机构的分支机构注册成立的日期，即分支机构营业执照上的分支机构成立日期。

（4）分支机构负责人：指网贷机构的分支机构的负责人姓名。

（5）分支机构联系电话：指网贷机构的分支机构的联系电话。

（6）分支机构投诉电话：指网贷机构的分支机构的投诉电话。

（7）分支机构员工人数：指网贷机构的分支机构的员工总人数。同时应当区分正式员工、派遣员工、临时员工数量。

2.2.5 渠道信息

（1）公司官方网址：指网贷机构在运营的网站域名及IP地址。

（2）平台APP名称、微信公众号、微博：指网贷机构依法注册并使用的开展网络借贷信息中介服务的APP、社交媒体账号及IP地址（或链接）。

2.3 网贷机构审核信息

2.3.1　财务审计报告：指会计师事务所出具的网贷机构上一年度审计报告。

2.3.2　重点环节审计结果：指会计师事务所出具的对网贷机构出借人与借款人资金存管、信息披露情况、信息科技基础设施安全、经营合规性、资金运用流程等重点环节的审计结果。

2.3.3　合规报告：指律师事务所出具的对网贷机构合规情况审查报告。

2.4　网贷机构经营信息

2.4.1　累计交易总额：指自网贷机构成立起，经网贷机构撮合完成的借款项目的本金总合。

2.4.2　累计交易笔数：指自网贷机构成立起，经网贷机构撮合完成的借款交易笔数总合。

2.4.3　借贷余额：指截至统计时点，通过网贷机构已经上线运行的网络借贷信息中介平台完成的借款总余额。

2.4.4　累计借款人数量：指借款人通过网贷机构成功借款的借款人总数。同一借款人多次借款的，按实际借款人计算。（例如：张三借款3次，累计借款人数量为1）

2.4.5　累计出借人数量：指出借人通过网贷机构成功出借资金的出借人总数。同一出借人多次出借的，按实际出借人计算。（例如：张三出借3次，累计出借人数量为1）

2.4.6　当前借款人数量：指截至统计时点仍存在待还借款的借款人总数。同一借款人多次借款的，按实际借款人计算。

2.4.7　当前出借人数量：指截至统计时点仍存在待收借款的出借人总数。同一出借人多次出借的，按实际出借人计算。

2.4.8　前十大借款人待还金额占比：指在平台撮合的项目中，借款最多的前十户借款人的借款余额占总借款余额的比例。

2.4.9　最大单一借款人待还金额占比：指在平台撮合的项目中，借款最多一户借款人的借款余额占总借款余额的比例。

2.4.10　关联关系借款余额：指截至统计时点，与平台具有关联关系的借款人通过平台撮合完成的借款总余额。关联关系指网络借贷信息中介机构主要股东、实际控制人、董事、监事、高级管理人员与其直接或间接控制、有重大影响的企业、自然人之间的关系，以及可能导致网络借贷信息中介机构利益转移的其他关系（主要股东，指持有或控制网络信息借贷中介机构5%以上股份或表决权的自然人、法人或其他组织；直接或间接控制企业，指直接或间接持有企业 5% 以上股份或表决权）。

2.4.11 逾期金额：指按合同约定，出借人到期未收到本金和利息的金额总合。收到，是指资金实际划付至出借人银行账户。

2.4.12 逾期笔数：指按合同约定，出借人到期未收到本金和利息的借款的笔数。收到，是指资金实际划付至出借人银行账户。

2.4.13 逾期 90 天以上金额：指逾期 90 天（不含）以上的借款本金余额。

2.4.14 逾期 90 天以上笔数：指逾期 90 天（不含）以上的借款的笔数。

2.4.15 代偿金额：指因借款方违约等原因第三方（非借款人、非网贷机构）代为偿还的总金额。

2.4.16 代偿笔数：指因借款方违约等原因第三方（非借款人、非网贷机构）代为偿还的笔数。

2.4.17 收费标准：指网贷机构向借款人收取费用的名目及费用计算标准。如涉及多个收费项目，应当逐一列明。

2.5 网贷机构项目信息

2.5.1 借款人基本信息

（1）借款人主体性质：指借款人为自然人、法人或其他组织。

（2）借款人所属行业：指借款自然人所在单位、借款法人或其他组织根据《国民经济行业分类》划分的行业类别。

（3）借款人收入及负债情况：指借款人在日常活动中所形成的、会导致所有者权益增加的、非所有者投入资本的经济利益的总流入，以及借款人过去的交易或者事项形成的、预期会导致经济利益流出企业的现时义务。

（4）借款人征信报告情况：指脱敏处理后，经借款人授权由中国人民银行征信系统出具的征信报告中借款人的逾期情况。

2.5.2 项目基本信息

（5）项目名称和简介：指网络借贷信息中介平台上展示的借款人借款项目的名称和基本情况介绍。

（6）借款金额：指借款人申请借款的本金金额。

（7）借款期限：指借款人申请借款的时长，应当以天、月、年为单位列明。

（8）借款用途：指借款人申请借款的具体去向。

（9）还款方式：还款方式应当以文字说明，并向出借人列明计算方式。如：按月付息到期还本。借款金额为 X，年利率为 Y，借款期限为 Z 月，则每月应还利息计算公式为：$X \times Y/12$，应还总利息计算公式为：$X \times Y/12 \times Z$。应还本金为 X。

（10）年化利率：指借款人向出借人支付的利息费率，利率应当以年化形式披露，年以 365 天计算。

（11）起息日：指利息产生的起始日期。

（12）还款来源：指借款人借款的还款依据。

（13）担保措施：指在借款活动中，债权人为保障其债权的实现，要求债务人向债权人提供担保的方式（包括担保主体名称、担保措施、是否已履行完毕法律法规需办理的相关手续等信息）。

第五章
互联网基金销售业务

互联网基金销售是指基金销售机构（包括依法办理基金份额的发售、申购、赎回和转换等基金销售业务的基金管理人以及取得基金代销业务资格的机构）与其他机构通过互联网合作销售基金等理财产品。互联网基金销售业务由证监会负责监管。

互联网基金销售属于基金销售业务的一种业态类型，应遵循现有基金销售业务规范。证监会先后制定完善了《证券投资基金销售管理办法》《证券投资基金销售业务信息管理平台管理规定》《证券投资基金销售适用性指导意见》等法规以规范基金销售业务。此外，针对互联网基金销售业务，证监会还先后制定了《证券投资基金销售机构通过第三方电子商务平台开展业务管理暂行规定》和《关于进一步规范货币市场基金互联网销售、赎回相关服务的指导意见》。从整体上看，互联网基金销售业务监管的相关法律法规和机制正在逐步建立健全。

合规要点如下：

1. 在证监会派出机构注册并取得基金销售业务资格。

2. 基金销售机构通过第三方电子商务平台开展基金销售业务的，应当报中国证监会备案。

3. 第三方电子商务平台为基金销售机构的销售业务提供辅助服务的，其经营者应当按照证监会的规定进行备案，未备案的，不得开展相关业务。

4. 严禁非持牌机构留存投资者基金销售信息。

5. 应当依照有关法律法规要求，存放、管理、监督基金销售结算资金，严禁挪用基金销售结算资金，严禁基金销售结算资金用于"T+0赎回提现"业务。

6. 应建立有效的内部控制制度。

7. 应当建立健全基金销售适用性管理制度。

8. 应当按照有关规定的要求建设、改造和管理相关信息系统。

9. 基金管理人应当依据有关法律法规，设定科学合理、简单清晰的基金销售费用结构和费率水平；基金销售机构应当依据有关法律法规，建立健全对基金销售费用的监督和控制机制。

10. 严禁基金份额违规转让，严禁用货币市场基金份额直接进行支付。

11. "T+0赎回提现"业务：

（1）实施限额管理，对单个投资者持有的单只货币市场基金，设定在单一基金销售机构单日不高于1万元的"T+0赎回提现"额度上限。

（2）除取得基金销售业务资格的商业银行外，禁止其他机构或个人以任何方式为"T+0赎回提现"业务提供垫支。

（3）强化风险揭示和信息披露义务，严禁误导投资者。

12. 非银行支付机构不得向投资者提供以其持有的货币市场基金份额进行消费、转账等业务的增值服务，不得对货币市场基金收益率进行承诺和宣传，不得从事或变相从事货币市场基金销售业务，不得留存投资者基金销售业务信息。

13. 从事基金销售支付结算业务的非银行支付机构应当严格按照有关要求存放、使用、划转客户备付金，不得将客户备付金用于基金赎回垫支。

证券投资基金销售管理办法

(中国证券监督管理委员会令第 91 号)

第一章 总 则

第一条 为了规范公开募集证券投资基金（以下简称基金）的销售活动，促进证券投资基金市场健康发展，根据《证券投资基金法》《证券法》及其他有关法律法规，制定本办法。

第二条 本办法所称基金销售，包括基金销售机构宣传推介基金，发售基金份额，办理基金份额申购、赎回等活动。

基金销售机构是指基金管理人以及经中国证券监督管理委员会（以下简称中国证监会）及其派出机构注册的其他机构。

其他基金服务机构就其参与基金销售业务的环节适用本办法。其他基金服务机构包括为基金销售机构提供支付结算服务、基金销售结算资金监督、份额登记等与基金销售业务相关服务的机构。

第三条 基金销售机构从事基金销售活动，应当遵守法律法规和中国证监会的规定，不得损害国家利益、社会公共利益和基金投资人的合法权益。

第四条 基金销售机构从事基金销售活动，应当遵守基金合同、基金销售协议的约定，遵循公开、公平、公正的原则，诚实守信，勤勉尽责，恪守职业道德和行为规范。

第五条 基金销售结算资金是基金投资人的交易结算资金，涉及基金销售结算专用账户开立、使用、监督的机构不得将基金销售结算资金归入其自有财产。禁止任何单位或者个人以任何形式挪用基金销售结算资金。相关机构破产或者清算时，基金销售结算资金不属于其破产财产或者清算财产。

基金销售结算资金是指由基金销售机构、基金销售支付结算机构或者基金份额登记机构等基金销售相关机构归集的，在基金投资人结算账户与基金财产托管账户之间划转的基金申购（认购）、赎回、现金分红等资金。

第六条 中国证监会及其派出机构依照法律法规和本办法的规定，对基金销售活动实施监督管理。

第七条 中国证券投资基金业协会（以下简称基金业协会）依据法律法规和自律规则，对基金销售活动进行自律管理，并对基金销售人员进行资格管理。

基金销售机构及基金销售服务机构可以加入基金业协会，接受行业协会的自律管理。

第二章 销售机构

第八条 基金管理人可以办理其募集的基金产品的销售业务。商业银行（含在华外资法人银行，下同）、证券公司、期货公司、保险机构、证券投资咨询机构、独立基金销售机构以及中国证监会认定的其他机构从事基金销售业务的，应向工商注册登记所在地的中国证监会派出机构进行注册并取得相应资格。

第九条 商业银行、证券公司、期货公司、保险机构、证券投资咨询机构、独立基金销售机构以及中国证监会认定的其他机构申请注册基金销售业务资格，应当具备下列条件：

（一）具有健全的治理结构、完善的内部控制和风险管理制度，并得到有效执行；

（二）财务状况良好，运作规范稳定；

（三）有与基金销售业务相适应的营业场所、安全防范设施和其他设施；

（四）有安全、高效的办理基金发售、申购和赎回等业务的技术设施，且符合中国证监会对基金销售业务信息管理平台的有关要求，基金销售业务的技术系统已与基金管理人、中国证券登记结算公司相应的技术系统进行了联网测试，测试结果符合国家规定的标准；

（五）制定了完善的资金清算流程，资金管理符合中国证监会对基金销售结算资金管理的有关要求；

（六）有评价基金投资人风险承受能力和基金产品风险等级的方法体系；

（七）制定了完善的业务流程、销售人员执业操守、应急处理措施等基金销售业务管理制度，符合中国证监会对基金销售机构内部控制的有关要求；

（八）有符合法律法规要求的反洗钱内部控制制度；

（九）中国证监会规定的其他条件。

第十条 商业银行申请基金销售业务资格，除具备本办法第九条规定的条件外，还应当具备下列条件：

（一）有专门负责基金销售业务的部门；

（二）资本充足率符合国务院银行业监督管理机构的有关规定；

（三）最近3年内没有受到重大行政处罚或者刑事处罚；

（四）公司负责基金销售业务的部门取得基金从业资格的人员不低于该部门员工人数的1/2，负责基金销售业务的部门管理人员取得基金从业资格，熟悉基金销售业务，并具备从事基金业务2年以上或者在其他金融相关机构5年以上的工作经历；公司主要分支机构基金销售业务负责人均已取得基金从业资格；

（五）国有商业银行、股份制商业银行以及邮政储蓄银行等取得基金从业资格人员不少于30人；城市商业银行、农村商业银行、在华外资法人银行等取得基金从业资格人员不少于20人。

第十一条　证券公司申请基金销售业务资格，除具备本办法第九条规定的条件外，还应当具备下列条件：

（一）有专门负责基金销售业务的部门；

（二）净资本等财务风险监控指标符合中国证监会的有关规定；

（三）最近3年没有挪用客户资产等损害客户利益的行为；

（四）没有因违法违规行为正在被监管机构调查或者正处于整改期间，最近3年内没有受到重大行政处罚或者刑事处罚；

（五）没有发生已经影响或者可能影响公司正常运作的重大变更事项，或者诉讼、仲裁等其他重大事项；

（六）公司负责基金销售业务的部门取得基金从业资格的人员不低于该部门员工人数的1/2，负责基金销售业务的部门管理人员取得基金从业资格，熟悉基金销售业务，并具备从事基金业务2年以上或者在其他金融相关机构5年以上的工作经历；公司主要分支机构基金销售业务负责人均已取得基金从业资格；

（七）取得基金从业资格的人员不少于30人。

第十二条　期货公司申请基金销售业务资格，除具备本办法第九条规定的条件外，还应当具备下列条件：

（一）有专门负责基金销售业务的部门；

（二）净资本等财务风险监控指标符合中国证监会的有关规定；

（三）最近3年没有挪用客户保证金等损害客户利益的行为；

（四）没有因违法违规行为正在被监管机构调查或者正处于整改期间，最近 3 年内没有受到重大行政处罚或者刑事处罚；

（五）没有发生已经影响或者可能影响公司正常运作的重大变更事项，或者诉讼、仲裁等其他重大事项；

（六）公司负责基金销售业务的部门取得基金从业资格的人员不低于该部门员工人数的 1/2，负责基金销售业务的部门管理人员取得基金从业资格，熟悉基金销售业务，并具备从事基金业务 2 年以上或者在其他金融相关机构 5 年以上的工作经历；公司主要分支机构基金销售业务负责人均已取得基金从业资格；

（七）取得基金从业资格的人员不少于 20 人。

第十三条 保险机构是指在中华人民共和国境内经中国保险监督管理委员会批准设立的保险公司、保险经纪公司和保险代理公司。

保险公司申请基金销售业务资格，除具备本办法第九条规定的条件外，还应当具备下列条件：

（一）有专门负责基金销售业务的部门；

（二）注册资本不低于 5 亿元人民币；

（三）偿付能力充足率符合国务院保险业监督管理机构的有关规定；

（四）没有因违法违规行为正在被监管机构调查或者正处于整改期间，最近 3 年内没有受到重大行政处罚或者刑事处罚；

（五）没有发生已经影响或者可能影响公司正常运作的重大变更或者诉讼、仲裁等重大事项；

（六）公司负责基金销售业务的部门取得基金从业资格的人员不低于该部门员工人数的 1/2，负责基金销售业务的部门管理人员取得基金从业资格，熟悉基金销售业务，并具备从事基金业务 2 年以上或者在其他金融相关机构 5 年以上的工作经历；公司主要分支机构基金销售业务负责人均已取得基金从业资格；

（七）取得基金从业资格的人员不少于 30 人。

保险经纪公司和保险代理公司申请基金销售业务资格，除具备本办法第九条规定的条件外，还应当具备下列条件：

（一）有专门负责基金销售业务的部门；

（二）注册资本不低于 5000 万元人民币，且必须为实缴货币资本；

（三）公司负责基金销售业务的高级管理人员已取得基金从业资格，熟悉基金销售业务，并具备从事基金业务 2 年以上或者在其他金融相关机构 5 年以上的工作经历；

（四）没有因违法违规行为正在被监管机构调查或者正处于整改期间，最近3年内没有受到重大行政处罚或者刑事处罚；

（五）没有发生已经影响或者可能影响公司正常运作的重大变更或者诉讼、仲裁等重大事项；

（六）公司负责基金销售业务的部门取得基金从业资格的人员不低于该部门员工人数的1/2，负责基金销售业务的部门管理人员取得基金从业资格，熟悉基金销售业务，并具备从事基金业务2年以上或者在其他金融相关机构5年以上的工作经历；公司主要分支机构基金销售业务负责人均已取得基金从业资格；

（七）取得基金从业资格的人员不少于10人。

第十四条　证券投资咨询机构申请基金销售业务资格，除具备本办法第九条规定的条件外，还应当具备下列条件：

（一）有专门负责基金销售业务的部门；

（二）注册资本不低于2000万元人民币，且必须为实缴货币资本；

（三）公司负责基金销售业务的高级管理人员已取得基金从业资格，熟悉基金销售业务，并具备从事基金业务2年以上或者在其他金融相关机构5年以上的工作经历；

（四）持续从事证券投资咨询业务3个以上完整会计年度；

（五）最近3年没有代理投资人从事证券买卖的行为；

（六）没有因违法违规行为正在被监管机构调查，或者正处于整改期间；最近3年内没有受到重大行政处罚或者刑事处罚；

（七）没有发生已经影响或者可能影响公司正常运作的重大变更事项，或者诉讼、仲裁等其他重大事项；

（八）公司负责基金销售业务的部门取得基金从业资格的人员不低于该部门员工人数的1/2，负责基金销售业务的部门管理人员取得基金从业资格，熟悉基金销售业务，并具备从事基金业务2年以上或其他金融相关机构5年以上的工作经历；公司主要分支机构基金销售业务负责人均已取得基金从业资格；

（九）取得基金从业资格的人员不少于10人。

第十五条　独立基金销售机构可以专业从事基金及其他金融理财产品销售，其申请基金销售业务资格，除具备本办法第九条规定的条件外，还应当具备下列条件：

（一）为依法设立的有限责任公司、合伙企业或者符合中国证监会规定的其他形式；

（二）有符合规定的经营范围；

（三）注册资本或者出资不低于 2000 万元人民币，且必须为实缴货币资本；

（四）有限责任公司股东或者合伙企业合伙人符合本办法规定；

（五）没有发生已经影响或者可能影响机构正常运作的重大变更事项，或者诉讼、仲裁等其他重大事项；

（六）高级管理人员已取得基金从业资格，熟悉基金销售业务，并具备从事基金业务 2 年以上或者在其他金融相关机构 5 年以上的工作经历；

（七）取得基金从业资格的人员不少于 10 人。

第十六条 独立基金销售机构以有限责任公司形式设立的，其股东可以是企业法人或者自然人。

企业法人参股独立基金销售机构，应当具备以下条件：

（一）持续经营 3 个以上完整会计年度，财务状况良好，运作规范稳定；

（二）最近 3 年没有受到刑事处罚；

（三）最近 3 年没有受到金融监管、行业监管、工商、税务等行政管理部门的行政处罚；

（四）最近 3 年在自律管理、商业银行等机构无不良记录；

（五）没有因违法违规行为正在被监管机构调查或者正处于整改期间。

自然人参股独立基金销售机构，应当具备以下条件：

（一）有从事证券、基金或者其他金融业务 10 年以上或者证券、基金业务部门管理 5 年以上或者担任证券、基金行业高级管理人员 3 年以上的工作经历；

（二）最近 3 年没有受到刑事处罚；

（三）最近 3 年没有受到金融监管、行业监管、工商、税务等行政管理部门的行政处罚；

（四）在自律管理、商业银行等机构无不良记录；

（五）无到期未清偿的数额较大的债务；

（六）最近 3 年无其他重大不良诚信记录。

第十七条 独立基金销售机构以合伙企业形式设立的，其合伙人应当具备以下条件：

（一）有从事证券、基金或者其他金融业务 10 年以上或者证券、基金业务部门管理 5 年以上或者担任证券、基金行业高级管理人员 3 年以上的工作经历；

（二）最近 3 年没有受到刑事处罚；

（三）最近 3 年没有受到金融监管、工商、税务等行政管理部门的行政处罚；

（四）在自律管理、商业银行等机构无不良记录；

（五）无到期未清偿的数额较大的债务；

（六）最近 3 年无其他重大不良诚信记录。

第十八条　申请基金销售业务资格的机构，应当按照中国证监会的规定提交申请材料。

申请期间申请材料涉及的事项发生重大变化的，申请人应当自变化发生之日起 5 个工作日内向工商注册登记所在地的中国证监会派出机构提交更新材料。

第十九条　中国证监会派出机构依照《行政许可法》的规定，受理基金销售业务资格的注册申请，并进行审查，作出注册或不予注册的决定。

第二十条　依法必须办理工商变更登记的，申请人应当在收到批准文件后按照有关规定向工商行政管理机关办理变更登记手续。

第二十一条　独立基金销售机构申请设立分支机构的，应当具备下列条件：

（一）内部控制完善，经营稳定，有较强的持续经营能力，能有效控制分支机构风险；

（二）最近 1 年内没有受到行政处罚或者刑事处罚；

（三）没有因违法违规行为正在被监管机构调查，或者正处于整改期间；

（四）拟设立的分支机构有符合规定的办公场所、业务人员、安全防范设施和与业务有关的其他设施；

（五）拟设立的分支机构有明确的职责和完善的管理制度；

（六）拟设立的分支机构取得基金从业资格的人员不少于 2 人；

（七）中国证监会规定的其他条件。

独立基金销售机构申请基金销售业务资格时已经设立的分支机构，应当符合上述条件。

第二十二条 独立基金销售机构设立分支机构，变更经营范围、注册资本或者出资、股东或者合伙人、高级管理人员的，应当在变更前将变更方案报工商注册登记所在地中国证监会派出机构备案。独立基金销售机构经营期间取得基金从业资格的人员少于 10 人或者分支机构经营期间取得基金从业资格的人员少于 2 人的，应当于 5 个工作日内向工商注册登记所在地中国证监会派出机构报告，并于 30 个工作日内将人员调整至规定要求。

独立基金销售机构按照前款规定备案后，中国证监会派出机构根据本办法第十五条、第十六条、第十七条、第十八条的规定进行持续动态监管。对于不符合基金销售机构资质条件的机构责令限期改正，逾期未予改正的，取消基金销售业务资格。

第二十三条 取得基金销售业务资格的基金销售机构，应当将机构基本信息报中国证监会备案，并予以定期更新。

第二十四条 基金销售机构合并分立，基金销售业务资格按下述原则管理：

（一）基金销售机构新设合并的，新公司应当根据本办法的规定向工商注册登记所在地的中国证监会派出机构进行注册，在新公司未完成注册前，合并方基金销售业务资格部分终止，新公司 6 个月内仍未完成注册的，合并方基金销售业务资格终止；

（二）基金销售机构吸收合并且存续方不具备基金销售业务资格的，存续方应当根据本办法的规定向工商注册登记所在地的中国证监会派出机构进行注册，在存续方完成注册前，被合并方基金销售业务部分终止，存续方 6 个月内仍未完成注册的，被合并方基金销售业务资格终止；

（三）基金销售机构吸收合并且被合并方不具备基金销售业务资格的，基金销售机构应当在被合并方分支机构（网点）符合基金销售规范要求后，按本办法第二十二条、第二十三条的要求备案，同时按照基金销售信息管理平台的相关要求将系统整合报告报中国证监会备案；

（四）基金销售机构吸收合并，合并方和被合并方均具备基金销售业务资格的，合并方应当按照基金销售信息管理平台的相关要求将系统整合报告报中国证监会备案；

（五）基金销售机构分立的，新公司应当根据本办法的规定向工商注册登记所在地的中国证监会派出机构进行注册。

基金销售业务资格部分终止的，基金销售机构可以办理销户、赎回、转托管转出等业务，不得办理开户、认购、申购等业务。

第三章　基金销售支付结算

第二十五条　基金销售机构可以选择商业银行或者支付机构从事基金销售支付结算业务。基金销售支付结算机构应当确保基金销售结算资金安全、及时、高效的划付。

第二十六条　基金销售机构应当选择具备下列条件的商业银行或者支付机构从事基金销售支付结算业务：

（一）有安全、高效的办理支付结算业务的信息系统。该信息系统应当具有合法的知识产权，且与合作机构及监管机构完成联网测试，测试结果符合国家规定标准；

（二）制定了有效的风险控制制度；

（三）中国证监会规定的其他条件。

第二十七条　从事基金销售支付结算业务的商业银行除应当具备本办法第二十六条规定的条件外，还应当具有基金销售业务资格。

商业银行为基金销售机构提供支付结算服务的，应当根据商业银行从事支付结算服务的价格收取相关费用。商业银行收取超出支付结算服务费用的，应当与基金销售机构签订销售协议，并提供基金销售相关服务，履行基金销售相关责任。

第二十八条　从事基金销售支付结算业务的支付机构除应当具备本办法第二十六条规定的条件外，还应当取得中国人民银行颁发的《支付业务许可证》，且公司基金销售支付结算业务账户应当与公司其他业务账户有效隔离。

第二十九条　基金销售机构、基金销售支付结算机构、基金份额登记机构可以在具备基金销售业务资格的商业银行或者从事客户交易结算资金存管的指定商业银行开立基金销售结算专用账户。

基金销售机构、基金销售支付结算机构、基金份额登记机构开立基金销售结算专用账户时，应当就账户性质、账户功能、账户使用的具体内容、监督方式、账户异常处理等事项以监督协议的形式与基金销售结算资金监督机构做出约定。

基金销售结算专用账户是指基金销售机构、基金销售支付结算机构或者基金份额登记机构用于归集、暂存、划转基金销售结算资金的专用账户。

基金销售结算资金监督机构是指在基金销售结算资金流转过程中，对基金销售相关机构开立、使用销售账户的行为和基金销售结算资金划转流程承担监督职责的商业银行或者中国证券登记结算有限责任公司。

第三十条 基金销售结算专用账户的启用、变更和撤销应当按照规定向中国证监会及账户开立人所在地中国证监会派出机构备案。

第三十一条 基金销售机构应当以基金投资人的结算账户作为其申购资金的银行账户。

第四章 基金宣传推介材料

第三十二条 本办法所称基金宣传推介材料，是指为推介基金向公众分发或者公布，使公众可以普遍获得的书面、电子或者其他介质的信息，包括：

（一）公开出版资料；

（二）宣传单、手册、信函、传真、非指定信息披露媒体上刊发的与基金销售相关的公告等面向公众的宣传资料；

（三）海报、户外广告；

（四）电视、电影、广播、互联网资料、公共网站链接广告、短信及其他音像、通讯资料；

（五）中国证监会规定的其他材料。

第三十三条 基金管理人的基金宣传推介材料，应当事先经基金管理人负责基金销售业务的高级管理人员和督察长检查，出具合规意见书，并自向公众分发或者发布之日起5个工作日内报主要经营活动所在地中国证监会派出机构备案。

其他基金销售机构的基金宣传推介材料，应当事先经基金销售机构负责基金销售业务和合规的高级管理人员检查，出具合规意见书，并自向公众分发或者发布之日起5个工作日内报工商注册登记所在地中国证监会派出机构机构备案。

第三十四条 制作基金宣传推介材料的基金销售机构应当对其内容负责，保证其内容的合规性，并确保向公众分发、公布的材料与备案的材料一致。

第三十五条 基金宣传推介材料必须真实、准确，与基金合同、基金招募说明书相符，不得有下列情形：

（一）虚假记载、误导性陈述或者重大遗漏；

（二）预测基金的证券投资业绩；

（三）违规承诺收益或者承担损失；

（四）诋毁其他基金管理人、基金托管人或者基金销售机构，或者其他基金管理人募集或者管理的基金；

（五）夸大或者片面宣传基金，违规使用安全、保证、承诺、保险、避险、有保障、高收益、无风险等可能使投资人认为没有风险的或者片面强调集中营销时间限制的表述；

（六）登载单位或者个人的推荐性文字；

（七）中国证监会规定的其他情形。

第三十六条 基金宣传推介材料可以登载该基金、基金管理人管理的其他基金的过往业绩，但基金合同生效不足 6 个月的除外。

基金宣传推介材料登载过往业绩的，应当符合以下要求：

（一）基金合同生效 6 个月以上但不满 1 年的，应当登载从合同生效之日起计算的业绩；

（二）基金合同生效 1 年以上但不满 10 年的，应当登载自合同生效当年开始所有完整会计年度的业绩，宣传推介材料公布日在下半年的，还应当登载当年上半年度的业绩；

（三）基金合同生效 10 年以上的，应当登载最近 10 个完整会计年度的业绩；

（四）业绩登载期间基金合同中投资目标、投资范围和投资策略发生改变的，应当予以特别说明。

第三十七条 基金宣传推介材料登载该基金、基金管理人管理的其他基金的过往业绩，应当遵守下列规定：

（一）按照有关法律法规的规定或者行业公认的准则计算基金的业绩表现数据；

（二）引用的统计数据和资料应当真实、准确，并注明出处，不得引用未经核实、尚未发生或者模拟的数据；

对于推介定期定额投资业务等需要模拟历史业绩的，应当采用我国证券市场或者境外成熟证券市场具有代表性的指数，对其过往足够长时间的实际收益率进行模拟，同时注明相应的复合年平均收益率；此外，还应当说明模拟数据的来源、模拟方法及主要计算公式，并进行相应的风险提示；

（三）真实、准确、合理地表述基金业绩和基金管理人的管理水平。

基金业绩表现数据应当经基金托管人复核或者摘取自基金定期报告。

第三十八条 基金宣传推介材料登载基金过往业绩的，应当特别声明，基金的过往业绩并不预示其未来表现，基金管理人管理的其他基金的业绩并不构成基金业绩表现的保证。

第三十九条 基金宣传推介材料对不同基金的业绩进行比较的，应当使用可比的数据来源、统计方法和比较期间，并且有关数据来源、统计方法应当公平、准确，具有关联性。

第四十条 基金宣传推介材料附有统计图表的，应当清晰、准确。

第四十一条 基金宣传推介材料提及基金评价机构评价结果的，应当符合中国证监会关于基金评价结果引用的相关规范，并应当列明基金评价机构的名称及评价日期。

第四十二条 基金宣传推介材料登载基金管理人股东背景时，应当特别声明基金管理人与股东之间实行业务隔离制度，股东并不直接参与基金财产的投资运作。

第四十三条 基金宣传推介材料中推介货币市场基金的，应当提示基金投资人，购买货币市场基金并不等于将资金作为存款存放在银行或者存款类金融机构，基金管理人不保证基金一定盈利，也不保证最低收益。

第四十四条 基金宣传材料中推介保本基金的，应当充分揭示保本基金的风险，说明投资者投资于保本基金并不等于将资金作为存款存放在银行或者存款类金融机构，并说明保本基金在极端情况下仍然存在本金损失的风险。

保本基金在保本期间开放申购的，应当在相关业务公告以及宣传推介材料中说明开放申购期间，投资者的申购金额是否保本。

第四十五条 基金宣传推介材料应当含有明确、醒目的风险提示和警示性文字，以提醒投资人注意投资风险，仔细阅读基金合同和基金招募说明书，了解基金的具体情况。

有足够平面空间的基金宣传推介材料应当在材料中加入具有符合规定的必备内容的风险提示函。

电视、电影、互联网资料、公共网站链接形式的宣传推介材料应当包括为时至少5秒钟的影像显示，提示投资人注意风险并参考该基金的销售文件。电台广播应当以旁白形式表达上述内容。

第四十六条 基金宣传推介材料含有基金获中国证监会核准内容的，应当特别声明中国证监会的核准并不代表中国证监会对该基金的风险和收益做出实质性判断、推荐或者保证。

第五章 基金销售费用

第四十七条 基金管理人应当在基金合同、招募说明书或者公告中载明收取销售费用的项目、条件和方式，在招募说明书或者公告中载明费率标准及费用计算方法。

第四十八条 基金销售机构办理基金销售业务，可以按照基金合同和招募说明书的约定向投资人收取认购费、申购费、赎回费、转换费和销售服务费等费用。基金销售机构收取基金销售费用的，应当符合中国证监会关于基金销售费用的有关规定。

第四十九条 基金销售机构为基金投资人提供增值服务的，可以向基金投资人收取增值服务费。增值服务是指基金销售机构在销售基金产品的过程中，在确保遵守基金和相关产品销售适用性原则的基础上，向投资人提供的除法定或者基金合同、招募说明书约定服务以外的附加服务。

第五十条 基金销售机构收取增值服务费的，应当符合下列要求：

（一）遵循合理、公开、质价相符的定价原则；

（二）所有开办增值服务的营业网点应当公示增值服务的内容；

（三）统一印制服务协议，明确增值服务的内容、方式、收费标准、期限及纠纷解决机制等；

（四）基金投资人应当享有自主选择增值服务的权利，选择接受增值服务的基金投资人应当在服务协议上签字确认；

（五）增值服务费应当单独缴纳，不应从申购（认购）资金中扣除；

（六）提供增值服务和签订服务协议的主体应当是基金销售机构，任何销售人员不得私自收取增值服务费；

（七）相关监管机构规定的其他情形。

基金销售机构提供增值服务并以此向投资人收取增值服务费的，应当将统一印制的服务协议向中国证监会备案。

第五十一条 基金管理人与基金销售机构可以在基金销售协议中约定依据基金销售机构销售基金的保有量提取一定比例的客户维护费，用以向基金销售机构支付客户服务及销售活动中产生的相关费用。基金销售机构收取客户维护费的，应当符合中国证监会关于基金销售费用的有关规定。

第五十二条 基金管理人与基金销售机构应当在基金销售协议或者其补充协议中约定，双方在申购（认购）费、赎回费、销售服务费等销售费用的分成比例，并据此就各自实际取得的销售费用确认基金销售收入，如实核算、记账，依法纳税。

第五十三条 基金业协会可以在自律规则中规定基金销售费用的最低标准。

第六章 销售业务规范

第五十四条 办理基金销售业务或者办理基金销售相关业务，并向基金销售机构收取以基金交易（含开户）为基础的相关佣金的机构应当向中国证监会派出机构进行注册或者经中国证监会认定。

未经注册并取得基金销售业务资格或者未经中国证监会认定的机构，不得办理基金的销售或者相关业务。任何个人不得以个人名义办理基金的销售或者相关业务。

第五十五条 基金销售机构应当建立健全并有效执行基金销售业务制度，加强对基金销售业务合规运作的检查和监督，确保基金销售业务的执行符合中国证监会对基金销售机构内部控制的有关要求。

第五十六条 基金销售机构应当确保基金销售信息管理平台安全、高效运行，且符合中国证监会对基金销售业务信息管理平台的有关要求。

第五十七条 未经基金销售机构聘任，任何人员不得从事基金销售活动，中国证监会另有规定的除外。

宣传推介基金的人员、基金销售信息管理平台系统运营维护人员等从事基金销售业务的人员应当取得基金销售业务资格。基金销售机构应当建立健全并有效执行基金销售人员的持续培训制度，加强对基金销售人员行为规范的检查和监督。

第五十八条 基金销售机构应当建立完善的基金份额持有人账户和资金账户管理制度，以及基金份额持有人资金的存取程序和授权审批制度。

第五十九条 基金销售机构在销售基金和相关产品的过程中，应当坚持投资人利益优先原则，注重根据投资人的风险承受能力销售不同风险等级的产品，把合适的产品销售给合适的基金投资人。

第六十条 基金销售机构应当建立基金销售适用性管理制度，至少包括以下内容：

（一）对基金管理人进行审慎调查的方式和方法；

（二）对基金产品的风险等级进行设置、对基金产品进行风险评价的方式和方法；

（三）对基金投资人风险承受能力进行调查和评价的方式和方法；

（四）对基金产品和基金投资人进行匹配的方法。

第六十一条 基金销售机构所使用的基金产品风险评价方法及其说明应当向基金投资人公开。

第六十二条 基金管理人在选择基金销售机构时应当对基金销售机构进行审慎调查，基金销售机构选择销售基金产品应当对基金管理人进行审慎调查。

第六十三条 基金销售机构应当加强投资者教育，引导投资者充分认识基金产品的风险特征，保障投资者合法权益。

第六十四条 基金销售机构办理基金销售业务时应当根据反洗钱法规相关要求识别客户身份，核对客户的有效身份证件，登记客户身份基本信息，确保基金账户持有人名称与身份证明文件中记载的名称一致，并留存有效身份证件的复印件或者影印件。

基金销售机构销售基金产品时委托其他机构进行客户身份识别的，应当通过合同、协议或者其他书面文件，明确双方在客户身份识别、客户身份资料和交易记录保存与信息交换、大额交易和可疑交易报告等方面的反洗钱职责和程序。

第六十五条 基金销售机构应当建立健全档案管理制度，妥善保管基金份额持有人的开户资料和与销售业务有关的其他资料。客户身份资料自业务关系结束当年计起至少保存15年，与销售业务有关的其他资料自业务发生当年计起至少保存15年。

第六十六条 基金销售机构办理基金的销售业务，应当由基金销售机构与基金管理人签订书面销售协议，明确双方的权利义务，并至少包括以下内容：

（一）销售费用分配的比例和方式；

（二）基金持有人联系方式等客户资料的保存方式；

（三）对基金持有人的持续服务责任；

（四）反洗钱义务履行及责任划分；

（五）基金销售信息交换及资金交收权利义务。

未经签订书面销售协议，基金销售机构不得办理基金的销售。

第六十七条 基金销售机构应当将基金销售业务资格的证明文件置备于基金销售网点的显著位置或者在其网站予以公示。

第六十八条 基金募集申请在完成向中国证监会注册前，基金销售机构不得办理基金销售业务，不得向公众分发、公布基金宣传推介材料或者发售基金份额。

第六十九条 基金销售机构选择合作的基金销售相关机构应当符合监管部门的资质要求，并建立完善的合作基金销售相关机构选择标准和业务流程，充分评估相关风险，明确双方的权利义务。

第七十条 基金份额登记机构是指办理基金份额的登记过户、存管和结算等业务的机构。基金份额登记机构可办理投资人基金账户的建立和管理、基金份额注册登记、基金销售业务的确认、清算和结算、代理发放红利、建立并保管基金份额持有人名册等业务。

第七十一条 基金份额登记机构应当确保基金份额的登记过户、存管和结算业务处理安全、准确、及时、高效。主要职责包括：

（一）建立并管理投资人基金份额账户；
（二）负责基金份额的登记；
（三）基金交易确认；
（四）代理发放红利；
（五）建立并保管基金份额持有人名册；
（六）登记代理协议规定的其他职责。

第七十二条 基金管理人变更基金份额登记机构的，应当在变更前将变更方案报中国证监会备案。

第七十三条 基金销售机构、基金份额登记机构应当通过中国证监会指定的技术平台进行数据交换，并完成基金注册登记数据在中国证监会指定机构的集中备份存储。数据交换应当符合中国证监会的有关规范。

第七十四条 开放式基金合同生效后，基金销售机构应当按照法律、行政法规、中国证监会的规定和基金合同、销售协议的约定，办理基金份额的申购、赎回，不得擅自停止办理基金份额的发售或者拒绝接受投资人的申购、赎回申请。基金管理人暂停或者开放申购、赎回等业务的，应当在公告中说明具体原因和依据。

第七十五条 基金销售机构不得在基金合同约定之外的日期或者时间办理基金份额的申购、赎回或者转换。

投资人在基金合同约定之外的日期和时间提出申购、赎回或者转换申请的，作为下一个交易日交易处理，其基金份额申购、赎回价格为下次办理基金份额申购、赎回时间所在开放日的价格。

第七十六条　投资人申购基金份额时，必须全额交付申购款项，但中国证监会规定的特殊基金品种除外；投资人按规定提交申购申请并全额交付款项的，申购申请即为成立；申购申请是否生效以基金份额登记机构确认为准。

第七十七条　基金销售机构应当提供有效途径供基金投资人查询基金合同、招募说明书等基金销售文件。

第七十八条　基金销售机构应当按照基金合同、招募说明书和基金销售服务协议的约定向投资人收取销售费用，并如实核算、记账；未经基金合同、招募说明书、基金销售服务协议约定，不得向投资人收取额外费用；未经招募说明书载明并公告，不得对不同投资人适用不同费率。

第七十九条　基金销售机构及基金销售相关机构应当依法为投资人保守秘密。

第八十条　基金销售机构和基金销售相关机构通过互联网开展基金销售活动的，应当报相关部门进行网络内容服务商备案，其信息系统应当符合中国证监会基金销售业务信息管理平台的有关要求，并在向投资人开通前将基金销售网站地址报中国证监会备案。

第八十一条　基金销售机构公开发售以基金为投资标的的理财产品等活动的管理规定，由中国证监会另行规定。

第八十二条　基金销售机构从事基金销售活动，不得有下列情形：

（一）以排挤竞争对手为目的，压低基金的收费水平；

（二）采取抽奖、回扣或者送实物、保险、基金份额等方式销售基金；

（三）以低于成本的销售费用销售基金；

（四）承诺利用基金资产进行利益输送；

（五）进行预约认购或者预约申购（基金定期定额投资业务除外），未按规定公告擅自变更基金的发售日期；

（六）挪用基金销售结算资金；

（七）本办法第三十五条规定的情形；

（八）中国证监会规定禁止的其他情形。

第七章　监督管理和法律责任

第八十三条　基金管理人应当自与基金销售机构签订销售协议之日起 7 日内，将销售协议报送其主要经营活动所在地中国证监会派出机构。

第八十四条　基金销售机构应当建立相关人员的离任审计或者离任审查制

度。独立基金销售机构的董事长、总经理离任或者执行事务合伙人退伙的，应当根据中国证监会的规定进行审计。独立基金销售机构的其他高级管理人员，保险经纪公司、保险代理公司和证券投资咨询机构负责基金销售业务的高级管理人员，其他基金销售机构负责基金销售业务的部门负责人离任的，应当根据中国证监会的规定进行审查。

第八十五条 基金销售机构负责基金销售业务的监察稽核人员应当及时检查基金销售业务的合法合规情况，并于年度结束一个季度内完成上年度监察稽核报告，予以存档备查。

第八十六条 基金销售机构应当根据中国证监会的要求履行信息报送义务。中国证监会及其派出机构对基金销售机构从事基金销售活动的情况进行定期或者不定期检查，基金销售机构应当予以配合。

第八十七条 基金销售机构违反本办法规定的，中国证监会及其派出机构可以责令改正，出具警示函暂停办理相关业务；对直接负责的主管人员和其他直接责任人员，可以采取监管谈话、出具警示函、暂停履行职务、认定为不适宜担任相关职务者等行政监管措施。

第八十八条 商业银行、证券公司、期货公司、保险机构、证券投资咨询机构、独立基金销售机构，以及中国证监会认定的其他机构进行基金销售业务资格注册时，隐瞒有关情况或者提供虚假材料的，中国证监会派出机构不予接受；已经接受的，不予注册，并处以警告。

第八十九条 基金销售机构从事基金销售活动，存在下列情形之一的，将依据《证券投资基金法》对相关机构和人员进行处罚。

（一）未经中国证监会注册或认定，擅自从事基金销售业务的；

（二）未向投资人充分揭示投资风险并误导其购买与其风险承担能力不相当的基金产品；

（三）挪用基金销售结算资金或者基金份额的；

（四）未建立应急等风险管理制度和灾难备份系统，或者泄露与基金份额持有人、基金投资运作相关的非公开信息的。

基金销售机构存在上述情形，情节严重的，责令暂停或者终止基金销售业务；构成犯罪的，依法移送司法机构，追究刑事责任。

第九十条 基金销售机构从事基金销售活动，有下列情形之一的，责令改正，单处或者并处警告、三万元以下罚款；对直接负责的主管人员和其他直接责任人员，单处或者并处警告、三万元以下罚款：

（一）基金销售机构与未取得基金销售业务资格或经中国证监会资质认定的机构或者个人合作，开办基金销售业务的；

（二）未按照本办法第二十九条的规定开立与基金销售有关的账户；

（三）未按照本办法第三十四条的规定使用基金宣传推介材料；

（四）违反本办法第五十七条的规定，允许未经聘任的人员销售基金或者未经中国证监会认可的人员宣传推介基金；

（五）未按照本办法第六十六条的规定签订书面销售协议；

（六）违反本办法第六十八条的规定，擅自向公众分发、公布基金宣传推介材料；

（七）违反本办法第七十四条的规定，擅自停止办理基金份额发售或者拒绝投资人的申购、赎回；

（八）违反本办法第七十五条的规定，确定基金份额申购、赎回价格；

（九）未按照本办法第七十八条的规定收取销售费用并核算、记账；

（十）从事本办法第八十二条规定禁止的行为；

（十一）未按照本办法第八十五条的规定进行自查，并编制监察稽核报告；

（十二）未按照本办法第八十六条的规定履行信息报送义务或者配合中国证监会及其派出机构进行监督检查。

基金销售机构存在上述情形，情节严重的，责令暂停或者终止基金销售业务；构成犯罪的，依法移送司法机构，追究刑事责任。

第九十一条 基金销售机构获得基金销售业务资格后1年内未开展基金销售业务，将终止基金销售业务资格。

第九十二条 基金销售机构被责令暂停基金销售业务的，暂停期间不得从事下列活动：

（一）签订新的销售协议；

（二）宣传推介基金；

（三）发售基金份额；

（四）办理基金份额申购。

基金销售机构被责令终止基金销售业务的，应当停止基金销售活动。

基金销售机构被责令暂停或者终止基金销售业务的，基金管理人应当配合中国证监会指定的中介机构妥善处理有关投资人基金份额的申购、赎回、转托管等业务，并可按照销售协议的约定，依法要求销售机构赔偿有关损失。

第九十三条 基金销售支付结算机构从事基金销售支付结算活动，存在下列情形之一的，将依据《证券投资基金法》对相关机构和人员进行处罚。

（一）未经中国证监会认可，擅自开办基金销售支付结算业务的；

（二）未按照规定划付基金销售结算资金的；

（三）挪用基金销售结算资金或者基金份额的；

（四）未建立应急等风险管理制度和灾难备份系统，或者泄露与基金份额持有人、基金投资运作相关的非公开信息的。

基金销售支付结算机构存在上述情形，情节严重的，责令暂停或者终止基金销售支付结算业务；构成犯罪的，依法移送司法机构，追究刑事责任。

第九十四条 基金销售支付结算机构被暂停或者终止基金销售支付结算业务的，基金销售机构和监督机构应当配合中国证监会指定的中介机构妥善处理有关投资人基金份额的申购、赎回、转托管等业务，并可按相关协议的约定，依法追偿有关损失。

第八章　附　则

第九十五条 本办法自 2013 年 6 月 1 日起施行。2011 年 6 月 9 日发布的《证券投资基金销售管理办法》（证监会令第 72 号）同时废止。

证券投资基金销售业务信息管理平台管理规定

(证监基金字〔2007〕76号)

第一章 总 则

第一条 为了规范证券投资基金销售业务的信息管理,提高对基金投资人的信息服务质量,促进证券投资基金销售业务的进一步发展,根据《证券投资基金法》及《证券投资基金销售管理办法》(以下简称《销售管理办法》),制定本规定。

第二条 本规定所称的证券投资基金销售业务信息管理平台(以下简称"信息管理平台"),是指基金销售机构使用的与基金销售业务相关的信息系统,主要包括前台业务系统、后台管理系统以及应用系统的支持系统。

本规定所称的基金销售机构,是指依法办理基金份额的认购、申购和赎回的基金管理人以及取得基金代销业务资格的其他机构。

第三条 信息管理平台的建立和维护应当遵循安全性、实用性、系统化的原则,并且满足以下要求:

(一)具备本规定所列示的各项基金销售业务功能,能够履行法律、法规规定的相关责任人的义务;

(二)具备基金销售业务信息流和资金流的监控核对机制,保障基金投资人资金流动的安全性;

(三)具备基金销售费率的监控机制,防止基金销售业务中的不正当竞争行为;

(四)支持基金销售适用性原则在基金销售业务中的运用;

(五)具备基金销售人员的管理、监督和投诉机制;

(六)能够为中国证监会提供监控基金交易、资金安全及其他销售行为所需的信息。

第四条 基金销售机构从事和基金销售有关的活动,应当按照本规定的要求建设、改造和管理相关信息系统。

第二章　前台业务系统

第五条　前台业务系统主要是指直接面对基金投资人，或者与基金投资人的交易活动直接相关的应用系统，分为自助式和辅助式两种类型。

辅助式前台系统，是指基金销售机构提供的，由具备相关资质要求的专业服务人员辅助基金投资人完成业务操作所必需的软件应用系统。

自助式前台系统，是指基金销售机构提供的，由基金投资人独自完成业务操作的应用系统，包括基金销售机构网点现场自助系统和通过互联网、电话、移动通信等非现场方式实现的自助系统。

前台业务系统通过与后台管理系统的网络连接，实现各项业务功能。

第六条　前台业务系统应当具备为基金投资人以及基金销售人员提供投资资讯的功能，投资资讯应当包括以下内容：

（一）基金基础知识；

（二）基金相关法律法规；

（三）基金产品信息，包括基金基本信息、基金费率、基金转换、手续费支付模式、基金风险评价信息和基金的其他公开市场信息等；

（四）基金管理人和基金托管人信息；

（五）基金相关投资市场信息；

（六）基金销售分支机构、网点信息。

为基金投资人提供的投资资讯信息，要有合法来源，还应当向基金投资人揭示信息来源和发布时间。

第七条　前台业务系统应当具备对基金交易账户以及基金投资人信息进行管理的功能，包括开户、基金投资人风险承受能力调查和评价、基金投资人信息查询、基金投资人信息修改、销户、密码管理、账户冻结申请、账户解冻申请等：

（一）系统在个人开户时应当记录个人证件类型、证件号码、基金交易账户、姓名、出生年月、法定或授权代理人证件类型、法定或授权代理人证件号码、法定或授权代理人姓名、个人银行账户、联系方式、对账单发送方式等信息；

（二）系统在机构开户时应当记录机构证件类型、证件号码、机构类型、基金交易账户、机构名称、注册地址、法定代表人姓名、授权代理人证件类型、授权代理人证件号码、授权代理人姓名、机构银行账户、联系方式、对账单发送方式等信息；

（三）系统应当具有可靠的基金投资人交易密码机制，禁止系统自动生成相同密码或弱密码；基金投资人密码的修改和取回操作要有日志记录；

（四）系统应当具有调查、评价、记录基金投资人风险承受能力的功能。

第八条 前台业务系统应当具备基金认购、申购、赎回、转换、变更分红方式和中国证监会认可的其他交易功能：

（一）应当检查基金投资人所认购、申购基金的风险等级与基金投资人风险承受能力之间是否匹配；如果不匹配，应当具有要求基金投资人进行确认，并记录基金投资人确认信息的功能；

（二）应当禁止赎回资金划入非基金投资人的银行账户；基金投资人在提交赎回申请后至赎回款项到账前更改银行账户的，系统应当视为异常交易并作记录；

（三）不能具有修改销售费率的功能；

（四）应当对基金交易开放时间以外提交的交易申请进行正确的提示。

第九条 前台业务系统应当具备为基金投资人提供服务的功能：

（一）应当提供基金投资人持有的基金产品、基金投资人持有的基金份额、基金投资人基金交易明细、基金投资人基金交易的资金划付信息、适合基金投资人风险承受能力的基金产品、基金净值或基金收益等信息的查询；

（二）定期或不定期地以基金投资人选择的方式为基金投资人提供对账单，对账单应当包括基金投资人持有的基金份额、基金投资人基金交易账户发生的交易明细记录、手续费收取情况、分红方式等内容；

（三）记录基金投资人投诉信息，应当包括基金投资人姓名、投诉时间、投诉事项、处理流程、处理结果等内容。

第三章 自助式前台系统

第十条 自助式前台系统在满足第二章要求的前提下，应当同时符合本章规定。

第十一条 基金销售机构要为基金投资人提供核实自助式前台系统真实身份和资质的方法，包括向基金投资人提供合法销售基金的相关证明文件，以及便于基金投资人核查的监管机构联系方式。

为自助式前台系统提供支持服务的相关人员，与当面服务对等岗位的人员资质要求相同；自助式前台系统应当为基金投资人提供核查相关人员资质的功能。

第十二条 自助式前台系统应当通过在线阅读、文件下载、链接或语音提示等方式为基金投资人披露以下信息：

（一）基金销售机构情况，包括注册地址，主要办公场所所在地，基金销售分支机构、网点，联系方式等；

（二）客户开户协议等相关文档范本；

（三）至少两种投诉处理方式；

（四）揭示基金投资人自助服务的相关风险和防范措施，应当包括信息安全、异常操作、系统故障等，并提示基金投资人有通过第三方对基金销售机构提供的信息进行核实的义务和妥善保管自己账户密码、证书等身份数据的义务。

第十三条 通过自助式前台系统为基金投资人开立基金交易账户时，应当要求基金投资人提供证明身份的相关资料，并采取等效实名制的方式核实基金投资人身份；基金投资人自助开户或修改账户信息时，基金销售机构必须核对基金投资人名称与银行账户名是否一致。

自助式前台系统应当对基金投资人自助服务的操作具有核实身份的功能和合法有效的抗否认措施；基金投资人通过互联网进行操作的，系统应当记录操作者的 IP 地址、数字证书等；基金投资人通过电话操作的，系统应当记录来电号码。

在基金交易账户存在余额、在途交易或在途权益时，基金投资人不得通过自助式前台系统进行基金交易账户销户或指定银行账户变更等重要操作，基金投资人必须持有效证件前往柜台办理。

第十四条 基金销售机构应当在自助式前台系统上设定以下限额：

（一）基金投资人单笔和每日累计可以认购、申购的最大金额；

（二）基金投资人单笔和每日累计可以赎回的最大金额。

第十五条 基金销售机构应当为基金投资人提供自助式前台系统失效时的备用服务措施或方案。

第十六条 自助式前台系统的各项功能设计，应当界面友好、方便易用，具有防止或纠正基金投资人误操作的功能。

第四章　后台管理系统

第十七条 后台管理系统实现对前台业务系统功能的数据支持和集中管

理，后台管理系统功能应当限制在基金销售机构内部使用。

第十八条 后台管理系统应当记录基金销售机构、基金销售分支机构、网点和基金销售人员的相关信息，具有对基金销售分支机构、网点和基金销售人员的管理、考核、行为监控等功能：

（一）基金销售机构基本信息应当包括名称、注册地址、联系人、负责人、联系方式等；

（二）基金销售分支机构、网点基本信息应当包括名称、地址、联系人、负责人、联系方式等；

（三）基金销售人员基本信息应当包括姓名、联系方式、所属分支机构或网点、资质证明等；系统应当具有记录基金销售人员的培训记录、违规信息等功能。

第十九条 后台管理系统应当能够记录和管理基金风险评价、基金管理人与基金产品信息、投资资讯等相关信息：

（一）基金管理人信息应当包括公司名称、注册地址、主要办公场所所在地、负责人、联系人、联系方式等；

（二）基金产品信息应当包括基金代码、名称、类型、交易限额、费率等；

（三）应当具有监控基金销售费率合规性的功能。

第二十条 后台管理系统应当对基金交易开放时间以外收到的交易申请进行正确的处理，防止发生基金投资人盘后交易的行为。

第二十一条 后台管理系统应当具备交易清算、资金处理的功能，以便完成与基金注册登记系统、银行系统的数据交换：

（一）应当具有将基金注册登记机构确认后的基金开户、基金交易数据导入系统进行处理的功能，包括基金注册登记机构发起的销户确认、账户冻结、份额冻结、账户解冻、份额解冻、非交易过户、份额拆分等特殊业务处理功能；

（二）应当具有记录基金投资人银行账户、资金划付信息的功能；

（三）应当具备配合基金注册登记系统进行基金销售规模控制的功能。

第二十二条 后台管理系统应当具有对所涉及的信息流和资金流进行对账作业的功能：

（一）核对基金销售机构记录的基金投资人持有的基金份额与基金注册登记机构提供的数据是否相符；

（二）核对基金销售专户出入账金额与基金销售机构记录的认购、申购金额、赎回金额是否相符；

（三）按照交易日期、基金、基金投资人、分支机构等进行明细核对；

（四）记录对账作业中发现的问题，对重大问题应当做出报警并记录实际解决方式。

第五章 监管系统信息报送

第二十三条 基金销售机构应当为中国证监会基金监管业务信息系统提供以下信息，并保证信息的真实性、准确性和完整性：

（一）每日基金销售机构基金交易情况；

（二）每月基金投资人认购、申购基金的风险等级与基金投资人风险承受能力匹配的情况汇总；

（三）每月基金销售异常交易的情况汇总；

（四）季度基金销售机构内部监察稽核报告；

（五）专业基金销售机构的年度财务、经营状况；

（六）基金销售机构依据的基金风险评价方法说明；

（七）基金销售机构调查和评价基金投资人风险承受能力的方法说明；

（八）中国证监会要求的其他信息。

基金销售机构应当委托基金销售专户开户行为中国证监会基金监管业务信息系统提供每日基金销售专户资金流量数据。

第二十四条 基金注册登记机构应当为中国证监会基金监管业务信息系统提供每日基金交易确认情况，并保证信息的真实性、准确性和完整性。

基金注册登记机构应当委托清算账户开户行为中国证监会基金监管业务信息系统提供每日清算账户资金流量数据。

第六章 信息管理平台的管理

第二十五条 信息管理平台应用系统的支持系统包括数据库、服务器、网络通讯、安全保障等，对于关键的支持系统组成部分应当提供备份措施或方案。

第二十六条 信息管理平台应当具有业务集中处理、数据集中存贮的技术特征，将基金投资人信息、交易历史、基金销售人员信息、基金投资人服务信息等电子数据集中保存。

第二十七条 系统投入使用、系统重大升级、年度技术风险评估的报告应当报中国证监会备案。

系统升级时必须与基金管理人、基金注册登记机构等进行联网测试。

第二十八条 基金销售机构应当制定业务连续性计划和灾难恢复计划并定期组织演练。

第二十九条 基金销售机构应当建立完善的监控体系，对系统升级、网络访问、数据库存取、用户密码修改等重要操作要进行记录并妥善保存日志文件。

第三十条 系统数据应当逐日备份并异地妥善存放，系统运行数据中涉及基金投资人信息和交易记录的备份应当在不可修改的介质上保存15年。

第三十一条 基金投资人身份、交易明细等敏感数据在公网的传输应当进行可靠加密，基金投资人交易密码不得以明文方式存储和传输；基金销售机构业务人员和运行维护人员不得直接修改基金投资人交易数据和口令密码，因特殊原因需要修改的，应当履行严格的程序并且留痕。

第三十二条 基金销售机构应当妥善管理系统项目文档和技术文档，对于定制开发的核心业务系统，应当要求开发商提供源代码或对源代码实行第三方托管。

第三十三条 基金销售机构应当在系统开发和运行中采用已颁布的行业标准和数据接口。

第三十四条 在保障安全的前提下，基金销售机构可以将系统集成、应用开发、运营维护、设备托管、网络通信、技术咨询等专业服务按市场公平竞争的原则外包给具有相应资质的服务商；基金销售机构应当与技术外包方签订详细的商业合同，明确约定各自的相关责任。

基金销售机构选定和变更技术外包方的基本情况应当报中国证监会备案。

第三十五条 实施技术服务外包，信息管理平台安全运营的最终管理责任由基金销售机构承担。

第七章 附 则

第三十六条 中国证监会及其派出机构有权通过其基金监管业务信息系统对基金交易、资金安全及其他销售行为进行监控。

第三十七条 中国证监会及其派出机构有权对基金销售机构的信息管理平台进行现场检查，发现存在重大问题的，可以根据具体情况和相关法律法规采取相应的监管措施。

第三十八条 拟申请基金代销业务资格的机构，应当按照《销售管理办法》及本规定的要求建设相关信息系统，同时补充和完善基金代销资格业务申请材料的有关内容。

第三十九条 基金管理人和已取得基金代销业务资格的机构，应当按照本规定的要求在本规定实施后一年内完成相关信息系统的改造工作，同时做好配合中国证监会及其派出机构对信息管理平台进行现场检查的准备工作。

第四十条 有关基金销售机构及基金注册登记机构为中国证监会基金监管业务信息系统报送信息的数据交换格式要求，由中国证监会另行通知。

第四十一条 本规定自发布之日起实施。

证券投资基金销售适用性指导意见

(证监基金字〔2007〕278号)

第一章 总 则

第一条 为了规范基金销售机构的销售行为，确保基金和相关产品销售的适用性，提示投资风险，促进证券投资基金市场健康发展，依据《证券投资基金法》《证券投资基金销售管理办法》及其他法律法规制定本指导意见。

第二条 本指导意见所称基金销售机构，是指依法办理基金份额的发售、申购和赎回的基金管理人以及取得基金代销业务资格的其他机构。

第三条 基金销售适用性是指基金销售机构在销售基金和相关产品的过程中，注重根据基金投资人的风险承受能力销售不同风险等级的产品，把合适的产品卖给合适的基金投资人。

第四条 基金销售机构应当参照本指导意见，建立健全基金销售适用性管理制度，做好销售人员的业务培训工作，加强对基金销售行为的管理，加大对基金投资人的风险提示，降低因销售过程中产品错配而导致的基金投资人投诉风险。

第五条 基金销售机构使用的基金销售业务信息管理平台应当支持基金销售适用性在基金销售中的运用。

第二章 基金销售适用性的指导原则和管理制度

第六条 基金销售机构在实施基金销售适用性的过程中应当遵循以下指导原则：

（一）投资人利益优先原则。当基金销售机构或基金销售人员的利益与基金投资人的利益发生冲突时，应当优先保障基金投资人的合法利益。

（二）全面性原则。基金销售机构应当将基金销售适用性作为内部控制的组成部分，将基金销售适用性贯穿于基金销售的各个业务环节，对基金管理人（或产品发起人，下同）、基金产品（或基金相关产品，下同）和基金投资人都要了解并做出评价。

（三）客观性原则。基金销售机构应当建立科学合理的方法，设置必要的标准和流程，保证基金销售适用性的实施。对基金管理人、基金产品和基金投资人的调查和评价，应当尽力做到客观准确，并作为基金销售人员向基金投资人推介合适基金产品的重要依据。

（四）及时性原则。基金产品的风险评价和基金投资人的风险承受能力评价应当根据实际情况及时更新。

第七条　基金销售机构建立基金销售适用性管理制度，应当至少包括以下内容：

（一）对基金管理人进行审慎调查的方式和方法；

（二）对基金产品的风险等级进行设置、对基金产品进行风险评价的方式或方法；

（三）对基金投资人风险承受能力进行调查和评价的方式和方法；

（四）对基金产品和基金投资人进行匹配的方法。

第三章　审慎调查

第八条　基金代销机构选择代销基金产品，应当对基金管理人进行审慎调查并做出评价；基金管理人在选择基金代销机构时，为确保基金销售适用性的贯彻实施，应当对基金代销机构进行审慎调查。

第九条　基金代销机构通过对基金管理人进行审慎调查，了解基金管理人的诚信状况、经营管理能力、投资管理能力和内部控制情况，并可将调查结果作为是否代销该基金管理人的基金产品或是否向基金投资人优先推介该基金管理人的重要依据。

第十条　基金管理人通过对基金代销机构进行审慎调查，了解基金代销机构的内部控制情况、信息管理平台建设、账户管理制度、销售人员能力和持续营销能力，并可将调查结果作为选择基金代销机构的重要依据。

第十一条　开展审慎调查应当优先根据被调查方公开披露的信息进行；接受被调查方提供的非公开信息使用的，必须对信息的适当性实施尽职甄别。

第四章　基金产品风险评价

第十二条　对基金产品的风险评价，可以由基金销售机构的特定部门完成，也可以由第三方的基金评级与评价机构提供。

由基金评级与评价机构提供基金产品风险评价服务的，基金销售机构应当要求服务方提供基金产品风险评价方法及其说明。

第十三条 基金产品风险评价结果应当作为基金销售机构向基金投资人推介基金产品的重要依据。

第十四条 基金产品风险评价以基金产品的风险等级来具体反映，基金产品风险应当至少包括以下三个等级：

（一）低风险等级；

（二）中风险等级；

（三）高风险等级。

基金销售机构可以根据实际情况在前款所列等级的基础上进一步进行风险细分。

第十五条 基金产品风险评价应当至少依据以下四个因素：

（一）基金招募说明书所明示的投资方向、投资范围和投资比例；

（二）基金的历史规模和持仓比例；

（三）基金的过往业绩及基金净值的历史波动程度；

（四）基金成立以来有无违规行为发生。

第十六条 基金销售机构所使用的基金产品风险评价方法及其说明应当通过适当途径向基金投资人公开。

第十七条 基金产品风险评价的结果应当定期更新，过往的评价结果应当作为历史记录保存。

第五章　基金投资人风险承受能力调查和评价

第十八条 基金销售机构应当建立基金投资人调查制度，制定科学合理的调查方法和清晰有效的作业流程，对基金投资人的风险承受能力进行调查和评价。

第十九条 在对基金投资人的风险承受能力进行调查和评价前，基金销售机构应当执行基金投资人身份认证程序，核查基金投资人的投资资格，切实履行反洗钱等法律义务。

第二十条 基金投资人评价应以基金投资人的风险承受能力类型来具体反映，应当至少包括以下三个类型：

（一）保守型；

（二）稳健型；

（三）积极型。

基金销售机构可以根据实际情况在前款所列类型的基础上进一步进行风险承受能力细分。

第二十一条 基金销售机构应当在基金投资人首次开立基金交易账户时或首次购买基金产品前对基金投资人的风险承受能力进行调查和评价；对已经购买了基金产品的基金投资人，基金销售机构也应当追溯调查、评价该基金投资人的风险承受能力。

基金投资人放弃接受调查的，基金销售机构应当通过其他合理的规则或方法评价该基金投资人的风险承受能力。

第二十二条 基金销售机构可以采用当面、信函、网络或对已有的客户信息进行分析等方式对基金投资人的风险承受能力进行调查，并向基金投资人及时反馈评价的结果。

第二十三条 对基金投资人进行风险承受能力调查，应当从调查结果中至少了解到基金投资人的以下情况：

（一）投资目的；

（二）投资期限；

（三）投资经验；

（四）财务状况；

（五）短期风险承受水平；

（六）长期风险承受水平。

第二十四条 采用问卷等进行调查的，基金销售机构应当制定统一的问卷格式，同时应当在问卷的显著位置提示基金投资人在基金购买过程中注意核对自己的风险承受能力和基金产品风险的匹配情况。

第二十五条 基金销售机构调查和评价基金投资人的风险承受能力的方法及其说明应当通过适当途径向基金投资人公开。

第二十六条 基金销售机构应当定期或不定期地提示基金投资人重新接受风险承受能力调查，也可以通过对已有客户信息进行分析的方式更新对基金投资人的评价；过往的评价结果应当作为历史记录保存。

第六章 基金销售适用性的实施保障

第二十七条 基金销售机构应当通过内部控制保障基金销售适用性在基金销售各个业务环节的实施。

第二十八条 基金销售机构总部应当负责制定与基金销售适用性相关的制

度和程序，建立销售的基金产品池，在销售业务信息管理平台中建设并维护与基金销售适用性相关的功能模块。

基金销售机构分支机构应当在总部的指导和管理下实施与基金销售适用性相关的制度和程序。

第二十九条 基金销售机构应当就基金销售适用性的理论和实践对基金销售人员实行专题培训。

第三十条 基金销售机构应当制定基金产品和基金投资人匹配的方法，在销售过程中由销售业务信息管理平台完成基金产品风险和基金投资人风险承受能力的匹配检验。

匹配方法至少应当在基金产品的风险等级和基金投资人的风险承受能力类型之间建立合理的对应关系，同时在建立对应关系的基础上将基金产品风险超越基金投资人风险承受能力的情况定义为风险不匹配。

第三十一条 基金销售机构应当在基金认购或申购申请中加入基金投资人意愿声明内容，对于基金投资人主动认购或申购的基金产品风险超越基金投资人风险承受能力的情况，要求基金投资人在认购或申购基金的同时进行确认，并在销售业务信息管理平台上记录基金投资人的确认信息。

第三十二条 禁止基金销售机构违背基金投资人意愿向基金投资人销售与基金投资人风险承受能力不匹配的产品。

第七章 附 则

第三十三条 中国证监会及其派出机构在对基金销售活动进行现场检查时，有权对与基金销售适用性相关的制度建设、推广实施、信息处理和历史记录等进行询问或检查，发现存在问题的，可以对基金销售机构进行必要的指导。

中国证券业协会有权对基金销售适用性的执行情况进行自律管理。

第三十四条 基金管理人、已取得基金代销业务资格的机构及拟申请基金代销业务资格的机构，均应当按照本指导意见的要求制定基金销售适用性的长期推行计划，在本指导意见实施后逐步达到各项要求。

第三十五条 本指导意见自发布之日起实施。

证券投资基金销售机构通过第三方电子商务平台开展业务管理暂行规定

(中国证券监督管理委员会公告〔2013〕18号)

第一条 为了进一步拓宽公开募集证券投资基金(以下简称基金)的销售渠道,保障基金销售机构在第三方电子商务平台上基金销售活动的安全有序开展,维护基金投资人合法权益,根据《证券投资基金销售管理办法》等有关法律法规,制定本规定。

第二条 本规定所称第三方电子商务平台,是指在通过互联网开展的基金销售活动中,为基金投资人和基金销售机构之间的基金交易活动提供辅助服务的信息系统。

第三条 基金交易账户开户、宣传推介、基金份额的申购(认购)和赎回、相关投资顾问咨询和投诉处理等基金销售服务应当由基金销售机构提供。

第三方电子商务平台可以为基金销售机构开展基金销售业务提供辅助服务。第三方电子商务平台自行开展基金销售业务的,其经营者应当取得基金销售业务资格。

第四条 第三方电子商务平台为基金销售机构的销售业务提供辅助服务的,其经营者应当按照中国证券监督管理委员会(以下简称中国证监会)的规定进行备案;未报中国证监会备案的,第三方电子商务平台经营者不得开展相关业务。

基金销售机构通过第三方电子商务平台开展基金销售业务的,应当于业务开展后5个工作日内报中国证监会备案。

第五条 中国证监会及其派出机构依照法律法规、中国证监会的相关规定,对基金销售机构和第三方电子商务平台经营者的相关行为实施监督管理。中国证监会及其派出机构可以对基金销售机构及第三方电子商务平台经营者的相关行为进行日常监管和现场检查,基金销售机构及第三方电子商务平台经营者应予配合。

第六条 第三方电子商务平台经营者为基金销售业务提供辅助服务的,应当具备下列条件：

（一）为中华人民共和国境内依法设立的企业法人，网站接入地在中华人民共和国境内；

（二）取得互联网行业主管部门颁发的相关电信业务经营许可证满3年；

（三）诚信记录良好，最近3年没有受到重大行政处罚或者刑事处罚；

（四）具有健全的组织机构、业务规则、规章制度，有完善的内部控制和风险管理制度；

（五）具有与电子商务平台经营规模相适应的管理人员、技术人员和客户服务人员；

（六）具有保障电子商务平台安全运行的信息系统，与基金销售机构、相关服务提供商相应的技术系统完成了联网测试；

（七）具有与开展基金销售业务辅助服务相适应的安全管理措施和安全防范技术措施，信息安全保障水平符合国家规定的标准；

（八）符合法律、行政法规规定的其他条件。

第七条 第三方电子商务平台经营者报中国证监会备案的文件应当包括备案报告、工商注册登记资料、电信业务经营许可证、商业计划书、信息技术系统实施方案、内部控制管理制度、与基金销售机构以及投资人之间协议样本、法律意见书等材料。

基金销售机构报中国证监会备案的文件应当包括业务方案、风险管理与应急处理制度、与相关各方签署的合作协议、技术系统联网测试报告等材料。

第八条 基金销售机构通过第三方电子商务平台开展基金销售活动，应当符合法律法规和中国证监会的有关规定，保证基金销售结算资金安全，确保销售适用性原则的贯彻落实。

第九条 通过第三方电子商务平台开展基金销售业务的，基金销售机构应当进行充分评估论证，履行必要的内部决策程序，并制定相应的风险管理和应急处理制度，维护基金投资人合法权益。

第十条 通过第三方电子商务平台开展基金销售活动的，基金销售机构的信息技术系统应当符合中国证监会对基金销售业务信息管理平台的要求，具备基金交易账户与投资人信息管理、基金交易、销售适用性实施、投资人服务等功能。

第三方电子商务平台为基金销售机构的销售服务活动提供技术支持的，其信息技术系统应当符合《证券投资基金销售业务信息管理平台管理规定》和

《网上基金销售信息系统技术指引》等的要求。

第十一条 基金销售机构通过第三方电子商务平台开展基金销售活动的，可以自行选择投资人身份认证、支付结算等相关服务提供商。

第十二条 基金销售机构与第三方电子商务平台经营者、投资人身份认证和支付结算等相关服务提供商应当签署合作协议，明确约定各自在基金产品销售、投资人服务、信息安全保障、风险控制、技术支持等方面的权责义务，确保分工清晰、责任明确。

基金销售机构与第三方电子商务平台经营者的合作协议还应当包括协议到期、合作终止以及一方资格被暂停或取消后妥善处理相应业务的方案、违约责任等内容。

因第三方电子商务平台原因导致基金投资人合法权益受到损害的，其经营者应当承担赔偿责任。

第十三条 基金销售机构通过第三方电子商务平台开展基金销售活动的，应当在第三方电子商务平台的醒目位置披露其工商登记信息和基金销售业务资格信息，并提示基金销售服务由基金销售机构提供。

第十四条 第三方电子商务平台经营者应当向基金销售机构提供基金投资人的资料信息，包括但不限于姓名、证件类型、证件号码、联系方式等资料。

第十五条 第三方电子商务平台经营者为基金投资人开立账户的，应当对基金投资人账户进行实名制管理，该账户可以用于基金投资人在第三方电子商务平台完成的基金交易记录的展示。

第十六条 基金销售机构、第三方电子商务平台经营者和相关服务提供商应当保证基金投资人身份资料及交易信息的安全。除法律法规规定的情形外，基金销售机构、第三方电子商务平台经营者和相关服务提供商不得将相关信息泄露给任何机构或者个人。

第十七条 基金销售机构和第三方电子商务平台经营者违反相关法律法规及本规定的，中国证监会可以依法责令整改，暂停办理相关业务，情节严重的，取消业务备案；对直接负责的主管人员和其他直接责任人员，可以采取监管谈话、出具警示函、记入诚信档案等行政监管措施；涉嫌犯罪的，依法移送司法机关，追究其刑事责任。

第十八条 本规定自公布之日起施行。

关于进一步规范货币市场基金互联网销售、赎回相关服务的指导意见

(中国证券监督管理委员会公告〔2018〕10号)

为促进各基金管理人、基金销售机构依法合规开展货币市场基金互联网销售业务,审慎提供赎回相关服务,保护投资者合法权益,根据《证券投资基金法》《货币市场基金监督管理办法》等相关法律法规,现就有关事项规定如下:

一、基金管理人、基金销售机构独立或者与互联网机构等合作开展货币市场基金互联网销售业务时,除遵守《货币市场基金监督管理办法》第二十二条等相关规定外,还应当遵守以下规定:

(一)强化持牌经营理念,严禁非持牌机构开展基金销售活动,严禁非持牌机构留存投资者基金销售信息。

(二)强化基金销售活动的公平竞争要求,严禁实施歧视性、排他性、绑定性销售安排。

(三)强化基金销售结算资金的闭环运作与同卡进出要求,严禁任何机构或个人挪用基金销售结算资金。

(四)严禁基金份额违规转让,严禁用货币市场基金份额直接进行支付。

二、除按照法律法规规定和合同约定办理投资者的基金赎回申请外,为满足投资者小额、便利的取款需要,基金管理人、基金销售机构可以为投资者提供"T+0赎回提现业务"增值服务,即允许投资者在提交货币市场基金赎回申请当日在一定额度内取得赎回款项,但应当遵守以下规定:

(一)对单个投资者在单个销售渠道持有的单只货币市场基金单个自然日的"T+0赎回提现业务"提现金额设定不高于1万元的上限。自本指导意见施行之日起,新开展的"T+0赎回提现业务"应当按照前述要求执行,自2018年7月1日起,对于存量的"T+0赎回提现业务",相关机构应当按照前述要求完成规范整改。

(二)除具有基金销售业务资格的商业银行外,基金管理人、非银行基金

销售机构等机构及个人不得以自有资金或向银行申请授信等任何方式为货币市场基金"T+0赎回提现业务"提供垫支,任何机构不得使用基金销售结算资金为"T+0赎回提现业务"提供垫支。自本指导意见施行之日起,新开展的"T+0赎回提现业务"应当按照前述要求执行,自2018年12月1日起,对于存量的"T+0赎回提现业务",相关机构应当按照前述要求完成规范整改。

（三）严格规范"T+0赎回提现业务"的宣传推介,强化风险揭示和信息披露义务,严禁误导投资者。一是应以显著方式在该类业务宣传推介材料上增加"该服务非法定义务,提现有条件,依约可暂停",充分提示风险。二是应以显著方式在该类业务宣传推介材料上公开提示投资者有关提现额度限制、服务暂停及终止情形、让渡收益情况、提供垫支方的机构名称等涉及投资者利益的重要条款。三是应在实施暂停或终止提供该类服务、变更额度限制等影响投资者利益的重大事项前,及时履行信息披露义务。

三、非银行支付机构在为基金管理人、基金销售机构提供基金销售支付结算业务过程中,除应当遵守《货币市场基金监督管理办法》第二十三条等相关规定外,还应当遵守以下规定:

（一）不得向投资者提供以其持有的货币市场基金份额进行消费、转账等业务的增值服务。

（二）不得从事或变相从事货币市场基金宣传推介、份额发售与申购赎回等基金销售业务,不得对货币市场基金收益率进行承诺和宣传,不得留存投资者基金销售业务信息。

（三）不得为货币市场基金提供"T+0赎回提现业务"垫支。

四、本指导意见自2018年6月1日起施行。

第六章

互联网保险业务

互联网保险是指经保险监督管理机构批准设立，并依法登记注册的保险公司和保险专业中介机构依托互联网和移动通信技术，通过自营网络平台、第三方网络平台等订立保险合同、提供保险服务的业务。互联网保险业务由保监会（现为银保监会）负责监管。

保险机构开展互联网保险业务的自营网络平台及第三方网络平台应符合以下合规要点：

1. 具有支持互联网保险业务运营的信息管理系统，实现与保险机构核心业务系统的无缝实时对接，并确保与保险机构内部其他应用系统的有效隔离。

2. 具有完善的防火墙、入侵检测、数据加密以及灾难恢复等互联网信息安全管理体系。

3. 具有互联网行业主管部门颁发的许可证或者在互联网行业主管部门完成网站备案，且网站接入地在中国境内。

4. 第三方网络平台应完整、准确、及时向保险机构提供开展保险业务所需的投保人、被保险人、受益人的个人身份信息、联系信息、账户信息以及投保操作轨迹等信息。

5. 第三方网络平台最近两年未受到互联网行业主管部门、工商行政管理部门等政府部门的重大行政处罚，未被保监会（现为银保监会）列入保险行业禁止合作清单。

互联网保险业务监管暂行办法

(保监发〔2015〕69号)

为规范互联网保险经营行为,保护保险消费者合法权益,促进互联网保险业务健康发展,根据《中华人民共和国保险法》等法律、行政法规,制定本办法。

第一章 总 则

第一条 本办法所称互联网保险业务,是指保险机构依托互联网和移动通信等技术,通过自营网络平台、第三方网络平台等订立保险合同、提供保险服务的业务。

本办法所称保险机构,是指经保险监督管理机构批准设立,并依法登记注册的保险公司和保险专业中介机构。保险专业中介机构是指经营区域不限于注册地所在省、自治区、直辖市的保险专业代理公司、保险经纪公司和保险公估机构。

本办法所称自营网络平台,是指保险机构依法设立的网络平台。

本办法所称第三方网络平台,是指除自营网络平台外,在互联网保险业务活动中,为保险消费者和保险机构提供网络技术支持辅助服务的网络平台。

第二条 保险机构开展互联网保险业务,应遵守法律、行政法规以及本办法的有关规定,不得损害保险消费者合法权益和社会公共利益。

保险机构应科学评估自身风险管控能力、客户服务能力,合理确定适合互联网经营的保险产品及其销售范围,不能确保客户服务质量和风险管控的,应及时予以调整。

保险机构应保证互联网保险消费者享有不低于其他业务渠道的投保和理赔等保险服务,保障保险交易信息和消费者信息安全。

第三条 互联网保险业务的销售、承保、理赔、退保、投诉处理及客户服务等保险经营行为,应由保险机构管理和负责。

第三方网络平台经营开展上述保险业务的,应取得保险业务经营资格。

第二章 经营条件与经营区域

第四条 互联网保险业务应由保险机构总公司建立统一集中的业务平台和处理流程，实行集中运营、统一管理。

除本办法第一条规定的保险公司和保险专业中介机构外，其他机构或个人不得经营互联网保险业务。保险机构的从业人员不得以个人名义开展互联网保险业务。

第五条 保险机构开展互联网保险业务的自营网络平台，应具备下列条件：

（一）具有支持互联网保险业务运营的信息管理系统，实现与保险机构核心业务系统的无缝实时对接，并确保与保险机构内部其他应用系统的有效隔离，避免信息安全风险在保险机构内外部传递与蔓延；

（二）具有完善的防火墙、入侵检测、数据加密以及灾难恢复等互联网信息安全管理体系；

（三）具有互联网行业主管部门颁发的许可证或者在互联网行业主管部门完成网站备案，且网站接入地在中华人民共和国境内；

（四）具有专门的互联网保险业务管理部门，并配备相应的专业人员；

（五）具有健全的互联网保险业务管理制度和操作规程；

（六）互联网保险业务销售人员应符合保监会有关规定；

（七）中国保监会规定的其他条件。

第六条 保险机构通过第三方网络平台开展互联网保险业务的，第三方网络平台应具备下列条件：

（一）具有互联网行业主管部门颁发的许可证或者在互联网行业主管部门完成网站备案，且网站接入地在中华人民共和国境内；

（二）具有安全可靠的互联网运营系统和信息安全管理体系，实现与保险机构应用系统的有效隔离，避免信息安全风险在保险机构内外部传递与蔓延；

（三）能够完整、准确、及时向保险机构提供开展保险业务所需的投保人、被保险人、受益人的个人身份信息、联系信息、账户信息以及投保操作轨迹等信息；

（四）最近两年未受到互联网行业主管部门、工商行政管理部门等政府部门的重大行政处罚，未被中国保监会列入保险行业禁止合作清单；

（五）中国保监会规定的其他条件。

第三方网络平台不符合上述条件的，保险机构不得与其合作开展互联网保险业务。

第七条 保险公司在具有相应内控管理能力且能满足客户服务需求的情况下，可将下列险种的互联网保险业务经营区域扩展至未设立分公司的省、自治区、直辖市：

（一）人身意外伤害保险、定期寿险和普通型终身寿险；

（二）投保人或被保险人为个人的家庭财产保险、责任保险、信用保险和保证保险；

（三）能够独立、完整地通过互联网实现销售、承保和理赔全流程服务的财产保险业务；

（四）中国保监会规定的其他险种。

中国保监会可以根据实际情况，调整并公布上述可在未设立分公司的省、自治区、直辖市经营的险种范围。

对投保人、被保险人、受益人或保险标的所在的省、自治区、直辖市，保险公司没有设立分公司的，保险机构应在销售时就其可能存在的服务不到位、时效差等问题做出明确提示，要求投保人确认，并留存确认记录。

保险专业中介机构开展互联网保险业务的业务范围和经营区域，应与提供相应承保服务的保险公司保持一致。

第三章　信息披露

第八条 保险机构开展互联网保险业务，不得进行不实陈述、片面或夸大宣传过往业绩、违规承诺收益或者承担损失等误导性描述。

保险机构应在开展互联网保险业务的相关网络平台的显著位置，以清晰易懂的语言列明保险产品及服务等信息，需列明的信息包括下列内容：

（一）保险产品的承保公司、销售主体及承保公司设有分公司的省、自治区、直辖市清单；

（二）保险合同订立的形式，采用电子保险单的，应予以明确说明；

（三）保险费的支付方式，以及保险单证、保险费发票等凭证的配送方式、收费标准；

（四）投保咨询方式、保单查询方式及客户投诉渠道；

（五）投保、承保、理赔、保全、退保的办理流程及保险赔款、退保金、保险金的支付方式；

（六）针对投保人（被保险人或者受益人）的个人信息、投保交易信息和交易安全的保障措施；

（七）中国保监会规定的其他内容。

其中，互联网保险产品的销售页面上应包含下列内容：

（一）保险产品名称（条款名称和宣传名称）及批复文号、备案编号或报备文件编号；

（二）保险条款、费率（或保险条款、费率的链接），其中应突出提示和说明免除保险公司责任的条款，并以适当的方式突出提示理赔要求、保险合同中的犹豫期、费用扣除、退保损失、保险单现金价值等重点内容；

（三）销售人身保险新型产品的，应按照《人身保险新型产品信息披露管理办法》的有关要求进行信息披露和利益演示，严禁片面使用"预期收益率"等描述产品利益的宣传语句；

（四）保险产品为分红险、投连险、万能险等新型产品的，须以不小于产品名称字号的黑体字标注收益不确定性；

（五）投保人的如实告知义务，以及违反义务的后果；

（六）保险产品销售区域范围；

（七）其他直接影响消费者利益和购买决策的事项。

网络平台上公布的保险产品相关信息，应由保险公司统一制作和授权发布，并确保信息内容合法、真实、准确、完整。

第九条 开展互联网保险业务的保险机构，应在其官方网站建立互联网保险信息披露专栏，需披露的信息包括下列内容：

（一）经营互联网保险业务的网站名称、网址，如为第三方网络平台，还要披露业务合作范围；

（二）互联网保险产品信息，包括保险产品名称、条款费率（或链接）及批复文号、备案编号、报备文件编号或条款编码；

（三）已设立分公司名称、办公地址、电话号码等；

（四）客户服务及消费者投诉方式；

（五）中国保监会规定的其他内容。

保险专业中介机构开展互联网保险业务的，应披露的信息还应包括中国保监会颁发的业务许可证、营业执照登载的信息或营业执照的电子链接标识、保险公司的授权范围及内容。

第四章 经营规则

第十条 保险机构应将保险监管规定及有关要求告知合作单位，并留存告知记录。保险机构与第三方网络平台应签署合作协议，明确约定双方权利义务，确保分工清晰、责任明确。因第三方网络平台原因导致保险消费者或者保险机构合法权益受到损害的，第三方网络平台应承担赔偿责任。

第十一条 第三方网络平台应在醒目位置披露合作保险机构信息及第三方网络平台备案信息，并提示保险业务由保险机构提供。

第三方网络平台应于收到投保申请后 24 小时内向保险机构完整、准确地提供承保所需的资料信息，包括投保人（被保险人、受益人）的姓名、证件类型、证件号码、联系方式、账户等资料。除法律法规规定的情形外，保险机构及第三方网络平台不得将相关信息泄露给任何机构和个人。

第三方网络平台为保险机构提供宣传服务的，宣传内容应经保险公司审核，以确保宣传内容符合有关监管规定。保险公司对宣传内容的真实性、准确性和合规性承担相应责任。

第十二条 保险公司应加强对互联网保险产品的管理，选择适合互联网特性的保险产品开展经营，并应用互联网技术、数据分析技术等开发适应互联网经济需求的新产品，不得违反社会公德、保险基本原理及相关监管规定。

第十三条 投保人交付的保险费应直接转账支付至保险机构的保费收入专用账户，第三方网络平台不得代收保险费并进行转支付。保费收入专用账户包括保险机构依法在第三方支付平台开设的专用账户。

第十四条 保险机构及第三方网络平台以赠送保险，或与保险直接相关物品和服务的形式开展促销活动的，应符合中国保监会有关规定。不得以现金或同类方式向投保人返还所交保费。

第十五条 保险机构应完整记录和保存互联网保险业务的交易信息，确保能够完整、准确地还原相关交易流程和细节。交易信息应至少包括：产品宣传和销售文本、销售和服务日志、投保人操作轨迹等。第三方网络平台应协助和支持保险机构依法取得上述信息。

第十六条 保险公司应加强互联网保险业务的服务管理，建立支持咨询、投保、退保、理赔、查询和投诉的在线服务体系，探索以短信、即时通讯工具等多种方式开展客户回访，简化服务流程，创新服务方式，确保客户服务的高效和便捷。

对因需要实地核保、查勘和调查等因素而影响向消费者提供快速和便捷保险服务的险种，保险机构应立即暂停相关保险产品的销售，并采取有效措施进行整改，整改后仍不能解决的，应终止相关保险产品的销售。

第十七条 保险机构应加强业务数据的安全管理，采取防火墙隔离、数据备份、故障恢复等技术手段，确保与互联网保险业务有关交易数据和信息的安全、真实、准确、完整。

保险机构应防范假冒网站、APP应用等针对互联网保险的违法犯罪活动，检查网页上对外链接的可靠性，开辟专门渠道接受公众举报，发现问题后应立即采取防范措施，并及时向保监会报告。

第十八条 保险机构应加强客户信息管理，确保客户资料信息真实有效，保证信息采集、处理及使用的安全性和合法性。

对开展互联网保险业务过程中收集的客户信息，保险机构应严格保密，不得泄露，未经客户同意，不得将客户信息用于所提供服务之外的目的。

第十九条 保险公司应制定应急处置预案，妥善应对因突发事件、不可抗力等原因导致的互联网保险业务经营中断。

保险机构互联网保险业务经营中断的，应在自营网络平台或第三方网络平台的主页显著位置进行及时公布，并说明原因及后续处理方式。

第二十条 保险机构应建立健全客户身份识别制度，加强对大额交易和可疑交易的监控和报告，严格遵守反洗钱有关规定。

保险机构应要求投保人原则上使用本人账户支付保险费，退保时保险费应退还至原交费账户，赔款资金应支付到投保人本人、被保险人账户或受益人账户。对保险期间超过一年的人身保险业务，保险机构应核对投保人账户信息的真实性，确保付款人、收款人为投保人本人。

保险机构应建立健全互联网保险反欺诈制度，加强对互联网保险欺诈的监控和报告，第三方网络平台应协助保险机构开展反欺诈监控和调查。

第二十一条 保险公司向保险专业中介机构及第三方网络平台支付相关费用时，应当由总公司统一结算、统一授权转账支付。

保险公司应按照合作协议约定的费用种类和标准，向保险专业中介机构支付中介费用或向第三方网络平台支付信息技术费用等，不得直接或间接给予合作协议约定以外的其他利益。

第二十二条 中国保监会及其派出机构依据法律法规及相关监管规定，对保险机构和第三方网络平台的互联网保险经营行为进行日常监管和现场检查，保险机构和第三方网络平台应予配合。

第二十三条 中国保险行业协会依据法律法规及中国保监会的有关规定，对互联网保险业务进行自律管理。

中国保险行业协会应在官方网站建立互联网保险信息披露专栏，对开展互联网保险业务的保险机构及其合作的第三方网络平台等信息进行披露，便于社会公众查询和监督。中国保监会官方网站同时对相关信息进行披露。

第五章 监督管理

第二十四条 开展互联网保险业务的保险机构具有以下情形之一的，中国保监会可以责令整改；情节严重的，依法予以行政处罚：

（一）擅自授权分支机构开办互联网保险业务的；

（二）与不符合本办法规定的第三方网络平台合作的；

（三）发生交易数据丢失或客户信息泄露，造成不良后果的；

（四）未按照本办法规定披露信息或做出提示，进行误导宣传的；

（五）违反本办法关于经营区域、费用支付等有关规定的；

（六）不具备本办法规定的开展互联网保险业务条件的；

（七）违反中国保监会规定的其他行为。

第二十五条 开展互联网保险业务的第三方网络平台具有以下情形之一的，中国保监会可以要求其改正；拒不改正的，中国保监会可以责令有关保险机构立即终止与其合作，将其列入行业禁止合作清单，并在全行业通报：

（一）擅自与不符合本办法规定的机构或个人合作开展互联网保险业务；

（二）未经保险公司同意擅自开展宣传，造成不良后果的；

（三）违反本办法关于信息披露、费用支付等规定的；

（四）未按照本办法规定向保险机构提供或协助保险机构依法取得承保所需信息资料的；

（五）不具备本办法规定的开展互联网保险业务条件的；

（六）不配合保险监管部门开展监督检查工作的；

（七）违反中国保监会规定的其他行为。

第二十六条 中国保监会统筹负责互联网保险业务的监管，各保监局负责辖区内互联网保险业务的日常监测与监管，并可根据中国保监会授权对有关保险机构开展监督检查。

保险机构或其从业人员违反本办法，中国保监会及其派出机构可以通过监管谈话、监管函等措施，责令限期整改；拒不整改、未按要求整改，或构成《保险法》等法律、行政法规规定的违法行为的，依法进行处罚。

第六章　附　则

第二十七条　专业互联网保险公司的经营范围和经营区域，中国保监会另有规定的，适用其规定。

再保险业务不适用本办法。

第二十八条　对保险机构通过即时通讯工具、应用软件、社交平台等途径销售保险产品的管理，参照适用本办法。

保险公司、保险集团（控股）公司下属非保险类子公司依法设立的网络平台，参照第三方网络平台管理。

第二十九条　本办法由中国保监会负责解释和修订。

第三十条　本办法自 2015 年 10 月 1 日起施行，施行期限为 3 年。《保险代理、经纪公司互联网保险业务监管办法（试行）》（保监发〔2011〕53 号）同时废止。

保险销售行为可回溯管理暂行办法

(保监发〔2017〕54号)

第一条 为进一步规范保险销售行为，维护保险消费者合法权益，促进保险业持续健康发展，依据《保险法》和中国保监会有关规定，制定本办法。

第二条 本办法所称保险销售行为可回溯，是指保险公司、保险中介机构通过录音录像等技术手段采集视听资料、电子数据的方式，记录和保存保险销售过程关键环节，实现销售行为可回放、重要信息可查询、问题责任可确认。

第三条 本办法所称保险公司为经营人身保险业务和财产保险业务的保险公司，专业自保公司除外。

本办法所称保险中介机构是指保险专业中介机构和保险兼业代理机构，其中保险专业中介机构包括保险专业代理机构和保险经纪人，保险兼业代理机构包括银行类保险兼业代理机构和非银行类保险兼业代理机构。

第四条 保险公司、保险中介机构销售本办法规定的投保人为自然人的保险产品时，必须实施保险销售行为可回溯管理。团体保险产品除外。

第五条 保险公司、保险中介机构开展电话销售业务，应将电话通话过程全程录音并备份存档，不得规避电话销售系统向投保人销售保险产品。

保险公司、保险中介机构开展互联网保险业务，依照中国保监会互联网保险业务监管的有关规定开展可回溯管理。

第六条 除电话销售业务和互联网保险业务之外，人身保险公司销售保险产品符合下列情形之一的，应在取得投保人同意后，对销售过程关键环节以现场同步录音录像的方式予以记录：

(一)通过保险兼业代理机构销售保险期间超过一年的人身保险产品，包括利用保险兼业代理机构营业场所内自助终端等设备进行销售。国务院金融监督管理机构另有规定的，从其规定。

(二)通过保险兼业代理机构以外的其他销售渠道，销售投资连结保险产品，或向60周岁(含)以上年龄的投保人销售保险期间超过一年的人身保险产品。

第七条 在实施现场同步录音录像过程中，录制内容至少包含以下销售过程关键环节：

（一）保险销售从业人员出示有效身份证明；

（二）保险销售从业人员出示投保提示书、产品条款和免除保险人责任条款的书面说明；

（三）保险销售从业人员向投保人履行明确说明义务，告知投保人所购买产品为保险产品，以及承保保险机构名称、保险责任、缴费方式、缴费金额、缴费期间、保险期间和犹豫期后退保损失风险等。

保险销售从业人员销售人身保险新型产品，应说明保单利益的不确定性；销售健康保险产品，应说明保险合同观察期的起算时间及对投保人权益的影响、合同指定医疗机构、续保条件和医疗费用补偿原则等。

（四）投保人对保险销售从业人员的说明告知内容作出明确肯定答复。

（五）投保人签署投保单、投保提示书、免除保险人责任条款的书面说明等相关文件。

保险销售从业人员销售以死亡为给付条件保险产品的，录制内容应包括被保险人同意投保人为其订立保险合同并认可合同内容；销售人身保险新型产品的，还应包括保险销售从业人员出示产品说明书、投保人抄录投保单风险提示语句等。

第八条 保险销售行为现场同步录音录像应符合相关业务规范要求，视听资料应真实、完整、连续，能清晰辨识人员面部特征、交谈内容以及相关证件、文件和签名，录制后不得进行任何形式的剪辑。

第九条 保险专业中介机构、非银行类保险兼业代理机构应在录音录像完成后将录制的视听资料和其他业务档案一并反馈至承保保险公司。

银行类保险兼业代理机构应在录音录像完成后将新单业务录制成功的信息和其他业务档案一并反馈至承保保险公司。

第十条 保险公司应建立视听资料质检体系，制定质检制度，建立质检信息系统，配备与销售人员岗位分离的质检人员，对成交件视听资料按不低于30%的比例在犹豫期内全程质检。其中，对符合本办法第六条第二项规定的保险业务视听资料应实现100%质检。

保险公司在质检中发现视听资料不符合本办法要求的，应当自发现问题之日起15个工作日内整改。

银行类保险兼业代理机构自存视听资料、且未向保险公司提供视听资料的，应依照上述要求建立视听资料质检体系，自行开展质检，并将质检结果及时反馈至承保保险公司。

中国保监会对保险电话销售业务质检另有规定的，从其规定。

第十一条 保险公司对符合本办法第六条规定的保险业务开展回访时，回访用语应包括"投保时是否接受了录音录像、录音录像中陈述是否为其真实意思表示"等内容。

第十二条 保险公司省级以上机构、银行类保险兼业代理机构负责视听资料的保存，保险公司其他分支机构、保险专业中介机构、非银行类保险兼业代理机构以及保险销售从业人员不得擅自保存视听资料。

保险公司委托保险中介机构开展电话销售业务，保险中介机构可保存电话销售业务的录音资料，但应向保险公司提供成交保单的完整录音资料。

第十三条 保险公司、银行类保险兼业代理机构应制定视听资料管理办法，明确管理责任，规范调阅程序。视听资料保管期限自保险合同终止之日起计算，保险期间在一年以下的不得少于五年，保险期间超过一年的不得少于十年。如遇消费者投诉、法律诉讼等纠纷，还应至少保存至纠纷结束后二年。

第十四条 保险公司、保险中介机构应严格依照有关法律法规，加强对投保人、被保险人的个人信息保护工作，对录音录像等视听资料内容、电子数据严格保密，不得外泄和擅自复制，严禁将资料用作其他商业用途。

第十五条 保险公司、保险中介机构应建立完善内部控制制度，对未按本办法规定实施销售行为可回溯管理的，应追究直接负责的主管人员和其他直接责任人员的责任。

第十六条 对未按本办法规定实施销售行为可回溯管理的保险公司、保险中介机构，中国保监会及派出机构应依法采取监管措施。

第十七条 本办法由中国保监会负责解释。

第十八条 本办法自 2017 年 11 月 1 日起实施。

第七章
互联网消费金融业务

互联网消费金融是指商业银行、持有金融许可证的消费金融公司以及相关机构以互联网技术为手段，向各阶层消费者提供的消费金融服务。互联网消费金融业务由银监会（现为银保监会）负责监管。

2009年银监会（现为银保监会）制定了《消费金融公司试点管理办法》，先后批设北银、中银、四川锦程和捷信4家消费金融公司。该办法明确了消费金融公司及消费贷款的概念，消费金融类公司设立、变更、终止条件，业务范围与经营规则，监管指标等。消费金融市场为商业银行无法惠及的个人客户提供了新的可供选择的服务，可以满足不同群体消费者不同层次的需求。与此同时，设立专业的消费金融公司，对于丰富我国的金融机构类型、促进金融产品创新具有重要意义。

2013年，银监会（现为银保监会）修订了《消费金融公司试点管理办法》，扩大消费金融公司试点城市范围，新增10个城市参与试点工作，先后批设7家消费金融公司。取消营业地域限制，允许消费金融公司在风险可控的基础上逐步开展异地业务。

合规要点如下：

1. 消费金融公司的设立需经银监会（现为银保监会）批准。

2. 消费金融公司的注册资本应当为一次性实缴货币资本，且不少于3亿元人民币或等值的可自由兑换货币。

3. 消费金融公司的主要出资人（出资数额最多并且出资额不低于拟设消费金融公司全部股本30%的出资人）须为境内外金融机构或主营业务为提供适合消费贷款业务产品的境内非金融企业。

4. 消费金融公司资本充足率应不低于银监会（现为银保监会）有关监管要求；同业拆入资金余额不高于资本净额的100%；资产损失准备充足率不低于100%；投资余额不高于资本净额的20%。

5. 消费金融公司不得吸收公众存款。

6. 消费金融公司向个人发放消费贷款不应超过客户风险承受能力且借款人贷款余额最高不得超过人民币20万元。

7. 消费金融公司不得采用威胁、恐吓、骚扰等不正当手段催收贷款本息。

消费金融公司试点管理办法

(中国银行业监督管理委员会令 2013 年第 2 号)

第一章 总 则

第一条 为促进消费金融业务发展，规范消费金融公司的经营行为，根据《中华人民共和国银行业监督管理法》《中华人民共和国公司法》等法律法规，制定本办法。

第二条 本办法所称消费金融公司，是指经银监会批准，在中华人民共和国境内设立的，不吸收公众存款，以小额、分散为原则，为中国境内居民个人提供以消费为目的的贷款的非银行金融机构。

第三条 本办法所称消费贷款是指消费金融公司向借款人发放的以消费（不包括购买房屋和汽车）为目的的贷款。

第四条 消费金融公司名称中应当标明"消费金融"字样。未经银监会批准，任何机构不得在名称中使用"消费金融"字样。

第五条 银行业监督管理机构依法对消费金融公司及其业务活动实施监督管理。

第二章 设立、变更与终止

第六条 申请设立消费金融公司应当具备下列条件：

（一）有符合《中华人民共和国公司法》和银监会规定的公司章程；

（二）有符合规定条件的出资人；

（三）有符合本办法规定的最低限额的注册资本；

（四）有符合任职资格条件的董事、高级管理人员和熟悉消费金融业务的合格从业人员；

（五）建立了有效的公司治理、内部控制和风险管理制度，具备与业务经营相适应的管理信息系统；

（六）有与业务经营相适应的营业场所、安全防范措施和其他设施；

（七）银监会规定的其他审慎性条件。

第七条 消费金融公司的出资人应当为中国境内外依法设立的企业法人，并分为主要出资人和一般出资人。主要出资人是指出资数额最多并且出资额不低于拟设消费金融公司全部股本30%的出资人，一般出资人是指除主要出资人以外的其他出资人。

前款所称主要出资人须为境内外金融机构或主营业务为提供适合消费贷款业务产品的境内非金融企业。

第八条 金融机构作为消费金融公司主要出资人，应当具备下列条件：

（一）具有5年以上消费金融领域的从业经验；

（二）最近1年年末总资产不低于600亿元人民币或等值的可自由兑换货币（合并会计报表口径）；

（三）财务状况良好，最近2个会计年度连续盈利（合并会计报表口径）；

（四）信誉良好，最近2年内无重大违法违规经营记录；

（五）入股资金来源真实合法，不得以借贷资金入股，不得以他人委托资金入股；

（六）承诺5年内不转让所持有的消费金融公司股权（银行业监督管理机构依法责令转让的除外），并在拟设公司章程中载明；

（七）具有良好的公司治理结构、内部控制机制和健全的风险管理制度；

（八）满足住所地国家（地区）监管当局的审慎监管指标要求；

（九）境外金融机构应当在中国境内设立代表处2年以上，或已设有分支机构，对中国市场有充分的分析和研究，所在国家或地区金融监管当局已经与银监会建立良好的监督管理合作机制；

（十）银监会规定的其他审慎性条件。

金融机构作为消费金融公司一般出资人，除应当具备第（三）、（四）、（五）、（六）、（七）、（八）、（九）项规定的条件外，还应当具备注册资本不低于3亿元人民币或等值的可自由兑换货币的条件。

第九条 非金融企业作为消费金融公司主要出资人，应当具备下列条件：

（一）最近1年营业收入不低于300亿元人民币或等值的可自由兑换货币（合并会计报表口径）；

（二）最近1年年末净资产不低于资产总额的30%（合并会计报表口径）；

（三）财务状况良好，最近2个会计年度连续盈利（合并会计报表口径）；

（四）信誉良好，最近2年内无重大违法违规经营记录；

（五）入股资金来源真实合法，不得以借贷资金入股，不得以他人委托资金入股；

（六）承诺5年内不转让所持有的消费金融公司股权（银行业监督管理机构依法责令转让的除外），并在拟设公司章程中载明；

（七）银监会规定的其他审慎性条件。

非金融企业作为消费金融公司一般出资人，应当具备第（二）、（三）、（四）、（五）、（六）项规定的条件。

第十条 消费金融公司主要出资人可以在消费金融公司章程中约定，在消费金融公司出现支付困难时，给予流动性支持；当经营失败导致损失侵蚀资本时，及时补足资本金。

第十一条 消费金融公司至少应当有1名具备5年以上消费金融业务管理和风险控制经验，并且出资比例不低于拟设消费金融公司全部股本15%的出资人。

第十二条 消费金融公司的注册资本应当为一次性实缴货币资本，最低限额为3亿元人民币或等值的可自由兑换货币。

银监会根据消费金融业务的发展情况及审慎监管需要，可以调整注册资本的最低限额。

第十三条 消费金融公司根据业务发展的需要，经银监会批准，可以设立分支机构。设立分支机构的具体条件由银监会另行制定。

第十四条 消费金融公司董事和高级管理人员实行任职资格核准制度。

第十五条 消费金融公司有下列变更事项之一的，应当报经银行业监督管理机构批准：

（一）变更公司名称；

（二）变更注册资本；

（三）变更股权或调整股权结构；

（四）变更公司住所或营业场所；

（五）修改公司章程；

（六）变更董事和高级管理人员；

（七）调整业务范围；

（八）改变组织形式；

（九）合并或分立；

（十）银监会规定的其他变更事项。

第十六条 消费金融公司有下列情况之一的，经银监会批准后可以解散：

（一）公司章程规定的营业期限届满或者公司章程规定的其他解散事由出现；

（二）公司章程规定的权力机构决议解散；

（三）因公司合并或者分立需要解散；

（四）其他法定事由。

第十七条 消费金融公司因解散、依法被撤销或被宣告破产而终止的，其清算事宜按照国家有关法律法规办理。

第十八条 消费金融公司设立、变更、终止和董事及高级管理人员任职资格核准的行政许可程序，按照银监会相关规定执行。

第十九条 消费金融公司设立、变更及业务经营过程中涉及外汇管理事项的，应当遵守国家外汇管理有关规定。

第三章 业务范围及经营规则

第二十条 经银监会批准，消费金融公司可以经营下列部分或者全部人民币业务：

（一）发放个人消费贷款；

（二）接受股东境内子公司及境内股东的存款；

（三）向境内金融机构借款；

（四）经批准发行金融债券；

（五）境内同业拆借；

（六）与消费金融相关的咨询、代理业务；

（七）代理销售与消费贷款相关的保险产品；

（八）固定收益类证券投资业务；

（九）经银监会批准的其他业务。

第二十一条 消费金融公司向个人发放消费贷款不应超过客户风险承受能力且借款人贷款余额最高不得超过人民币 20 万元。

第四章 监督管理

第二十二条 消费金融公司应当按照银监会有关规定，建立健全公司治理架构和内部控制制度，制定业务经营规则，建立全面有效的风险管理体系。

第二十三条 消费金融公司应当遵守下列监管指标要求：

（一）资本充足率不低于银监会有关监管要求；

（二）同业拆入资金余额不高于资本净额的100%；

（三）资产损失准备充足率不低于100%；

（四）投资余额不高于资本净额的20%。

有关监管指标的计算方法遵照银监会非现场监管报表指标体系的有关规定。银监会视审慎监管需要可以对上述指标做出适当调整。

第二十四条 消费金融公司应当按照有关规定建立审慎的资产损失准备制度，及时足额计提资产损失准备。未提足准备的，不得进行利润分配。

第二十五条 消费金融公司应当建立消费贷款利率的风险定价机制，根据资金成本、风险成本、资本回报要求及市场价格等因素，在法律法规允许的范围内，制定消费贷款的利率水平，确保定价能够全面覆盖风险。

第二十六条 消费金融公司应当建立有效的风险管理体系和可靠的业务操作流程，充分识别虚假的申请信息，防止欺诈行为。

第二十七条 消费金融公司如有业务外包需要，应当制定与业务外包相关的政策和管理制度，包括业务外包的决策程序、对外包方的评价和管理、控制业务信息保密性和安全性的措施和应急计划等。

消费金融公司签署业务外包协议前应当向银行业监督管理机构报告业务外包的主要风险及相应的风险规避措施等。

消费金融公司不得将与贷款决策和风险控制核心技术密切相关的业务外包。

第二十八条 消费金融公司应当按规定编制并报送会计报表及银行业监督管理机构要求的其他报表。

第二十九条 消费金融公司应当建立定期外部审计制度，并在每个会计年度结束后的4个月内，将经法定代表人签名确认的年度审计报告报送银行业监督管理机构。

第三十条 消费金融公司应当接受依法进行的监督检查，不得拒绝、阻碍。银行业监督管理机构在必要时可以委托会计师事务所对消费金融公司的经营状况、财务状况、风险状况、内部控制制度及执行情况等进行审计。

第三十一条 消费金融公司对借款人所提供的个人信息负有保密义务，不得随意对外泄露。

第三十二条 借款人未按合同约定归还贷款本息的，消费金融公司应当采取合法的方式进行催收，不得采用威胁、恐吓、骚扰等不正当手段。

第三十三条 消费金融公司应当按照法律法规和银监会有关监管要求做好

金融消费者权益保护工作，业务办理应当遵循公开透明原则，充分履行告知义务，使借款人明确了解贷款金额、期限、价格、还款方式等内容，并在合同中载明。

第三十四条 消费金融公司违反本办法规定的，银行业监督管理机构可以责令限期整改；逾期未整改的，或者其行为严重危及消费金融公司的稳健运行、损害客户合法权益的，银行业监督管理机构可以区别情形，依照《中华人民共和国银行业监督管理法》等法律法规，采取暂停业务、限制股东权利等监管措施。

第三十五条 消费金融公司已经或者可能发生信用危机、严重影响客户合法权益的，银监会可以依法对其实行接管或者促成机构重组。消费金融公司有违法经营、经营管理不善等情形，不予撤销将严重危害金融秩序、损害公众利益的，银监会有权予以撤销。

第五章 附 则

第三十六条 香港、澳门和台湾地区的出资人设立消费金融公司适用境外出资人的条件。

第三十七条 本办法中"以上"均含本数或本级。

第三十八条 本办法由银监会负责解释。

第三十九条 本办法自 2014 年 1 月 1 日起施行，原《消费金融公司试点管理办法》（中国银监会令 2009 年第 3 号）同时废止。

第八章
股权众筹融资业务

一般而言，股权众筹融资分为公开股权众筹融资和非公开股权众筹融资两种形式。

公开股权众筹融资主要是指通过互联网形式进行公开小额股权融资的活动，具体而言，是指创新创业者或小微企业通过股权众筹融资中介机构互联网平台公开募集股本的活动。未经国务院证券监督管理机构批准，任何单位和个人不得开展公开股权众筹融资活动。

非公开股权众筹融资主要指私募股权众筹融资，是指融资者通过股权众筹融资互联网平台以非公开发行方式进行的股权融资活动。

目前，公开股权众筹融资试点尚未启动。一些市场机构开展的冠以"股权众筹"名义的活动，是通过互联网形式进行的私募股权众筹融资或私募股权投资基金募集行为。

股权众筹融资业务由证监会负责监管。

合规要点：

1. 开展股权众筹融资需经过国务院证券监督管理机构批准，未经批准任何单位和个人不得开展股权众筹融资活动。

2. 未经国务院证券监督管理机构批准，任何单位和个人都不得向不特定对象发行证券、向特定对象发行证券累计不得超过200人，非公开发行证券不得采用广告、公开劝诱和变相公开方式。

3. 私募基金管理人不得向合格投资者之外的单位和个人募集资金，不得向不特定对象宣传推介，合格投资者累计不得超过200人，合格投资者的标准应符合《私募投资基金监督管理暂行办法》的规定。

4. 未经证监会批准，股权众筹融资平台不得经营证券业务，不得向投资人提供购买建议；不得提供股权或其他形式的有价证券的转让服务。

5. 股权众筹融资平台应当严格落实客户资金第三方存管制度，对客户资金进行管理和监督，实现客户资金与自身资金分账管理。

6. 股权众筹融资平台及融资者发布的信息应当真实准确，不得虚构项目误导或欺诈投资者，不得进行虚假陈述和误导性宣传。宣传内容涉及的事项需要经有权部门许可的，应当与许可的内容相符合。

7. 不得通过本机构互联网平台为自身或关联方融资；不得对众筹项目提供对外担保或进行股权代持。

8. 不得兼营个体网络借贷（P2P 网络借贷）或网络小额贷款业务。

9. 私募股权众筹平台应当在证券业协会备案登记，并申请成为证券业协会会员。

私募投资基金监督管理暂行办法

(中国证券监督管理委员会令第 105 号)

第一章 总 则

第一条 为了规范私募投资基金活动,保护投资者及相关当事人的合法权益,促进私募投资基金行业健康发展,根据《证券投资基金法》《国务院关于进一步促进资本市场健康发展的若干意见》,制定本办法。

第二条 本办法所称私募投资基金(以下简称私募基金),是指在中华人民共和国境内,以非公开方式向投资者募集资金设立的投资基金。

私募基金财产的投资包括买卖股票、股权、债券、期货、期权、基金份额及投资合同约定的其他投资标的。

非公开募集资金,以进行投资活动为目的设立的公司或者合伙企业,资产由基金管理人或者普通合伙人管理的,其登记备案、资金募集和投资运作适用本办法。

证券公司、基金管理公司、期货公司及其子公司从事私募基金业务适用本办法,其他法律法规和中国证券监督管理委员会(以下简称中国证监会)有关规定对上述机构从事私募基金业务另有规定的,适用其规定。

第三条 从事私募基金业务,应当遵循自愿、公平、诚实信用原则,维护投资者合法权益,不得损害国家利益和社会公共利益。

第四条 私募基金管理人和从事私募基金托管业务的机构(以下简称私募基金托管人)管理、运用私募基金财产,从事私募基金销售业务的机构(以下简称私募基金销售机构)及其他私募服务机构从事私募基金服务活动,应当恪尽职守,履行诚实信用、谨慎勤勉的义务。

私募基金从业人员应当遵守法律、行政法规,恪守职业道德和行为规范。

第五条 中国证监会及其派出机构依照《证券投资基金法》、本办法和中国证监会的其他有关规定,对私募基金业务活动实施监督管理。

设立私募基金管理机构和发行私募基金不设行政审批,允许各类发行主体在依法合规的基础上,向累计不超过法律规定数量的投资者发行私募基金。建立健全私募基金发行监管制度，切实强化事中事后监管，依法严厉打击以私募基金为名的各类非法集资活动。

建立促进经营机构规范开展私募基金业务的风险控制和自律管理制度，以及各类私募基金的统一监测系统。

第六条 中国证券投资基金业协会（以下简称基金业协会）依照《证券投资基金法》、本办法、中国证监会其他有关规定和基金业协会自律规则，对私募基金业开展行业自律，协调行业关系，提供行业服务，促进行业发展。

第二章 登记备案

第七条 各类私募基金管理人应当根据基金业协会的规定，向基金业协会申请登记，报送以下基本信息：

（一）工商登记和营业执照正副本复印件；

（二）公司章程或者合伙协议；

（三）主要股东或者合伙人名单；

（四）高级管理人员的基本信息；

（五）基金业协会规定的其他信息。

基金业协会应当在私募基金管理人登记材料齐备后的 20 个工作日内，通过网站公告私募基金管理人名单及其基本情况的方式，为私募基金管理人办结登记手续。

第八条 各类私募基金募集完毕，私募基金管理人应当根据基金业协会的规定，办理基金备案手续，报送以下基本信息：

（一）主要投资方向及根据主要投资方向注明的基金类别；

（二）基金合同、公司章程或者合伙协议。资金募集过程中向投资者提供基金招募说明书的，应当报送基金招募说明书。以公司、合伙等企业形式设立的私募基金，还应当报送工商登记和营业执照正副本复印件；

（三）采取委托管理方式的，应当报送委托管理协议。委托托管机构托管基金财产的，还应当报送托管协议；

（四）基金业协会规定的其他信息。

基金业协会应当在私募基金备案材料齐备后的 20 个工作日内，通过网站公告私募基金名单及其基本情况的方式，为私募基金办结备案手续。

第九条 基金业协会为私募基金管理人和私募基金办理登记备案不构成对私募基金管理人投资能力、持续合规情况的认可；不作为对基金财产安全的保证。

第十条 私募基金管理人依法解散、被依法撤销，或者被依法宣告破产的，其法定代表人或者普通合伙人应当在 20 个工作日内向基金业协会报告，基金业协会应当及时注销基金管理人登记并通过网站公告。

第三章 合格投资者

第十一条 私募基金应当向合格投资者募集，单只私募基金的投资者人数累计不得超过《证券投资基金法》《公司法》《合伙企业法》等法律规定的特定数量。

投资者转让基金份额的，受让人应当为合格投资者且基金份额受让后投资者人数应当符合前款规定。

第十二条 私募基金的合格投资者是指具备相应风险识别能力和风险承担能力，投资于单只私募基金的金额不低于 100 万元且符合下列相关标准的单位和个人：

（一）净资产不低于 1000 万元的单位；

（二）金融资产不低于 300 万元或者最近三年个人年均收入不低于 50 万元的个人。

前款所称金融资产包括银行存款、股票、债券、基金份额、资产管理计划、银行理财产品、信托计划、保险产品、期货权益等。

第十三条 下列投资者视为合格投资者：

（一）社会保障基金、企业年金等养老基金，慈善基金等社会公益基金；

（二）依法设立并在基金业协会备案的投资计划；

（三）投资于所管理私募基金的私募基金管理人及其从业人员；

（四）中国证监会规定的其他投资者。

以合伙企业、契约等非法人形式，通过汇集多数投资者的资金直接或者间接投资于私募基金的，私募基金管理人或者私募基金销售机构应当穿透核查最终投资者是否为合格投资者，并合并计算投资者人数。但是，符合本条第（一）、（二）、（三）项规定的投资者投资私募基金的，不再穿透核查最终投资者是否为合格投资者和合并计算投资者人数。

第四章 资金募集

第十四条 私募基金管理人、私募基金销售机构不得向合格投资者之外的单位和个人募集资金,不得通过报刊、电台、电视、互联网等公众传播媒体或者讲座、报告会、分析会和布告、传单、手机短信、微信、博客和电子邮件等方式,向不特定对象宣传推介。

第十五条 私募基金管理人、私募基金销售机构不得向投资者承诺投资本金不受损失或者承诺最低收益。

第十六条 私募基金管理人自行销售私募基金的,应当采取问卷调查等方式,对投资者的风险识别能力和风险承担能力进行评估,由投资者书面承诺符合合格投资者条件;应当制作风险揭示书,由投资者签字确认。

私募基金管理人委托销售机构销售私募基金的,私募基金销售机构应当采取前款规定的评估、确认等措施。

投资者风险识别能力和承担能力问卷及风险揭示书的内容与格式指引,由基金业协会按照不同类别私募基金的特点制定。

第十七条 私募基金管理人自行销售或者委托销售机构销售私募基金,应当自行或者委托第三方机构对私募基金进行风险评级,向风险识别能力和风险承担能力相匹配的投资者推介私募基金。

第十八条 投资者应当如实填写风险识别能力和承担能力问卷,如实承诺资产或者收入情况,并对其真实性、准确性和完整性负责。填写虚假信息或者提供虚假承诺文件的,应当承担相应责任。

第十九条 投资者应当确保投资资金来源合法,不得非法汇集他人资金投资私募基金。

第五章 投资运作

第二十条 募集私募证券基金,应当制定并签订基金合同、公司章程或者合伙协议(以下统称基金合同)。基金合同应当符合《证券投资基金法》第九十三条、第九十四条规定。

募集其他种类私募基金,基金合同应当参照《证券投资基金法》第九十三条、第九十四条规定,明确约定各方当事人的权利、义务和相关事宜。

第二十一条 除基金合同另有约定外,私募基金应当由基金托管人托管。

基金合同约定私募基金不进行托管的,应当在基金合同中明确保障私募基金财产安全的制度措施和纠纷解决机制。

第二十二条 同一私募基金管理人管理不同类别私募基金的,应当坚持专业化管理原则;管理可能导致利益输送或者利益冲突的不同私募基金的,应当建立防范利益输送和利益冲突的机制。

第二十三条 私募基金管理人、私募基金托管人、私募基金销售机构及其他私募服务机构及其从业人员从事私募基金业务，不得有以下行为：

（一）将其固有财产或者他人财产混同于基金财产从事投资活动；

（二）不公平地对待其管理的不同基金财产；

（三）利用基金财产或者职务之便，为本人或者投资者以外的人牟取利益，进行利益输送；

（四）侵占、挪用基金财产；

（五）泄露因职务便利获取的未公开信息，利用该信息从事或者明示、暗示他人从事相关的交易活动；

（六）从事损害基金财产和投资者利益的投资活动；

（七）玩忽职守，不按照规定履行职责；

（八）从事内幕交易、操纵交易价格及其他不正当交易活动；

（九）法律、行政法规和中国证监会规定禁止的其他行为。

第二十四条 私募基金管理人、私募基金托管人应当按照合同约定，如实向投资者披露基金投资、资产负债、投资收益分配、基金承担的费用和业绩报酬、可能存在的利益冲突情况以及可能影响投资者合法权益的其他重大信息，不得隐瞒或者提供虚假信息。信息披露规则由基金业协会另行制定。

第二十五条 私募基金管理人应当根据基金业协会的规定，及时填报并定期更新管理人及其从业人员的有关信息、所管理私募基金的投资运作情况和杠杆运用情况，保证所填报内容真实、准确、完整。发生重大事项的，应当在10个工作日内向基金业协会报告。

私募基金管理人应当于每个会计年度结束后的4个月内，向基金业协会报送经会计师事务所审计的年度财务报告和所管理私募基金年度投资运作基本情况。

第二十六条 私募基金管理人、私募基金托管人及私募基金销售机构应当妥善保存私募基金投资决策、交易和投资者适当性管理等方面的记录及其他相关资料，保存期限自基金清算终止之日起不得少于10年。

第六章 行业自律

第二十七条 基金业协会应当建立私募基金管理人登记、私募基金备案管理信息系统。

基金业协会应当对私募基金管理人和私募基金信息严格保密。除法律法规另有规定外，不得对外披露。

第二十八条 基金业协会应当建立与中国证监会及其派出机构和其他相关机构的信息共享机制，定期汇总分析私募基金情况，及时提供私募基金相关信息。

第二十九条 基金业协会应当制定和实施私募基金行业自律规则，监督、检查会员及其从业人员的执业行为。

会员及其从业人员违反法律、行政法规、本办法规定和基金业协会自律规则的，基金业协会可以视情节轻重，采取自律管理措施，并通过网站公开相关违法违规信息。会员及其从业人员涉嫌违法违规的，基金业协会应当及时报告中国证监会。

第三十条 基金业协会应当建立投诉处理机制，受理投资者投诉，进行纠纷调解。

第七章　监督管理

第三十一条 中国证监会及其派出机构依法对私募基金管理人、私募基金托管人、私募基金销售机构及其他私募服务机构开展私募基金业务情况进行统计监测和检查，依照《证券投资基金法》第一百一十四条规定采取有关措施。

第三十二条 中国证监会将私募基金管理人、私募基金托管人、私募基金销售机构及其他私募服务机构及其从业人员诚信信息记入证券期货市场诚信档案数据库；根据私募基金管理人的信用状况，实施差异化监管。

第三十三条 私募基金管理人、私募基金托管人、私募基金销售机构及其他私募服务机构及其从业人员违反法律、行政法规及本办法规定，中国证监会及其派出机构可以对其采取责令改正、监管谈话、出具警示函、公开谴责等行政监管措施。

第八章　关于创业投资基金的特别规定

第三十四条 本办法所称创业投资基金，是指主要投资于未上市创业企业普通股或者依法可转换为普通股的优先股、可转换债券等权益的股权投资基金。

第三十五条 鼓励和引导创业投资基金投资创业早期的小微企业。

享受国家财政税收扶持政策的创业投资基金，其投资范围应当符合国家相关规定。

第三十六条　基金业协会在基金管理人登记、基金备案、投资情况报告要求和会员管理等环节，对创业投资基金采取区别于其他私募基金的差异化行业自律，并提供差异化会员服务。

第三十七条　中国证监会及其派出机构对创业投资基金在投资方向检查等环节，采取区别于其他私募基金的差异化监督管理；在账户开立、发行交易和投资退出等方面，为创业投资基金提供便利服务。

第九章　法律责任

第三十八条　私募基金管理人、私募基金托管人、私募基金销售机构及其他私募服务机构及其从业人员违反本办法第七条、第八条、第十一条、第十四条至第十七条、第二十四条至第二十六条规定的，以及有本办法第二十三条第一项至第七项和第九项所列行为之一的，责令改正，给予警告并处三万元以下罚款；对直接负责的主管人员和其他直接责任人员，给予警告并处三万元以下罚款；有本办法第二十三条第八项行为的，按照《证券法》和《期货交易管理条例》的有关规定处罚；构成犯罪的，依法移交司法机关追究刑事责任。

第三十九条　私募基金管理人、私募基金托管人、私募基金销售机构及其他私募服务机构及其从业人员违反法律法规和本办法规定，情节严重的，中国证监会可以依法对有关责任人员采取市场禁入措施。

第四十条　私募证券基金管理人及其从业人员违反《证券投资基金法》有关规定的，按照《证券投资基金法》有关规定处罚。

第十章　附　则

第四十一条　本办法自公布之日起施行。

关于规范发展区域性股权市场的通知

(国办发〔2017〕11号)

各省、自治区、直辖市人民政府,国务院各部委、各直属机构:

规范发展区域性股权市场是完善多层次资本市场体系的重要举措,在推进供给侧结构性改革、促进大众创业万众创新、服务创新驱动发展战略、降低企业杠杆率等方面具有重要意义。为贯彻落实党中央、国务院决策部署,推动多层次资本市场长期稳定健康发展,防范和化解金融风险,支持实体经济特别是中小微企业发展,保护投资者合法权益,经国务院同意,现就规范发展区域性股权市场有关事项通知如下:

一、区域性股权市场是主要服务于所在省级行政区域内中小微企业的私募股权市场,是多层次资本市场体系的重要组成部分,是地方人民政府扶持中小微企业政策措施的综合运用平台。要处理好监管与发展的关系,按照既有利于规范,又有利于发展的要求,积极稳妥推进区域性股权市场规范发展,防范和化解金融风险,有序扩大和更加便利中小微企业融资。

二、区域性股权市场由所在地省级人民政府按规定实施监管,并承担相应风险处置责任。证监会要依法依规履职尽责,加强对省级人民政府开展区域性股权市场监管工作的指导、协调和监督。省级人民政府要根据相关金融政策法规,在职责范围内制定具体实施细则和操作办法,建立健全监管机制,指定具体部门承担日常监管职责,不断提升监管能力,依法查处违法违规行为。证监会负责制定统一的区域性股权市场业务及监管规则,对市场规范运作情况进行监督检查,对可能出现的金融风险进行预警提示和处置督导。证监会要对省级人民政府的监管能力和条件进行审慎评估,加强监管培训,采取有效措施,促使地方监管能力与市场发展状况相适应。证监会等国务院有关部门和省级人民政府要加强监管协同,防止监管空白和监管套利,严厉打击各类违法违规行为,维护市场秩序,切实保护投资者合法权益,防范和化解金融风险,促进区域性股权市场健康稳定发展。

三、区域性股权市场运营机构(以下简称运营机构)负责组织区域性股权市场的活动,对市场参与者进行自律管理,保障市场规范稳定运行。运营机构名单由省级人民政府实施管理并予以公告，同时向证监会备案。本通知印发前，省、自治区、直辖市、计划单列市行政区域内已设立运营机构的，不再设立；尚未设立运营机构的，可设立一家；已设立两家及以上运营机构的，省级人民政府要积极稳妥推动整合为一家，证监会要予以指导督促。

四、区域性股权市场的各项活动应遵守法律法规和证监会制定的业务及监管规则。在区域性股权市场发行或转让证券的，限于股票、可转换为股票的公司债券以及国务院有关部门按程序认可的其他证券，不得违规发行或转让私募债券；不得采用广告、公开劝诱等公开或变相公开方式发行证券，不得以任何形式非法集资；不得采取集中竞价、做市商等集中交易方式进行证券转让，投资者买入后卖出或卖出后买入同一证券的时间间隔不得少于五个交易日；除法律、行政法规另有规定外，单只证券持有人累计不得超过法律、行政法规规定的私募证券持有人数量上限；证券持有人名册和登记过户记录必须真实、准确、完整，不得隐匿、伪造、篡改或毁损。在区域性股权市场进行有限责任公司股权融资或转让的，不得违反本通知相关规定。

五、区域性股权市场实行合格投资者制度。合格投资者应是依法设立且具备一定条件的法人机构、合伙企业，金融机构依法管理的投资性计划，以及具备较强风险承受能力且金融资产不低于五十万元人民币的自然人。不得通过拆分、代持等方式变相突破合格投资者标准或单只私募证券持有人数量上限。鼓励支持区域性股权市场采取措施，吸引所在省级行政区域内的合格投资者参与。

六、区域性股权市场的信息系统应符合有关法律法规和证监会制定的信息技术管理规范。运营机构及开立投资者账户、办理登记结算业务的有关机构应按照规定向所在地省级人民政府和证监会报送信息，并将有关信息系统与证监会指定的监管信息系统进行对接。

七、区域性股权市场不得为所在省级行政区域外的企业私募证券或股权的融资、转让提供服务。对不符合本条规定的区域性股权市场，省级人民政府要按规定限期清理，妥善解决跨区域经营问题。运营机构所在地和企业所在地省级人民政府要签订协议，明确清理过程中的监管责任，防范和化解可能产生的风险。

八、国务院有关部门和地方人民政府要在职责范围内采取必要措施，为区域性股权市场规范健康发展创造良好环境，逐步建成融资功能完备、服务方式灵活、运行安全规范、投资者合法权益得到充分保护的区域性股权市场。国务院有关部门出台相关政策措施，可选择运行安全规范、具有较强风险管理能力的区域性股权市场先行先试。

区域性股权市场监督管理试行办法

(中国证券监督管理委员会令第 132 号)

第一章 总 则

第一条 为了规范区域性股权市场的活动,保护投资者合法权益,防范区域性股权市场风险,促进区域性股权市场健康发展,根据《中华人民共和国证券法》《中华人民共和国公司法》《国务院办公厅关于规范发展区域性股权市场的通知》等规定,制定本办法。

第二条 在区域性股权市场非公开发行、转让中小微企业股票、可转换为股票的公司债券和国务院有关部门认可的其他证券,以及相关活动,适用本办法。

第三条 区域性股权市场是为其所在省级行政区域内中小微企业证券非公开发行、转让及相关活动提供设施与服务的场所。除区域性股权市场外,地方其他各类交易场所不得组织证券发行和转让活动。

第四条 在区域性股权市场内的证券发行、转让及相关活动,应当遵守法律、行政法规和规章等规定,遵循公平自愿、诚实信用、风险自担的原则。禁止欺诈、内幕交易、操纵市场、非法集资行为。

第五条 省级人民政府依法对区域性股权市场进行监督管理,负责风险处置。

省级人民政府指定地方金融监管部门承担对区域性股权市场的日常监督管理职责,依法查处违法违规行为,组织开展风险防范、处置工作。

省级人民政府根据法律、行政法规、国务院有关规定和本办法,制定区域性股权市场监督管理的实施细则和操作办法。

第六条 中国证券监督管理委员会(以下简称中国证监会)及其派出机构对地方金融监管部门的区域性股权市场监督管理工作进行指导、协调和监督,对市场规范运作情况进行监督检查,对市场风险进行预警提示和处置督导。

地方金融监管部门与中国证监会派出机构应当建立区域性股权市场监管合

作及信息共享机制。

第七条　区域性股权市场运营机构（以下简称运营机构）负责组织区域性股权市场的活动，对市场参与者进行自律管理。

各省、自治区、直辖市、计划单列市行政区域内设立的运营机构不得超过一家。

第八条　运营机构应当具备下列条件：

（一）依法设立的法人；

（二）开展业务活动所必需的营业场所、业务设施、营运资金、专业人员；

（三）健全的法人治理结构；

（四）完善的风险管理与内部控制制度；

（五）法律、行政法规和中国证监会规定的其他条件。证券公司可以参股、控股运营机构。

有《中华人民共和国证券法》第一百零八条规定的情形，或者被中国证监会采取证券市场禁入措施且仍处于禁入期间的，不得担任运营机构的负责人。

第九条　省级人民政府对运营机构实施监督管理，向社会公告运营机构名单，并报中国证监会备案。未经公告并备案，任何单位和个人不得组织、开展区域性股权市场相关活动。

第二章　证券发行与转让

第十条　企业在区域性股权市场发行股票，应当符合下列条件：

（一）有符合《中华人民共和国公司法》规定的治理结构；

（二）最近一个会计年度的财务会计报告无虚假记载；

（三）没有处于持续状态的重大违法行为；

（四）法律、行政法规和中国证监会规定的其他条件。

第十一条　企业在区域性股权市场发行可转换为股票的公司债券，应当符合下列条件：

（一）本办法第十条规定的条件；

（二）债券募集说明书中有具体的公司债券转换为股票的办法；

（三）本公司已发行的公司债券或者其他债务没有处于持续状态的违约或者迟延支付本息的情形；

（四）法律、行政法规和中国证监会规定的其他条件。

第十二条 未经国务院有关部门认可，不得在区域性股权市场发行除股票、可转换为股票的公司债券之外的其他证券。

第十三条 在区域性股权市场发行证券，应当向合格投资者发行。单只证券持有人数量累计不得超过200人，法律、行政法规另有规定的除外。

前款所称合格投资者，应当具有较强风险识别和承受能力，并符合下列条件之一：

（一）证券公司、期货公司、基金管理公司及其子公司、商业银行、保险公司、信托公司、财务公司等依法经批准设立的金融机构，以及依法备案或者登记的证券公司子公司、期货公司子公司、私募基金管理人；

（二）证券公司资产管理产品、基金管理公司及其子公司产品、期货公司资产管理产品、银行理财产品、保险产品、信托产品等金融机构依法管理的投资性计划；

（三）社会保障基金，企业年金等养老基金，慈善基金等社会公益基金，以及依法备案的私募基金；

（四）依法设立且净资产不低于一定指标的法人或者其他组织；

（五）在一定时期内拥有符合中国证监会规定的金融资产价值不低于人民币50万元，且具有2年以上金融产品投资经历或者2年以上金融行业及相关工作经历的自然人。

第十四条 在区域性股权市场发行证券，不得通过拆分、代持等方式变相突破合格投资者标准。有下列情形之一的，应当穿透核查最终投资者是否为合格投资者，并合并计算投资者人数：

（一）以理财产品、合伙企业等形式汇集多个投资者资金直接或者间接投资于证券的；

（二）将单只证券分期发行的。

理财产品、合伙企业等投资者符合本办法第十三条第二款第（二）项、第（三）项规定的除外。

第十五条 在区域性股权市场发行证券，不得采用广告、公开劝诱等公开或者变相公开方式。

通过互联网络、广播电视、报刊等向社会公众发布招股说明书、债券募集说明书、拟转让证券数量和价格等有关证券发行或者转让信息的，属于前款规定的公开或者变相公开方式；但符合下列条件的除外：

（一）通过运营机构的信息系统等网络平台向在本市场开户的合格投资者发布证券发行或者转让信息；

（二）投资者需凭用户名和密码等身份认证方式登录后才能查看。

第十六条 在区域性股权市场挂牌转让证券的企业（以下简称挂牌公司），应当符合本办法第十条规定的条件。

第十七条 在区域性股权市场转让证券的，应当符合本办法第十二条、第十三条、第十四条、第十五条规定，不得采取集中竞价、连续竞价、做市商等集中交易方式。

投资者在区域性股权市场买入后卖出或者卖出后买入同一证券的时间间隔不得少于5个交易日。

第十八条 符合下列情形之一的，不受本办法第十三条规定的限制：

（一）证券发行人、挂牌公司实施股权激励计划；

（二）证券发行人、挂牌公司的董事、监事、高级管理人员及发行、挂牌前已持有股权的股东认购或者受让本发行人、挂牌公司证券；

（三）因继承、赠与、司法裁决、企业并购等非交易行为获得证券。

第十九条 运营机构依法对证券发行、挂牌转让申请文件进行审查，出具审查意见，并在发行、挂牌完成后5个工作日内报地方金融监管部门和中国证监会派出机构备案。

第二十条 运营机构应当在每个交易日发布证券挂牌转让的最新价格行情。

第二十一条 证券发行人、挂牌公司及区域性股权市场的其他参与者应当按照规定和协议约定，真实、准确、完整地向投资者披露信息，不得有虚假记载、误导性陈述或者重大遗漏。

运营机构应当建立信息披露网络平台，供信息披露义务人按照规定披露信息。

第二十二条 证券发行人应当披露招股说明书、债券募集说明书，并在发生可能对已发行证券产生较大影响的重要事件时，披露临时报告。

挂牌公司应当在每一会计年度结束之日起4个月内编制并披露年度报告，并在发生可能对证券转让价格产生较大影响的重要事件时，披露临时报告。

招股说明书、债券募集说明书、年度报告应当包括公司基本情况、公司治理、控股股东和实际控制人情况、业务概况、财务会计报告以及可能对证券发行或者转让具有较大影响的其他情况。

第三章　账户管理与登记结算

第二十三条　投资者在区域性股权市场买卖证券，应当向办理登记结算业务的机构申请开立证券账户。办理登记结算业务的机构可以直接为投资者开立证券账户，也可以委托参与本市场的证券公司代为办理。

开立证券账户的机构应当对申请人是否符合本办法规定的合格投资者条件进行审查，对不符合规定条件的申请人，不得为其开立证券账户。申请人为自然人的，还应当在为其开立证券账户前，通过书面或者电子形式向其揭示风险，并要求其确认。

本办法施行前已开立证券账户但不符合本办法规定的合格投资者条件的投资者，不得认购和受让证券；已经认购或者受让证券的，只能继续持有或者卖出。

第二十四条　投资者在区域性股权市场内买卖证券的资金，应当专户存放在商业银行或者国务院金融监督管理机构批准的具有证券期货保证金存管业务资格的机构。任何单位和个人不得以任何形式挪用投资者资金。

省级人民政府制定投资者在区域性股权市场内买卖证券资金的管理细则，明确投资者资金的动用情形、划转路径和有关各方的职责。

运营机构应当每日监测投资者资金的变动情况，发现异常情形及时处理并向地方金融监管部门和中国证监会派出机构报告。

第二十五条　区域性股权市场的登记结算业务，应当由运营机构或者中国证监会认可的登记结算机构办理。

在区域性股权市场内发行、转让的证券，应当在办理登记结算业务的机构集中存管和登记。办理登记结算业务的机构应当根据证券登记结算的结果，确认证券持有人持有证券的事实，提供证券持有人登记资料。

办理登记结算业务的机构应当妥善保存登记、结算的原始凭证及有关文件和资料，保存期限不得少于20年。

第二十六条　办理登记结算业务的机构应当按照规定办理证券账户开立、变更、注销和证券登记、结算，保证证券持有人名册和登记过户记录真实、准确、完整，证券和资金的清算交收有序进行。

办理登记结算业务的机构不得挪用投资者的证券。

办理登记结算业务的机构与中国证券登记结算有限责任公司应当建立证券账户对接机制，将区域性股权市场证券账户纳入到资本市场统一证券账户体系。

第四章　中介服务

第二十七条　中介机构及其业务人员在区域性股权市场从事相关业务活动的，应当诚实守信、勤勉尽责，遵守法律、行政法规、中国证监会和有关省级人民政府规定等，遵守行业规范，对其业务行为承担责任。

第二十八条　运营机构可以自行或者组织有关中介机构开展下列业务活动：

（一）为参与本市场的企业提供改制辅导、管理培训、管理咨询、财务顾问服务；

（二）为证券的非公开发行组织合格投资者进行路演推介或者其他促成投融资需求对接的活动；

（三）为合格投资者提供企业研究报告和尽职调查信息；

（四）为在本市场开户的合格投资者买卖证券提供居间介绍服务；

（五）与商业银行、小额贷款公司等开展业务合作，支持其为参与本市场的企业提供融资服务；

（六）中国证监会规定的其他业务。

第二十九条　运营机构开展本办法第二十八条规定的业务活动，应当按照下列规定采取有效措施，防范运营机构与市场参与者、不同参与者之间的利益冲突：

（一）为参与本市场的企业提供服务的，应当采取业务隔离措施，避免与投资者的利益冲突；

（二）为合格投资者提供企业研究报告和尽职调查信息的，应当遵循独立、客观的原则，不得提供证券投资建议，不得提供虚假、不实、误导性信息；

（三）为合格投资者买卖证券提供居间介绍服务的，应当公平对待买卖双方，不得损害任何一方的利益；

（四）向服务对象收取费用的，应当符合有关规定并披露收费标准。

第三十条　区域性股权市场应当作为地方人民政府扶持中小微企业政策措施的综合运用平台，为地方人民政府市场化运用贴息、投资等资金扶持中小微企业发展提供服务。

第三十一条　区域性股权市场可以在依法合规、风险可控前提下，开展业务、产品、运营模式和服务方式创新，为中小微企业提供多样化、个性化的服务。

区域性股权市场可以按照规定为中小微企业信息展示提供服务。

第三十二条 区域性股权市场不得为其所在省级行政区域外企业证券的发行、转让或者登记存管提供服务。

第三十三条 区域性股权市场可以与证券期货交易所、全国中小企业股份转让系统、机构间私募产品报价与服务系统、证券期货经营机构、证券期货服务机构、证券期货行业自律组织，建立合作机制。但是，有违反本办法第三十二条规定情形的除外。

符合中国证监会规定条件的运营机构，可以开展全国中小企业股份转让系统的推荐业务试点。

第五章 市场自律

第三十四条 运营机构应当负责区域性股权市场信息系统的开发、运行、维护，以及信息安全的管理，保证区域性股权市场信息系统安全稳定运行。

区域性股权市场的信息系统应当符合有关法律法规和信息技术管理规范，并通过中国证监会组织的合规性、安全性评估；未通过评估的，应当限期整改。

区域性股权市场的信息技术管理规范，由中国证监会另行制定。

第三十五条 运营机构、办理登记结算业务的机构应当将证券交易、登记、结算等信息系统与中国证监会指定的监管信息系统进行对接。

运营机构应当自每个月结束之日起7个工作日内，向地方金融监管部门和中国证监会派出机构报送区域性股权市场有关信息；发生影响或者可能影响区域性股权市场安全稳定运行的重大事件的，应当立即报告。

运营机构报送的信息必须真实、准确、完整，指标、格式、统计方法应当规范、统一，具体办法由中国证监会另行制定。

第三十六条 运营机构、办理登记结算业务的机构制定的业务操作细则和自律管理规则，应当符合法律、行政法规、中国证监会规章和规范性文件、有关省级人民政府的监管细则等规定，并报地方金融监管部门和中国证监会派出机构备案。

地方金融监管部门和中国证监会派出机构发现业务操作细则和自律管理规则违反相关规定的，可以责令其修改。

第三十七条　运营机构应当按照规定对区域性股权市场参与者的违法行为及违反自律管理规则的行为，采取自律管理措施，并向地方金融监管部门和中国证监会派出机构报告。

运营机构应当畅通投诉渠道，妥善处理投资者投诉，保护投资者合法权益。

第三十八条　运营机构应当对区域性股权市场进行风险监测、评估、预警和采取有关处置措施，防范和化解市场风险。

第三十九条　运营机构可以以特别会员方式加入中国证券业协会，接受中国证券业协会的自律管理和服务。

证券公司作为运营机构股东或者在区域性股权市场从事相关业务活动的，应当遵守证券行业监管和自律规则。

中国证券业协会督促引导证券公司为区域性股权市场的投融资活动提供优质高效低廉服务。鼓励证券公司为区域性股权市场提供业务、技术等支持。

第六章　监督管理

第四十条　地方金融监管部门实施现场检查，可以采取下列措施：

（一）进入运营机构或者区域性股权市场有关参与者的办公场所或者营业场所进行检查；

（二）询问运营机构或者区域性股权市场有关参与者的负责人、工作人员，要求其对有关检查事项做出说明；

（三）查阅、复制与检查事项有关的文件、资料，对可能被转移、隐匿或者毁损的文件、资料、电子设备予以封存；

（四）检查运营机构或者区域性股权市场有关参与者的信息系统，复制有关数据资料；

（五）法律、行政法规和中国证监会规定的其他措施。

中国证监会派出机构可以采取前款规定的措施，对区域性股权市场规范运作情况进行现场检查。

第四十一条　地方金融监管部门和中国证监会派出机构依法履行职责，被检查、调查的单位和个人应当配合，如实提供有关文件和资料，不得拒绝、阻碍和隐瞒。

第四十二条　运营机构违法违规经营或者出现重大风险，严重危害区域性股权市场秩序、损害投资者利益的，由地方金融监管部门责令停业整顿，并更换有关责任人员。

第四十三条 运营机构或者区域性股权市场参与者违反本办法规定的，地方金融监管部门可以采取责令改正、监管谈话、出具警示函、责令参加培训、责令定期报告、认定为不适当人选等监督管理措施；依法应予行政处罚的，给予警告，并处3万元以下罚款。具体实施细则由省级人民政府制定。

对违反本办法规定的行为，法律、行政法规或者国务院另有规定的，依照其规定处理。

第四十四条 运营机构从业人员或者其他参与区域性股权市场的人员违反法律、行政法规或本办法规定，情节严重的，中国证监会可以依法采取证券市场禁入的措施。

第四十五条 对运营机构或者区域性股权市场参与者从事内幕交易、操纵市场等严重扰乱市场秩序行为的，依法从严查处。

第四十六条 中国证监会派出机构发现违反本办法行为的线索，应当移送地方金融监管部门处理。

第四十七条 地方金融监管部门未按照规定对违反本办法行为进行查处的，中国证监会派出机构应当予以指导、协调和监督。

第四十八条 中国证监会派出机构对地方金融监管部门的监管能力和条件进行审慎评估，加强监管培训，采取有效措施，促使地方监管能力与市场发展状况相适应。

第四十九条 中国证监会派出机构可以对区域性股权市场的安全规范运行情况、风险管理能力等进行监测评估。

评估结果应当作为区域性股权市场开展先行先试相关业务的审慎性条件。

第五十条 违反本办法第三条第二款规定，组织证券发行和转让活动，或者违反本办法第九条规定，擅自组织开展区域性股权市场活动的，按照《国务院关于清理整顿各类交易场所切实防范金融风险的决定》（国发〔2011〕38号）和《国务院办公厅关于清理整顿各类交易场所的实施意见》（国办发〔2012〕37号）规定予以清理，并依法追究法律责任。

第五十一条 运营机构应当建立区域性股权市场诚信档案，并按照规定提供诚信信息的查询和公示。

运营机构和区域性股权市场参与者及其相关人员的诚信信息，应当同时按照规定记入中国证监会证券期货市场诚信档案数据库。

第七章 附 则

第五十二条 区域性股权市场为其所在省级行政区域内的有限责任公司股权融资或者转让提供服务的,参照适用本办法。

第五十三条 本办法自 2017 年 7 月 1 日起施行。《关于规范证券公司参与区域性股权交易市场的指导意见(试行)》(证监会公告〔2012〕20 号)同时废止。

第九章
传统金融机构互联网业务

一、商业银行

随着互联网基础设施的持续改善和客户消费习惯的改变，商业银行的互联网金融业务也随之快速发展，并成为增长最快的业务模式之一。商业银行开展互联网金融业务主要有两种形式：

一种是商业银行运用互联网技术开展技术创新，将线下业务转变为线上业务，以电脑终端和手机终端等互联网交易方式取代传统的柜台交易。另一种是专门从事互联网金融业务的互联网银行机构开始出现，以微众银行与网商银行为代表，通过互联网方式为个人消费者和小微企业客户提供个性化互联网金融服务。

商业银行开展互联网金融业务，主要有以下几种模式：

一是服务渠道的互联网化，包括网上银行、手机银行、微信银行等。

二是设立网络直销银行。不设营业网点，不发放实体银行卡，客户主要通过电脑、电子邮件、手机、电话等远程渠道获取银行产品和服务。

三是银行+电商。利用银行自有客户群（个人客户及商户），形成闭环的交易场景，再叠加传统金融业务的"平台+融资"的电商模式。

四是银行+P2P。主要目的在于探索小微企业融资渠道的拓展，增加客户对银行的黏性。但银行与自营P2P平台要进行分割独立经营，避免造成可能的信誉风险。

目前，关于商业银行开展互联网金融业务的相关规定散见于各类法律法规和规范性文件当中，商业银行作为持牌金融机构，应在国家法律法规允许的范围内开展互联网金融创新业务。合规要点如下：

1. 商业银行开展互联网金融相关业务，需经过银行业监督管理部门审批，未经审批不得开展互联网金融业务。

2. 要以安全性为第一原则，按照相关制度要求配置必要的计算机网络设施，科学建立风险防控机制，有效预防互联网金融风险。

3. 中资银行的电子银行业务运营系统和业务处理服务器须设置在中国境内。

4. 商业银行与网络借贷中介机构、信托机构、证券机构、基金机构、保险机构及互联网平台合作开展业务的，应该满足国家和相关制度规定的监管要求。

二、证券机构

证券机构利用互联网信息技术实现证券发行、定价、销售、交易及衍生服务的业务模式即为互联网证券。互联网证券业务由证监会负责监管。

我国资本市场在 20 世纪 90 年代就在全球率先实现了证券交易所核心系统微机联网。2000 年，证监会出台了《网上证券委托暂行管理办法》，网上证券交易进入规范发展阶段；2014 年 5 月，国务院印发《关于进一步促进资本市场健康发展的若干意见》，明确提出要引导证券等领域互联网业务的有序发展。

合规要点如下：

1. 持有证监会颁发的相关业务牌照。

2. 遵循投资者适当性原则，向投资者销售适当的产品或者提供适当的服务。

3. 符合监管制度确定的风险监管指标要求。

4. 符合监管制度确定的投资限额和比例要求。

5. 按照监管制度要求进行信息披露和风险提示。

6. 按照监管制度要求完善内控机制。

7. 与互联网企业合作开展业务必须符合现行监管规则，要在经营许可范围内开展业务，不得与未取得相应业务资质的互联网金融从业企业开展合作，不得通过互联网企业跨界开展金融活动，进行监管套利。

8. 不得以支付或变相支付交易手续费的方式与提供技术服务或信息服务的非证券公司合作开展网上委托业务。

三、信托机构

互联网信托是指持有金融许可证的信托公司通过互联网平台开展的信用委托业务。

目前的互联网信托业务中，除互联网信托直销外，互联网消费信托、基于互联网理财平台的信托拆分及信托受益权质押融资并未形成较为成熟的业务模式。互联网信托业务由银监会（现为银保监会）负责监管。

合规要点如下：

1. 开展互联网金融业务的信托机构应持有银行业监督管理部门颁发的业务许可证。

2. 信托机构开展信托业务，应当在中国信托登记有限责任公司办理信托产品及其受益权信息的登记。

3. 信托产品的合格投资者，应是能够识别、判断和承担信托计划相应风险的自然人、法人或者依法成立的其他组织，并满足一定的资金、资产条件，投资人不得违规汇集他人资金购买信托产品。

4. 信托公司不得开展非标准化理财资金池等具有影子银行特征的业务。

5. 信托公司开展银信理财合作业务，信托产品期限均不得低于一年。其中，融资类业务余额占银信理财合作业务余额的比例不得高于30%。

6. 信托公司管理集合资金信托计划时，向他人提供贷款不得超过其管理的所有信托计划实收余额的30%。

7. 严禁信托公司以商品房预售回购的方式变相发放房地产贷款。

8. 信托受益权进行拆分转让的，受让人不得为自然人；机构所持有的信托受益权，不得向自然人转让或拆分转让。

9. 信托公司推介信托计划，不得以任何方式承诺信托资金不受损失，或者以任何方式承诺信托资金的最低收益；不得进行公开营销宣传；不得委托非金融机构进行推介。

10. 信托公司开办受托境外理财业务，应获得中国银行业监督管理部门和国家外汇管理部门的批准。

电子银行业务管理办法

(中国银行业监督管理委员会令2006年第5号)

第一章 总 则

第一条 为加强电子银行业务的风险管理，保障客户及银行的合法权益，促进电子银行业务的健康有序发展，根据《中华人民共和国银行业监督管理法》《中华人民共和国商业银行法》和《中华人民共和国外资金融机构管理条例》等法律法规，制定本办法。

第二条 本办法所称电子银行业务，是指商业银行等银行业金融机构利用面向社会公众开放的通讯通道或开放型公众网络，以及银行为特定自助服务设施或客户建立的专用网络，向客户提供的银行服务。

电子银行业务包括利用计算机和互联网开展的银行业务（以下简称网上银行业务），利用电话等声讯设备和电信网络开展的银行业务（以下简称电话银行业务），利用移动电话和无线网络开展的银行业务（以下简称手机银行业务），以及其他利用电子服务设备和网络，由客户通过自助服务方式完成金融交易的银行业务。

第三条 银行业金融机构和依据《中华人民共和国外资金融机构管理条例》设立的外资金融机构（以下通称为金融机构），应当按照本办法的规定开展电子银行业务。

在中华人民共和国境内设立的金融资产管理公司、信托投资公司、财务公司、金融租赁公司以及经中国银行业监督管理委员会（以下简称中国银监会）批准设立的其他金融机构，开办具有电子银行性质的电子金融业务，适用本办法对金融机构开展电子银行业务的有关规定。

第四条 经中国银监会批准，金融机构可以在中华人民共和国境内开办电子银行业务，向中华人民共和国境内企业、居民等客户提供电子银行服务，也可按照本办法的有关规定开展跨境电子银行服务。

第五条 金融机构应当按照合理规划、统一管理、保障系统安全运行的原则，开展电子银行业务，保证电子银行业务的健康、有序发展。

第六条 金融机构应根据电子银行业务特性,建立健全电子银行业务风险管理体系和内部控制体系,设立相应的管理机构,明确电子银行业务管理的责任,有效地识别、评估、监测和控制电子银行业务风险。

第七条 中国银监会负责对电子银行业务实施监督管理。

第二章　申请与变更

第八条 金融机构在中华人民共和国境内开办电子银行业务,应当依照本办法的有关规定,向中国银监会申请或报告。

第九条 金融机构开办电子银行业务,应当具备下列条件:

(一)金融机构的经营活动正常,建立了较为完善的风险管理体系和内部控制制度,在申请开办电子银行业务的前一年内,金融机构的主要信息管理系统和业务处理系统没有发生过重大事故;

(二)制定了电子银行业务的总体发展战略、发展规划和电子银行安全策略,建立了电子银行业务风险管理的组织体系和制度体系;

(三)按照电子银行业务发展规划和安全策略,建立了电子银行业务运营的基础设施和系统,并对相关设施和系统进行了必要的安全检测和业务测试;

(四)对电子银行业务风险管理情况和业务运营设施与系统等,进行了符合监管要求的安全评估;

(五)建立了明确的电子银行业务管理部门,配备了合格的管理人员和技术人员;

(六)中国银监会要求的其他条件。

第十条 金融机构开办以互联网为媒介的网上银行业务、手机银行业务等电子银行业务,除应具备第九条所列条件外,还应具备以下条件:

(一)电子银行基础设施设备能够保障电子银行的正常运行;

(二)电子银行系统具备必要的业务处理能力,能够满足客户适时业务处理的需要;

(三)建立了有效的外部攻击侦测机制;

(四)中资银行业金融机构的电子银行业务运营系统和业务处理服务器设置在中华人民共和国境内;

(五)外资金融机构的电子银行业务运营系统和业务处理服务器可以设置在中华人民共和国境内或境外。设置在境外时,应在中华人民共和国境内设置可以记录和保存业务交易数据的设施设备,能够满足金融监管部门现场检查的要求，在出现法律纠纷时，能够满足中国司法机构调查取证的要求。

第十一条　外资金融机构开办电子银行业务，除应具备第九条、第十条所列条件外，还应当按照法律、行政法规的有关规定，在中华人民共和国境内设有营业性机构，其所在国家（地区）监管当局具备对电子银行业务进行监管的法律框架和监管能力。

第十二条　金融机构申请开办电子银行业务，根据电子银行业务的不同类型，分别适用审批制和报告制。

（一）利用互联网等开放性网络或无线网络开办的电子银行业务，包括网上银行、手机银行和利用掌上电脑等个人数据辅助设备开办的电子银行业务，适用审批制；

（二）利用境内或地区性电信网络、有线网络等开办的电子银行业务，适用报告制；

（三）利用银行为特定自助服务设施或与客户建立的专用网络开办的电子银行业务，法律法规和行政规章另有规定的遵照其规定，没有规定的适用报告制。

金融机构开办电子银行业务后，与其特定客户建立直接网络连接提供相关服务，属于电子银行日常服务，不属于开办电子银行业务申请的类型。

第十三条　金融机构申请开办需要审批的电子银行业务之前，应先就拟申请的业务与中国银监会进行沟通，说明拟申请的电子银行业务系统和基础设施设计、建设方案，以及基本业务运营模式等，并根据沟通情况，对有关方案进行调整。

进行监管沟通后，金融机构应根据调整完善后的方案开展电子银行系统建设，并应在申请前完成对相关系统的内部测试工作。

内部测试对象仅限于金融机构内部人员、外包机构相关工作人员和相关机构的工作人员，不得扩展到一般客户。

第十四条　金融机构申请开办电子银行业务时，可以在一个申请报告中同时申请不同类型的电子银行业务，但在申请中应注明所申请的电子银行业务类型。

第十五条　金融机构向中国银监会或其派出机构申请开办电子银行业务，应提交以下文件、资料（一式三份）：

（一）由金融机构法定代表人签署的开办电子银行业务的申请报告；

（二）拟申请的电子银行业务类型及拟开展的业务种类；

（三）电子银行业务发展规划；

（四）电子银行业务运营设施与技术系统介绍；

（五）电子银行业务系统测试报告；

（六）电子银行安全评估报告；

（七）电子银行业务运行应急计划和业务连续性计划；

（八）电子银行业务风险管理体系及相应的规章制度；

（九）电子银行业务的管理部门、管理职责，以及主要负责人介绍；

（十）申请单位联系人以及联系电话、传真、电子邮件信箱等联系方式；

（十一）中国银监会要求提供的其他文件和资料。

第十六条 中国银监会或其派出机构在收到金融机构的有关申请材料后，根据监管需要，要求商业银行补充材料时，应一次性将有关要求告知金融机构。

金融机构应根据中国银监会或其派出机构的要求，重新编制和装订申请材料，并更正材料递交日期。

第十七条 中国银监会或其派出机构在收到金融机构申请开办需要审批的电子银行业务完整申请材料3个月内，作出批准或者不批准的书面决定；决定不批准的，应当说明理由。

第十八条 金融机构在一份申请报告中申请了多个类型的电子银行业务时，中国银监会或其派出机构可以根据有关规定和要求批准全部或部分电子银行业务类型的申请。

对于中国银监会或其派出机构未批准的电子银行业务类型，金融机构可按有关规定重新申请。

第十九条 金融机构开办适用于报告制的电子银行业务类型，不需申请，但应参照第十五条的有关规定，在开办电子银行业务之前1个月，将相关材料报送中国银监会或其派出机构。

第二十条 金融机构开办电子银行业务后，可以利用电子银行平台进行传统银行产品和服务的宣传、销售，也可以根据电子银行业务的特点开发新的业务类型。

金融机构利用电子银行平台宣传有关银行产品或服务时，应当遵守相关法律法规和业务管理规章的有关规定。利用电子银行平台销售有关银行产品或服务时，应认真分析选择适应电子银行销售的产品，不得利用电子银行销售需要对客户进行当面评估后才能销售的，或者需要客户当面确认才能销售的银行产品，法律法规和行政规章另有规定的除外。

第二十一条 金融机构根据业务发展需要，增加或变更电子银行业务类型，适用审批制或报告制。

第二十二条 金融机构增加或者变更以下电子银行业务类型，适用审批制：

（一）有关法律法规和行政规章规定需要审批但金融机构尚未申请批准，并准备利用电子银行开办的；

（二）金融机构将已获批准的业务应用于电子银行时，需要与证券业、保险业相关机构进行直接实时数据交换才能实施的；

（三）金融机构之间通过互联电子银行平台联合开展的；

（四）提供跨境电子银行服务的。

第二十三条 金融机构增加或变更需要审批的电子银行业务类型，应向中国银监会或其派出机构报送以下文件和资料（一式三份）：

（一）由金融机构法定代表人签署的增加或变更业务类型的申请；

（二）拟增加或变更业务类型的定义和操作流程；

（三）拟增加或变更业务类型的风险特征和防范措施；

（四）有关管理规章制度；

（五）申请单位联系人以及联系电话、传真、电子邮件信箱等联系方式；

（六）中国银监会要求提供的其他文件和资料。

第二十四条 业务经营活动不受地域限制的银行业金融机构（以下简称全国性金融机构），申请开办电子银行业务或增加、变更需要审批的电子银行业务类型，应由其总行（公司）统一向中国银监会申请。

按照有关规定只能在某一城市或地区内从事业务经营活动的银行业金融机构（以下简称地区性金融机构），申请开办电子银行业务或增加、变更需要审批的电子银行业务类型，应由其法人机构向所在地中国银监会派出机构申请。

外资金融机构申请开办电子银行业务或增加、变更需要审批的电子银行业务类型，应由其总行（公司）或在中华人民共和国境内的主报告行向中国银监会申请。

第二十五条 中国银监会或其派出机构在收到金融机构增加或变更需要审批的电子银行业务类型完整申请材料 3 个月内，做出批准或者不批准的书面决定；决定不批准的，应当说明理由。

第二十六条 其他电子银行业务类型适用报告制，金融机构增加或变更时不需申请，但应在开办该业务类型前 1 个月内，参照第二十三条的有关规定，将有关材料报送中国银监会或其派出机构。

第二十七条 已经实现业务数据集中处理和系统整合（以下简称数据集中处理）的银行业金融机构，获准开办电子银行业务后，可以授权其分支机构开办部分或全部电子银行业务。其分支机构在开办相关业务之前，应向所在地中国银监会派出机构报告。

未实现数据集中处理的银行业金融机构，如果其分支机构的电子银行业务处理系统独立于总部，该分支机构开办电子银行业务按照地区性金融机构开办电子银行业务的情形管理，应持其总行授权文件，按照有关规定向所在地中国银监会派出机构申请或报告。其他分支机构只需持其总行授权文件，在开办相关业务之前，向所在地中国银监会派出机构报告。

外资金融机构获准开办电子银行业务后，其境内分支机构开办电子银行业务，应持其总行（公司）授权文件向所在地中国银监会派出机构报告。

第二十八条 已开办电子银行业务的金融机构按计划决定终止全部电子银行服务或部分类型的电子银行服务时，应提前 3 个月就终止电子银行服务的原因及相关问题处置方案等，报告中国银监会，并同时予以公告。

金融机构按计划决定停办部分电子银行业务类型时，应于停办该业务前 1 个月内向中国银监会报告，并予以公告。

金融机构终止电子银行服务或停办部分业务类型，必须采取有效的措施保护客户的合法权益，并针对可能出现的问题制定有效的处置方案。

第二十九条 金融机构终止电子银行服务或停办部分业务类型后，需要重新开办电子银行业务或者重新开展已停办的业务类型时，应按照相关规定重新申请或办理。

第三十条 金融机构因电子银行系统升级、调试等原因，需要按计划暂时停止电子银行服务的，应选择适当的时间，尽可能减少对客户的影响，并至少提前 3 天在其网站上予以公告。

受突发事件或偶然因素影响非计划暂停电子银行服务，在正常工作时间内超过 4 个小时或者在正常工作时间外超过 8 个小时的，金融机构应在暂停服务后 24 小时内将有关情况报告中国银监会，并应在事故处理基本结束后 3 日内，将事故原因、影响、补救措施及处理情况等，报告中国银监会。

第三章　风险管理

第三十一条　金融机构应当将电子银行业务风险管理纳入本机构风险管理的总体框架之中，并应根据电子银行业务的运营特点，建立健全电子银行风险管理体系和电子银行安全、稳健运营的内部控制体系。

第三十二条　金融机构的电子银行风险管理体系和内部控制体系应当具有清晰的管理架构、完善的规章制度和严格的内部授权控制机制，能够对电子银行业务面临的战略风险、运营风险、法律风险、声誉风险、信用风险、市场风险等实施有效的识别、评估、监测和控制。

第三十三条　金融机构针对传统业务风险制定的审慎性风险管理原则和措施等，同样适用于电子银行业务，但金融机构应根据电子银行业务环境和运行方式的变化，对原有风险管理制度、规则和程序进行必要的和适当的修正。

第三十四条　金融机构的董事会和高级管理层应根据本机构的总体发展战略和实际经营情况，制订电子银行发展战略和可行的经营投资战略，对电子银行的经营进行持续性的综合效益分析，科学评估电子银行业务对金融机构总体风险的影响。

第三十五条　在制定电子银行发展战略时，金融机构应加强电子银行业务的知识产权保护工作。

第三十六条　金融机构应当针对电子银行不同系统、风险设施、信息和其他资源的重要性及其对电子银行安全的影响进行评估分类，制定适当的安全策略，建立健全风险控制程序和安全操作规程，采取相应的安全管理措施。

对各类安全控制措施应定期检查、测试，并根据实际情况适时调整，保证安全措施的持续有效及及时更新。

第三十七条　金融机构应当保障电子银行运营设施设备，以及安全控制设施设备的安全，对电子银行的重要设施设备和数据，采取适当的保护措施。

（一）有形场所的物理安全控制，必须符合国家有关法律法规和安全标准的要求，对尚没有统一安全标准的有形场所的安全控制，金融机构应确保其制定的安全制度有效地覆盖可能面临的主要风险；

（二）以开放型网络为媒介的电子银行系统，应合理设置和使用防火墙、防病毒软件等安全产品与技术，确保电子银行有足够的反攻击能力、防病毒能力和入侵防护能力；

（三）对重要设施设备的接触、检查、维修和应急处理，应有明确的权限界定、责任划分和操作流程，并建立日志文件管理制度，如实记录并妥善保管相关记录；

（四）对重要技术参数，应严格控制接触权限，并建立相应的技术参数调整与变更机制，并保证在更换关键人员后，能够有效防止有关技术参数的泄露；

（五）对电子银行管理的关键岗位和关键人员，应实行轮岗和强制性休假制度，建立严格的内部监督管理制度。

第三十八条 金融机构应采用适当的加密技术和措施，保证电子交易数据传输的安全性与保密性，以及所传输交易数据的完整性、真实性和不可否认性。

金融机构采用的数据加密技术应符合国家有关规定，并根据电子银行业务的安全性需要和科技信息技术的发展，定期检查和评估所使用的加密技术和算法的强度，对加密方式进行适时调整。

第三十九条 金融机构应当与客户签订电子银行服务协议或合同，明确双方的权利与义务。

在电子银行服务协议中，金融机构应向客户充分揭示利用电子银行进行交易可能面临的风险，金融机构已经采取的风险控制措施和客户应采取的风险控制措施，以及相关风险的责任承担。

第四十条 金融机构应采取适当的措施和采用适当的技术，识别与验证使用电子银行服务客户的真实、有效身份，并应依照与客户签订的有关协议对客户作业权限、资金转移或交易限额等实施有效管理。

第四十一条 金融机构应当建立相应的机制，搜索、监测和处理假冒或有意设置类似于金融机构的电话、网站、短信号码等信息骗取客户资料的活动。

金融机构发现假冒电子银行的非法活动后，应向公安部门报案，并向中国银监会报告。同时，金融机构应及时在其网站、电话语音提示系统或短信平台上，提醒客户注意。

第四十二条 金融机构应尽可能使用统一的电子银行服务电话、域名、短信号码等，并应在与客户签订的协议中明确客户启动电子银行业务的合法途径、意外事件的处理办法，以及联系方式等。

已实现数据集中处理的银行业金融机构开展网上银行类业务，总行（公司）与其分支机构应使用统一的域名；未实现数据集中处理的银行业金融机构开展网上银行类业务时，应由总行（公司）设置统一的接入站点，在其主页内设置其分支机构网站链接。

第四十三条 金融机构应建立电子银行入侵侦测与入侵保护系统，实时监控电子银行的运行情况，定期对电子银行系统进行漏洞扫描，并建立对非法入侵的甄别、处理和报告机制。

第四十四条 金融机构开展电子银行业务，需要对客户信息和交易信息等使用电子签名或电子认证时，应遵照国家有关法律法规的规定。

金融机构使用第三方认证系统，应对第三方认证机构进行定期评估，保证有关认证安全可靠和具有公信力。

第四十五条 金融机构应定期评估可供客户使用的电子银行资源充足情况，采取必要的措施保障线路接入通畅，保证客户对电子银行服务的可用性。

第四十六条 金融机构应制定电子银行业务连续性计划，保证电子银行业务的连续正常运营。

金融机构电子银行业务连续性计划应充分考虑第三方服务供应商对业务连续性的影响，并应采取适当的预防措施。

第四十七条 金融机构应制定电子银行应急计划和事故处理预案，并定期对这些计划和预案进行测试，以管理、控制和减少意外事件造成的危害。

第四十八条 金融机构应定期对电子银行关键设备和系统进行检测，并详细记录检测情况。

第四十九条 金融机构应明确电子银行管理、运营等各个环节的主要权限、职责和相互监督方式，有效隔离电子银行应用系统、验证系统、业务处理系统和数据库管理系统之间的风险。

第五十条 金融机构应建立健全电子银行业务的内部审计制度，定期对电子银行业务进行审计。

第五十一条 金融机构应采取适当的方法和技术，记录并妥善保存电子银行业务数据，电子银行业务数据的保存期限应符合法律法规的有关要求。

第五十二条 金融机构应采取适当措施，保证电子银行业务符合相关法律法规对客户信息和隐私保护的规定。

第五十三条 金融机构应针对电子银行业务发展与管理的实际情况，制订多层次的培训计划，对电子银行管理人员和业务人员进行持续培训。

第四章 数据交换与转移管理

第五十四条 电子银行业务的数据交换与转移，是指金融机构根据业务发展和管理的需要，利用电子银行平台与外部组织或机构相互交换电子银行业务信息和数据，或者将有关电子银行业务数据转移至外部组织或机构的活动。

第五十五条 金融机构根据业务发展需要，可以与其他开展电子银行业务的金融机构建立电子银行系统数据交换机制，实现电子银行业务平台的直接连接，进行境内实时信息交换和跨行资金转移。

第五十六条 建立电子银行业务数据交换机制的金融机构，或者电子银行平台实现相互连接的金融机构，应当建立联合风险管理委员会，负责协调跨行间的业务风险管理与控制。

所有参加数据交换或电子银行平台连接的金融机构都应参加联合风险管理委员会，共同制定并遵守联合风险管理委员会的规章制度和工作规程。

联合风险管理委员会的规章制度、工作规程、会议纪要和有关决议等，应抄报中国银监会。

第五十七条 金融机构根据业务发展或管理的需要，可以与非银行业金融机构直接交换或转移部分电子银行业务数据。

金融机构向非银行业金融机构交换或转移部分电子银行业务数据时，应签订数据交换（转移）用途与范围明确、管理职责清晰的书面协议，并明确各方的数据保密责任。

第五十八条 金融机构在确保电子银行业务数据安全并被恰当使用的情况下，可以向非金融机构转移部分电子银行业务数据。

（一）金融机构由于业务外包、系统测试（调试）、数据恢复与救援等为维护电子银行正常安全运营的需要而向非金融机构转移电子银行业务数据的，应当事先签订书面保密合同，并指派专人负责监督有关数据的使用、保管、传递和销毁；

（二）金融机构由于业务拓展、业务合作等需要向非金融机构转移电子银行业务数据的，除应签订书面保密合同和指定专人监督外，还应建立对数据接收方的定期检查制度，一旦发现数据接收方不当使用、保管或传递电子银行业务数据，应立即停止相关数据转移，并应采取必要的措施预防电子银行客户的合法权益受到损害，法律法规另有规定的除外；

（三）金融机构不得向无业务往来的非金融机构转移电子银行业务数据，不得出售电子银行业务数据，不得损害客户权益利用电子银行业务数据谋取利益。

第五十九条 金融机构可以为电子商务经营者提供网上支付平台。为电子商务提供网上支付平台时，金融机构应严格审查合作对象，签订书面合作协议，建立有效监督机制，防范不法机构或人员利用电子银行支付平台从事违法资金转移或其他非法活动。

第六十条　外资金融机构因业务或管理需要确需向境外总行（公司）转移有关电子银行业务数据的，应遵守有关法律法规的规定，采取必要的措施保护客户的合法权益，并遵守有关数据交换和转移的规定。

第六十一条　未经电子银行业务数据转出机构的允许，数据接收机构不得将有关电子银行业务数据向第三方转移。法律法规另有规定的除外。

第五章　业务外包管理

第六十二条　电子银行业务外包，是指金融机构将电子银行部分系统的开发、建设，电子银行业务的部分服务与技术支持，电子银行系统的维护等专业化程度较高的业务工作，委托给外部专业机构承担的活动。

第六十三条　金融机构在进行电子银行业务外包时，应根据实际需要，合理确定外包的原则和范围，认真分析和评估业务外包存在的潜在风险，建立健全有关规章制度，制定相应的风险防范措施。

第六十四条　金融机构在选择电子银行业务外包服务供应商时，应充分审查、评估外包服务供应商的经营状况、财务状况和实际风险控制与责任承担能力，进行必要的尽职调查。

第六十五条　金融机构应当与外包服务供应商签订书面合同，明确双方的权利、义务。

在合同中，应明确规定外包服务供应商的保密义务、保密责任。

第六十六条　金融机构应充分认识外包服务供应商对电子银行业务风险控制的影响，并将其纳入总体安全策略之中。

第六十七条　金融机构应建立完整的业务外包风险评估与监测程序，审慎管理业务外包产生的风险。

第六十八条　电子银行业务外包风险的管理应当符合金融机构的风险管理标准，并应建立针对电子银行业务外包风险的应急计划。

第六十九条　金融机构应与外包服务供应商建立有效的联络、沟通和信息交流机制，并应制定在意外情况下能够实现外包服务供应商顺利变更，保证外包服务不间断的应急预案。

第七十条　金融机构对电子银行业务处理系统、授权管理系统、数据备份系统的总体设计开发，以及其他涉及机密数据管理与传递环节的系统进行外包时，应经过金融机构董事会或者法人代表批准，并应在业务外包实施前向中国银监会报告。

第六章 跨境业务活动管理

第七十一条 电子银行的跨境业务活动，是指开办电子银行业务的金融机构利用境内的电子银行系统，向境外居民或企业提供的电子银行服务活动。

金融机构的境内客户在境外使用电子银行服务，不属于跨境业务活动。

第七十二条 金融机构提供跨境电子银行服务，除应遵守中国法律法规和外汇管理政策等规定外，还应遵守境外居民所在国家（地区）的法律规定。

境外电子银行监管部门对跨境电子银行业务要求审批的，金融机构在提供跨境业务活动之前，应获得境外电子银行监管部门的批准。

第七十三条 金融机构开展跨境电子银行业务，除应按照第二章的有关规定向中国银监会申请外，还应当向中国银监会提供以下文件资料：

（一）跨境电子银行服务的国家（地区），以及该国（地区）对电子银行业务管理的法律规定；

（二）跨境电子银行服务的主要对象及服务内容；

（三）未来三年跨境电子银行业务发展规模、客户规模的分析预测；

（四）跨境电子银行业务法律与合规性分析。

第七十四条 金融机构向客户提供跨境电子银行服务，必须签订相关服务协议。

金融机构与客户的服务协议文本，应当使用中文和客户所在国家或地区（或客户同意的其他国语言）两种文字，两种文字的文本应具有同等法律效力。

第七章 监督管理

第七十五条 中国银监会依法对电子银行业务实施非现场监管、现场检查和安全监测，对电子银行安全评估实施管理，并对电子银行的行业自律组织进行指导和监督。

第七十六条 开展电子银行业务的金融机构应当建立电子银行业务统计体系，并按照相关规定向中国银监会报送统计数据。

商业银行向中国银监会报送的电子银行业务统计数据、报送办法等，由中国银监会另行制定。

第七十七条 金融机构应定期对电子银行业务发展与管理情况进行自我评估，并应每年编制《电子银行年度评估报告》。

第七十八条 金融机构的《电子银行年度评估报告》应至少包括以下几方面内容：

（一）本年度电子银行业务的发展计划与实际发展情况，以及对本年度电子银行发展状况的分析评价；

（二）本年度电子银行业务经营效益的分析、比较与评价，以及主要业务收入和主要业务的服务价格；

（三）电子银行业务风险管理状况的分析与评估，以及本年度电子银行面临的主要风险；

（四）其他需要说明的重要事项。

第七十九条 金融机构的《电子银行年度评估报告》（一式两份）应于下一年度的3月底之前报送中国银监会。

第八十条 金融机构应当建立电子银行业务重大安全事故和风险事件的报告制度，并保持与监管部门的经常性沟通。

对于电子银行系统被恶意攻破并已出现客户或银行损失，电子银行被病毒感染并导致机密资料外泄，以及可能会引发其他金融机构电子银行系统风险的事件，金融机构应在事件发生后48小时内向中国银监会报告。

第八十一条 中国银监会根据监管的需要，可以依法对金融机构的电子银行业务实施现场检查，也可以聘请外部专业机构对电子银行业务系统进行安全漏洞扫描、攻击测试等检查。

第八十二条 中国银监会对电子银行业务实施现场检查时，除应按照现场检查的有关规定组成检查组并进行相关业务培训外，还应邀请被检查机构的电子银行业务管理和技术人员介绍其电子银行系统架构、运营管理模式以及关键设备接触要求。

检查人员在实施现场检查过程中，应当遵守被检查机构电子银行安全管理的有关规定。

第八十三条 金融机构的总行（公司），以及已实现数据集中处理的金融机构分支机构电子银行业务的现场检查，由中国银监会负责；未实现数据集中处理的金融机构的分支机构，外资金融机构的分支机构，以及地区性金融机构电子银行业务的现场检查，由所在地银监局负责。

第八十四条 中国银监会聘用外部专业机构对金融机构电子银行系统进行检查时，应与被委托机构签订书面合同和保密协议，明确规定被委托机构可以使用的技术手段和使用方式，并指派专人全程参与并监督外部机构的监测测试活动。

银监局与拟聘用的外部专业机构签订合同之前，应报请银监会批准。

第八十五条 电子银行安全评估是金融机构开办或持续经营电子银行业务的必要条件，也是金融机构电子银行业务风险管理与监管的重要手段。

金融机构应按照中国银监会的有关规定，定期对电子银行系统进行安全评估，并将其作为电子银行风险管理的重要组成部分。

第八十六条 金融机构电子银行安全评估工作，应当由符合一定资质条件、具备相应评估能力的评估机构实施。

中国银监会负责制定评估机构开展电子银行安全评估业务的资质条件和电子银行安全评估的相关制度，并负责对评估机构参与电子银行安全评估的业务资质进行认定。

第八十七条 中国银监会对评估机构电子银行安全评估业务资质的认定，不作为评估机构开展电子银行安全评估业务的必要条件。

电子银行安全评估机构开展电子银行安全评估业务，如需中国银监会对其资质进行专业认定，应按照有关规定申请办理。

第八十八条 金融机构聘请未经中国银监会认定的安全评估机构实施电子银行安全评估时，应按照中国银监会制定的有关条件和标准选择评估机构，并应于签订评估协议前4周将拟聘用机构的有关情况报中国银监会。

第八章　法律责任

第八十九条 金融机构在提供电子银行服务时，因电子银行系统存在安全隐患、金融机构内部违规操作和其他非客户原因等造成损失的，金融机构应当承担相应责任。

因客户有意泄露交易密码，或者未按照服务协议尽到应尽的安全防范与保密义务造成损失的，金融机构可以根据服务协议的约定免于承担相应责任，但法律法规另有规定的除外。

第九十条 金融机构未经批准擅自开办电子银行业务，或者未经批准增加或变更需要审批的电子银行业务类型，造成客户损失的，金融机构应承担全部责任。法律法规明确规定应由客户承担的责任除外。

第九十一条 金融机构已经按照有关法律法规和行政规章的要求，尽到了电子银行风险管理和安全管理的相应职责，但因其他金融机构或者其他金融机构的外包服务商失职等原因，造成客户损失的，由其他金融机构承担相应责任，但提供电子银行服务的金融机构有义务协助其客户处理有关事宜。

第九十二条 金融机构开展电子银行业务违反审慎经营规则但尚不构成违法违规，并导致电子银行系统存在较大安全隐患的，中国银监会将责令限期改正；逾期未改正，或者其安全隐患在短时间难以解决的，中国银监会可以区别情形，采取下列措施：

（一）暂停批准增加新的电子银行业务类型；

（二）责令金融机构限制发展新的电子银行客户；

（三）责令调整电子银行管理部门负责人。

第九十三条 金融机构在开展电子银行业务过程中，违反有关法律法规和行政规章的，中国银监会将依据有关法律法规和行政规章的规定予以处罚。

第九章　附　则

第九十四条 金融机构利用为特定自助服务设施或客户建立的专用网络提供电子银行业务，有相关业务管理规定的，遵照其规定，但网络安全、技术风险等管理应参照本办法的有关规定执行；没有相关业务规定的，遵照本办法。

第九十五条 本办法实施前，经监管部门批准已经开办网上银行业务的金融机构，其已开办的电子银行业务不需再行审批，但应于本办法实施后 1 个月内将已开办的电子银行业务类型、开办时间、审批文件等相关材料报中国银监会。

本办法实施后，上述机构开办尚未开办的电子银行业务类型，应按本办法的有关规定进行申请或报告。

第九十六条 本办法实施前，已经开办网上银行业务但尚未报批或已经申请但尚未获得监管部门批准的金融机构，其开办的网上银行、手机银行，以及其他以互联网或无线网络为媒介的电子银行业务，应在本办法实施后 6 个月内按本办法提交有关申请；已经递交申请材料的，应按照本办法的要求补充有关材料。

上述机构已经开办适用于报告制的电子银行业务，应于本办法实施后 1 个月内将已开办的电子银行业务类型、开办时间等报中国银监会。

上述机构新开办其他电子银行业务，应遵照本办法的规定。

第九十七条 本办法实施前，未开办网上银行业务但已开办电话银行业务的金融机构，应于本办法实施后 1 个月内将已开办的电子银行业务类型、开办时间等报中国银监会。

上述机构新开办其他电子银行业务，应遵照本办法的规定。

第九十八条 本办法由中国银监会负责解释。

第九十九条 本办法自 2006 年 3 月 1 日起施行。

网上证券委托暂行管理办法

(证监信息字〔2000〕5号)

第一章 总 则

第一条 为切实保护投资者利益，防范风险，加强网上证券委托（以下简称"网上委托"）的管理，保证我国证券市场健康发展，制定本办法。

第二条 网上委托是指证券公司通过互联网，向在本机构开户的投资者提供用于下达证券交易指令、获取成交结果的一种服务方式。

第三条 本办法中的互联网是指因特网或其他类似技术形式的通用性公共计算机通信网络，不包括证券公司租用公共通信设施建设的专门用于委托业务的电话拨号网或其他形式的计算机网络。

第四条 网上委托的证券为上海证券交易所、深圳证券交易所挂牌的证券。

第五条 网上委托应遵循公开、公平、公正和诚实信用、安全高效的原则。

第二章 业务规范

第六条 在证券公司合法营业场所依法开户的投资者，经本人申请办理相关手续后，方能进行网上委托。

证券公司在为投资者办理网上委托相关手续时，应要求投资者提供身份证明原件，并向投资者提供证实证券公司身份、资格的证明材料。禁止代埋办理网上委托相关手续。

第七条 证券公司应制定专门的业务工作程序，规范网上委托，并与客户本人签订专门的书面协议，协议应明确双方的法律责任，并以《风险揭示书》的形式，向投资者解释相关风险。

第八条 开展网上委托的证券公司，必须为网上委托客户提供必要的替代交易方式。

第九条 证券公司应定期向进行网上委托的投资者提供书面对账单。

第十条 开展网上委托业务的证券公司禁止直接向客户提供计算机网络及电话形式的资金转账服务。禁止开展网上证券转托管业务。

第三章 技术规范

第十一条 证券公司必须自主决策网上委托系统的建设、管理和维护。有关投资者资金账户、股票账户、身份识别等数据的程序或系统不得托管在证券公司的合法营业场所之外。

第十二条 证券公司应采取严格、完善的技术措施，确保网上委托系统和其他业务系统在技术上隔离。禁止通过网上委托系统直接访问任何证券公司的内部业务系统。

第十三条 证券公司必须将未申请网上委托的投资者的所有资料与网上委托系统进行技术隔离。

第十四条 网上委托系统应有完善的系统安全、数据备份和故障恢复手段。在技术和管理上要确保客户交易数据的安全、完整与准确。客户交易指令数据至少应保存 15 年（允许使用能长期保存的、一次性写入的电子介质）。

第十五条 证券公司应安排本单位专业人员负责管理、监督网上委托系统的运行，并建立完善的技术管理制度和内部制约制度。

第十六条 网上委托系统应包含实时监控和防范非法访问的功能或设施；应妥善存储网上委托系统的关键软件（如网络操作系统、数据库管理系统、网络监控系统）的日志文件、审计记录。

第十七条 在互联网上传输的过程中，必须对网上委托的客户信息、交易指令及其他敏感信息进行可靠的加密。

第十八条 证券公司应采用可靠的技术或管理措施，正确识别网上投资者的身份，防止仿冒客户身份或证券公司身份；必须有防止事后否认的技术或措施。

第十九条 证券公司应根据本公司的具体情况，采取技术和管理措施，限制每位投资者通过网上委托的单笔委托最大金额、单个交易日最大成交总金额。

第二十条 网上委托系统中有关数据传输安全、身份识别等关键技术产品应通过国家权威机构的安全性测评；网上委托系统及维护管理制度应通过国家权威机构的安全性认证；涉及系统安全及核心业务的软件应由第三方公证机构（或双方认可的机构）托管程序源代码及必要的编译环境。

第四章 信息披露

第二十一条 证券公司应提供一个固定的互联网站点，作为网上委托的入口网站。

第二十二条 证券公司应在入口网站和客户终端软件上进行风险揭示。揭示的风险至少应包括：

因在互联网上传输原因，交易指令可能会出现中断、停顿、延迟、数据错误等情况；

机构或投资者的身份可能会被仿冒；

行情信息及其他证券信息，有可能出现错误或误导；

证券监管机关认为需要披露的其他风险。

第二十三条 证券公司开展网上委托业务的同时，如向客户提供证券交易的行情信息，应标识行情的发布时间或滞后时间；如向客户提供证券信息，应说明信息来源。并应提示投资者对行情信息及证券信息等进行核实。

第五章 资格申请

第二十四条 获得中国证监会颁发的《经营证券业务许可证》的证券公司，可向中国证监会申请开展网上委托业务。未经中国证监会批准，任何机构不得开展网上委托业务。

第二十五条 获得网上委托业务资格的证券公司可在其达到《证券经营机构营业部信息系统技术管理规范》要求的证券营业部开展网上委托业务。

第二十六条 证券公司以外的其他机构，不得开展或变相开展网上委托业务。证券公司不得以支付或变相支付交易手续费的方式与提供技术服务或信息服务的非证券公司合作开展网上委托业务。

第二十七条 证券公司申请开展网上委托业务，需具备以下条件：

1. 建立了规范的内部业务与信息系统管理制度；
2. 具有一定的公司级的技术风险控制能力；
3. 建立了一支稳定的、高素质的技术管理队伍；
4. 在过去两年内未发生重大技术事故。

第二十八条 证券公司申请网上委托业务，应向中国证监会提交下列材料：

1. 开展网上委托业务的申请书（需加盖公章）；

2. 《经营证券业务许可证》复印件；

3. （公司级）分管技术的负责人的简历；

4. 网上委托系统专职管理维护人员名单及简历；

5. 执行《证券经营机构营业部信息系统技术管理规范》的情况汇报；

6. 网上委托业务的管理制度；

7. 计划开展网上委托业务的分支机构名单，内容主要包括通信地址、负责人姓名、联系方式、在证券交易所的会员代码及开展网上委托业务的席位（分支席位）代码等；

8. 与客户签订网上委托协议范本、《风险揭示书》范本及向客户提供的其他有关网上委托的所有资料；

9. 网上委托系统的简要系统分析报告和系统设计报告，其内容主要包括：网络结构、实时监控、身份识别、传输加密、数字签名、网络隔离、风险防范等方面遵循的技术标准及技术实现策略、网络通信方式及网络接入方式等，并提供简要的网络结构和功能图；

10. 系统测试报告，包括系统峰值容量、响应与延迟指标、容错能力、可靠性及有关系统配置的重要数据等；

11. 系统故障时的应急方案，包括信息传播及转移委托方式、数据及系统恢复措施等；

12. 国家权威机构提供的系统、有关产品、管理维护制度的安全性测评认证证书或其他有关质量监督部门的证书（复印件）；

13. 公司开展网上委托业务的互联网入口站点地址；

14. 公司开展网上委托业务的风险控制方案，包括控制网上委托有关风险的技术、管理、业务等方面的措施，如公司自定的网上单笔委托限额及单个交易日成交限额等；

15. 网络接入提供商、系统集成商、硬件和软件提供商名单及其他关联企业名单；

16. 网上委托系统中主要硬件及软件的规格型号及版本；

上述材料一式三份报送中国证监会。

第二十九条 中国证监会自受理申报材料之日起最长三个月内作出决定。

第三十条 获准开展网上委托业务资格的证券公司，采用相同的技术系统和业务规则，在原未开展网上委托业务的分支机构增加此业务时，应由证券公司总部将上述材料中与该分支机构有关的部分报送中国证监会备案。

第三十一条 获准开展网上委托业务的证券公司，对正在运行的网上委托技术系统进行重大升级或对业务管理制度作出重大修订时，应将上述材料中有关变化的部分报送中国证监会备案。

第六章 附　则

第三十二条 获准开展网上委托业务的证券公司，应于每年一月底前向中国证监会报送本公司开展网上委托业务的工作总结。

第三十三条 证券公司违反本办法有关规定的，中国证监会将视情节轻重，处以警告、没收违法所得、罚款、暂停网上委托业务等处罚，情节严重的，吊销网上委托业务许可。

第三十四条 证券公司执行本办法的有关情况纳入证监会对证券公司的年检范围。

第三十五条 本办法自发布之日起施行。

证券期货投资者适当性管理办法

（中国证券监督管理委员会令第 130 号）

第一条 为了规范证券期货投资者适当性管理，维护投资者合法权益，根据《证券法》《证券投资基金法》《证券公司监督管理条例》《期货交易管理条例》及其他相关法律、行政法规，制定本办法。

第二条 向投资者销售公开或者非公开发行的证券、公开或者非公开募集的证券投资基金和股权投资基金（包括创业投资基金，以下简称基金）、公开或者非公开转让的期货及其他衍生产品，或者为投资者提供相关业务服务的，适用本办法。

第三条 向投资者销售证券期货产品或者提供证券期货服务的机构（以下简称经营机构）应当遵守法律、行政法规、本办法及其他有关规定，在销售产品或者提供服务的过程中，勤勉尽责，审慎履职，全面了解投资者情况，深入调查分析产品或者服务信息，科学有效评估，充分揭示风险，基于投资者的不同风险承受能力以及产品或者服务的不同风险等级等因素，提出明确的适当性匹配意见，将适当的产品或者服务销售或者提供给适合的投资者，并对违法违规行为承担法律责任。

第四条 投资者应当在了解产品或者服务情况、听取经营机构适当性意见的基础上，根据自身能力审慎决策，独立承担投资风险。

经营机构的适当性匹配意见不表明其对产品或者服务的风险和收益作出实质性判断或者保证。

第五条 中国证券监督管理委员会（以下简称中国证监会）及其派出机构依照法律、行政法规、本办法及其他相关规定，对经营机构履行适当性义务进行监督管理。

证券期货交易场所、登记结算机构及中国证券业协会、中国期货业协会、中国证券投资基金业协会（以下统称行业协会）等自律组织对经营机构履行适当性义务进行自律管理。

第六条 经营机构向投资者销售产品或者提供服务时，应当了解投资者的下列信息：

（一）自然人的姓名、住址、职业、年龄、联系方式，法人或者其他组织的名称、注册地址、办公地址、性质、资质及经营范围等基本信息；

（二）收入来源和数额、资产、债务等财务状况；

（三）投资相关的学习、工作经历及投资经验；

（四）投资期限、品种、期望收益等投资目标；

（五）风险偏好及可承受的损失；

（六）诚信记录；

（七）实际控制投资者的自然人和交易的实际受益人；

（八）法律法规、自律规则规定的投资者准入要求相关信息；

（九）其他必要信息。

第七条 投资者分为普通投资者与专业投资者。

普通投资者在信息告知、风险警示、适当性匹配等方面享有特别保护。

第八条 符合下列条件之一的是专业投资者：

（一）经有关金融监管部门批准设立的金融机构，包括证券公司、期货公司、基金管理公司及其子公司、商业银行、保险公司、信托公司、财务公司等；经行业协会备案或者登记的证券公司子公司、期货公司子公司、私募基金管理人。

（二）上述机构面向投资者发行的理财产品，包括但不限于证券公司资产管理产品、基金管理公司及其子公司产品、期货公司资产管理产品、银行理财产品、保险产品、信托产品、经行业协会备案的私募基金。

（三）社会保障基金、企业年金等养老基金，慈善基金等社会公益基金，合格境外机构投资者（QFII）、人民币合格境外机构投资者（RQFII）。

（四）同时符合下列条件的法人或者其他组织：

1. 最近1年末净资产不低于2000万元；

2. 最近1年末金融资产不低于1000万元；

3. 具有2年以上证券、基金、期货、黄金、外汇等投资经历。

（五）同时符合下列条件的自然人：

1. 金融资产不低于500万元，或者最近3年个人年均收入不低于50万元；

2. 具有2年以上证券、基金、期货、黄金、外汇等投资经历，或者具有2年以上金融产品设计、投资、风险管理及相关工作经历，或者属于本条第（一）项规定的专业投资者的高级管理人员、获得职业资格认证的从事金融相关业务的注册会计师和律师。

前款所称金融资产，是指银行存款、股票、债券、基金份额、资产管理计划、银行理财产品、信托计划、保险产品、期货及其他衍生产品等。

第九条 经营机构可以根据专业投资者的业务资格、投资实力、投资经历等因素，对专业投资者进行细化分类和管理。

第十条 专业投资者之外的投资者为普通投资者。

经营机构应当按照有效维护投资者合法权益的要求，综合考虑收入来源、资产状况、债务、投资知识和经验、风险偏好、诚信状况等因素，确定普通投资者的风险承受能力，对其进行细化分类和管理。

第十一条 普通投资者和专业投资者在一定条件下可以互相转化。

符合本办法第八条第（四）、（五）项规定的专业投资者，可以书面告知经营机构选择成为普通投资者，经营机构应当对其履行相应的适当性义务。

符合下列条件之一的普通投资者可以申请转化成为专业投资者，但经营机构有权自主决定是否同意其转化：

（一）最近 1 年末净资产不低于 1000 万元，最近 1 年末金融资产不低于 500 万元，且具有 1 年以上证券、基金、期货、黄金、外汇等投资经历的除专业投资者外的法人或其他组织；

（二）金融资产不低于 300 万元或者最近 3 年个人年均收入不低于 30 万元，且具有 1 年以上证券、基金、期货、黄金、外汇等投资经历或者 1 年以上金融产品设计、投资、风险管理及相关工作经历的自然人投资者。

第十二条 普通投资者申请成为专业投资者应当以书面形式向经营机构提出申请并确认自主承担可能产生的风险和后果，提供相关证明材料。

经营机构应当通过追加了解信息、投资知识测试或者模拟交易等方式对投资者进行谨慎评估，确认其符合前条要求，说明对不同类别投资者履行适当性义务的差别，警示可能承担的投资风险，告知申请的审查结果及其理由。

第十三条 经营机构应当告知投资者，其根据本办法第六条规定所提供的信息发生重要变化、可能影响分类的，应及时告知经营机构。经营机构应当建立投资者评估数据库并及时更新，充分使用已了解信息和已有评估结果，避免重复采集，提高评估效率。

第十四条 中国证监会、自律组织在针对特定市场、产品或者服务制定规则时，可以考虑风险性、复杂性以及投资者的认知难度等因素，从资产规模、收入水平、风险识别能力和风险承担能力、投资认购最低金额等方面，规定投资者准入要求。投资者准入要求包含资产指标的，应当规定投资者在购买产品或者接受服务前一定时期内符合该指标。

现有市场、产品或者服务规定投资者准入要求的，应当符合前款规定。

第十五条 经营机构应当了解所销售产品或者所提供服务的信息，根据风险特征和程度，对销售的产品或者提供的服务划分风险等级。

第十六条 划分产品或者服务风险等级时应当综合考虑以下因素：

（一）流动性；

（二）到期时限；

（三）杠杆情况；

（四）结构复杂性；

（五）投资单位产品或者相关服务的最低金额；

（六）投资方向和投资范围；

（七）募集方式；

（八）发行人等相关主体的信用状况；

（九）同类产品或者服务过往业绩；

（十）其他因素。

涉及投资组合的产品或者服务，应当按照产品或者服务整体风险等级进行评估。

第十七条 产品或者服务存在下列因素的，应当审慎评估其风险等级：

（一）存在本金损失的可能性，因杠杆交易等因素容易导致本金大部分或者全部损失的产品或者服务；

（二）产品或者服务的流动变现能力，因无公开交易市场、参与投资者少等因素导致难以在短期内以合理价格顺利变现的产品或者服务；

（三）产品或者服务的可理解性，因结构复杂、不易估值等因素导致普通人难以理解其条款和特征的产品或者服务；

（四）产品或者服务的募集方式，涉及面广、影响力大的公募产品或者相关服务；

（五）产品或者服务的跨境因素，存在市场差异、适用境外法律等情形的跨境发行或者交易的产品或者服务；

（六）自律组织认定的高风险产品或者服务；

（七）其他有可能构成投资风险的因素。

第十八条 经营机构应当根据产品或者服务的不同风险等级，对其适合销售产品或者提供服务的投资者类型作出判断，根据投资者的不同分类，对其适合购买的产品或者接受的服务作出判断。

第十九条 经营机构告知投资者不适合购买相关产品或者接受相关服务后，投资者主动要求购买风险等级高于其风险承受能力的产品或者接受相关服务的，经营机构在确认其不属于风险承受能力最低类别的投资者后，应当就产品或者服务风险高于其承受能力进行特别的书面风险警示，投资者仍坚持购买的，可以向其销售相关产品或者提供相关服务。

第二十条 经营机构向普通投资者销售高风险产品或者提供相关服务，应当履行特别的注意义务，包括制定专门的工作程序，追加了解相关信息，告知特别的风险点，给予普通投资者更多的考虑时间，或者增加回访频次等。

第二十一条 经营机构应当根据投资者和产品或者服务的信息变化情况，主动调整投资者分类、产品或者服务分级以及适当性匹配意见，并告知投资者上述情况。

第二十二条 禁止经营机构进行下列销售产品或者提供服务的活动：

（一）向不符合准入要求的投资者销售产品或者提供服务；

（二）向投资者就不确定事项提供确定性的判断，或者告知投资者有可能使其误认为具有确定性的意见；

（三）向普通投资者主动推介风险等级高于其风险承受能力的产品或者服务；

（四）向普通投资者主动推介不符合其投资目标的产品或者服务；

（五）向风险承受能力最低类别的投资者销售或者提供风险等级高于其风险承受能力的产品或者服务；

（六）其他违背适当性要求，损害投资者合法权益的行为。

第二十三条 经营机构向普通投资者销售产品或者提供服务前，应当告知下列信息：

（一）可能直接导致本金亏损的事项；

（二）可能直接导致超过原始本金损失的事项；

（三）因经营机构的业务或者财产状况变化，可能导致本金或者原始本金亏损的事项；

（四）因经营机构的业务或者财产状况变化，影响客户判断的重要事由；

（五）限制销售对象权利行使期限或者可解除合同期限等全部限制内容；

（六）本办法第二十九条规定的适当性匹配意见。

第二十四条 经营机构对投资者进行告知、警示，内容应当真实、准确、完整，不存在虚假记载、误导性陈述或者重大遗漏，语言应当通俗易懂；告知、警示应当采用书面形式送达投资者，并由其确认已充分理解和接受。

第二十五条 经营机构通过营业网点向普通投资者进行本办法第十二条、第二十条、第二十一条和第二十三条规定的告知、警示，应当全过程录音或者录像；通过互联网等非现场方式进行的，经营机构应当完善配套留痕安排，由普通投资者通过符合法律、行政法规要求的电子方式进行确认。

第二十六条 经营机构委托其他机构销售本机构发行的产品或者提供服务，应当审慎选择受托方，确认受托方具备代销相关产品或者提供服务的资格和落实相应适当性义务要求的能力，应当制定并告知代销方所委托产品或者提供服务的适当性管理标准和要求，代销方应当严格执行，但法律、行政法规、中国证监会其他规章另有规定的除外。

第二十七条 经营机构代销其他机构发行的产品或者提供相关服务，应当在合同中约定要求委托方提供的信息，包括本办法第十六条、第十七条规定的产品或者服务分级考虑因素等，自行对该信息进行调查核实，并履行投资者评估、适当性匹配等适当性义务。委托方不提供规定的信息、提供信息不完整的，经营机构应当拒绝代销产品或者提供服务。

第二十八条 对在委托销售中违反适当性义务的行为，委托销售机构和受托销售机构应当依法承担相应法律责任，并在委托销售合同中予以明确。

第二十九条 经营机构应当制定适当性内部管理制度，明确投资者分类、产品或者服务分级、适当性匹配的具体依据、方法、流程等，严格按照内部管理制度进行分类、分级，定期汇总分类、分级结果，并对每名投资者提出匹配意见。

经营机构应当制定并严格落实与适当性内部管理有关的限制不匹配销售行为、客户回访检查、评估与销售隔离等风控制度，以及培训考核、执业规范、监督问责等制度机制，不得采取鼓励不适当销售的考核激励措施，确保从业人员切实履行适当性义务。

第三十条 经营机构应当每半年开展一次适当性自查，形成自查报告。发现违反本办法规定的问题，应当及时处理并主动报告住所地中国证监会派出机构。

第三十一条 鼓励经营机构将投资者分类政策、产品或者服务分级政策、自查报告在公司网站或者指定网站进行披露。

第三十二条 经营机构应当按照相关规定妥善保存其履行适当性义务的相

关信息资料，防止泄露或者被不当利用，接受中国证监会及其派出机构和自律组织的检查。对匹配方案、告知警示资料、录音录像资料、自查报告等的保存期限不得少于 20 年。

第三十三条 投资者购买产品或者接受服务，按规定需要提供信息的，所提供的信息应当真实、准确、完整。投资者根据本办法第六条规定所提供的信息发生重要变化、可能影响其分类的，应当及时告知经营机构。

投资者不按照规定提供相关信息，提供信息不真实、不准确、不完整的，应当依法承担相应法律责任，经营机构应当告知其后果，并拒绝向其销售产品或者提供服务。

第三十四条 经营机构应当妥善处理适当性相关的纠纷，与投资者协商解决争议，采取必要措施支持和配合投资者提出的调解。经营机构履行适当性义务存在过错并造成投资者损失的，应当依法承担相应法律责任。

经营机构与普通投资者发生纠纷的，经营机构应当提供相关资料，证明其已向投资者履行相应义务。

第三十五条 中国证监会及其派出机构在监管中应当审核或者关注产品或者服务的适当性安排，对适当性制度落实情况进行检查，督促经营机构严格落实适当性义务，强化适当性管理。

第三十六条 证券期货交易场所应当制定完善本市场相关产品或者服务的适当性管理自律规则。

行业协会应当制定完善会员落实适当性管理要求的自律规则，制定并定期更新本行业的产品或者服务风险等级名录以及本办法第十九条、第二十二条规定的风险承受能力最低的投资者类别，供经营机构参考。经营机构评估相关产品或者服务的风险等级不得低于名录规定的风险等级。

证券期货交易场所、行业协会应当督促、引导会员履行适当性义务，对备案产品或者相关服务应当重点关注高风险产品或者服务的适当性安排。

第三十七条 经营机构违反本办法规定的，中国证监会及其派出机构可以对经营机构及其直接负责的主管人员和其他直接责任人员，采取责令改正、监管谈话、出具警示函、责令参加培训等监督管理措施。

第三十八条 证券公司、期货公司违反本办法规定，存在较大风险或者风险隐患的，中国证监会及其派出机构可以按照《证券公司监督管理条例》第七十条、《期货交易管理条例》第五十五条的规定，采取监督管理措施。

第三十九条 违反本办法第六条、第十八条、第十九条、第二十条、第二十一条、第二十二条第（三）项至第（六）项、第二十三条、第二十四条、第三十三条规定的，按照《证券投资基金法》第一百三十七条、《证券公司监督管理条例》第八十四条、《期货交易管理条例》第六十七条予以处理。

第四十条 违反本办法第二十二条第（一）项至第（二）项、第二十六条、第二十七条规定的，按照《证券投资基金法》第一百三十五条、《证券公司监督管理条例》第八十三条、《期货交易管理条例》第六十六条予以处理。

第四十一条 经营机构有下列情形之一的，给予警告，并处以3万元以下罚款；对直接负责的主管人员和其他直接责任人员，给予警告，并处以3万元以下罚款：

（一）违反本办法第十条，未按规定对普通投资者进行细化分类和管理的；

（二）违反本办法第十一条、第十二条，未按规定进行投资者类别转化的；

（三）违反本办法第十三条，未建立或者更新投资者评估数据库的；

（四）违反本办法第十五条，未按规定了解所销售产品或者所提供服务信息或者履行分级义务的；

（五）违反本办法第十六条、第十七条，未按规定划分产品或者服务风险等级的；

（六）违反本办法第二十五条，未按规定录音录像或者采取配套留痕安排的；

（七）违反本办法第二十九条，未按规定制定或者落实适当性内部管理制度和相关制度机制的；

（八）违反本办法第三十条，未按规定开展适当性自查的；

（九）违反本办法第三十二条，未按规定妥善保存相关信息资料的；

（十）违反本办法第六条、第十八条至第二十四条、第二十六条、第二十七条、第三十三条规定，未构成《证券投资基金法》第一百三十五条、第一百三十七条，《证券公司监督管理条例》第八十三条、第八十四条，《期货交易管理条例》第六十六条、第六十七条规定情形的。

第四十二条 经营机构从业人员违反相关法律法规和本办法规定，情节严重的，中国证监会可以依法采取市场禁入的措施。

第四十三条 本办法自2017年7月1日起施行。

关于规范金融机构资产管理业务的指导意见

(银发〔2018〕106号)

近年来,我国资产管理业务快速发展,在满足居民和企业投融资需求、改善社会融资结构等方面发挥了积极作用,但也存在部分业务发展不规范、多层嵌套、刚性兑付、规避金融监管和宏观调控等问题。按照党中央、国务院决策部署,为规范金融机构资产管理业务,统一同类资产管理产品监管标准,有效防控金融风险,引导社会资金流向实体经济,更好地支持经济结构调整和转型升级,经国务院同意,现提出以下意见:

一、规范金融机构资产管理业务主要遵循以下原则:

(一)坚持严控风险的底线思维。把防范和化解资产管理业务风险放到更加重要的位置,减少存量风险,严防增量风险。

(二)坚持服务实体经济的根本目标。既充分发挥资产管理业务功能,切实服务实体经济投融资需求,又严格规范引导,避免资金脱实向虚在金融体系内部自我循环,防止产品过于复杂,加剧风险跨行业、跨市场、跨区域传递。

(三)坚持宏观审慎管理与微观审慎监管相结合、机构监管与功能监管相结合的监管理念。实现对各类机构开展资产管理业务的全面、统一覆盖,采取有效监管措施,加强金融消费者权益保护。

(四)坚持有的放矢的问题导向。重点针对资产管理业务的多层嵌套、杠杆不清、套利严重、投机频繁等问题,设定统一的标准规制,同时对金融创新坚持趋利避害、一分为二,留出发展空间。

(五)坚持积极稳妥审慎推进。正确处理改革、发展、稳定关系,坚持防范风险与有序规范相结合,在下决心处置风险的同时,充分考虑市场承受能力,合理设置过渡期,把握好工作的次序、节奏、力度,加强市场沟通,有效引导市场预期。

二、资产管理业务是指银行、信托、证券、基金、期货、保险资产管理机构、金融资产投资公司等金融机构接受投资者委托,对受托的投资者财产进行投资和管理的金融服务。金融机构为委托人利益履行诚实信用、勤勉尽责义务并收取相应的管理费用,委托人自担投资风险并获得收益。金融机构可以与委托人在合同中事先约定收取合理的业绩报酬，业绩报酬计入管理费，须与产品一一对应并逐个结算，不同产品之间不得相互串用。

资产管理业务是金融机构的表外业务，金融机构开展资产管理业务时不得承诺保本保收益。出现兑付困难时，金融机构不得以任何形式垫资兑付。金融机构不得在表内开展资产管理业务。

私募投资基金适用私募投资基金专门法律、行政法规，私募投资基金专门法律、行政法规中没有明确规定的适用本意见，创业投资基金、政府出资产业投资基金的相关规定另行制定。

三、资产管理产品包括但不限于人民币或外币形式的银行非保本理财产品，资金信托，证券公司、证券公司子公司、基金管理公司、基金管理子公司、期货公司、期货公司子公司、保险资产管理机构、金融资产投资公司发行的资产管理产品等。依据金融管理部门颁布规则开展的资产证券化业务，依据人力资源社会保障部门颁布规则发行的养老金产品，不适用本意见。

四、资产管理产品按照募集方式的不同，分为公募产品和私募产品。公募产品面向不特定社会公众公开发行。公开发行的认定标准依照《中华人民共和国证券法》执行。私募产品面向合格投资者通过非公开方式发行。

资产管理产品按照投资性质的不同，分为固定收益类产品、权益类产品、商品及金融衍生品类产品和混合类产品。固定收益类产品投资于存款、债券等债权类资产的比例不低于80%，权益类产品投资于股票、未上市企业股权等权益类资产的比例不低于80%，商品及金融衍生品类产品投资于商品及金融衍生品的比例不低于80%，混合类产品投资于债权类资产、权益类资产、商品及金融衍生品类资产且任一资产的投资比例未达到前三类产品标准。非因金融机构主观因素导致突破前述比例限制的，金融机构应当在流动性受限资产可出售、可转让或者恢复交易的15个交易日内调整至符合要求。

金融机构在发行资产管理产品时，应当按照上述分类标准向投资者明示资产管理产品的类型，并按照确定的产品性质进行投资。在产品成立后至到期日前，不得擅自改变产品类型。混合类产品投资债权类资产、权益类资产和商品及金融衍生品类资产的比例范围应当在发行产品时予以确定并向投资者明示，在产品成立后至到期日前不得擅自改变。产品的实际投向不得违反合同约定，如有改变，除高风险类型的产品超出比例范围投资较低风险资产外，应当先行取得投资者书面同意，并履行登记备案等法律法规以及金融监督管理部门规定的程序。

五、资产管理产品的投资者分为不特定社会公众和合格投资者两大类。合格投资者是指具备相应风险识别能力和风险承担能力，投资于单只资产管理产品不低于一定金额且符合下列条件的自然人和法人或者其他组织。

（一）具有 2 年以上投资经历，且满足以下条件之一：家庭金融净资产不低于 300 万元，家庭金融资产不低于 500 万元，或者近 3 年本人年均收入不低于 40 万元。

（二）最近 1 年末净资产不低于 1000 万元的法人单位。

（三）金融管理部门视为合格投资者的其他情形。

合格投资者投资于单只固定收益类产品的金额不低于 30 万元，投资于单只混合类产品的金额不低于 40 万元，投资于单只权益类产品、单只商品及金融衍生品类产品的金额不低于 100 万元。

投资者不得使用贷款、发行债券等筹集的非自有资金投资资产管理产品。

六、金融机构发行和销售资产管理产品，应当坚持"了解产品"和"了解客户"的经营理念，加强投资者适当性管理，向投资者销售与其风险识别能力和风险承担能力相适应的资产管理产品。禁止欺诈或者误导投资者购买与其风险承担能力不匹配的资产管理产品。金融机构不得通过拆分资产管理产品的方式，向风险识别能力和风险承担能力低于产品风险等级的投资者销售资产管理产品。

金融机构应当加强投资者教育，不断提高投资者的金融知识水平和风险意识，向投资者传递"卖者尽责、买者自负"的理念，打破刚性兑付。

七、金融机构开展资产管理业务，应当具备与资产管理业务发展相适应的管理体系和管理制度，公司治理良好，风险管理、内部控制和问责机制健全。

金融机构应当建立健全资产管理业务人员的资格认定、培训、考核评价和问责制度，确保从事资产管理业务的人员具备必要的专业知识、行业经验和管理能力，充分了解相关法律法规、监管规定以及资产管理产品的法律关系、交易结构、主要风险和风险管控方式，遵守行为准则和职业道德标准。

对于违反相关法律法规以及本意见规定的金融机构资产管理业务从业人员，依法采取处罚措施直至取消从业资格，禁止其在其他类型金融机构从事资产管理业务。

八、金融机构运用受托资金进行投资，应当遵守审慎经营规则，制定科学合理的投资策略和风险管理制度，有效防范和控制风险。

金融机构应当履行以下管理人职责：

（一）依法募集资金，办理产品份额的发售和登记事宜。

（二）办理产品登记备案或者注册手续。

（三）对所管理的不同产品受托财产分别管理、分别记账，进行投资。

（四）按照产品合同的约定确定收益分配方案，及时向投资者分配收益。

（五）进行产品会计核算并编制产品财务会计报告。

（六）依法计算并披露产品净值或者投资收益情况，确定申购、赎回价格。

（七）办理与受托财产管理业务活动有关的信息披露事项。

（八）保存受托财产管理业务活动的记录、账册、报表和其他相关资料。

（九）以管理人名义，代表投资者利益行使诉讼权利或者实施其他法律行为。

（十）在兑付受托资金及收益时，金融机构应当保证受托资金及收益返回委托人的原账户、同名账户或者合同约定的受益人账户。

（十一）金融监督管理部门规定的其他职责。

金融机构未按照诚实信用、勤勉尽责原则切实履行受托管理职责，造成投资者损失的，应当依法向投资者承担赔偿责任。

九、金融机构代理销售其他金融机构发行的资产管理产品，应当符合金融监督管理部门规定的资质条件。未经金融监督管理部门许可，任何非金融机构和个人不得代理销售资产管理产品。

金融机构应当建立资产管理产品的销售授权管理体系，明确代理销售机构的准入标准和程序，明确界定双方的权利与义务，明确相关风险的承担责任和转移方式。

金融机构代理销售资产管理产品，应当建立相应的内部审批和风险控制程序，对发行或者管理机构的信用状况、经营管理能力、市场投资能力、风险处置能力等开展尽职调查，要求发行或者管理机构提供详细的产品介绍、相关市场分析和风险收益测算报告，进行充分的信息验证和风险审查，确保代理销售的产品符合本意见规定并承担相应责任。

十、公募产品主要投资标准化债权类资产以及上市交易的股票，除法律法规和金融管理部门另有规定外，不得投资未上市企业股权。公募产品可以投资商品及金融衍生品，但应当符合法律法规以及金融管理部门的相关规定。

私募产品的投资范围由合同约定，可以投资债权类资产、上市或挂牌交易的股票、未上市企业股权（含债转股）和受（收）益权以及符合法律法规定的其他资产，并严格遵守投资者适当性管理要求。鼓励充分运用私募产品支持市场化、法治化债转股。

十一、资产管理产品进行投资应当符合以下规定：

（一）标准化债权类资产应当同时符合以下条件：

1. 等分化，可交易。
2. 信息披露充分。
3. 集中登记，独立托管。
4. 公允定价，流动性机制完善。
5. 在银行间市场、证券交易所市场等经国务院同意设立的交易市场交易。

标准化债权类资产的具体认定规则由中国人民银行会同金融监督管理部门另行制定。

标准化债权类资产之外的债权类资产均为非标准化债权类资产。金融机构发行资产管理产品投资于非标准化债权类资产的，应当遵守金融监督管理部门制定的有关限额管理、流动性管理等监管标准。金融监督管理部门未制定相关监管标准的，由中国人民银行督促根据本意见要求制定监管标准并予以执行。

金融机构不得将资产管理产品资金直接投资于商业银行信贷资产。商业银行信贷资产受（收）益权的投资限制由金融管理部门另行制定。

（二）资产管理产品不得直接或者间接投资法律法规和国家政策禁止进行债权或股权投资的行业和领域。

（三）鼓励金融机构在依法合规、商业可持续的前提下，通过发行资产管理产品募集资金投向符合国家战略和产业政策要求、符合国家供给侧结构性改革政策要求的领域。鼓励金融机构通过发行资产管理产品募集资金支持经济结构转型，支持市场化、法治化债转股，降低企业杠杆率。

（四）跨境资产管理产品及业务参照本意见执行，并应当符合跨境人民币和外汇管理有关规定。

十二、金融机构应当向投资者主动、真实、准确、完整、及时披露资产管理产品募集信息、资金投向、杠杆水平、收益分配、托管安排、投资账户信息和主要投资风险等内容。国家法律法规另有规定的，从其规定。

对于公募产品，金融机构应当建立严格的信息披露管理制度，明确定期报告、临时报告、重大事项公告、投资风险披露要求以及具体内容、格式。在本机构官方网站或者通过投资者便于获取的方式披露产品净值或者投资收益情况，并定期披露其他重要信息：开放式产品按照开放频率披露，封闭式产品至少每周披露一次。

对于私募产品,其信息披露方式、内容、频率由产品合同约定,但金融机构应当至少每季度向投资者披露产品净值和其他重要信息。

对于固定收益类产品,金融机构应当通过醒目方式向投资者充分披露和提示产品的投资风险,包括但不限于产品投资债券面临的利率、汇率变化等市场风险以及债券价格波动情况,产品投资每笔非标准化债权类资产的融资客户、项目名称、剩余融资期限、到期收益分配、交易结构、风险状况等。

对于权益类产品,金融机构应当通过醒目方式向投资者充分披露和提示产品的投资风险,包括产品投资股票面临的风险以及股票价格波动情况等。

对于商品及金融衍生品类产品,金融机构应当通过醒目方式向投资者充分披露产品的挂钩资产、持仓风险、控制措施以及衍生品公允价值变化等。

对于混合类产品,金融机构应当通过醒目方式向投资者清晰披露产品的投资资产组合情况,并根据固定收益类、权益类、商品及金融衍生品类资产投资比例充分披露和提示相应的投资风险。

十三、主营业务不包括资产管理业务的金融机构应当设立具有独立法人地位的资产管理子公司开展资产管理业务,强化法人风险隔离,暂不具备条件的可以设立专门的资产管理业务经营部门开展业务。

金融机构不得为资产管理产品投资的非标准化债权类资产或者股权类资产提供任何直接或间接、显性或隐性的担保、回购等代为承担风险的承诺。

金融机构开展资产管理业务,应当确保资产管理业务与其他业务相分离,资产管理产品与其代销的金融产品相分离,资产管理产品之间相分离,资产管理业务操作与其他业务操作相分离。

十四、本意见发布后,金融机构发行的资产管理产品资产应当由具有托管资质的第三方机构独立托管,法律、行政法规另有规定的除外。

过渡期内,具有证券投资基金托管业务资质的商业银行可以托管本行理财产品,但应当为每只产品单独开立托管账户,确保资产隔离。过渡期后,具有证券投资基金托管业务资质的商业银行应当设立具有独立法人地位的子公司开展资产管理业务,该商业银行可以托管子公司发行的资产管理产品,但应当实现实质性的独立托管。独立托管有名无实的,由金融监督管理部门进行纠正和处罚。

十五、金融机构应当做到每只资产管理产品的资金单独管理、单独建账、单独核算,不得开展或者参与具有滚动发行、集合运作、分离定价特征的资金池业务。

金融机构应当合理确定资产管理产品所投资资产的期限，加强对期限错配的流动性风险管理，金融监督管理部门应当制定流动性风险管理规定。

为降低期限错配风险，金融机构应当强化资产管理产品久期管理，封闭式资产管理产品期限不得低于90天。资产管理产品直接或者间接投资于非标准化债权类资产的，非标准化债权类资产的终止日不得晚于封闭式资产管理产品的到期日或者开放式资产管理产品的最近一次开放日。

资产管理产品直接或者间接投资于未上市企业股权及其受（收）益权的，应当为封闭式资产管理产品，并明确股权及其受（收）益权的退出安排。未上市企业股权及其受（收）益权的退出日不得晚于封闭式资产管理产品的到期日。

金融机构不得违反金融监督管理部门的规定，通过为单一融资项目设立多只资产管理产品的方式，变相突破投资人数限制或者其他监管要求。同一金融机构发行多只资产管理产品投资同一资产的，为防止同一资产发生风险波及多只资产管理产品，多只资产管理产品投资该资产的资金总规模合计不得超过300亿元。如果超出该限额，需经相关金融监督管理部门批准。

十六、金融机构应当做到每只资产管理产品所投资资产的风险等级与投资者的风险承担能力相匹配，做到每只产品所投资资产构成清晰，风险可识别。

金融机构应当控制资产管理产品所投资资产的集中度：

（一）单只公募资产管理产品投资单只证券或者单只证券投资基金的市值不得超过该资产管理产品净资产的10%。

（二）同一金融机构发行的全部公募资产管理产品投资单只证券或者单只证券投资基金的市值不得超过该证券市值或者证券投资基金市值的30%。其中，同一金融机构全部开放式公募资产管理产品投资单一上市公司发行的股票不得超过该上市公司可流通股票的15%。

（三）同一金融机构全部资产管理产品投资单一上市公司发行的股票不得超过该上市公司可流通股票的30%。

金融监督管理部门另有规定的除外。

非因金融机构主观因素导致突破前述比例限制的，金融机构应当在流动性受限资产可出售、可转让或者恢复交易的10个交易日内调整至符合相关要求。

十七、金融机构应当按照资产管理产品管理费收入的10%计提风险准备金，或者按照规定计量操作风险资本或相应风险资本准备。风险准备金余额达到产品余额的1%时可以不再提取。风险准备金主要用于弥补因金融机构违法违规、违反资产管理产品协议、操作错误或者技术故障等给资产管理产品财产或者投资者造成的损失。金融机构应当定期将风险准备金的使用情况报告金融管理部门。

十八、金融机构对资产管理产品应当实行净值化管理，净值生成应当符合企业会计准则规定，及时反映基础金融资产的收益和风险，由托管机构进行核算并定期提供报告，由外部审计机构进行审计确认，被审计金融机构应当披露审计结果并同时报送金融管理部门。

金融资产坚持公允价值计量原则，鼓励使用市值计量。符合以下条件之一的，可按照企业会计准则以摊余成本进行计量：

（一）资产管理产品为封闭式产品，且所投金融资产以收取合同现金流量为目的并持有到期。

（二）资产管理产品为封闭式产品，且所投金融资产暂不具备活跃交易市场，或者在活跃市场中没有报价、也不能采用估值技术可靠计量公允价值。

金融机构以摊余成本计量金融资产净值，应当采用适当的风险控制手段，对金融资产净值的公允性进行评估。当以摊余成本计量已不能真实公允反映金融资产净值时，托管机构应当督促金融机构调整会计核算和估值方法。金融机构前期以摊余成本计量的金融资产的加权平均价格与资产管理产品实际兑付时金融资产的价值的偏离度不得达到5%或以上，如果偏离5%或以上的产品数超过所发行产品总数的5%，金融机构不得再发行以摊余成本计量金融资产的资产管理产品。

十九、经金融管理部门认定，存在以下行为的视为刚性兑付：

（一）资产管理产品的发行人或者管理人违反真实公允确定净值原则，对产品进行保本保收益。

（二）采取滚动发行等方式，使得资产管理产品的本金、收益、风险在不同投资者之间发生转移，实现产品保本保收益。

（三）资产管理产品不能如期兑付或者兑付困难时，发行或者管理该产品的金融机构自行筹集资金偿付或者委托其他机构代为偿付。

（四）金融管理部门认定的其他情形。

经认定存在刚性兑付行为的，区分以下两类机构进行惩处：

（一）存款类金融机构发生刚性兑付的，认定为利用具有存款本质特征的资产管理产品进行监管套利，由国务院银行保险监督管理机构和中国人民银行按照存款业务予以规范，足额补缴存款准备金和存款保险保费，并予以行政处罚。

（二）非存款类持牌金融机构发生刚性兑付的，认定为违规经营，由金融监督管理部门和中国人民银行依法纠正并予以处罚。

任何单位和个人发现金融机构存在刚性兑付行为的，可以向金融管理部门举报，查证属实且举报内容未被相关部门掌握的，给予适当奖励。

外部审计机构在对金融机构进行审计时，如果发现金融机构存在刚性兑付行为的，应当及时报告金融管理部门。外部审计机构在审计过程中未能勤勉尽责，依法追究相应责任或依法依规给予行政处罚，并将相关信息纳入全国信用信息共享平台，建立联合惩戒机制。

二十、资产管理产品应当设定负债比例（总资产/净资产）上限，同类产品适用统一的负债比例上限。每只开放式公募产品的总资产不得超过该产品净资产的140%，每只封闭式公募产品、每只私募产品的总资产不得超过该产品净资产的200%。计算单只产品的总资产时应当按照穿透原则合并计算所投资资产管理产品的总资产。

金融机构不得以受托管理的资产管理产品份额进行质押融资，放大杠杆。

二十一、公募产品和开放式私募产品不得进行份额分级。

分级私募产品的总资产不得超过该产品净资产的140%。分级私募产品应当根据所投资资产的风险程度设定分级比例（优先级份额/劣后级份额，中间级份额计入优先级份额）。固定收益类产品的分级比例不得超过3:1，权益类产品的分级比例不得超过1:1，商品及金融衍生品类产品、混合类产品的分级比例不得超过2:1。发行分级资产管理产品的金融机构应当对该资产管理产品进行自主管理，不得转委托给劣后级投资者。

分级资产管理产品不得直接或者间接对优先级份额认购者提供保本保收益安排。

本条所称分级资产管理产品是指存在一级份额以上的份额为其他级份额提供一定的风险补偿，收益分配不按份额比例计算，由资产管理合同另行约定的产品。

二十二、金融机构不得为其他金融机构的资产管理产品提供规避投资范围、杠杆约束等监管要求的通道服务。

资产管理产品可以再投资一层资产管理产品，但所投资的资产管理产品不得再投资公募证券投资基金以外的资产管理产品。

金融机构将资产管理产品投资于其他机构发行的资产管理产品，从而将本机构的资产管理产品资金委托给其他机构进行投资的，该受托机构应当为具有专业投资能力和资质的受金融监督管理部门监管的机构。公募资产管理产品的受托机构应当为金融机构，私募资产管理产品的受托机构可以为私募基金管理人。受托机构应当切实履行主动管理职责，不得进行转委托，不得再投资公募证券投资基金以外的资产管理产品。委托机构应当对受托机构开展尽职调查，实行名单制管理，明确规定受托机构的准入标准和程序、责任和义务、存续期管理、利益冲突防范机制、信息披露义务以及退出机制。委托机构不得因委托其他机构投资而免除自身应当承担的责任。

金融机构可以聘请具有专业资质的受金融监督管理部门监管的机构作为投资顾问。投资顾问提供投资建议指导委托机构操作。

金融监督管理部门和国家有关部门应当对各类金融机构开展资产管理业务实行平等准入、给予公平待遇。资产管理产品应当在账户开立、产权登记、法律诉讼等方面享有平等的地位。金融监督管理部门基于风险防控考虑，确实需要对其他行业金融机构发行的资产管理产品采取限制措施的，应当充分征求相关部门意见并达成一致。

二十三、运用人工智能技术开展投资顾问业务应当取得投资顾问资质，非金融机构不得借助智能投资顾问超范围经营或者变相开展资产管理业务。

金融机构运用人工智能技术开展资产管理业务应当严格遵守本意见有关投资者适当性、投资范围、信息披露、风险隔离等一般性规定，不得借助人工智能业务夸大宣传资产管理产品或者误导投资者。金融机构应当向金融监督管理部门报备人工智能模型的主要参数以及资产配置的主要逻辑，为投资者单独设立智能管理账户，充分提示人工智能算法的固有缺陷和使用风险，明晰交易流程，强化留痕管理，严格监控智能管理账户的交易头寸、风险限额、交易种类、价格权限等。金融机构因违法违规或者管理不当造成投资者损失的，应当依法承担损害赔偿责任。

金融机构应当根据不同产品投资策略研发对应的人工智能算法或者程序化交易，避免算法同质化加剧投资行为的顺周期性，并针对由此可能引发的市场波动风险制定应对预案。因算法同质化、编程设计错误、对数据利用深度不够等人工智能算法模型缺陷或者系统异常，导致羊群效应、影响金融市场稳定运行的，金融机构应当及时采取人工干预措施，强制调整或者终止人工智能业务。

二十四、金融机构不得以资产管理产品的资金与关联方进行不正当交易、利益输送、内幕交易和操纵市场，包括但不限于投资于关联方虚假项目、与关联方共同收购上市公司、向本机构注资等。

金融机构的资产管理产品投资本机构、托管机构及其控股股东、实际控制人或者与其有其他重大利害关系的公司发行或者承销的证券，或者从事其他重大关联交易的，应当建立健全内部审批机制和评估机制，并向投资者充分披露信息。

二十五、建立资产管理产品统一报告制度。中国人民银行负责统筹资产管理产品的数据编码和综合统计工作，会同金融监督管理部门拟定资产管理产品统计制度，建立资产管理产品信息系统，规范和统一产品标准、信息分类、代码、数据格式，逐只产品统计基本信息、募集信息、资产负债信息和终止信息。中国人民银行和金融监督管理部门加强资产管理产品的统计信息共享。金融机构应当将含债权投资的资产管理产品信息报送至金融信用信息基础数据库。

金融机构于每只资产管理产品成立后 5 个工作日内，向中国人民银行和金融监督管理部门同时报送产品基本信息和起始募集信息；于每月 10 日前报送存续期募集信息、资产负债信息，于产品终止后 5 个工作日内报送终止信息。

中央国债登记结算有限责任公司、中国证券登记结算有限公司、银行间市场清算所股份有限公司、上海票据交易所股份有限公司、上海黄金交易所、上海保险交易所股份有限公司、中保保险资产登记交易系统有限公司于每月 10 日前向中国人民银行和金融监督管理部门同时报送资产管理产品持有其登记托管的金融工具的信息。

在资产管理产品信息系统正式运行前，中国人民银行会同金融监督管理部门依据统计制度拟定统一的过渡期数据报送模板；各金融监督管理部门对本行业金融机构发行的资产管理产品，于每月 10 日前按照数据报送模板向中国人民银行提供数据，及时沟通跨行业、跨市场的重大风险信息和事项。

中国人民银行对金融机构资产管理产品统计工作进行监督检查。资产管理产品统计的具体制度由中国人民银行会同相关部门另行制定。

二十六、中国人民银行负责对资产管理业务实施宏观审慎管理，会同金融监督管理部门制定资产管理业务的标准规制。金融监督管理部门实施资产管理业务的市场准入和日常监管，加强投资者保护，依照本意见会同中国人民银行制定出台各自监管领域的实施细则。

本意见正式实施后，中国人民银行会同金融监督管理部门建立工作机制，持续监测资产管理业务的发展和风险状况，定期评估标准规制的有效性和市场影响，及时修订完善，推动资产管理行业持续健康发展。

二十七、对资产管理业务实施监管遵循以下原则：

（一）机构监管与功能监管相结合，按照产品类型而不是机构类型实施功能监管，同一类型的资产管理产品适用同一监管标准，减少监管真空和套利。

（二）实行穿透式监管，对于多层嵌套资产管理产品，向上识别产品的最终投资者，向下识别产品的底层资产（公募证券投资基金除外）。

（三）强化宏观审慎管理，建立资产管理业务的宏观审慎政策框架，完善政策工具，从宏观、逆周期、跨市场的角度加强监测、评估和调节。

（四）实现实时监管，对资产管理产品的发行销售、投资、兑付等各环节进行全面动态监管，建立综合统计制度。

二十八、金融监督管理部门应当根据本意见规定，对违规行为制定和完善处罚规则，依法实施处罚，并确保处罚标准一致。资产管理业务违反宏观审慎管理要求的，由中国人民银行按照法律法规实施处罚。

二十九、本意见实施后，金融监督管理部门在本意见框架内研究制定配套细则，配套细则之间应当相互衔接，避免产生新的监管套利和不公平竞争。按照"新老划断"原则设置过渡期，确保平稳过渡。过渡期为本意见发布之日起至2020年底，对提前完成整改的机构，给予适当监管激励。过渡期内，金融机构发行新产品应当符合本意见的规定；为接续存量产品所投资的未到期资产，维持必要的流动性和市场稳定，金融机构可以发行老产品对接，但应当严格控制在存量产品整体规模内，并有序压缩递减，防止过渡期结束时出现断崖效应。金融机构应当制定过渡期内的资产管理业务整改计划，明确时间进度安排，并报送相关金融监督管理部门，由其认可并监督实施，同时报备中国人民银行。过渡期结束后，金融机构的资产管理产品按照本意见进行全面规范（因子公司尚未成立而达不到第三方独立托管要求的情形除外），金融机构不得再发行或存续违反本意见规定的资产管理产品。

三十、资产管理业务作为金融业务，属于特许经营行业，必须纳入金融监管。非金融机构不得发行、销售资产管理产品，国家另有规定的除外。

非金融机构违反上述规定，为扩大投资者范围、降低投资门槛，利用互联网平台等公开宣传、分拆销售具有投资门槛的投资标的、过度强调增信措施掩盖产品风险、设立产品二级交易市场等行为，按照国家规定进行规范清理，构成非法集资、非法吸收公众存款、非法发行证券的，依法追究法律责任。非金融机构违法违规开展资产管理业务的，依法予以处罚；同时承诺或进行刚性兑付的，依法从重处罚。

三十一、本意见自发布之日起施行。

本意见所称"金融管理部门"是指中国人民银行、国务院银行保险监督管理机构、国务院证券监督管理机构和国家外汇管理局。"发行"是指通过公开或者非公开方式向资产管理产品的投资者发出认购邀约，进行资金募集的活动。"销售"是指向投资者宣传推介资产管理产品，办理产品申购、赎回的活动。"代理销售"是指接受合作机构的委托，在本机构渠道向投资者宣传推介、销售合作机构依法发行的资产管理产品的活动。

第十章
金融领域信用体系建设

金融领域信用体系建设是社会主义市场经济体制和社会治理体制的重要组成部分。加快金融领域信用体系建设，培育社会诚信文化，对于改善金融生态环境，推动金融业可持续发展具有重要的现实意义。

近年来，党和国家对信用体系的重视程度不断提高，采取了积极措施推动社会信用体系建设，党的十八大、十八届三中全会更是对"建立健全社会信用体系"作出过重要部署，各级各部门推进信用体系建设的制度措施也不断出台。

金融领域信用体系建设主要有以下几个方面的要求：

1. 加强金融领域信用信息基础设施建设；
2. 提高信用信息采集的深度和广度，扩大信用记录覆盖面；
3. 依法采集和利用信用信息，维护个人信息安全；
4. 完善守信联合激励和失信联合惩戒制度；
5. 推进信用产品的创新开发与利用。

社会信用体系建设规划纲要（2014—2020年）

（国发〔2014〕21号）

社会信用体系是社会主义市场经济体制和社会治理体制的重要组成部分。它以法律、法规、标准和契约为依据，以健全覆盖社会成员的信用记录和信用基础设施网络为基础，以信用信息合规应用和信用服务体系为支撑，以树立诚信文化理念、弘扬诚信传统美德为内在要求，以守信激励和失信约束为奖惩机制，目的是提高全社会的诚信意识和信用水平。

加快社会信用体系建设是全面落实科学发展观、构建社会主义和谐社会的重要基础，是完善社会主义市场经济体制、加强和创新社会治理的重要手段，对增强社会成员诚信意识，营造优良信用环境，提升国家整体竞争力，促进社会发展与文明进步具有重要意义。

根据党的十八大提出的"加强政务诚信、商务诚信、社会诚信和司法公信建设"，党的十八届三中全会提出的"建立健全社会征信体系，褒扬诚信，惩戒失信"，《中共中央 国务院关于加强和创新社会管理的意见》提出的"建立健全社会诚信制度"，以及《中华人民共和国国民经济和社会发展第十二个五年规划纲要》（以下简称"十二五"规划纲要）提出的"加快社会信用体系建设"的总体要求，制定本规划纲要。规划期为2014—2020年。

一、社会信用体系建设总体思路

（一）发展现状

党中央、国务院高度重视社会信用体系建设。有关地区、部门和单位探索推进，社会信用体系建设取得积极进展。国务院建立社会信用体系建设部际联席会议制度统筹推进信用体系建设，公布实施《征信业管理条例》，一批信用体系建设的规章和标准相继出台。全国集中统一的金融信用信息基础数据库建成，小微企业和农村信用体系建设积极推进；各部门推动信用信息公开，开展行业信用评价，实施信用分类监管；各行业积极开展诚信宣传教育和诚信自律活动；各地区探索建立综合性信用信息共享平台，促进本地区各部门、各单位的信用信息整合应用；社会对信用服务产品的需求日益上升，信用服务市场规模不断扩大。

我国社会信用体系建设虽然取得一定进展，但与经济发展水平和社会发展阶段不匹配、不协调、不适应的矛盾仍然突出。存在的主要问题包括：覆盖全社会的征信系统尚未形成，社会成员信用记录严重缺失，守信激励和失信惩戒机制尚不健全，守信激励不足，失信成本偏低；信用服务市场不发达，服务体系不成熟，服务行为不规范，服务机构公信力不足，信用信息主体权益保护机制缺失；社会诚信意识和信用水平偏低，履约践诺、诚实守信的社会氛围尚未形成，重特大生产安全事故、食品药品安全事件时有发生，商业欺诈、制假售假、偷逃骗税、虚报冒领、学术不端等现象屡禁不止，政务诚信度、司法公信度离人民群众的期待还有一定差距等。

（二）形势和要求

我国正处于深化经济体制改革和完善社会主义市场经济体制的攻坚期。现代市场经济是信用经济，建立健全社会信用体系，是整顿和规范市场经济秩序、改善市场信用环境、降低交易成本、防范经济风险的重要举措，是减少政府对经济的行政干预、完善社会主义市场经济体制的迫切要求。

我国正处于加快转变发展方式、实现科学发展的战略机遇期。加快推进社会信用体系建设，是促进资源优化配置、扩大内需、促进产业结构优化升级的重要前提，是完善科学发展机制的迫切要求。

我国正处于经济社会转型的关键期。利益主体更加多元化，各种社会矛盾凸显，社会组织形式及管理方式也在发生深刻变化。全面推进社会信用体系建设，是增强社会诚信、促进社会互信、减少社会矛盾的有效手段，是加强和创新社会治理、构建社会主义和谐社会的迫切要求。

我国正处于在更大范围、更宽领域、更深层次上提高开放型经济水平的拓展期。经济全球化使我国对外开放程度不断提高，与其他国家和地区的经济社会交流更加密切。完善社会信用体系，是深化国际合作与交往，树立国际品牌和声誉，降低对外交易成本，提升国家软实力和国际影响力的必要条件，是推动建立客观、公正、合理、平衡的国际信用评级体系，适应全球化新形势，驾驭全球化新格局的迫切要求。

（三）指导思想和目标原则

全面推动社会信用体系建设，必须坚持以邓小平理论、"三个代表"重要思想、科学发展观为指导，按照党的十八大、十八届三中全会和"十二五"规划纲要精神，以健全信用法律法规和标准体系、形成覆盖全社会的征信系统为基础,以推进政务诚信、商务诚信、社会诚信和司法公信建设为主要内容,以推进诚信文化建设、建立守信激励和失信惩戒机制为重点,以推进行业信用建设、地方信用建设和信用服务市场发展为支撑,以提高全社会诚信意识和信用水平、改善经济社会运行环境为目的,以人为本,在全社会广泛形成守信光荣、失信可耻的浓厚氛围,使诚实守信成为全民的自觉行为规范。

社会信用体系建设的主要目标是:到 2020 年,社会信用基础性法律法规和标准体系基本建立,以信用信息资源共享为基础的覆盖全社会的征信系统基本建成,信用监管体制基本健全,信用服务市场体系比较完善,守信激励和失信惩戒机制全面发挥作用。政务诚信、商务诚信、社会诚信和司法公信建设取得明显进展,市场和社会满意度大幅提高。全社会诚信意识普遍增强,经济社会发展信用环境明显改善,经济社会秩序显著好转。

社会信用体系建设的主要原则是:

政府推动,社会共建。充分发挥政府的组织、引导、推动和示范作用。政府负责制定实施发展规划,健全法规和标准,培育和监管信用服务市场。注重发挥市场机制作用,协调并优化资源配置,鼓励和调动社会力量,广泛参与,共同推进,形成社会信用体系建设合力。

健全法制,规范发展。逐步建立健全信用法律法规体系和信用标准体系,加强信用信息管理,规范信用服务体系发展,维护信用信息安全和信息主体权益。

统筹规划,分步实施。针对社会信用体系建设的长期性、系统性和复杂性,强化顶层设计,立足当前,着眼长远,统筹全局,系统规划,有计划、分步骤地组织实施。

重点突破,强化应用。选择重点领域和典型地区开展信用建设示范。积极推广信用产品的社会化应用,促进信用信息互联互通、协同共享,健全社会信用奖惩联动机制,营造诚实、自律、守信、互信的社会信用环境。

二、推进重点领域诚信建设

(一)加快推进政务诚信建设

政务诚信是社会信用体系建设的关键,各类政务行为主体的诚信水平,对其他社会主体诚信建设发挥着重要的表率和导向作用。

坚持依法行政。将依法行政贯穿于决策、执行、监督和服务的全过程,全面推进政务公开,在保护国家信息安全、商业秘密和个人隐私的前提下,依法公开在行政管理中掌握的信用信息，建立有效的信息共享机制。切实提高政府工作效率和服务水平，转变政府职能。健全权力运行制约和监督体系，确保决策权、执行权、监督权既相互制约又相互协调。完善政府决策机制和程序，提高决策透明度。进一步推广重大决策事项公示和听证制度，拓宽公众参与政府决策的渠道，加强对权力运行的社会监督和约束，提升政府公信力，树立政府公开、公平、清廉的诚信形象。

发挥政府诚信建设示范作用。各级人民政府首先要加强自身诚信建设，以政府的诚信施政，带动全社会诚信意识的树立和诚信水平的提高。在行政许可、政府采购、招标投标、劳动就业、社会保障、科研管理、干部选拔任用和管理监督、申请政府资金支持等领域，率先使用信用信息和信用产品，培育信用服务市场发展。

加快政府守信践诺机制建设。严格履行政府向社会作出的承诺，把政务履约和守诺服务纳入政府绩效评价体系，把发展规划和政府工作报告关于经济社会发展目标落实情况以及为百姓办实事的践诺情况作为评价政府诚信水平的重要内容，推动各地区、各部门逐步建立健全政务和行政承诺考核制度。各级人民政府对依法作出的政策承诺和签订的各类合同要认真履约和兑现。要积极营造公平竞争、统一高效的市场环境，不得施行地方保护主义措施，如滥用行政权力封锁市场、包庇纵容行政区域内社会主体的违法违规和失信行为等。要支持统计部门依法统计、真实统计。政府举债要依法依规、规模适度、风险可控、程序透明。政府收支必须强化预算约束，提高透明度。加强和完善群众监督和舆论监督机制。完善政务诚信约束和问责机制。各级人民政府要自觉接受本级人大的法律监督和政协的民主监督。加大监察、审计等部门对行政行为的监督和审计力度。

加强公务员诚信管理和教育。建立公务员诚信档案，依法依规将公务员个人有关事项报告、廉政记录、年度考核结果、相关违法违纪违约行为等信用信息纳入档案，将公务员诚信记录作为干部考核、任用和奖惩的重要依据。深入开展公务员诚信、守法和道德教育，加强法律知识和信用知识学习，编制公务员诚信手册，增强公务员法律和诚信意识，建立一支守法守信、高效廉洁的公务员队伍。

（二）深入推进商务诚信建设

提高商务诚信水平是社会信用体系建设的重点，是商务关系有效维护、商务运行成本有效降低、营商环境有效改善的基本条件，是各类商务主体可持续发展的生存之本，也是各类经济活动高效开展的基础保障。

生产领域信用建设。建立安全生产信用公告制度，完善安全生产承诺和安全生产不良信用记录及安全生产失信行为惩戒制度。以煤矿、非煤矿山、危险化学品、烟花爆竹、特种设备生产企业以及民用爆炸物品生产、销售企业和爆破企业或单位为重点，健全安全生产准入和退出信用审核机制，促进企业落实安全生产主体责任。以食品、药品、日用消费品、农产品和农业投入品为重点，加强各类生产经营主体生产和加工环节的信用管理，建立产品质量信用信息异地和部门间共享制度。推动建立质量信用征信系统，加快完善12365产品质量投诉举报咨询服务平台，建立质量诚信报告、失信黑名单披露、市场禁入和退出制度。

流通领域信用建设。研究制定商贸流通领域企业信用信息征集共享制度，完善商贸流通企业信用评价基本规则和指标体系。推进批发零售、商贸物流、住宿餐饮及居民服务行业信用建设，开展企业信用分类管理。完善零售商与供应商信用合作模式。强化反垄断与反不正当竞争执法，加大对市场混淆行为、虚假宣传、商业欺诈、商业诋毁、商业贿赂等违法行为的查处力度，对典型案件、重大案件予以曝光，增加企业失信成本，促进诚信经营和公平竞争。逐步建立以商品条形码等标识为基础的全国商品流通追溯体系。加强检验检疫质量诚信体系建设。支持商贸服务企业信用融资，发展商业保理，规范预付消费行为。鼓励企业扩大信用销售，促进个人信用消费。推进对外经济贸易信用建设，进一步加强对外贸易、对外援助、对外投资合作等领域的信用信息管理、信用风险监测预警和企业信用等级分类管理。借助电子口岸管理平台，建立完善进出口企业信用评价体系、信用分类管理和联合监管制度。

金融领域信用建设。创新金融信用产品，改善金融服务，维护金融消费者个人信息安全，保护金融消费者合法权益。加大对金融欺诈、恶意逃废银行债务、内幕交易、制售假保单、骗保骗赔、披露虚假信息、非法集资、逃套骗汇等金融失信行为的惩戒力度，规范金融市场秩序。加强金融信用信息基础设施建设，进一步扩大信用记录的覆盖面，强化金融业对守信者的激励作用和对失信者的约束作用。

税务领域信用建设。建立跨部门信用信息共享机制。开展纳税人基础信息、各类交易信息、财产保有和转让信息以及纳税记录等涉税信息的交换、比对和应用工作。进一步完善纳税信用等级评定和发布制度，加强税务领域信用分类管理，发挥信用评定差异对纳税人的奖惩作用。建立税收违法黑名单制度。推进纳税信用与其他社会信用联动管理，提升纳税人税法遵从度。

价格领域信用建设。指导企业和经营者加强价格自律，规范和引导经营者价格行为，实行经营者明码标价和收费公示制度，着力推行"明码实价"。督促经营者加强内部价格管理，根据经营者条件建立健全内部价格管理制度。完善经营者价格诚信制度，做好信息披露工作，推动实施奖惩制度。强化价格执法检查与反垄断执法，依法查处捏造和散布涨价信息、价格欺诈、价格垄断等价格失信行为，对典型案例予以公开曝光，规范市场价格秩序。

工程建设领域信用建设。推进工程建设市场信用体系建设。加快工程建设市场信用法规制度建设，制定工程建设市场各方主体和从业人员信用标准。推进工程建设领域项目信息公开和诚信体系建设，依托政府网站，全面设立项目信息和信用信息公开共享专栏，集中公开工程建设项目信息和信用信息，推动建设全国性的综合检索平台，实现工程建设项目信息和信用信息公开共享的"一站式"综合检索服务。深入开展工程质量诚信建设。完善工程建设市场准入退出制度，加大对发生重大工程质量、安全责任事故或有其他重大失信行为的企业及负有责任的从业人员的惩戒力度。建立企业和从业人员信用评价结果与资质审批、执业资格注册、资质资格取消等审批审核事项的关联管理机制。建立科学、有效的建设领域从业人员信用评价机制和失信责任追溯制度，将肢解发包、转包、违法分包、拖欠工程款和农民工工资等列入失信责任追究范围。

政府采购领域信用建设。加强政府采购信用管理，强化联动惩戒，保护政府采购当事人的合法权益。制定供应商、评审专家、政府采购代理机构以及相关从业人员的信用记录标准。依法建立政府采购供应商不良行为记录名单，对列入不良行为记录名单的供应商，在一定期限内禁止参加政府采购活动。完善政府采购市场的准入和退出机制，充分利用工商、税务、金融、检察等其他部门提供的信用信息，加强对政府采购当事人和相关人员的信用管理。加快建设全国统一的政府采购管理交易系统，提高政府采购活动透明度，实现信用信息的统一发布和共享。

招标投标领域信用建设。扩大招标投标信用信息公开和共享范围，建立涵盖招标投标情况的信用评价指标和评价标准体系，健全招标投标信用信息公开和共享制度。进一步贯彻落实招标投标违法行为记录公告制度，推动完善奖惩联动机制。依托电子招标投标系统及其公共服务平台，实现招标投标和合同履行等信用信息的互联互通、实时交换和整合共享。鼓励市场主体运用基本信用信息和第三方信用评价结果，并将其作为投标人资格审查、评标、定标和合同签订的重要依据。

交通运输领域信用建设。形成部门规章制度和地方性法规、地方政府规章相结合的交通运输信用法规体系。完善信用考核标准，实施分类考核监管。针对公路、铁路、水路、民航、管道等运输市场不同经营门类分别制定考核指标，加强信用考核评价监督管理，积极引导第三方机构参与信用考核评价，逐步建立交通运输管理机构与社会信用评价机构相结合，具有监督、申诉和复核机制的综合考核评价体系。将各类交通运输违法行为列入失信记录。鼓励和支持各单位在采购交通运输服务、招标投标、人员招聘等方面优先选择信用考核等级高的交通运输企业和从业人员。对失信企业和从业人员，要加强监管和惩戒，逐步建立跨地区、跨行业信用奖惩联动机制。

电子商务领域信用建设。建立健全电子商务企业客户信用管理和交易信用评估制度，加强电子商务企业自身开发和销售信用产品的质量监督。推行电子商务主体身份标识制度，完善网店实名制。加强网店产品质量检查，严厉查处电子商务领域制假售假、传销活动、虚假广告、以次充好、服务违约等欺诈行为。打击内外勾结、伪造流量和商业信誉的行为，对失信主体建立行业限期禁入制度。促进电子商务信用信息与社会其他领域相关信息的交换和共享，推动电子商务与线下交易信用评价。完善电子商务信用服务保障制度，推动信用调查、信用评估、信用担保、信用保险、信用支付、商账管理等第三方信用服务和产品在电子商务中的推广应用。开展电子商务网站可信认证服务工作，推广应用网站可信标识，为电子商务用户识别假冒、钓鱼网站提供手段。

统计领域信用建设。开展企业诚信统计承诺活动，营造诚实报数光荣、失信造假可耻的良好风气。完善统计诚信评价标准体系。建立健全企业统计诚信评价制度和统计从业人员诚信档案。加强执法检查，严厉查处统计领域的弄虚作假行为，建立统计失信行为通报和公开曝光制度。加大对统计失信企业的联合惩戒力度。将统计失信企业名单档案及其违法违规信息纳入金融、工商等行业和部门信用信息系统，将统计信用记录与企业融资、政府补贴、工商注册登记等直接挂钩，切实强化对统计失信行为的惩戒和制约。

中介服务业信用建设。建立完善中介服务机构及其从业人员的信用记录和披露制度，并作为市场行政执法部门实施信用分类管理的重要依据。重点加强公证仲裁类、律师类、会计类、担保类、鉴证类、检验检测类、评估类、认证类、代理类、经纪类、职业介绍类、咨询类、交易类等机构信用分类管理，探索建立科学合理的评估指标体系、评估制度和工作机制。

会展、广告领域信用建设。推动展会主办机构诚信办展，践行诚信服务公约，建立信用档案和违法违规单位信息披露制度，推广信用服务和产品的应用。加强广告业诚信建设，建立健全广告业信用分类管理制度，打击各类虚假广告，突出广告制作、传播环节各参与者责任，完善广告活动主体失信惩戒机制和严重失信淘汰机制。

企业诚信管理制度建设。开展各行业企业诚信承诺活动，加大诚信企业示范宣传和典型失信案件曝光力度，引导企业增强社会责任感，在生产经营、财务管理和劳动用工管理等各环节中强化信用自律，改善商务信用生态环境。鼓励企业建立客户档案、开展客户诚信评价，将客户诚信交易记录纳入应收账款管理、信用销售授信额度计量，建立科学的企业信用管理流程，防范信用风险，提升企业综合竞争力。强化企业在发债、借款、担保等债权债务信用交易及生产经营活动中诚信履约。鼓励和支持有条件的企业设立信用管理师。鼓励企业建立内部职工诚信考核与评价制度。加强供水、供电、供热、燃气、电信、铁路、航空等关系人民群众日常生活行业企业的自身信用建设。

（三）全面推进社会诚信建设

社会诚信是社会信用体系建设的基础，社会成员之间只有以诚相待、以信为本，才会形成和谐友爱的人际关系，才能促进社会文明进步，实现社会和谐稳定和长治久安。

医药卫生和计划生育领域信用建设。加强医疗卫生机构信用管理和行业诚信作风建设。树立大医精诚的价值理念，坚持仁心仁术的执业操守。培育诚信执业、诚信采购、诚信诊疗、诚信收费、诚信医保理念，坚持合理检查、合理用药、合理治疗、合理收费等诚信医疗服务准则，全面建立药品价格、医疗服务价格公示制度，开展诚信医院、诚信药店创建活动，制定医疗机构和执业医师、药师、护士等医务人员信用评价指标标准，推进医院评审评价和医师定期考核，开展医务人员医德综合评价，惩戒收受贿赂、过度诊疗等违法和失信行为，建立诚信医疗服务体系。加快完善药品安全领域信用制度，建立药品研发、生产和流通企业信用档案。积极开展以"诚信至上，以质取胜"为主题的药品安全诚信承诺活动，切实提高药品安全信用监管水平，严厉打击制假贩假行为，保障人民群众用药安全有效。加强人口计生领域信用建设，开展人口和计划生育信用信息共享工作。

社会保障领域信用建设。在救灾、救助、养老、社会保险、慈善、彩票等方面，建立全面的诚信制度，打击各类诈捐骗捐等失信行为。建立健全社会救助、保障性住房等民生政策实施中的申请、审核、退出等各环节的诚信制度，加强对申请相关民生政策的条件审核，强化对社会救助动态管理及保障房使用的监管，将失信和违规的个人纳入信用黑名单。构建居民家庭经济状况核对信息系统，建立和完善低收入家庭认定机制，确保社会救助、保障性住房等民生政策公平、公正和健康运行。建立健全社会保险诚信管理制度，加强社会保险经办管理，加强社会保险领域的劳动保障监督执法，规范参保缴费行为，加大对医保定点医院、定点药店、工伤保险协议医疗机构等社会保险协议服务机构及其工作人员、各类参保人员的违规、欺诈、骗保等行为的惩戒力度，防止和打击各种骗保行为。进一步完善社会保险基金管理制度，提高基金征收、管理、支付等各环节的透明度，推动社会保险诚信制度建设，规范参保缴费行为，确保社会保险基金的安全运行。

劳动用工领域信用建设。进一步落实和完善企业劳动保障守法诚信制度，制定重大劳动保障违法行为社会公示办法。建立用人单位拖欠工资违法行为公示制度，健全用人单位劳动保障诚信等级评价办法。规范用工行为，加强对劳动合同履行和仲裁的管理，推动企业积极开展和谐劳动关系创建活动。加强劳动保障监督执法，加大对违法行为的打击力度。加强人力资源市场诚信建设，规范职业中介行为，打击各种黑中介、黑用工等违法失信行为。

教育、科研领域信用建设。加强教师和科研人员诚信教育。开展教师诚信承诺活动，自觉接受广大学生、家长和社会各界的监督。发挥教师诚信执教、为人师表的影响作用。加强学生诚信教育，培养诚实守信良好习惯，为提高全民族诚信素质奠定基础。探索建立教育机构及其从业人员、教师和学生、科研机构和科技社团及科研人员的信用评价制度，将信用评价与考试招生、学籍管理、学历学位授予、科研项目立项、专业技术职务评聘、岗位聘用、评选表彰等挂钩，努力解决学历造假、论文抄袭、学术不端、考试招生作弊等问题。

文化、体育、旅游领域信用建设。依托全国文化市场技术监管与公共服务平台，建立健全娱乐、演出、艺术品、网络文化等领域文化企业主体、从业人员以及文化产品的信用信息数据库；依法制定文化市场诚信管理措施，加强文化市场动态监管。制定职业体育从业人员诚信从业准则，建立职业体育从业人员、职业体育俱乐部和中介企业信用等级的第三方评估制度，推进相关信用信息记录和信用评级在参加或举办职业体育赛事、职业体育准入、转会等方面广泛运用。制定旅游从业人员诚信服务准则，建立旅游业消费者意见反馈和投诉记录与公开制度，建立旅行社、旅游景区和宾馆饭店信用等级第三方评估制度。

知识产权领域信用建设。建立健全知识产权诚信管理制度，出台知识产权保护信用评价办法。重点打击侵犯知识产权和制售假冒伪劣商品行为，将知识产权侵权行为信息纳入失信记录，强化对盗版侵权等知识产权侵权失信行为的联合惩戒，提升全社会的知识产权保护意识。开展知识产权服务机构信用建设，探索建立各类知识产权服务标准化体系和诚信评价制度。

环境保护和能源节约领域信用建设。推进国家环境监测、信息与统计能力建设，加强环保信用数据的采集和整理，实现环境保护工作业务协同和信息共享，完善环境信息公开目录。建立环境管理、监测信息公开制度。完善环评文件责任追究机制，建立环评机构及其从业人员、评估专家诚信档案数据库，强化对环评机构及其从业人员、评估专家的信用考核分类监管。建立企业对所排放污染物开展自行监测并公布污染物排放情况以及突发环境事件发生和处理情况制度。建立企业环境行为信用评价制度，定期发布评价结果，并组织开展动态分类管理，根据企业的信用等级予以相应的鼓励、警示或惩戒。完善企业环境行为信用信息共享机制，加强与银行、证券、保险、商务等部门的联动。加强国家能源利用数据统计、分析与信息上报能力建设。加强重点用能单位节能目标责任考核，定期公布考核结果，研究建立重点用能单位信用评价机制。强化对能源审计、节能评估和审查机构及其从业人员的信用评级和监管。研究开展节能服务公司信用评价工作，并逐步向全社会定期发布信用评级结果。加强对环资项目评审专家从业情况的信用考核管理。

社会组织诚信建设。依托法人单位信息资源库，加快完善社会组织登记管理信息。健全社会组织信息公开制度，引导社会组织提升运作的公开性和透明度，规范社会组织信息公开行为。把诚信建设内容纳入各类社会组织章程，强化社会组织诚信自律，提高社会组织公信力。发挥行业协会（商会）在行业信用建设中的作用，加强会员诚信宣传教育和培训。

自然人信用建设。突出自然人信用建设在社会信用体系建设中的基础性作用，依托国家人口信息资源库，建立完善自然人在经济社会活动中的信用记录，实现全国范围内自然人信用记录全覆盖。加强重点人群职业信用建设，建立公务员、企业法定代表人、律师、会计从业人员、注册会计师、统计从业人员、注册税务师、审计师、评估师、认证和检验检测从业人员、证券期货从业人员、上市公司高管人员、保险经纪人、医务人员、教师、科研人员、专利服务从业人员、项目经理、新闻媒体从业人员、导游、执业兽医等人员信用记录，推广使用职业信用报告，引导职业道德建设与行为规范。

互联网应用及服务领域信用建设。大力推进网络诚信建设，培育依法办网、诚信用网理念，逐步落实网络实名制，完善网络信用建设的法律保障，大力推进网络信用监管机制建设。建立网络信用评价体系，对互联网企业的服务经营行为、上网人员的网上行为进行信用评估，记录信用等级。建立涵盖互联网企业、上网个人的网络信用档案，积极推进建立网络信用信息与社会其他领域相关信用信息的交换共享机制，大力推动网络信用信息在社会各领域推广应用。建立网络信用黑名单制度，将实施网络欺诈、造谣传谣、侵害他人合法权益等严重网络失信行为的企业、个人列入黑名单，对列入黑名单的主体采取网上行为限制、行业禁入等措施，通报相关部门并进行公开曝光。

（四）大力推进司法公信建设

司法公信是社会信用体系建设的重要内容，是树立司法权威的前提，是社会公平正义的底线。

法院公信建设。提升司法审判信息化水平，实现覆盖审判工作全过程的全国四级法院审判信息互联互通。推进强制执行案件信息公开，完善执行联动机制，提高生效法律文书执行率。发挥审判职能作用，鼓励诚信交易、倡导互信合作，制裁商业欺诈和恣意违约毁约等失信行为，引导诚实守信风尚。

检察公信建设。进一步深化检务公开，创新检务公开的手段和途径，广泛听取群众意见，保障人民群众对检察工作的知情权、参与权、表达权和监督权。继续推行"阳光办案"，严格管理制度，强化内外部监督，建立健全专项检查、同步监督、责任追究机制。充分发挥法律监督职能作用，加大查办和预防职务犯罪力度，促进诚信建设。完善行贿犯罪档案查询制度，规范和加强查询工作管理，建立健全行贿犯罪档案查询与应用的社会联动机制。

公共安全领域公信建设。全面推行"阳光执法"，依法及时公开执法办案的制度规范、程序时限等信息，对于办案进展等不宜向社会公开，但涉及特定权利义务、需要特定对象知悉的信息，应当告知特定对象，或者为特定对象提供查询服务。进一步加强人口信息同各地区、各部门信息资源的交换和共享，完善国家人口信息资源库建设。将公民交通安全违法情况纳入诚信档案，促进全社会成员提高交通安全意识。定期向社会公开火灾高危单位消防安全评估结果，并作为单位信用等级的重要参考依据。将社会单位遵守消防安全法律法规情况纳入诚信管理，强化社会单位消防安全主体责任。

司法行政系统公信建设。进一步提高监狱、戒毒场所、社区矫正机构管理的规范化、制度化水平，维护服刑人员、戒毒人员、社区矫正人员合法权益。大力推进司法行政信息公开，进一步规范和创新律师、公证、基层法律服务、法律援助、司法考试、司法鉴定等信息管理和披露手段，保障人民群众的知情权。

司法执法和从业人员信用建设。建立各级公安、司法行政等工作人员信用档案，依法依规将徇私枉法以及不作为等不良记录纳入档案，并作为考核评价和奖惩依据。推进律师、公证员、基层法律服务工作者、法律援助人员、司法鉴定人员等诚信规范执业。建立司法从业人员诚信承诺制度。

健全促进司法公信的制度基础。深化司法体制和工作机制改革，推进执法规范化建设，严密执法程序，坚持有法必依、违法必究和法律面前人人平等，提高司法工作的科学化、制度化和规范化水平。充分发挥人大、政协和社会公众对司法工作的监督作用，完善司法机关之间的相互监督制约机制，强化司法机关的内部监督，实现以监督促公平、促公正、促公信。

三、加强诚信教育与诚信文化建设

诚信教育与诚信文化建设是引领社会成员诚信自律、提升社会成员道德素养的重要途径，是社会主义核心价值体系建设的重要内容。

（一）普及诚信教育

以建设社会主义核心价值体系、培育和践行社会主义核心价值观为根本，将诚信教育贯穿公民道德建设和精神文明创建全过程。推进公民道德建设工程，加强社会公德、职业道德、家庭美德和个人品德教育，传承中华传统美德，弘扬时代新风，在全社会形成"以诚实守信为荣、以见利忘义为耻"的良好风尚。

在各级各类教育和培训中进一步充实诚信教育内容。大力开展信用宣传普及教育进机关、进企业、进学校、进社区、进村屯、进家庭活动。

建好用好道德讲堂，倡导爱国、敬业、诚信、友善等价值理念和道德规范。开展群众道德评议活动，对诚信缺失、不讲信用现象进行分析评议，引导人们诚实守信、遵德守礼。

（二）加强诚信文化建设

弘扬诚信文化。以社会成员为对象，以诚信宣传为手段，以诚信教育为载体，大力倡导诚信道德规范，弘扬中华民族积极向善、诚实守信的传统文化和现代市场经济的契约精神，形成崇尚诚信、践行诚信的社会风尚。

树立诚信典型。充分发挥电视、广播、报纸、网络等媒体的宣传引导作用，结合道德模范评选和各行业诚信创建活动，树立社会诚信典范，使社会成员学有榜样、赶有目标，使诚实守信成为全社会的自觉追求。

深入开展诚信主题活动。有步骤、有重点地组织开展"诚信活动周"、"质量月"、"安全生产月"、"诚信兴商宣传月"、"3·5"学雷锋活动日、"3·15"国际消费者权益保护日、"6·14"信用记录关爱日、"12·4"全国法制宣传日等公益活动，突出诚信主题，营造诚信和谐的社会氛围。

大力开展重点行业领域诚信问题专项治理。深入开展道德领域突出问题专项教育和治理活动，针对诚信缺失问题突出、诚信建设需求迫切的行业领域开展专项治理，坚决纠正以权谋私、造假欺诈、见利忘义、损人利己的歪风邪气，树立行业诚信风尚。

（三）加快信用专业人才培养

加强信用管理学科专业建设。把信用管理列为国家经济体制改革与社会治理发展急需的新兴、重点学科，支持有条件的高校设置信用管理专业或开设相关课程，在研究生培养中开设信用管理研究方向。开展信用理论、信用管理、信用技术、信用标准、信用政策等方面研究。

加强信用管理职业培训与专业考评。建立健全信用管理职业培训与专业考评制度。推广信用管理职业资格培训，培养信用管理专业化队伍。促进和加强信用从业人员、信用管理人员的交流与培训，为社会信用体系建设提供人力资源支撑。

四、加快推进信用信息系统建设和应用

健全社会成员信用记录是社会信用体系建设的基本要求。发挥行业、地方、市场的力量和作用，加快推进信用信息系统建设，完善信用信息的记录、整合和应用，是形成守信激励和失信惩戒机制的基础和前提。

（一）行业信用信息系统建设

加强重点领域信用记录建设。以工商、纳税、价格、进出口、安全生产、产品质量、环境保护、食品药品、医疗卫生、知识产权、流通服务、工程建设、电子商务、交通运输、合同履约、人力资源和社会保障、教育科研等领域为重点，完善行业信用记录和从业人员信用档案。

建立行业信用信息数据库。各部门要以数据标准化和应用标准化为原则，依托国家各项重大信息化工程，整合行业内的信用信息资源，实现信用记录的电子化存储，加快建设信用信息系统，加快推进行业间信用信息互联互通。各行业分别负责本行业信用信息的组织与发布。

（二）地方信用信息系统建设

加快推进政务信用信息整合。各地区要对本地区各部门、各单位履行公共管理职能过程中产生的信用信息进行记录、完善、整合，形成统一的信用信息共享平台，为企业、个人和社会征信机构等查询政务信用信息提供便利。

加强地区内信用信息的应用。各地区要制定政务信用信息公开目录，形成信息公开的监督机制。大力推进本地区各部门、各单位政务信用信息的交换与共享，在公共管理中加强信用信息应用，提高履职效率。

（三）征信系统建设

加快征信系统建设。征信机构开展征信业务，应建立以企事业单位及其他社会组织、个人为对象的征信系统，依法采集、整理、保存、加工企事业单位及其他社会组织、个人的信用信息，并采取合理措施保障信用信息的准确性。各地区、各行业要支持征信机构建立征信系统。

对外提供专业化征信服务。征信机构要根据市场需求，对外提供专业化的征信服务，有序推进信用服务产品创新。建立健全并严格执行内部风险防范、避免利益冲突和保障信息安全的规章制度，依法向客户提供方便、快捷、高效的征信服务，进一步扩大信用报告在银行业、证券业、保险业及政府部门行政执法等多种领域中的应用。

（四）金融业统一征信平台建设

完善金融信用信息基础数据库。继续推进金融信用信息基础数据库建设，提升数据质量，完善系统功能，加强系统安全运行管理，进一步扩大信用报告的覆盖范围，提升系统对外服务水平。

推动金融业统一征信平台建设。继续推动银行、证券、保险、外汇等金融管理部门之间信用信息系统的链接，推动金融业统一征信平台建设，推进金融监管部门信用信息的交换与共享。

（五）推进信用信息的交换与共享

逐步推进政务信用信息的交换与共享。各地区、各行业要以需求为导向，在保护隐私、责任明确、数据及时准确的前提下，按照风险分散的原则，建立信用信息交换共享机制，统筹利用现有信用信息系统基础设施，依法推进各信用信息系统的互联互通和信用信息的交换共享，逐步形成覆盖全部信用主体、所有信用信息类别、全国所有区域的信用信息网络。各行业主管部门要对信用信息进行分类分级管理，确定查询权限，特殊查询需求特殊申请。

依法推进政务信用信息系统与征信系统间的信息交换与共享。发挥市场激励机制的作用，鼓励社会征信机构加强对已公开政务信用信息和非政务信用信息的整合，建立面向不同对象的征信服务产品体系，满足社会多层次、多样化和专业化的征信服务需求。

五、完善以奖惩制度为重点的社会信用体系运行机制

运行机制是保障社会信用体系各系统协调运行的制度基础。其中，守信激励和失信惩戒机制直接作用于各个社会主体信用行为，是社会信用体系运行的核心机制。

（一）构建守信激励和失信惩戒机制

加强对守信主体的奖励和激励。加大对守信行为的表彰和宣传力度。按规定对诚信企业和模范个人给予表彰，通过新闻媒体广泛宣传，营造守信光荣的舆论氛围。发展改革、财政、金融、环境保护、住房城乡建设、交通运输、商务、工商、税务、质检、安全监管、海关、知识产权等部门，在市场监管和公共服务过程中，要深化信用信息和信用产品的应用，对诚实守信者实行优先办理、简化程序等"绿色通道"支持激励政策。

加强对失信主体的约束和惩戒。强化行政监管性约束和惩戒。在现有行政处罚措施的基础上，健全失信惩戒制度，建立各行业黑名单制度和市场退出机制。推动各级人民政府在市场监管和公共服务的市场准入、资质认定、行政审批、政策扶持等方面实施信用分类监管，结合监管对象的失信类别和程度，使失信者受到惩戒。逐步建立行政许可申请人信用承诺制度，并开展申请人信用审查，确保申请人在政府推荐的征信机构中有信用记录，配合征信机构开展信用信息采集工作。推动形成市场性约束和惩戒。制定信用基准性评价指标体系和评价方法，完善失信信息记录和披露制度，使失信者在市场交易中受到制约。推动形成行业性约束和惩戒。通过行业协会制定行业自律规则并监督会员遵守。对违规的失信者，按照情节轻重，对机构会员和个人会员实行警告、行业内通报批评、公开谴责等惩戒措施。推动形成社会性约束和惩戒。完善社会舆论监督机制，加强对失信行为的披露和曝光，发挥群众评议讨论、批评报道等作用，通过社会的道德谴责，形成社会震慑力，

约束社会成员的失信行为。

建立失信行为有奖举报制度。切实落实对举报人的奖励,保护举报人的合法权益。

建立多部门、跨地区信用联合奖惩机制。通过信用信息交换共享,实现多部门、跨地区信用奖惩联动,使守信者处处受益、失信者寸步难行。

(二)建立健全信用法律法规和标准体系

完善信用法律法规体系。推进信用立法工作,使信用信息征集、查询、应用、互联互通、信用信息安全和主体权益保护等有法可依。出台《征信业管理条例》相关配套制度和实施细则,建立异议处理、投诉办理和侵权责任追究制度。

推进行业、部门和地方信用制度建设。各地区、各部门分别根据本地区、相关行业信用体系建设的需要,制定地区或行业信用建设的规章制度,明确信用信息记录主体的责任,保证信用信息的客观、真实、准确和及时更新,完善信用信息共享公开制度,推动信用信息资源的有序开发利用。

建立信用信息分类管理制度。制定信用信息目录,明确信用信息分类,按照信用信息的属性,结合保护个人隐私和商业秘密,依法推进信用信息在采集、共享、使用、公开等环节的分类管理。加大对贩卖个人隐私和商业秘密行为的查处力度。

加快信用信息标准体系建设。制定全国统一的信用信息采集和分类管理标准,统一信用指标目录和建设规范。

建立统一社会信用代码制度。建立自然人、法人和其他组织统一社会信用代码制度。完善相关制度标准,推动在经济社会活动中广泛使用统一社会信用代码。

(三)培育和规范信用服务市场

发展各类信用服务机构。逐步建立公共信用服务机构和社会信用服务机构互为补充、信用信息基础服务和增值服务相辅相成的多层次、全方位的信用服务组织体系。

推进并规范信用评级行业发展。培育发展本土评级机构,增强我国评级机构的国际影响力。规范发展信用评级市场,提高信用评级行业的整体公信力。探索创新双评级、再评级制度。鼓励我国评级机构参与国际竞争和制定国际标准,加强与其他国家信用评级机构的协调和合作。

推动信用服务产品广泛运用。拓展信用服务产品应用范围,加大信用服务产品在社会治理和市场交易中的应用。鼓励信用服务产品开发和创新，推动信用保险、信用担保、商业保理、履约担保、信用管理咨询及培训等信用服务业务发展。

建立政务信用信息有序开放制度。明确政务信用信息的开放分类和基本目录，有序扩大政务信用信息对社会的开放，优化信用调查、信用评级和信用管理等行业的发展环境。

完善信用服务市场监管体制。根据信用服务市场、机构业务的不同特点，依法实施分类监管，完善监管制度，明确监管职责，切实维护市场秩序。推动制定信用服务相关法律制度，建立信用服务机构准入与退出机制，实现从业资格认定的公开透明，进一步完善信用服务业务规范，促进信用服务业健康发展。

推动信用服务机构完善法人治理。强化信用服务机构内部控制，完善约束机制，提升信用服务质量。

加强信用服务机构自身信用建设。信用服务机构要确立行为准则，加强规范管理，提高服务质量，坚持公正性和独立性，提升公信力。鼓励各类信用服务机构设立首席信用监督官，加强自身信用管理。

加强信用服务行业自律。推动建立信用服务行业自律组织，在组织内建立信用服务机构和从业人员基本行为准则和业务规范，强化自律约束，全面提升信用服务机构诚信水平。

（四）保护信用信息主体权益

健全信用信息主体权益保护机制。充分发挥行政监管、行业自律和社会监督在信用信息主体权益保护中的作用，综合运用法律、经济和行政等手段，切实保护信用信息主体权益。加强对信用信息主体的引导教育，不断增强其维护自身合法权益的意识。

建立自我纠错、主动自新的社会鼓励与关爱机制。以建立针对未成年人失信行为的教育机制为重点，通过对已悔过改正旧有轻微失信行为的社会成员予以适当保护，形成守信正向激励机制。

建立信用信息侵权责任追究机制。制定信用信息异议处理、投诉办理、诉讼管理制度及操作细则。进一步加大执法力度，对信用服务机构泄露国家秘密、商业秘密和侵犯个人隐私等违法行为，依法予以严厉处罚。通过各类媒体披露各种侵害信息主体权益的行为，强化社会监督作用。

（五）强化信用信息安全管理

健全信用信息安全管理体制。完善信用信息保护和网络信任体系，建立健全信用信息安全监控体系。加大信用信息安全监督检查力度，开展信用信息安全风险评估，实行信用信息安全等级保护。开展信用信息系统安全认证，加强信用信息服务系统安全管理。建立和完善信用信息安全应急处理机制。加强信用信息安全基础设施建设。

加强信用服务机构信用信息安全内部管理。强化信用服务机构信息安全防护能力，加大安全保障、技术研发和资金投入，高起点、高标准建设信用信息安全保障系统。依法制定和实施信用信息采集、整理、加工、保存、使用等方面的规章制度。

六、建立实施支撑体系

（一）强化责任落实

各地区、各部门要统一思想，按照本规划纲要总体要求，成立规划纲要推进小组，根据职责分工和工作实际，制定具体落实方案。

各地区、各部门要定期对本地区、相关行业社会信用体系建设情况进行总结和评估，及时发现问题并提出改进措施。

对社会信用体系建设成效突出的地区、部门和单位，按规定予以表彰。对推进不力、失信现象多发地区、部门和单位的负责人，按规定实施行政问责。

（二）加大政策支持

各级人民政府要根据社会信用体系建设需要，将应由政府负担的经费纳入财政预算予以保障。加大对信用基础设施建设、重点领域创新示范工程等方面的资金支持。

鼓励各地区、各部门结合规划纲要部署和自身工作实际，在社会信用体系建设创新示范领域先行先试，并在政府投资、融资安排等方面给予支持。

（三）实施专项工程

政务信息公开工程。深入贯彻实施《中华人民共和国政府信息公开条例》，按照主动公开、依申请公开进行分类管理，切实加大政务信息公开力度，树立公开、透明的政府形象。

农村信用体系建设工程。为农户、农场、农民合作社、休闲农业和农产品生产、加工企业等农村社会成员建立信用档案，夯实农村信用体系建设的基础。开展信用户、信用村、信用乡（镇）创建活动，深入推进青年信用示范户工作，发挥典型示范作用，使农民在参与中受到教育，得到实惠，在实践中提高信用意识。推进农产品生产、加工、流通企业和休闲农业等涉农企业信用建设。建立健全农民信用联保制度，推进和发展农业保险，完善农村信用担保体系。

小微企业信用体系建设工程。建立健全适合小微企业特点的信用记录和评价体系，完善小微企业信用信息查询、共享服务网络及区域性小微企业信用记录。引导各类信用服务机构为小微企业提供信用服务，创新小微企业集合信用服务方式，鼓励开展形式多样的小微企业诚信宣传和培训活动，为小微企业便利融资和健康发展营造良好的信用环境。

（四）推动创新示范

地方信用建设综合示范。示范地区率先对本地区各部门、各单位的信用信息进行整合，形成统一的信用信息共享平台，依法向社会有序开放。示范地区各部门在开展经济社会管理和提供公共服务过程中，强化使用信用信息和信用产品，并作为政府管理和服务的必备要件。建立健全社会信用奖惩联动机制，使守信者得到激励和奖励，失信者受到制约和惩戒。对违法违规等典型失信行为予以公开，对严重失信行为加大打击力度。探索建立地方政府信用评价标准和方法，在发行地方政府债券等符合法律法规规定的信用融资活动中试行开展地方政府综合信用评价。

区域信用建设合作示范。探索建立区域信用联动机制，开展区域信用体系建设创新示范，推进信用信息交换共享，实现跨地区信用奖惩联动，优化区域信用环境。

重点领域和行业信用信息应用示范。在食品药品安全、环境保护、安全生产、产品质量、工程建设、电子商务、证券期货、融资担保、政府采购、招标投标等领域，试点推行信用报告制度。

（五）健全组织保障

完善组织协调机制。完善社会信用体系建设部际联席会议制度，充分发挥其统筹协调作用，加强对各地区、各部门社会信用体系建设工作的指导、督促和检查。健全组织机构，各地区、各部门要设立专门机构负责推动社会信用体系建设。成立全国性信用协会，加强行业自律，充分发挥各类社会组织在推进社会信用体系建设中的作用。

建立地方政府推进机制。地方各级人民政府要将社会信用体系建设纳入重要工作日程，推进政务诚信、商务诚信、社会诚信和司法公信建设，加强督查，强化考核，把社会信用体系建设工作作为目标责任考核和政绩考核的重要内容。

建立工作通报和协调制度。社会信用体系建设部际联席会议定期召开工作协调会议，通报工作进展情况，及时研究解决社会信用体系建设中的重大问题。

关于建立完善守信联合激励和失信联合惩戒制度加快推进社会诚信建设的指导意见

（国发〔2016〕33号）

各省、自治区、直辖市人民政府，国务院各部委、各直属机构：

健全社会信用体系，加快构建以信用为核心的新型市场监管体制，有利于进一步推动简政放权和政府职能转变，营造公平诚信的市场环境。为建立完善守信联合激励和失信联合惩戒制度，加快推进社会诚信建设，现提出如下意见。

一、总体要求

（一）指导思想。

全面贯彻党的十八大和十八届三中、四中、五中全会精神，深入贯彻习近平总书记系列重要讲话精神，按照党中央、国务院决策部署，紧紧围绕"四个全面"战略布局，牢固树立创新、协调、绿色、开放、共享发展理念，落实加强和创新社会治理要求，加快推进社会信用体系建设，加强信用信息公开和共享，依法依规运用信用激励和约束手段，构建政府、社会共同参与的跨地区、跨部门、跨领域的守信联合激励和失信联合惩戒机制，促进市场主体依法诚信经营，维护市场正常秩序，营造诚信社会环境。

（二）基本原则。

——褒扬诚信，惩戒失信。充分运用信用激励和约束手段，加大对诚信主体激励和对严重失信主体惩戒力度，让守信者受益、失信者受限，形成褒扬诚信、惩戒失信的制度机制。

——部门联动，社会协同。通过信用信息公开和共享，建立跨地区、跨部门、跨领域的联合激励与惩戒机制，形成政府部门协同联动、行业组织自律管理、信用服务机构积极参与、社会舆论广泛监督的共同治理格局。

——依法依规，保护权益。严格依照法律法规和政策规定，科学界定守信和失信行为，开展守信联合激励和失信联合惩戒。建立健全信用修复、异议申诉等机制，保护当事人合法权益。

——突出重点，统筹推进。坚持问题导向，着力解决当前危害公共利益和公共安全、人民群众反映强烈、对经济社会发展造成重大负面影响的重点领域失信问题。鼓励支持地方人民政府和有关部门创新示范，逐步将守信激励和失信惩戒机制推广到经济社会各领域。

二、健全褒扬和激励诚信行为机制

（三）多渠道选树诚信典型。将有关部门和社会组织实施信用分类监管确定的信用状况良好的行政相对人、诚信道德模范、优秀青年志愿者，行业协会商会推荐的诚信会员，新闻媒体挖掘的诚信主体等树立为诚信典型。鼓励有关部门和社会组织在监管和服务中建立各类主体信用记录，向社会推介无不良信用记录者和有关诚信典型，联合其他部门和社会组织实施守信激励。鼓励行业协会商会完善会员企业信用评价机制。引导企业主动发布综合信用承诺或产品服务质量等专项承诺，开展产品服务标准等自我声明公开，接受社会监督，形成企业争做诚信模范的良好氛围。

（四）探索建立行政审批"绿色通道"。在办理行政许可过程中，对诚信典型和连续三年无不良信用记录的行政相对人，可根据实际情况实施"绿色通道"和"容缺受理"等便利服务措施。对符合条件的行政相对人，除法律法规要求提供的材料外，部分申报材料不齐备的，如其书面承诺在规定期限内提供，应先行受理，加快办理进度。

（五）优先提供公共服务便利。在实施财政性资金项目安排、招商引资配套优惠政策等各类政府优惠政策中，优先考虑诚信市场主体，加大扶持力度。在教育、就业、创业、社会保障等领域对诚信个人给予重点支持和优先便利。在有关公共资源交易活动中，提倡依法依约对诚信市场主体采取信用加分等措施。

（六）优化诚信企业行政监管安排。各级市场监管部门应根据监管对象的信用记录和信用评价分类，注重运用大数据手段，完善事中事后监管措施，为市场主体提供便利化服务。对符合一定条件的诚信企业，在日常检查、专项检查中优化检查频次。

（七）降低市场交易成本。鼓励有关部门和单位开发"税易贷""信易贷""信易债"等守信激励产品，引导金融机构和商业销售机构等市场服务机构参考使用市场主体信用信息、信用积分和信用评价结果，对诚信市场主体给予优惠和便利，使守信者在市场中获得更多机会和实惠。

（八）大力推介诚信市场主体。各级人民政府有关部门应将诚信市场主体优良信用信息及时在政府网站和"信用中国"网站进行公示，在会展、银企对接等活动中重点推介诚信企业，让信用成为市场配置资源的重要考量因素。引导征信机构加强对市场主体正面信息的采集，在诚信问题反映较为集中的行业领域，对守信者加大激励性评分比重。推动行业协会商会加强诚信建设和行业自律，表彰诚信会员，讲好行业"诚信故事"。

三、健全约束和惩戒失信行为机制

（九）对重点领域和严重失信行为实施联合惩戒。在有关部门和社会组织依法依规对本领域失信行为作出处理和评价基础上，通过信息共享，推动其他部门和社会组织依法依规对严重失信行为采取联合惩戒措施。重点包括：一是严重危害人民群众身体健康和生命安全的行为，包括食品药品、生态环境、工程质量、安全生产、消防安全、强制性产品认证等领域的严重失信行为。二是严重破坏市场公平竞争秩序和社会正常秩序的行为，包括贿赂、逃税骗税、恶意逃废债务、恶意拖欠货款或服务费、恶意欠薪、非法集资、合同欺诈、传销、无证照经营、制售假冒伪劣产品和故意侵犯知识产权、出借和借用资质投标、围标串标、虚假广告、侵害消费者或证券期货投资者合法权益、严重破坏网络空间传播秩序、聚众扰乱社会秩序等严重失信行为。三是拒不履行法定义务，严重影响司法机关、行政机关公信力的行为，包括当事人在司法机关、行政机关作出判决或决定后，有履行能力但拒不履行、逃避执行等严重失信行为。四是拒不履行国防义务，拒绝、逃避兵役，拒绝、拖延民用资源征用或者阻碍对被征用的民用资源进行改造，危害国防利益，破坏国防设施等行为。

（十）依法依规加强对失信行为的行政性约束和惩戒。对严重失信主体，各地区、各有关部门应将其列为重点监管对象，依法依规采取行政性约束和惩戒措施。从严审核行政许可审批项目，从严控制生产许可证发放，限制新增项目审批、核准，限制股票发行上市融资或发行债券，限制在全国股份转让系统挂牌、融资，限制发起设立或参股金融机构以及小额贷款公司、融资担保公司、创业投资公司、互联网融资平台等机构，限制从事互联网信息服务等。严格限制申请财政性资金项目，限制参与有关公共资源交易活动，限制参与基础设施和公用事业特许经营。对严重失信企业及其法定代表人、主要负责人和对失信行为负有直接责任的注册执业人员等实施市场和行业禁入措施。及时撤销严重失信企业及其法定代表人、负责人、高级管理人员和对失信行为负有直接责任的董事、股东等人员的荣誉称号，取消参加评先评优资格。

（十一）加强对失信行为的市场性约束和惩戒。对严重失信主体，有关部门和机构应以统一社会信用代码为索引，及时公开披露相关信息，便于市场识别失信行为，防范信用风险。督促有关企业和个人履行法定义务，对有履行能力但拒不履行的严重失信主体实施限制出境和限制购买不动产、乘坐飞机、乘坐高等级列车和席次、旅游度假、入住星级以上宾馆及其他高消费行为等措施。支持征信机构采集严重失信行为信息，纳入信用记录和信用报告。引导商业银行、证券期货经营机构、保险公司等金融机构按照风险定价原则，对严重失信主体提高贷款利率和财产保险费率，或者限制向其提供贷款、保荐、承销、保险等服务。

（十二）加强对失信行为的行业性约束和惩戒。建立健全行业自律公约和职业道德准则，推动行业信用建设。引导行业协会商会完善行业内部信用信息采集、共享机制，将严重失信行为记入会员信用档案。鼓励行业协会商会与有资质的第三方信用服务机构合作，开展会员企业信用等级评价。支持行业协会商会按照行业标准、行规、行约等，视情节轻重对失信会员实行警告、行业内通报批评、公开谴责、不予接纳、劝退等惩戒措施。

（十三）加强对失信行为的社会性约束和惩戒。充分发挥各类社会组织作用，引导社会力量广泛参与失信联合惩戒。建立完善失信举报制度，鼓励公众举报企业严重失信行为，对举报人信息严格保密。支持有关社会组织依法对污染环境、侵害消费者或公众投资者合法权益等群体性侵权行为提起公益诉讼。鼓励公正、独立、有条件的社会机构开展失信行为大数据舆情监测，编制发布地区、行业信用分析报告。

（十四）完善个人信用记录，推动联合惩戒措施落实到人。对企事业单位严重失信行为，在记入企事业单位信用记录的同时，记入其法定代表人、主要负责人和其他负有直接责任人员的个人信用记录。在对失信企事业单位进行联合惩戒的同时，依照法律法规和政策规定对相关责任人员采取相应的联合惩戒措施。通过建立完整的个人信用记录数据库及联合惩戒机制，使失信惩戒措施落实到人。

四、构建守信联合激励和失信联合惩戒协同机制

（十五）建立触发反馈机制。在社会信用体系建设部际联席会议制度下，

建立守信联合激励和失信联合惩戒的发起与响应机制。各领域守信联合激励和失信联合惩戒的发起部门负责确定激励和惩戒对象，实施部门负责对有关主体采取相应的联合激励和联合惩戒措施。

（十六）实施部省协同和跨区域联动。鼓励各地区对本行政区域内确定的诚信典型和严重失信主体，发起部省协同和跨区域联合激励与惩戒。充分发挥社会信用体系建设部际联席会议制度的指导作用，建立健全跨地区、跨部门、跨领域的信用体系建设合作机制，加强信用信息共享和信用评价结果互认。

（十七）建立健全信用信息公示机制。推动政务信用信息公开，全面落实行政许可和行政处罚信息上网公开制度。除法律法规另有规定外，县级以上人民政府及其部门要将各类自然人、法人和其他组织的行政许可、行政处罚等信息在7个工作日内通过政府网站公开，并及时归集至"信用中国"网站，为社会提供"一站式"查询服务。涉及企业的相关信息按照企业信息公示暂行条例规定在企业信用信息公示系统公示。推动司法机关在"信用中国"网站公示司法判决、失信被执行人名单等信用信息。

（十八）建立健全信用信息归集共享和使用机制。依托国家电子政务外网，建立全国信用信息共享平台，发挥信用信息归集共享枢纽作用。加快建立健全各省（区、市）信用信息共享平台和各行业信用信息系统，推动青年志愿者信用信息系统等项目建设，归集整合本地区、本行业信用信息，与全国信用信息共享平台实现互联互通和信息共享。依托全国信用信息共享平台，根据有关部门签署的合作备忘录，建立守信联合激励和失信联合惩戒的信用信息管理系统，实现发起响应、信息推送、执行反馈、信用修复、异议处理等动态协同功能。各级人民政府及其部门应将全国信用信息共享平台信用信息查询使用嵌入审批、监管工作流程中，确保"应查必查""奖惩到位"。健全政府与征信机构、金融机构、行业协会商会等组织的信息共享机制，促进政务信用信息与社会信用信息互动融合，最大限度发挥守信联合激励和失信联合惩戒作用。

（十九）规范信用红黑名单制度。不断完善诚信典型"红名单"制度和严重失信主体"黑名单"制度，依法依规规范各领域红黑名单产生和发布行为，建立健全退出机制。在保证独立、公正、客观前提下，鼓励有关群众团体、金融机构、征信机构、评级机构、行业协会商会等将产生的"红名单"和"黑名单"信息提供给政府部门参考使用。

（二十）建立激励和惩戒措施清单制度。在有关领域合作备忘录基础上，梳理法律法规和政策规定明确的联合激励和惩戒事项，建立守信联合激励和失信联合惩戒措施清单，主要分为两类：一类是强制性措施，即依法必须联合执行的激励和惩戒措施；另一类是推荐性措施，即由参与各方推荐的，符合褒扬诚信、惩戒失信政策导向，各地区、各部门可根据实际情况实施的措施。社会信用体系建设部际联席会议应总结经验，不断完善两类措施清单，并推动相关法律法规建设。

（二十一）建立健全信用修复机制。联合惩戒措施的发起部门和实施部门应按照法律法规和政策规定明确各类失信行为的联合惩戒期限。在规定期限内纠正失信行为、消除不良影响的，不再作为联合惩戒对象。建立有利于自我纠错、主动自新的社会鼓励与关爱机制，支持有失信行为的个人通过社会公益服务等方式修复个人信用。

（二十二）建立健全信用主体权益保护机制。建立健全信用信息异议、投诉制度。有关部门和单位在执行失信联合惩戒措施时主动发现、经市场主体提出异议申请或投诉发现信息不实的，应及时告知信息提供单位核实，信息提供单位应尽快核实并反馈。联合惩戒措施在信息核实期间暂不执行。经核实有误的信息应及时更正或撤销。因错误采取联合惩戒措施损害有关主体合法权益的，有关部门和单位应积极采取措施恢复其信誉、消除不良影响。支持有关主体通过行政复议、行政诉讼等方式维护自身合法权益。

（二十三）建立跟踪问效机制。各地区、各有关部门要建立完善信用联合激励惩戒工作的各项制度，充分利用全国信用信息共享平台的相关信用信息管理系统，建立健全信用联合激励惩戒的跟踪、监测、统计、评估机制并建立相应的督查、考核制度。对信用信息归集、共享和激励惩戒措施落实不力的部门和单位，进行通报和督促整改，切实把各项联合激励和联合惩戒措施落到实处。

五、加强法规制度和诚信文化建设

（二十四）完善相关法律法规。继续研究论证社会信用领域立法。加快研究推进信用信息归集、共享、公开和使用，以及失信行为联合惩戒等方面的立法工作。按照强化信用约束和协同监管要求，各地区、各部门应对现行法律、法规、规章和规范性文件有关规定提出修订建议或进行有针对性的修改。

（二十五）建立健全标准规范。制定信用信息采集、存储、共享、公开、使用和信用评价、信用分类管理等标准。确定各级信用信息共享平台建设规范，统一数据格式、数据接口等技术要求。各地区、各部门要结合实际，制定信用信息归集、共享、公开、使用和守信联合激励、失信联合惩戒的工作流程和操作规范。

（二十六）加强诚信教育和诚信文化建设。组织社会各方面力量，引导广大市场主体依法诚信经营，树立"诚信兴商"理念，组织新闻媒体多渠道宣传诚信企业和个人，营造浓厚社会氛围。加强对失信行为的道德约束，完善社会舆论监督机制，通过报刊、广播、电视、网络等媒体加大对失信主体的监督力度，依法曝光社会影响恶劣、情节严重的失信案件，开展群众评议、讨论、批评等活动，形成对严重失信行为的舆论压力和道德约束。通过学校、单位、社区、家庭等，加强对失信个人的教育和帮助，引导其及时纠正失信行为。加强对企业负责人、学生和青年群体的诚信宣传教育，加强会计审计人员、导游、保险经纪人、公职人员等重点人群以诚信为重要内容的职业道德建设。加大对守信联合激励和失信联合惩戒的宣传报道和案例剖析力度，弘扬社会主义核心价值观。

（二十七）加强组织实施和督促检查。各地区、各有关部门要把实施守信联合激励和失信联合惩戒作为推进社会信用体系建设的重要举措，认真贯彻落实本意见并制定具体实施方案，切实加强组织领导，落实工作机构、人员编制、项目经费等必要保障，确保各项联合激励和联合惩戒措施落实到位。鼓励有关地区和部门先行先试，通过签署合作备忘录或出台规范性文件等多种方式，建立长效机制，不断丰富信用激励内容，强化信用约束措施。国家发展改革委要加强统筹协调，及时跟踪掌握工作进展，督促检查任务落实情况并报告国务院。

关于加强个人诚信体系建设的指导意见

(国办发〔2016〕98号)

各省、自治区、直辖市人民政府,国务院各部委、各直属机构:

为弘扬诚信传统美德,增强社会成员诚信意识,加强个人诚信体系建设,褒扬诚信,惩戒失信,提高全社会信用水平,营造优良信用环境,经国务院同意,现提出以下意见。

一、总体要求

(一)指导思想。全面贯彻落实党的十八大和十八届三中、四中、五中、六中全会精神,深入贯彻习近平总书记系列重要讲话精神,按照党中央、国务院决策部署,以培育和践行社会主义核心价值观为根本,大力弘扬诚信文化,加快个人诚信记录建设,完善个人信息安全、隐私保护与信用修复机制,健全守信激励与失信惩戒机制,使守信者受益、失信者受限,让诚信成为全社会共同的价值追求和行为准则,积极营造"守信光荣、失信可耻"的良好社会氛围。

(二)基本原则。

一是政府推动,社会共建。充分发挥政府在个人诚信体系建设中的组织、引导、推动和示范作用。规范发展征信市场,鼓励调动社会力量广泛参与,共同推进,形成个人诚信体系建设合力。

二是健全法制,规范发展。健全个人信息法律法规、规章制度和标准规范,严格保护个人隐私和信息安全。

三是全面推进,重点突破。以重点领域、重点人群为突破口,推动建立各地区各行业个人诚信记录机制。依托全国信用信息共享平台与各地方信用信息共享平台、金融信用信息基础数据库与个人征信机构,分别实现个人公共信用信息、个人征信信息的记录、归集、处理和应用。

四是强化应用,奖惩联动。积极培育个人公共信用信息产品应用市场,推广个人公共信用信息社会化应用,拓宽应用范围。建立健全个人诚信奖惩联动机制,加大个人守信激励与失信惩戒力度。

二、加强个人诚信教育

（一）大力弘扬诚信文化。将诚信文化建设摆在突出位置，以培育和践行社会主义核心价值观为根本，大力普及信用知识，制定颁布公民诚信守则，将诚信教育贯穿公民道德建设和精神文明创建全过程。加强社会公德、职业道德、家庭美德和个人品德教育，营造"守信者荣、失信者耻、无信者忧"的社会氛围。

（二）广泛开展诚信宣传。结合春节、国际消费者权益日、劳动节、儿童节、网络诚信宣传日、全国信用记录关爱日、诚信兴商宣传月、国庆节、国家宪法日暨全国法制宣传日等重要时间节点和法定节假日，集中宣传信用政策法规、信用知识和典型案例。推动创作中华传统诚信文化与时代价值观相融合的诚信文艺作品、公益广告，丰富诚信宣传载体，增加诚信宣传频次，提升诚信宣传水平。

（三）积极推介诚信典型。充分发挥媒体舆论宣传引导作用，大力发掘、宣传有关部门和社会组织评选的诚信道德模范、优秀志愿者等诚信典型。组织各类网站开设网络诚信专题，经常性地宣传推广各类诚信典型、诚信事迹，推出一批高质量的网络诚信主题文化作品，加强网络失信案例警示教育。支持有关部门和社会组织向社会推介诚信典型和无不良信用记录者，推动实施跨部门、跨领域的守信联合激励措施。

（四）全面加强校园诚信教育。将诚信教育作为中小学和高校学生思想品德教育的重要内容。鼓励高校开设社会信用领域相关课程。支持有条件的高校院所开设信用管理相关专业。推动学校加强信用管理，建立健全18岁以上成年学生诚信档案，推动将学生个人诚信作为升学、毕业、评先评优、奖学金发放、鉴定推荐等环节的重要考量因素。针对考试舞弊、学术造假、不履行助学贷款还款承诺、伪造就业材料等不诚信行为开展教育，并依法依规将相关信息记入个人信用档案。

（五）广泛开展信用教育培训。建立健全信用管理职业培训与专业考评制度。加大对信用从业人员的培训力度，丰富信用知识，提高信用管理水平。鼓励各类社会组织和企业建立信用管理和教育制度，组织签署入职信用承诺书和开展信用知识培训活动，培育企业信用文化。组织编写信用知识读本，依托社区（村）各类基层组织，向公众普及信用知识。

三、加快推进个人诚信记录建设

（一）推动完善个人实名登记制度。以公民身份号码制度为基础，推进公民统一社会信用代码制度建设。推动居民身份证登记指纹信息工作，实现公民统一社会信用代码全覆盖。运用信息化技术手段，不断加强个人身份信息的查核工作，确保个人身份识别信息的唯一性。以互联网、邮寄递送、电信、金融账户等领域为重点，推进建立实名登记制度，为准确采集个人诚信记录奠定基础。

（二）建立重点领域个人诚信记录。以食品药品、安全生产、消防安全、交通安全、环境保护、生物安全、产品质量、税收缴纳、医疗卫生、劳动保障、工程建设、金融服务、知识产权、司法诉讼、电子商务、志愿服务等领域为重点，以公务员、企业法定代表人及相关责任人、律师、教师、医师、执业药师、评估师、税务师、注册消防工程师、会计审计人员、房地产中介从业人员、认证人员、金融从业人员、导游等职业人群为主要对象，有关部门要加快建立和完善个人信用记录形成机制，及时归集有关人员在相关活动中形成的诚信信息，确保信息真实准确，实现及时动态更新。金融信用信息基础数据库和个人征信机构要大力开展重点领域个人征信信息的归集与服务。鼓励行业协会、商会等行业组织建立健全会员信用档案。

四、完善个人信息安全、隐私保护与信用修复机制

（一）保护个人信息安全。有关部门要严格按照规定建立健全并严格执行保障信息安全的规章制度，明确个人信息查询使用权限和程序，做好数据库安全防护工作，建立完善个人信息查询使用登记和审查制度，防止信息泄露。严格按照相关法律法规，加大对金融信用信息基础数据库、征信机构的监管力度，确保个人征信业务合规开展，保障信息主体合法权益，确保国家信息安全。建立征信机构及相关人员信用档案和违规经营"黑名单"制度。

（二）加强隐私保护。未经法律法规授权不得采集个人公共信用信息。加大对泄露、篡改、毁损、出售或者非法向他人提供个人信息等行为的查处力度。对金融机构、征信机构、互联网企业、大数据公司、移动应用程序开发企业实施重点监控，规范其个人信息采集、提供和使用行为。

（三）建立信用修复机制。建立个人公共信用信息纠错、修复机制，制定异议处理、行政复议等管理制度及操作细则。明确各类公共信用信息展示期

限,不再展示使用超过期限的公共信用信息。畅通信用修复渠道,丰富信用修复方式,探索通过事后主动履约、申请延期、自主解释等方式减少失信损失,通过按时履约、志愿服务、慈善捐助等方式修复信用。

五、规范推进个人诚信信息共享使用

(一)推动个人公共信用信息共享。制定全国统一的个人公共信用信息目录、分类标准和共享交换规范。依托各地方信用信息共享平台建立个人公共信用信息数据库。依托全国信用信息共享平台,逐步建立跨区域、跨部门、跨行业个人公共信用信息的互联、互通、互查机制。

(二)积极开展个人公共信用信息服务。各级人民政府要依法依规及时向社会提供个人公共信用信息授权查询服务。探索依据个人公共信用信息构建分类管理和诚信积分管理机制。有条件的地区和行业应建立个人公共信用信息与金融信用信息基础数据库的共享关系,并向个人征信机构提供服务。

六、完善个人守信激励和失信惩戒机制

(一)为优良信用个人提供更多服务便利。对有关部门和社会组织实施信用分类监管确定的信用状况良好的行政相对人、诚信道德模范、优秀志愿者,行业协会商会推荐的诚信会员,以及新闻媒体挖掘的诚信主体等建立优良信用记录,各级人民政府要创新守信激励措施,对具有优良信用记录的个人,在教育、就业、创业等领域给予重点支持,尽力提供更多便利服务;在办理行政许可过程中,对具有优良信用记录的个人和连续三年以上无不良信用记录的行政相对人,可根据实际情况依法采取"绿色通道"和"容缺受理"等便利服务措施。鼓励社会机构依法使用征信产品,对具有优良信用记录的个人给予优惠和便利,使守信者在市场中获得更多机会和收益。

(二)对重点领域严重失信个人实施联合惩戒。依法依规对严重危害人民群众身体健康和生命安全、严重破坏市场公平竞争秩序和社会正常秩序、拒不履行法定义务严重影响司法机关和行政机关公信力以及拒不履行国防义务等个人严重失信行为采取联合惩戒措施。将恶意逃废债务、非法集资、电信诈骗、网络欺诈、交通违法、不依法诚信纳税等严重失信个人列为重点监管对象,依法依规采取行政性约束和惩戒措施。在对失信企事业单位进行联合惩戒的同时,依照法律法规和政策规定对相关责任人员采取相应的联合惩戒措施,将联合惩戒措施落实到人。鼓励将金融信用信息基础数据库和个人征信机构采集的

个人在市场经济活动中产生的严重失信记录，推送至全国信用信息共享平台，作为实施信用惩戒措施的参考。

（三）推动形成市场性、社会性约束和惩戒。建立健全个人严重失信行为披露、曝光与举报制度，依托"信用中国"网站，依法向社会公开披露各级人民政府掌握的个人严重失信信息，充分发挥社会舆论监督作用，形成强大的社会震慑力。鼓励市场主体对严重失信个人采取差别化服务。支持征信机构采集严重失信行为信息，纳入信用记录和信用报告。

七、强化保障措施

（一）加强组织领导。各地区各部门要统筹规划，部署实施个人诚信体系建设工作。建立工作考核推进机制，对本地区、本领域个人诚信体系建设工作要定期进行督促、指导和检查。

（二）建立健全法律法规。逐步建立和完善个人诚信体系建设法律法规，加强对个人信息安全和个人隐私的保护，有力维护个人信息的主体权利与合法权益，完善个人公共信用信息记录、归集、处理和应用等各环节的规范制度，为个人诚信体系建设创造良好的法制环境。

（三）加大资金支持力度。各地区各部门要加强社会信用体系建设经费保障，对个人诚信体系建设组织工作、管理工作积极予以经费支持。加大对个人公共信用信息数据库建设、信息应用、宣传教育和人才培训等各方面的资金支持力度。

（四）强化责任落实。各地区各部门要高度重视个人诚信体系建设工作，强化责任意识，细化分工，明确完成时间节点，确保责任到人、工作到人、落实到人。

各地区各部门要加强领导，高度重视，率先垂范，结合工作实际，切实有效开展个人诚信体系建设相关工作。国家发展改革委会同有关部门负责对本意见落实工作的统筹协调、跟踪了解、督促检查，确保各项工作平稳有序推进。

关于加强和规范守信联合激励和失信联合惩戒对象名单管理工作的指导意见

(发改财金规〔2017〕1798号)

各省、自治区、直辖市和新疆生产建设兵团社会信用体系建设牵头单位,社会信用体系建设部际联席会议各成员单位:

为全面贯彻落实党中央、国务院关于加强社会信用体系建设的一系列重大决策部署,深入实施《国务院关于印发社会信用体系建设规划纲要(2014—2020年)的通知》(国发〔2014〕21号)、《国务院关于建立完善守信联合激励和失信联合惩戒制度加快推进社会诚信建设的指导意见》(国发〔2016〕33号),建立守信联合激励对象和失信联合惩戒对象名单制度(以下简称"红名单"和"黑名单"制度),完善守法诚信褒奖和违法失信惩戒的联动机制,现提出如下意见。

一、总体要求

(一)指导思想。全面贯彻党的十九大精神,深入贯彻习近平新时代中国特色社会主义思想和党中央治国理政新理念新思想新战略,按照党中央、国务院的决策部署,以培育和践行社会主义核心价值观为根本,建立健全红黑名单管理与应用制度,规范各领域红黑名单的认定、奖惩、修复和退出,构建守信联合激励和失信联合惩戒大格局,有力有序、规范透明地推进联合奖惩,全面提升我国社会诚信水平,推进国家治理体系和治理能力现代化。

(二)基本原则。

——政府主导,社会共治。充分发挥国家机关、法律法规授权具有管理公共事务职能的组织在红黑名单管理中的组织、引导和推动作用。鼓励调动社会力量广泛参与、共同推进,形成联合奖惩合力。

——依法依规,审慎认定。按照"谁认定、谁负责"的原则,根据相关主体行为的诚信度和发起联合奖惩的必要性,研究制定各领域红黑名单统一认定标准,依法审慎认定红黑名单。

——分类分级，区别对待。根据相关主体的诚信度，分别实施不同类型、不同程度的联合奖惩措施。对尚未达到"黑名单"认定标准的失信主体，可列入诚信状况重点关注对象名单（以下简称"重点关注名单"），加强监管。

——保护权益，鼓励修复。严格保护自然人、法人和其他组织在红黑名单的认定、发布、奖惩等过程中的合法权益。在完善相关法律法规的同时，畅通异议申诉等救济渠道，建立完善信用修复制度，纠正违法失信行为，鼓励守法诚信。

二、科学制定联合奖惩对象名单的认定标准

（三）制定标准的部门。各领域的红黑名单认定原则上实行全国统一标准，标准由社会信用体系建设部际联席会议成员单位或者国家其他行业主管部门按照市场监管、社会治理和公共服务职责研究制定。各省级有关部门可根据需要制定地方标准，经上级主管部门和省级人民政府审定后实施。认定标准制定过程中，应充分征求广大社会公众意见。出台的标准及其具体认定程序应通过"信用中国"网站和其他适当方式向社会公示、公开。

（四）规范红黑名单认定的依据。认定联合奖惩对象名单的依据主要包括：一是公共管理和服务中反映相关主体基本情况的登记类信息；二是刑事处罚、行政许可、行政处罚、行政强制、行政确认、行政检查、行政征收、行政奖励、行政给付等反映主体诚信状况的信息；三是拒不履行生效司法裁决的信息；四是党政机关、群团组织、社会组织、行业协会商会在履行职责过程中产生或者掌握的相关主体受表彰奖励等信息；五是根据法律法规规章或规范性文件可作为红黑名单认定依据的其他信息。

（五）不断完善名单认定标准。标准制定部门应委托第三方机构对所监管领域联合奖惩对象名单认定标准的执行效果进行评估，及时完善认定标准，并按照社会信用体系建设部际联席会议建立的目录清单，健全名单认定标准体系。

三、严格红黑名单认定程序

（六）认定名单的部门（单位）。县级以上国家机关、法律法规授权具有管理公共事务职能的组织可按照统一标准认定相关领域红黑名单，国家有关部门可根据需要授权全国性行业协会商会和信用服务机构按照统一标准认定红黑名单。鼓励行业协会商会、大数据企业、金融机构、新闻媒体、社会组织等各

类单位和公民个人向认定部门（单位）提供相关主体的守信行为和失信行为信息，探索研究将其作为红黑名单认定的重要参考。

（七）失信联合惩戒对象的认定程序。认定部门（单位）依据认定标准生成失信联合惩戒对象的初步名单，可根据需要履行告知或公示程序。有异议的，由认定部门（单位）核实。自然人被认定为失信联合惩戒对象的，应实行事前告知。法律法规已有相关规定的，从其规定。"黑名单"形成后，应与全国信用信息共享平台各领域"红名单"进行交叉比对，如"黑名单"主体之前已被列入"红名单"，应将其从相关"红名单"中删除。

（八）守信联合激励对象的认定程序。认定部门（单位）依据认定标准生成守信联合激励对象的初步名单，并将其与全国信用信息共享平台中的各领域"黑名单"进行交叉比对，确保已被列入"黑名单"的主体不被列入"红名单"。筛查后的初步名单可通过认定部门（单位）门户网站、地方政府信用网站、"信用中国"网站予以公示。经公示无异议的，认定为"红名单"；有异议的，由认定部门（单位）核实。

四、规范名单信息的共享和发布

（九）规范名单信息内容。名单信息主要内容包括：一是相关主体的基本信息，包括法人和其他组织名称（或自然人姓名）、统一社会信用代码、全球法人机构识别编码（LEI码）（或公民身份号码、港澳台居民的公民社会信用代码、外国籍人身份号码）、法定代表人（或单位负责人）姓名及其身份证件类型和号码等；二是列入名单的事由，包括认定诚实守信或违法失信行为的事实、认定部门（单位）、认定依据、认定日期、有效期等；三是相关主体受到联合奖惩、信用修复、退出名单的相关情况。

（十）共享名单信息。各级社会信用体系建设牵头单位要建立名单信息共享目录，严格按照目录归集共享相关信息。认定部门（单位）应将认定的名单及相关信息逐级报送上级主管部门和同级社会信用体系建设牵头单位，并自认定之日起10个工作日内报送至全国信用信息共享平台，实施动态管理。依托全国信用信息共享平台建立全国联合奖惩对象名单数据库，供各级国家机关、法律法规授权具有管理公共事务职能的组织共享使用。

（十一）发布名单信息。按照依法公开、从严把关、保护权益原则，由认定部门（单位）通过其门户网站、地方政府信用网站、"信用中国"网站向社会公众发布红黑名单。涉及企业、社会组织、政府部门的名单信息，应按照有关规定在国家企业信用信息公示系统、中国社会组织网、中国机构编制网等渠道发布。名单信息的发布，应当客观、准确、公正，保证发布信息的合法性、真实性、准确性。对于涉及企业商业秘密和个人隐私的信息，发布前应进行必要的技术处理。名单信息的发布时限与名单的有效期保持一致。对依法不能公开的名单信息，可通报当事人所在单位或其相关主管部门依法依纪处理。鼓励行业协会商会、信用服务机构收集各有关部门（单位）认定的红黑名单，经核实后与本单位履职和服务过程中形成的有关名单进行整合并向社会发布。

五、依据名单实施联合奖惩

（十二）政府部门实施联合奖惩。各级国家机关、法律法规授权具有管理公共事务职能的组织采取签署守信联合激励和失信联合惩戒合作备忘录等形式，在遵守相关法律法规的情况下，明确对相关领域红黑名单主体的奖惩措施和实施方式，建立发起、响应、反馈的联动机制。鼓励各级国家机关、法律法规授权具有管理公共事务职能的组织根据国务院关于联合奖惩的要求将红黑名单信息与相关信息进行比对，并创造条件嵌入本部门行政审批、市场监管、公共服务等信息系统和具体工作流程，带头查询使用红黑名单信息，及时归集守信联合激励和失信联合惩戒的典型案例，统计联合奖惩情况并反馈至全国信用信息共享平台。

（十三）鼓励社会力量协同参与联合奖惩。积极创造条件，向各类社会组织、行业协会商会、信用服务机构、金融机构、特定非金融机构、公共服务机构以及其他企事业单位开放全国联合奖惩对象名单数据库信息。鼓励各类社会机构查询使用红黑名单，对列入"黑名单"的主体实施市场性、行业性、社会性约束和惩戒，对列入"红名单"的主体建立"绿色通道"，优先提供服务便利，优化诚信企业行政监管安排，降低市场交易成本，大力推介诚信市场主体。有关单位及时向红黑名单认定部门（单位）反馈红黑名单奖惩信息，构建全社会广泛参与的联合奖惩机制。

六、构建自主自新的信用修复机制

（十四）鼓励和支持自主修复信用。建立有利于自我纠错、主动自新的社会鼓励与关爱机制，鼓励"黑名单"主体通过主动纠正失信行为、消除不良社会影响等方式修复信用，认定部门（单位）可将信用修复情况作为"黑名单"退出的重要参考。

（十五）规范信用修复流程。有关部门（单位）认定"黑名单"时，应结合失信行为的严重程度，明确相关主体能否修复信用以及信用修复的方式和期限。对可通过履行相关义务纠正失信行为的"黑名单"主体，可在履行相关义务后，向认定部门（单位）提交相关材料申请退出。

七、建立健全诚信状况重点关注对象警示机制

（十六）实施分级分类管理。认定部门（单位）可将在重点领域发生较重失信行为或多次发生轻微失信行为但尚未达到"黑名单"认定标准的相关主体列入重点关注名单，并依法实施与其失信程度相适应的失信联合惩戒。重点关注名单信息共享至全国信用信息共享平台，有选择地对外公开。

（十七）对诚信状况重点关注对象的警示。认定部门（单位）应通过适当方式，向重点关注名单主体发出警示并提示重点关注有效期。依托全国信用信息共享平台开展大数据分析，将在3个以上不同的重点领域被列入重点关注名单的主体转入"大数据警示名单"，通过"信用中国"网站向社会公众发出预警。重点关注名单主体有效期内发生严重失信行为的，应按照"黑名单"认定标准，及时转入"黑名单"。

八、依法依规退出名单

（十八）失信联合惩戒对象名单的退出机制。"黑名单"的有效期、信用修复及退出方式由相关认定部门（单位）结合相关主体违法失信情况确定。"黑名单"的退出包括如下方式：一是经异议处理，"黑名单"主体认定有误的，认定部门（单位）应将相关主体从"黑名单"中删除；二是通过主动修复在"黑名单"有效期届满前提前退出，提前退出需经认定部门（单位）同意；三是待"黑名单"有效期届满自动退出；四是"黑名单"认定标准发生改变，对于不符合新认定标准的主体，将其从"黑名单"中删除。"黑名单"主体退出名单后，应立即将其列入重点关注名单（误列入"黑名单"的除外），有效期由之前将其列入"黑名单"的部门（单位）确定。

（十九）守信联合激励对象名单的退出机制。"红名单"的有效期由相关认定部门（单位）结合相关主体诚实守信情况确定。"红名单"的退出包括如下方式：一是经异议处理，"红名单"主体认定有误的，认定部门（单位）应将相关主体从"红名单"中删除；二是有效期内被有关部门列入"黑名单"、重点关注名单或发现存在不当利用"红名单"奖励机制等不良行为的，认定

部门（单位）应将相关主体从"红名单"中删除；三是待"红名单"有效期届满自动退出；四是"红名单"认定标准发生改变，对于不符合新认定标准的主体，将其从"红名单"中删除。

（二十）建立健全名单退出、奖惩解除和记录留存协同机制。相关主体退出红黑名单后，认定部门（单位）及时通过原发布渠道发布名单退出公告，有关联合奖惩部门应停止对其实施联合奖惩，相关名单信息将在全国信用信息共享平台后台继续保存，信用服务机构可按照有关法律法规在一定期限内继续保留其失信记录。对于因主体认定有误而列入名单的，相关信息不予保存。

九、保护市场主体权益

（二十一）建立健全守信联合激励对象反映监督机制。有关单位或个人对"红名单"主体的诚实守信行为有异议的，可向认定部门（单位）反映并提供证明材料，认定部门（单位）应在收到反映后及时核实。经核实反映情况属实的，认定部门（单位）应重新对被反映主体进行认定，并将认定结果反馈给反映人和当事人。

（二十二）建立健全失信联合惩戒对象异议申诉机制。有关单位或个人对被列入"黑名单"有异议的，可向认定部门（单位）提交异议申请并提供证明材料。认定部门（单位）应在收到异议申请后及时反馈是否受理，并尽快将核实和处理结果反馈当事人，当事人对反馈结果仍有异议的，可依法申请复议。

（二十三）建立健全名单信息更正机制。联合奖惩实施部门在依据名单执行守信联合激励和失信联合惩戒措施时主动发现、经有关单位或个人提出异议申请或投诉发现名单信息不准确的，应及时告知认定部门（单位）核实，认定部门（单位）应及时核实并反馈。因工作失误导致有关单位或个人被误列入"黑名单"的，认定部门（单位）应及时更正当事人的诚信记录，向当事人书面道歉并进行澄清，恢复其名誉。导致当事人权益受损的，依法给予赔偿。对于被误列入"红名单"的相关主体，应尽可能收回其受到联合激励获得的权益。

十、加强个人隐私和信息安全保护

（二十四）保护个人隐私。明确个人信息查询使用权限和程序，做好数据库安全防护工作，建立完善个人信息查询使用登记和审查制度，防止信息泄露。对故意或因工作失误泄露个人隐私信息的，要依法严格追究相关单位和人员的责任。

（二十五）保障信息安全。有关部门和单位要建立健全并严格执行保障信息安全的规章制度。严格按照相关法律法规，贯彻落实网络安全等级保护制度，加大对全国信用信息共享平台、各部门信用信息系统、信用服务机构数据库的监管力度，保障信息主体合法权益，确保国家信息安全。

十一、保障措施

（二十六）落实主体责任。各级社会信用体系建设牵头单位要加强对守信联合激励和失信联合惩戒制度建设的指导、协调和监督。国家有关部门要制定相关领域的红黑名单认定标准和管理办法，积极主动发起签署守信联合激励和失信联合惩戒合作备忘录。县级以上国家机关、法律法规授权具有管理公共事务职能的组织要严格执行相关领域红黑名单认定标准和管理办法，依法认定、发布、归集、共享、更新和使用红黑名单信息，严格执行各项联合奖惩措施。

（二十七）完善法律法规。加快研究推进信用立法工作。各地区、各部门要按照强化诚信约束和协同监管要求，对现行法律法规规章和规范性文件有关规定提出修订建议或进行有针对性的修改。

（二十八）加强宣传教育。利用报纸、广播、电视、网络等媒体，多渠道选树诚信典型，倡导诚实守信，及时曝光重点领域严重失信行为，形成舆论压力，广泛宣传各地区、各部门开展守信联合激励和失信联合惩戒的做法和经验，扩大联合奖惩对象名单制度的影响力和警示力。

本文件自发布之日起试行，有效期截至2020年12月31日。

第十一章
金融消费权益保护

金融消费者权益保护工作是推进金融行业持续健康发展的重中之重。2012年全国金融工作会议指出，要"把金融消费权益保护放在更加突出位置，加强制度和组织机构建设，加强金融消费者教育"。

目前，我国在金融消费者权益保护方面尚无专门立法，金融消费者权益保护的相关规定散见于各类法律、法规和规范性文件当中。2015年，国务院出台了《关于加强金融消费者权益保护工作的指导意见》。这一具有纲领性意义文件指出，要坚持市场化和法治化原则，坚持审慎监管与行为监管相结合，建立健全金融消费者权益保护监管机制和保障机制，规范金融机构行为，培育公平竞争和诚信的市场环境，切实保护金融消费者合法权益，防范和化解金融风险，促进金融业持续健康发展。

此外，人民银行等部门也出台了关于加强金融消费者权益保护的相关指导意见或办法，对金融机构营销活动中禁止性行为、信息披露、文本管理、个人信息保护等相关内容做了较为详细的规定，为金融机构合规经营指明了方向。

这些措施的出台对于强化金融消费者权益保护工作具有重要的指导意义，有助于提升金融消费者信心，防范和化解金融风险，维护金融稳定与安全；有助于在金融领域形成公平正义的社会环境，有助于金融改革发展成果更多、更公平地惠及广大金融消费者。

加强金融消费者权益保护工作，重点在于以下几个方面：

1. 各类金融机构负有保护金融消费者基本权利的义务，要进一步完善金融消费者保护机制，提升服务水平。

2. 金融管理部门要按照职责分工，切实做好各自职责范围内金融消费者权益保护工作，指导和督促金融机构强化金融消费者保护工作。

3. 金融领域相关社会组织应协助金融消费者依法维权。

4. 积极探索构建第三方金融消费纠纷解决机制，提升金融消费者权益保护的效率和水平。

5. 金融消费者的基本权益包括：财产安全权、知情权、自主选择权、公平交易权、依法求偿权、受教育权、受尊重权、信息安全权等。

关于加强金融消费者
权益保护工作的指导意见

(国办发〔2015〕81号)

各省、自治区、直辖市人民政府，国务院各部委、各直属机构：

　　金融消费者是金融市场的重要参与者，也是金融业持续健康发展的推动者。加强金融消费者权益保护工作，是防范和化解金融风险的重要内容，对提升金融消费者信心、维护金融安全与稳定、促进社会公平正义和社会和谐具有积极意义。随着我国金融市场改革发展不断深化，金融产品与服务日趋丰富，在为金融消费者带来便利的同时，也存在提供金融产品与服务的行为不规范、金融消费纠纷频发、金融消费者权益保护意识不强、识别风险能力亟待提高等问题。为规范和引导金融机构提供金融产品和服务的行为，构建公平、公正的市场环境，加强金融消费者权益保护工作，经国务院同意，现提出如下意见：

一、指导思想

　　以党的十八大和十八届三中、四中、五中全会精神为指导，认真落实党中央、国务院决策部署，坚持市场化和法治化原则，坚持审慎监管与行为监管相结合，建立健全金融消费者权益保护监管机制和保障机制，规范金融机构行为，培育公平竞争和诚信的市场环境，切实保护金融消费者合法权益，防范和化解金融风险，促进金融业持续健康发展。

二、工作要求

　　（一）人民银行、银监会、证监会、保监会（以下统称金融管理部门）要按照职责分工，密切配合，切实做好金融消费者权益保护工作。金融管理部门和地方人民政府要加强合作，探索建立中央和地方人民政府金融消费者权益保护协调机制。

　　（二）银行业机构、证券业机构、保险业机构以及其他从事金融或与金融相关业务的机构（以下统称金融机构）应当遵循平等自愿、诚实守信等原则，充分尊重并自觉保障金融消费者的财产安全权、知情权、自主选择权、公平交易权、依法求偿权、受教育权、受尊重权、信息安全权等基本权利,依法、合规开展经营活动。

(三)金融领域相关社会组织应当发挥自身优势,积极参与金融消费者权益保护工作,协助金融消费者依法维权,推动金融知识普及,在金融消费者权益保护中发挥重要作用。

三、规范金融机构行为

(一)健全金融消费者权益保护机制。金融机构应当将保护金融消费者合法权益纳入公司治理、企业文化建设和经营发展战略中统筹规划,落实人员配备和经费预算,完善金融消费者权益保护工作机制。

(二)建立金融消费者适当性制度。金融机构应当对金融产品和服务的风险及专业复杂程度进行评估并实施分级动态管理,完善金融消费者风险偏好、风险认知和风险承受能力测评制度,将合适的金融产品和服务提供给适当的金融消费者。

(三)保障金融消费者财产安全权。金融机构应当依法保障金融消费者在购买金融产品和接受金融服务过程中的财产安全。金融机构应当审慎经营,采取严格的内控措施和科学的技术监控手段,严格区分机构自身资产与客户资产,不得挪用、占用客户资金。

(四)保障金融消费者知情权。金融机构应当以通俗易懂的语言,及时、真实、准确、全面地向金融消费者披露可能影响其决策的信息,充分提示风险,不得发布夸大产品收益、掩饰产品风险等欺诈信息,不得作虚假或引人误解的宣传。

(五)保障金融消费者自主选择权。金融机构应当在法律法规和监管规定允许范围内,充分尊重金融消费者意愿,由消费者自主选择、自行决定是否购买金融产品或接受金融服务,不得强买强卖,不得违背金融消费者意愿搭售产品和服务,不得附加其他不合理条件,不得采用引人误解的手段诱使金融消费者购买其他产品。

(六)保障金融消费者公平交易权。金融机构不得设置违反公平原则的交易条件,在格式合同中不得加重金融消费者责任、限制或者排除金融消费者合法权利,不得限制金融消费者寻求法律救济途径,不得减轻、免除本机构损害金融消费者合法权益应当承担的民事责任。

（七）保障金融消费者依法求偿权。金融机构应当切实履行金融消费者投诉处理主体责任，在机构内部建立多层级投诉处理机制，完善投诉处理程序，建立投诉办理情况查询系统，提高金融消费者投诉处理质量和效率，接受社会监督。

（八）保障金融消费者受教育权。金融机构应当进一步强化金融消费者教育，积极组织或参与金融知识普及活动，开展广泛、持续的日常性金融消费者教育，帮助金融消费者提高对金融产品和服务的认知能力及自我保护能力，提升金融消费者金融素养和诚实守信意识。

（九）保障金融消费者受尊重权。金融机构应当尊重金融消费者的人格尊严和民族风俗习惯，不得因金融消费者性别、年龄、种族、民族或国籍等不同进行歧视性差别对待。

（十）保障金融消费者信息安全权。金融机构应当采取有效措施加强对第三方合作机构的管理，明确双方权利义务关系，严格防控金融消费者信息泄露风险，保障金融消费者信息安全。

四、完善监督管理机制

（一）完善金融消费者权益保护法律法规和规章制度。金融管理部门要推动及时修订与金融消费者权益保护相关的行政法规，积极推进金融消费者权益保护相关立法的基础性工作，研究探索金融消费者权益保护特别立法；逐步建立完善金融消费者权益保护规章制度，明确监管目标、原则、标准、措施和程序，指导建立金融消费者权益保护业务标准。

（二）加强金融消费者权益保护监督管理。金融管理部门要促进审慎监管与行为监管形成合力，依法加强监督检查，及时查处侵害金融消费者合法权益的行为；创新非现场监管方式，合理运用评估等手段，进一步提高非现场监管有效性；建立健全金融消费者投诉处理机制，有效督办、处理金融消费者投诉案件；完善风险提示和信息披露机制，加强创新型金融产品风险识别、监测和预警，防范风险扩散，加大对非法金融活动的惩处力度，维护金融市场有序运行。

（三）健全金融消费者权益保护工作机制。金融管理部门要健全机构设置，强化责任落实和人员保障；加强金融消费者权益保护协调机制建设，建立跨领域的金融消费者教育、金融消费争议处理和监管执法合作机制，加强信息共享，协调解决金融消费者权益保护领域的重大问题，形成监管合力；强化国际监管合作与交流，推动金融消费者权益跨境监管和保护。

（四）促进金融市场公平竞争。金融管理部门要有效运用市场约束手段防止金融机构不正当竞争行为，鼓励金融机构以提高客户满意度为中心开发更多适应金融消费者需要的金融产品和服务，提升服务水平，公平参与市场竞争。

五、建立健全保障机制

（一）提升金融消费者权益保护水平。有关部门和地方人民政府要在各自职责范围内积极支持和配合金融消费者权益保护工作，健全全方位、多领域的金融消费者权益保护工作保障机制，依法打击各类金融违法犯罪活动，有效保护金融消费者合法权益。

（二）建立重大突发事件协作机制。对于涉及金融消费者权益保护的重大突发事件，地方人民政府负责协调本行政区域内各方力量做好应急处置工作。金融管理部门要积极协同配合，协调相关金融机构做好应急响应及处置工作。

（三）建立金融知识普及长效机制。金融管理部门、金融机构、相关社会组织要加强研究，综合运用多种方式，推动金融消费者宣传教育工作深入开展。教育部要将金融知识普及教育纳入国民教育体系，切实提高国民金融素养。

（四）建立金融消费纠纷多元化解决机制。金融管理部门、金融机构要建立和完善金融消费投诉处理机制，畅通投诉受理和处理渠道，建立金融消费纠纷第三方调解、仲裁机制，形成包括自行和解、外部调解、仲裁和诉讼在内的金融消费纠纷多元化解决机制，及时有效解决金融消费争议。

（五）促进普惠金融发展。金融管理部门要根据国家发展普惠金融有关要求，扩大普惠金融覆盖面，提高渗透率。金融机构应当重视金融消费者需求的多元性与差异性，积极支持欠发达地区和低收入群体等获得必要、及时的基本金融产品和服务。

（六）优化金融发展环境。建立以政府为主导、社会广泛参与的金融发展环境优化机制，加强社会信用体系建设，增强金融机构、金融消费者契约精神和信用意识，推动金融消费者权益保护环境评估工作，为保护金融消费者合法权益创造良好金融发展环境。

各地区、各有关部门要按照党中央、国务院决策部署，加强组织领导，注重沟通协调，强化组织和能力建设，在人力、财力、物力等方面给予充分支持。各有关部门要结合实际，抓紧研究制定具体实施办法，采取有效措施，切实承担起金融消费者权益保护监管职责，保护金融消费者合法权益，共同营造良好社会氛围，促进金融业持续健康发展，为实现全面建成小康社会的宏伟目标作出贡献。

中国人民银行金融消费者权益保护实施办法

(银发〔2016〕314号)

第一章 总 则

第一条 为保护金融消费者合法权益，规范金融机构提供金融产品和服务的行为，维护公平、公正的市场环境，促进金融市场健康稳定运行，根据《中华人民共和国中国人民银行法》《中华人民共和国消费者权益保护法》《中华人民共和国商业银行法》《中华人民共和国网络安全法》《国务院办公厅关于加强金融消费者权益保护工作的指导意见》（国办发〔2015〕81号）等，制定本办法。

第二条 在中华人民共和国境内依法设立的为金融消费者提供金融产品和服务的银行业金融机构，提供跨市场、跨行业交叉性金融产品和服务的其他金融机构以及非银行支付机构（本办法统称金融机构）适用本办法。

本办法所称金融消费者是指购买、使用金融机构提供的金融产品和服务的自然人。

第三条 中国人民银行及其分支机构坚持公平、公正原则，依法保护金融消费者合法权益。

第四条 中国人民银行及其分支机构依法开展职责范围内的金融消费者权益保护工作。

第五条 中国人民银行及其分支机构应当与其他金融管理部门、地方政府有关部门建立金融消费者权益保护工作协调机制，加强信息共享和部门间沟通协作。

第二章 金融机构行为规范

第六条 金融机构应当完善规章制度，落实法律法规和相关监管规定中关于金融消费者权益保护的相关要求。

金融机构应当将金融消费者权益保护纳入公司治理、企业文化建设和经营发展战略，应当制定本机构金融消费者权益保护工作的总体战略和具体工作措施。

第七条 金融机构应当建立健全金融消费者权益保护工作机制，建立金融消费者权益保护工作专职部门或者指定牵头部门，明确部门及人员职责，确保其能够独立开展工作。

第八条 金融机构应当建立健全金融消费者权益保护的各项内控制度，包括但不限于以下内容：

（一）个人金融信息保护机制；

（二）金融产品和服务信息披露机制；

（三）金融产品和服务信息查询机制；

（四）金融消费者风险等级评估机制；

（五）金融消费者投诉受理、处理机制；

（六）金融知识普及和金融消费者教育机制；

（七）金融消费者权益保护工作考核评价机制；

（八）金融消费者权益保护工作内部监督和责任追究机制；

（九）金融消费纠纷重大事件应急机制。

第九条 金融机构应当开展金融消费者权益保护员工教育和培训，提高员工的金融消费者权益保护意识和能力。

金融机构应当每年至少开展一次金融消费者权益保护专题教育和培训，培训对象应当全面覆盖中高级管理人员及基层业务人员。

第十条 金融机构应当建立健全涉及金融消费者权益保护工作的事前协调、事中管控和事后监督机制，确保在金融产品和服务的设计开发、营销推介及售后管理等各个业务环节有效落实金融消费者权益保护工作的相关规定和要求。

第十一条 金融机构应当根据金融产品和服务的特性评估其对金融消费者的适合度，合理划分金融产品和服务风险等级以及金融消费者风险承受等级，将合适的金融产品和服务提供给适当的金融消费者。金融机构不得向低风险承受等级的金融消费者推荐高风险金融产品。

第十二条 金融机构应当依法保障金融消费者在购买、使用金融产品和服务时的财产安全，不得非法挪用、占用金融消费者资金及其他金融资产。

第十三条 金融机构应当按照相关监管规定披露与金融消费者权益保护相关的经营信息、金融产品和服务信息以及其他信息。

金融机构推出金融科技创新产品前，应当开展外部安全评估，并及时向金融消费者准确披露金融产品的特点和风险。

第十四条　金融机构应当依据金融产品和服务的特性，向金融消费者披露下列重要内容：

（一）金融消费者对该金融产品和服务的权利和义务，订立、变更、中止和解除合同的方式及限制；

（二）金融机构对该金融产品和服务的权利、义务及法律责任；

（三）金融消费者应当负担的费用及违约金，包括金额的确定、支付时点和方式；

（四）金融产品和服务是否受存款保险或者其他相关保障机制的保障；

（五）因金融产品和服务发生纠纷的处理及投诉途径；

（六）其他法律法规和监管规定就各类金融产品和服务所要求的应当定期或者不定期披露或者报告的事项及其他应当说明的事项。

金融机构应当提示金融消费者不得利用金融产品和服务从事违法活动。

第十五条　金融机构对金融产品和服务进行信息披露时，应当使用有利于金融消费者接收、理解的方式。对涉及利率、费用、收益及风险等与金融消费者切身利益相关的重要信息，应当根据金融产品和服务的复杂程度及风险等级，对其中关键的专业术语进行解释说明，并以适当方式供金融消费者确认其已接收完整信息。

第十六条　金融机构应当尊重金融消费者购买金融产品和服务的真实意愿，不得擅自代理金融消费者办理业务，不得擅自修改金融消费者的业务指令。

第十七条　金融机构向金融消费者说明重要内容和披露风险时，应当依照相关法律法规、监管要求留存相关资料，留存时间不少于三年，法律、行政法规、规章另有规定的，从其规定。

留存的资料包括但不限于：

（一）金融消费者签字确认的产品和服务协议书；

（二）金融消费者签字确认的风险提示书；

（三）记录向金融消费者说明重要内容的录音、录像资料等。

第十八条　金融机构进行营销活动时应当遵循诚信原则，金融机构实际承担的义务不得低于在营销活动中通过广告、资料或者说明等形式对金融消费者所承诺的标准。

前款"广告、资料或者说明"是指以营销为目的，利用各种传播媒体、宣传工具或者方式，就金融机构业务及相关事务进行宣传或者推广等。

第十九条 金融机构在进行营销活动时，不得有下列行为：

（一）虚假、欺诈、隐瞒或者引人误解的宣传；

（二）损害其他同业信誉；

（三）冒用、使用与他人相同或者相近的注册商标、字号、宣传册页，有可能使金融消费者混淆；

（四）对业绩或者产品收益等夸大宣传；

（五）利用金融管理部门对金融产品和服务的审核或者备案程序，误导金融消费者认为金融管理部门已对该金融产品和服务提供保证；

（六）对未按要求经金融管理部门核准或者备案的金融产品和服务进行预先宣传或者促销；

（七）非保本投资型金融产品营销内容使金融消费者误信能保证本金安全或者保证盈利；

（八）未通过足以引起金融消费者注意的文字、符号、字体等特别标识对限制金融消费者权利的事项进行说明；

（九）其他违反消费者权益保护相关法律法规和监管规定的行为。

第二十条 金融机构在提供金融产品和服务的过程中，不得通过附加限制性条件的方式要求金融消费者购买协议中未作明确要求的产品和服务。

第二十一条 金融机构向金融消费者追讨债务，不得采取违反法律法规、违背社会公德、损害社会公共利益和第三人合法权益的方式。

金融机构委托第三方追讨债务的，应当在书面协议中明确禁止受托人使用前款中的追讨方式，并对受托人的催收行为进行监督。

第二十二条 金融机构的格式合同条款及服务协议文本，不得存在误导、欺诈等侵犯金融消费者合法权益的内容；不得含有减轻、免除己方责任，加重金融消费者责任，限制或者排除金融消费者合法权利的格式条款，及借助技术手段强制交易等不合理条款。

金融机构应当对金融消费者投诉较为集中或者存在侵害金融消费者合法权益隐患的格式合同条款、服务协议文本进行及时清理。

第二十三条 金融机构应当做好计算机处理系统维护工作，建立灾难备份和数据恢复机制，确保系统平稳、顺畅运行。

第二十四条 出现侵犯金融消费者合法权益重大事件，可能引发区域性、系统性风险的，金融机构应当根据重大事项报告相关规定及时向中国人民银行及其分支机构报告。

第二十五条 金融机构应当制定年度金融知识普及与金融消费者教育工作计划，结合自身特点开展日常性金融知识普及与金融消费者教育活动。金融机构不得以营销个别金融产品和服务替代金融知识普及与金融消费者教育。

金融机构应当参与中国人民银行及其分支机构组织的金融知识普及活动。

第二十六条 金融机构应当重视金融消费者需求的多元性与差异性，积极支持欠发达地区和低收入群体等获得必要、及时的基本金融产品和服务。

第三章 个人金融信息保护

第二十七条 本办法所称个人金融信息，是指金融机构通过开展业务或者其他渠道获取、加工和保存的个人信息，包括个人身份信息、财产信息、账户信息、信用信息、金融交易信息及其他反映特定个人某些情况的信息。

第二十八条 金融机构应当严格落实国家网络安全和信息技术安全有关规定，采取有效措施确保个人金融信息安全，至少每半年排查一次个人金融信息安全隐患。

收集个人金融信息时，应当遵循合法、合理、必要原则，按照法律法规要求和业务需要收集个人金融信息，不得收集与业务无关的信息或者采取不正当方式收集信息，不得非法存储个人金融信息；应当采取符合国家档案管理和电子数据管理规定的措施，妥善保管所收集的个人金融信息，防止信息遗失、毁损、泄露或者篡改。在发生或者可能发生个人金融信息遗失、毁损、泄露或者篡改等情况时，应当立即采取补救措施，及时告知用户并向有关主管部门报告。

金融机构及其相关工作人员应当对业务过程中知悉的个人金融信息予以保密，不得非法复制、非法存储、非法使用、向他人出售或者以其他非法形式泄露个人金融信息。

第二十九条 金融机构应当建立个人金融信息数据库分级授权管理机制，根据个人金融信息的重要性、敏感度及业务开展需要，在不影响其履行反洗钱等法定义务的前提下，合理确定本机构员工调取信息的范围、权限及程序。

第三十条 金融机构通过格式条款取得个人金融信息书面使用授权或者同意的，应当在条款中明确该授权或者同意所适用的向他人提供个人金融信息的范围和具体情形，应当在协议的醒目位置使用通俗易懂的语言明确向金融消费者提示该授权或者同意的可能后果。

金融机构不得以概括授权的方式，索取与金融产品和服务无关的个人金融信息使用授权或者同意。

第三十一条 金融机构不得将金融消费者授权或者同意其将个人金融信息用于营销、对外提供等作为与金融消费者建立业务关系的先决条件，但该业务关系的性质决定需要预先做出相关授权或者同意的除外。

第三十二条 金融机构应当建立个人金融信息使用管理制度。因监管、审计、数据分析等原因需要使用个人金融信息数据的，应当严格内部授权审批程序，采取有效技术措施，确保信息在内部使用及对外提供等流转环节的安全，防范信息泄露风险。

第三十三条 在中国境内收集的个人金融信息的存储、处理和分析应当在中国境内进行。除法律法规及中国人民银行另有规定外，金融机构不得向境外提供境内个人金融信息。

境内金融机构为处理跨境业务且经当事人授权，向境外机构（含总公司、母公司或者分公司、子公司及其他为完成该业务所必需的关联机构）传输境内收集的相关个人金融信息的，应当符合法律、行政法规和相关监管部门的规定，并通过签订协议、现场核查等有效措施，要求境外机构为所获得的个人金融信息保密。

第三十四条 金融机构保护消费者个人金融信息安全的义务不因其与外包服务供应商合作而转移、减免。

金融机构应当充分审查、评估外包服务供应商保护个人金融信息的能力，在相关协议中明确外包服务供应商保护个人金融信息的职责和保密义务，并采取必要措施保证外包服务供应商履行上述职责和义务。

第四章 投诉受理与处理

第三十五条 中国人民银行及其分支机构受理法定职责范围内的，和跨市场、跨行业交叉性金融产品与服务的金融消费者投诉。

金融消费者与金融机构产生金融消费争议时，原则上应当先向金融机构投诉。金融机构对投诉不予受理或者在一定期限内不予处理，或者金融消费者认为金融机构处理结果不合理的，金融消费者可以向金融机构住所地、争议发生地或者合同签订地中国人民银行分支机构进行投诉。

金融消费者投诉中包括举报金融机构违反法律、行政法规、规章和其他规范性文件等行为的，金融消费者可以按照举报程序直接向金融机构住所地的中国人民银行分支机构举报。

第三十六条 中国人民银行及其分支机构对下列投诉不予受理：

（一）不属于本办法第三十五条规定的投诉范围的；

（二）没有明确的投诉对象、投诉事由或者投诉请求的；

（三）投诉人非金融消费纠纷当事人本人，且又未经当事人授权的；

（四）投诉人拒绝提供个人有效身份信息的；

（五）双方达成和解协议并已经执行，没有新情况、新理由的；

（六）所投诉事项已由所在地中国人民银行分支机构或者其他机构调解并达成了调解协议已执行的；

（七）被投诉的机构已经提供了解决方案，且该方案对投诉者是公平合理的；

（八）投诉者的请求没有事实和法律依据，明显不合理的；

（九）司法机关、行政机关、仲裁机构或者有关部门已经受理、调查和处理的；

（十）不符合法律、行政法规、规章有关规定的。

中国人民银行及其分支机构对不予受理的投诉申请，应当明确告知不予受理的原由，并告知投诉人可以依法申请仲裁或者提起诉讼。

中国人民银行及其分支机构处理金融消费者投诉过程中发现投诉人已就同一事项向其他金融管理部门提出投诉申请并被受理的，可中止对该事项的处理，并明确告知投诉人中止办理的理由。

第三十七条 中国人民银行各级分支机构直接受理的投诉，属于本单位相关职能部门职责范围的，由相关职能部门负责调查、核实、处理和反馈；涉及多个职能部门的，由金融消费权益保护部门牵头，协调相关职能部门进行调查、核实、处理和反馈。

投诉事项涉及跨市场、跨行业交叉性金融产品和服务的，由中国人民银行及其分支机构协调相关部门进行调查、核实、处理和反馈。

第三十八条 对中国人民银行及其分支机构交办的金融消费者投诉，金融机构应当在规定时限内处理完毕，并通过金融消费权益保护信息管理系统反馈办理情况。

金融机构应当根据要求定期向中国人民银行及其分支机构报送投诉情况统计。统计应当客观真实，不得瞒报、漏报。

鼓励金融机构充分运用调解、仲裁等非诉讼方式解决与金融消费者之间金融消费纠纷。

第三十九条 中国人民银行及其分支机构处理金融消费者投诉，根据法律、行政法规、规章授权，可以采取下列措施进行调查：

（一）进入事件发生现场调查取证；

（二）询问当事人和与被调查事件有关的单位和个人；

（三）查阅、复制与被调查事件有关的资料。

第五章 监督与管理机制

第四十条 中国人民银行依法开展职责范围内的金融消费者权益保护工作；综合研究我国金融消费者权益保护工作的重大问题，会同有关方面拟定金融消费者权益保护政策法规草案；会同、协调有关方面开展涉及跨市场、跨行业交叉性金融产品和服务的金融消费者权益保护工作。

第四十一条 中国人民银行及其分支机构依法在职责范围内开展对金融机构金融消费者权益保护工作的监督检查。

第四十二条 中国人民银行及其分支机构按照属地管理原则开展对金融机构履行金融消费者权益保护义务情况的评估工作。

评估工作以金融机构自评估为基础。金融机构应当按年度进行自评估，并于次年1月15日前向中国人民银行及其分支机构报送自评估报告。

中国人民银行及其分支机构根据日常监督管理、投诉处理以及金融机构自评估等情况进行非现场评估，必要时可以进行现场评估。

第四十三条 中国人民银行及其分支机构根据辖区具体情况开展金融消费者权益保护环境评估工作。

金融机构应当按照中国人民银行及其分支机构的要求提供与环境评估工作相关的资料。

第四十四条 中国人民银行及其分支机构建立金融消费者权益保护案例库制度，按照预防为先、教育为主的原则向金融机构和金融消费者进行风险提示。

金融产品和服务存在可能不利于金融消费者权益保护内容，涉及中国人民银行及其分支机构职责范围的，中国人民银行及其分支机构可以要求金融机构予以改正。

第四十五条 中国人民银行及其分支机构引导、督促金融机构开展金融知识普及宣传活动，提高金融消费者对金融产品和服务的认知能力、风险意识、法律意识以及依法维权的能力。

第四十六条 中国人民银行及其分支机构对于涉及金融消费者权益保护的重大突发事件，应当按照属地管理原则，配合地方政府做好相关应急处置工作。

第四十七条 金融机构有侵害金融消费者合法权益的违规行为的，中国人民银行及其分支机构可以采取以下措施：

（一）约谈其董（理）事会或者高级管理层；

（二）责令其限期整改；

（三）向其上级机构、行业监管部门、行业内部、社会通报相关信息；

（四）依照《中华人民共和国消费者权益保护法》以及相关法律、行政法规、规章进行处罚；

（五）中国人民银行职责范围内依法可以采取的其他措施。

第六章 附 则

第四十八条 征信机构参照适用本办法。

第四十九条 本办法由中国人民银行负责解释。

第五十条 本办法自发布之日起施行。

关于完善银行业金融机构客户投诉处理机制切实做好金融消费者保护工作的通知

(银监发〔2012〕13号)

各银监局,各政策性银行、国有商业银行、股份制商业银行、金融资产管理公司、邮政储蓄银行,各省级农村信用联社,银监会直接监管的信托公司、企业集团财务公司、金融租赁公司:

为保护金融消费者合法权益,有效化解社会矛盾,促进银行业提高服务水平,根据《银行业监督管理法》和《商业银行法》相关规定,现就有关事项通知如下:

一、银行业金融机构应当牢固树立公平对待金融消费者的观念,并将其融入公司治理和企业文化建设当中,建立健全金融消费者保护机制。银行业金融机构董事会应当将关注和维护金融消费者的合法权益作为重要职责之一,并确保高级管理层有效履行相应职责。总行和各级分支机构应当确定一名高级管理人员负责维护金融消费者合法权益工作。

二、银行业金融机构应当完善客户投诉处理机制,制定投诉处理工作流程,落实岗位责任,及时妥善解决客户投诉事项,积极预防合规风险和声誉风险。

三、银行业金融机构应当设立或指定投诉处理部门,负责指导、协调、处理客户投诉事项。

四、投诉处理工作人员应当充分了解法律、行政法规、规章和银监会有关监管规定,熟悉金融产品与金融服务情况,掌握本机构有关规章制度与业务流程,具备相应的工作能力,公平、友善对待金融消费者。

五、银行业金融机构应当加强营业网点现场投诉处理能力建设,规范营业网点现场投诉处理程序,明确投诉处理工作人员的岗位职责,严格执行首问负责制,有效提升现场投诉处理能力。

六、银行业金融机构应当为客户投诉提供必要的便利。在各营业网点和官方网站的醒目位置公布电话、网络、信函等投诉处理渠道。投诉电话可以单独设立,也可以与客户服务热线对接;与客户服务热线对接的,在客户服务热线中应有明显清晰的提示。

七、银行业金融机构应当及时受理各项投诉并登记,受理后应当通过短信、电话、电子邮件或信函等方式告知客户受理情况、处理时限和联系方式。

八、银行业金融机构对客户投诉事项,应当认真调查核实并及时将处理结果以上述方式告知。发现有关金融产品或服务确有问题的,应立即采取措施予以补救或纠正。银行业金融机构给金融消费者造成损失的,应根据有关法律规定或合同约定向金融消费者进行赔偿或补偿。

九、投诉处理应当高效快速。处理时限原则上不得超过十五个工作日。情况复杂或有特殊原因的,可以适当延长处理时限,但最长不得超过六十个工作日,并应当以短信、邮件、信函等方式告知客户延长时限及理由。

十、对银监会及其派出机构转办的投诉事项,应当严格按照转办要求处理,并及时向交办机构报告处理结果。

十一、银行业金融机构应当实行客户投诉源头治理,定期分析研究客户投诉、咨询的热点问题,及时查找薄弱环节和风险隐患,从运营机制、操作流程、管理制度等体制机制方面予以重点改进,切实维护金融消费者的合法权益。

十二、银行业金融机构要加强对各分支机构客户投诉处理工作的管理,将投诉处理工作纳入经营绩效考评和内控评价体系,及时研究解决投诉处理工作中存在的问题,确保客户投诉处理机制的有效性。

十三、银行业金融机构应当充分发挥法律合规部门在客户投诉处理和维护金融消费者合法权益工作中的作用,加强合规风险的有效识别和管理,确保依法合规经营,切实维护金融消费者的合法权益。

十四、银行业金融机构应当加强员工维护金融消费者合法权益的教育培训工作,切实提高服务意识和服务水平。

十五、银行业金融机构接到大规模投诉,或者投诉事项重大,涉及众多金融消费者利益,可能引发群体性事件的,应当及时向银监会或其派出机构报告。

十六、银行业金融机构及其各级分支机构应当做好金融消费者投诉统计、分析工作,并每半年形成报告,于每年1月30日和7月30日前报送银监会或其派出机构。

各银行业金融机构及其分支机构应当于2012年7月20日前将客户投诉管

理办法、投诉渠道、投诉处理部门及其负责人和联系人的名单报送银监会或其派出机构。此后如客户投诉管理办法、投诉渠道有变动,变动情况应在半年报告中予以反映;如投诉处理部门及其负责人和联系人的名单有变动,应及时将变动情况报告银监会或其派出机构。

十七、银监会及其派出机构要加强对银行业金融机构客户投诉处理工作的监督检查,敦促其完善机制、落实责任、推进工作。

十八、对于涉及金融消费者权益保护的热点、难点问题,银监会及其派出机构可以向有关金融机构发出监管建议,并要求其在一定期限内采取预防或纠正措施;发现违法违规行为的,应当依法予以查处。

十九、对于一定时期内,信访投诉数量较高、处理不当或拖延问题较突出的银行业金融机构,应当在全辖予以通报,并可作为准入和监管评级的参考依据。

请各银监局将本通知转发至辖内银行业金融机构,并督促其遵照执行。各银监局和银行业金融机构在执行中遇有问题,请及时向银监会报告。

关于进一步加强资本市场中小投资者合法权益保护工作的意见

(国办发〔2013〕110号)

各省、自治区、直辖市人民政府，国务院各部委、各直属机构：

中小投资者是我国现阶段资本市场的主要参与群体，但处于信息弱势地位，抗风险能力和自我保护能力较弱，合法权益容易受到侵害。维护中小投资者合法权益是证券期货监管工作的重中之重，关系广大人民群众切身利益，是资本市场持续健康发展的基础。近年来，我国中小投资者保护工作取得了积极成效，但与维护市场"公开、公平、公正"和保护广大投资者合法权益的要求相比还有较大差距。为贯彻落实党的十八大、十八届三中全会精神和国务院有关要求，进一步加强资本市场中小投资者合法权益保护工作，经国务院同意，现提出如下意见。

一、健全投资者适当性制度

制定完善中小投资者分类标准。根据我国资本市场实际情况，制定并公开中小投资者分类标准及依据，并进行动态评估和调整。进一步规范不同层次市场及交易品种的投资者适当性制度安排，明确适合投资者参与的范围和方式。

科学划分风险等级。证券期货经营机构和中介机构应当对产品或者服务的风险进行评估并划分风险等级。推荐与投资者风险承受和识别能力相适应的产品或者服务，向投资者充分说明可能影响其权利的信息，不得误导、欺诈客户。

进一步完善规章制度和市场服务规则。证券期货经营机构和中介机构应当建立执业规范和内部问责机制，销售人员不得以个人名义接受客户委托从事交易；明确提示投资者如实提供资料信息，对收集的个人信息要严格保密、确保安全，不得出售或者非法提供给他人。严格落实投资者适当性制度并强化监管，违反适当性管理规定给中小投资者造成损失的，要依法追究责任。

二、优化投资回报机制

引导和支持上市公司增强持续回报能力。上市公司应当完善公司治理，提高盈利能力，主动积极回报投资者。公司首次公开发行股票、上市公司再融资或者并购重组摊薄即期回报的，应当承诺并兑现填补回报的具体措施。

完善利润分配制度。上市公司应当披露利润分配政策尤其是现金分红政策的具体安排和承诺。对不履行分红承诺的上市公司，要记入诚信档案，未达到整改要求的不得进行再融资。独立董事及相关中介机构应当对利润分配政策是否损害中小投资者合法权益发表明确意见。

建立多元化投资回报体系。完善股份回购制度，引导上市公司承诺在出现股价低于每股净资产等情形时回购股份。研究建立"以股代息"制度，丰富股利分配方式。对现金分红持续稳定的上市公司，在监管政策上给予扶持。制定差异化的分红引导政策。完善除权除息制度安排。

发展服务中小投资者的专业化中介机构。鼓励开发适合中小投资者的产品。鼓励中小投资者通过机构投资者参与市场。基金管理人应当切实履行分红承诺，并努力创造良好投资回报。鼓励基金管理费率结构及水平多样化，形成基金管理人与基金份额持有人利益一致的费用模式。

三、保障中小投资者知情权

增强信息披露的针对性。有关主体应当真实、准确、完整、及时地披露对投资决策有重大影响的信息，披露内容做到简明易懂，充分揭示风险，方便中小投资者查阅。健全内部信息披露制度和流程，强化董事会秘书等相关人员职责。制定自愿性和简明化的信息披露规则。

提高市场透明度。对显著影响证券期货交易价格的信息，交易场所和有关主体要及时履行报告、信息披露和提示风险的义务。建立统一的信息披露平台。健全跨市场交易产品及突发事件信息披露机制。健全信息披露异常情形问责机制，加大对上市公司发生敏感事件时信息披露的动态监管力度。

切实履行信息披露职责。上市公司依法公开披露信息前，不得非法对他人提供相关信息。上市公司控股股东、实际控制人在信息披露文件中的承诺须具体可操作，特别是应当就赔偿或者补偿责任作出明确承诺并切实履行。上市公司应当明确接受投资者问询的时间和方式，健全舆论反应机制。

四、健全中小投资者投票机制

完善中小投资者投票等机制。引导上市公司股东大会全面采用网络投票方式。积极推行累积投票制选举董事、监事。上市公司不得对征集投票权提出最低持股比例限制。完善上市公司股东大会投票表决第三方见证制度。研究完善中小投资者提出罢免公司董事提案的制度。自律组织应当健全独立董事备案和履职评价制度。

建立中小投资者单独计票机制。上市公司股东大会审议影响中小投资者利益的重大事项时,对中小投资者表决应当单独计票。单独计票结果应当及时公开披露,并报送证券监管部门。

保障中小投资者依法行使权利。健全利益冲突回避、杜绝同业竞争和关联交易公平处理制度。上市公司控股股东、实际控制人不得限制或者阻挠中小投资者行使合法权利,不得损害公司和中小投资者的权益。健全公开发行公司债券持有人会议制度和受托管理制度。基金管理人须为基金份额持有人行使投票权提供便利,鼓励中小投资者参加持有人大会。

五、建立多元化纠纷解决机制

完善纠纷解决机制。上市公司及证券期货经营机构等应当承担投资者投诉处理的首要责任,完善投诉处理机制并公开处理流程和办理情况。证券监管部门要健全登记备案制度,将投诉处理情况作为衡量相关主体合规管理水平的依据。支持投资者与市场经营主体协商解决争议或者达成和解协议。

发挥第三方机构作用。支持自律组织、市场机构独立或者联合依法开展证券期货专业调解,为中小投资者提供免费服务。开展证券期货仲裁服务,培养专业仲裁力量。建立调解与仲裁、诉讼的对接机制。

加强协调配合。有关部门配合司法机关完善相关侵权行为民事诉讼制度。优化中小投资者依法维权程序,降低维权成本。健全适应资本市场中小投资者民事侵权赔偿特点的救济维权工作机制。推动完善破产清偿中保护投资者的措施。

六、健全中小投资者赔偿机制

督促违规或者涉案当事人主动赔偿投资者。对上市公司违法行为负有责任的控股股东及实际控制人,应当主动、依法将其持有的公司股权及其他资产用于赔偿中小投资者。招股说明书虚假记载、误导性陈述或者重大遗漏致使投资者遭受损失的，责任主体须依法赔偿投资者，中介机构也应当承担相应责任。基金管理人、托管人等未能履行勤勉尽责义务造成基金份额持有人财产损失的，应当依法赔偿。

建立上市公司退市风险应对机制。因违法违规而存在退市风险的上市公司，在定期报告中应当对退市风险作专项评估，并提出应对预案。研究建立公开发行公司债券的偿债基金制度。上市公司退市引入保险机制，在有关责任保险中增加退市保险附加条款。健全证券中介机构职业保险制度。

完善风险救助机制。证券期货经营机构和基金管理人应当在现有政策框架下，利用计提的风险准备金完善自主救济机制，依法赔偿投资者损失。研究实行证券发行保荐质保金制度和上市公司违规风险准备金制度。探索建立证券期货领域行政和解制度，开展行政和解试点。研究扩大证券投资者保护基金和期货投资者保障基金使用范围和来源。

七、加大监管和打击力度

完善监管政策。证券监管部门应当把维护中小投资者合法权益贯穿监管工作始终，落实到各个环节。对纳入行政许可、注册或者备案管理的证券期货行为，证券监管部门应当建立起相应的投资者合法权益保护安排。建立限售股股东减持计划预披露制度，在披露之前有关股东不得转让股票。鼓励限售股股东主动延长锁定期。建立覆盖全市场的诚信记录数据库，并实现部门之间共享。健全中小投资者查询市场经营主体诚信状况的机制。建立守信激励和失信惩戒机制。

坚决查处损害中小投资者合法权益的违法行为。严肃查处上市公司不当更正盈利预测报告、未披露导致股价异动事项、先于指定媒体发布信息、以新闻发布替代应履行公告义务、编造或传播虚假信息误导投资者，以及进行内幕交易和操纵市场等行为。坚决打击上市公司控股股东、实际控制人直接或者间接转移、侵占上市公司资产。建立证券期货违法案件举报奖励制度。

强化执法协作。各地区、各部门要统一认识，密切配合，严厉打击各类证券期货违法犯罪活动，及时纠正各类损害中小投资者合法权益的行为。建立侵害中小投资者合法权益事件的快速反应和处置机制，制定和完善应对突发性群体事件预案，做好相关事件处理和维护稳定工作。证券监管部门、公安机关应当不断强化执法协作，完善工作机制，加大提前介入力度。有关部门要配合公安、司法机关完善证券期货犯罪行为的追诉标准及相关司法解释。

八、强化中小投资者教育

加大普及证券期货知识力度。将投资者教育逐步纳入国民教育体系，有条件的地区可以先行试点。充分发挥媒体的舆论引导和宣传教育功能。证券期货经营机构应当承担各项产品和服务的投资者教育义务，保障费用支出和人员配备，将投资者教育纳入各业务环节。

提高投资者风险防范意识。自律组织应当强化投资者教育功能，健全会员投资者教育服务自律规则。中小投资者应当树立理性投资意识，依法行使权利和履行义务，养成良好投资习惯，不听信传言，不盲目跟风，提高风险防范意识和自我保护能力。

九、完善投资者保护组织体系

构建综合保护体系。加快形成法律保护、监管保护、自律保护、市场保护、自我保护的综合保护体系，实现中小投资者保护工作常态化、规范化和制度化。证券监管部门、自律组织以及市场经营主体应当健全组织机构和工作制度，加大资源投入，完善基础设施，畅通与中小投资者的沟通渠道。证券监管部门建立中小投资者合法权益保障检查制度与评估评价体系，并将其作为日常监管和行政许可申请审核的重要依据。

完善组织体系。探索建立中小投资者自律组织和公益性维权组织，向中小投资者提供救济援助，丰富和解、调解、仲裁、诉讼等维权内容和方式。充分发挥证券期货专业律师的作用，鼓励和支持律师为中小投资者提供公益性法律援助。

优化政策环境。证券监管部门要进一步完善政策措施，提高保护中小投资者合法权益的水平。上市公司国有大股东或者实际控制人应当依法行使权利，支持市场经营主体履行法定义务。财政、税收、证券监管部门应当完善交易和分红等相关税费制度，优化投资环境。国务院有关部门和地方人民政府要求上市公司提供未公开信息的，应当遵循法律法规相关规定。有关部门要完善数据采集发布工作机制，加强信息共享，形成投资者合法权益保护的协调沟通机制。强化国际监管合作与交流，实现投资者合法权益的跨境监管和保护。

关于加强保险消费风险提示工作的意见

(保监发〔2017〕66号)

开展保险消费者教育、发布保险消费风险提示是保险消费者权益保护工作的重要内容,是保障保险消费者知情权、受教育权等基本权利的重要手段,是减少保险消费纠纷、提高保险消费者风险识别和自我保护能力、防范保险消费风险聚集的有效措施。为深入贯彻落实《国务院办公厅关于加强金融消费者权益保护工作的指导意见》(国办发〔2015〕81号),加强和有效开展保险消费风险提示工作,现提出以下意见。

一、总体要求

坚持以人民为中心的发展思想,树立服务意识,针对保险消费者关心的热点、难点和疑点问题及时、准确、客观地进行风险提示和教育引导,强化保险消费风险监测,推进保险消费风险提示工作规范化、制度化、科学化,为保险消费者权益保护工作提供基础支撑。

(一)工作原则。

——坚持以人为本、依法合规。紧扣保险消费风险点,依据法律法规和保险监管规定,及时发布恰当的消费风险提示信息。

——坚持统筹规划、协同推进。统筹协调推进行业消费风险提示工作,加强与政府有关部门、其他金融监管机构、消费者组织及新闻媒体等沟通协作。

——坚持及时准确、客观审慎。结合保险消费风险监测情况,本着专业客观、严谨审慎的态度,向消费者提供及时、真实、准确、全面的消费风险提示信息。

(二)工作目标。在全行业建立起科学规范、运行有效的保险消费风险提示工作机制,形成多方参与、上下联动、协同运作、及时有效的保险消费风险提示工作格局,建立保险消费风险提示统一平台,满足保险消费者及时、便捷掌握保险消费风险信息的需求,提高保险消费者风险识别和自我保护能力,防止保险消费风险聚集和蔓延。

二、建立完善工作机制

（三）加强制度建设。保监会消费者权益保护部门、保监局、保险行业协会、保险中介行业组织、保险机构、保险专业中介机构要建立完善本单位消费风险提示工作各项制度，明确保险消费风险提示工作流程，规范工作程序，建立健全保险消费风险监测、识别、评估机制，以及保险消费风险提示信息内容管理、审核、发布制度等。

（四）明确职责分工。

保险监管机构：保监会消费者权益保护部门是保险消费风险提示归口管理部门，会同保监会有关部门搭建统一的保险消费风险提示平台，建立提示信息库，发布全国性保险消费风险提示，组织、协调、督导行业消费风险提示工作。各保监局根据保险消费风险提示工作统一部署，将消费风险提示工作纳入日常监管工作中，发布区域性消费风险提示，组织、协调、督导辖区内消费风险提示工作。

保险行业协会、保险中介行业组织：保险行业协会发布行业性消费风险提示，研究制定保险机构消费风险提示行业标准，开展消费风险提示工作培训、交流、宣传等。保险中介行业组织开展中介领域消费风险提示工作，研究制定保险专业中介机构消费风险提示行业标准等。

保险机构、保险专业中介机构：保险机构、保险专业中介机构要认真履行消费风险提示工作主体责任，建立完善消费风险提示相关制度和流程，把消费风险提示工作融入日常经营、合规管理、消费者服务等环节。

（五）构建各司其职齐抓共管的工作格局。保监会消费者权益保护部门做好消费风险提示工作制度设计、统筹协调、整体推进和督促落实。保监会有关部门各司其职、密切合作，把消费风险提示作为部门重要工作来抓，积极主动做好业务范围内相关工作。保监局要落实好辖区消费风险提示属地管理责任，做好区域性消费风险提示发布工作。保险行业协会、保险中介行业组织结合工作职责开展行业性消费风险提示工作。保险机构、保险专业中介机构履行好消费风险提示工作主体责任。

三、稳步推进统一平台建设

（六）建立统一保险消费风险提示平台。近期，继续发挥保监会官方网站风险提示栏目作为消费风险提示信息发布主渠道作用。保监局、保险行业协会、保险中介行业组织、保险机构、保险专业中介机构要在本单位官方网站以专题栏目等形式各自设立消费风险提示平台。中长期，逐步建设涵盖保险监管机构、行业协会和市场主体的统一风险提示平台。

（七）建立平台信息汇集机制。保监会消费者权益保护部门会同有关部门建立保险消费风险提示信息库，实时抓取各保监局发布的消费风险提示信息，定期收集保险行业组织及市场主体消费风险提示信息内容。保监会有关部门负责业务领域内有关消费风险提示内容及问题的咨询、解答等，并对内容进行审核把关。保监局、保险行业协会、保险中介行业组织、保险机构、保险专业中介机构要及时更新本单位平台信息，并向保监会消费者权益保护部门报送平台链接以便信息内容收集汇总。

（八）建立平台信息发布机制。保监会相关部门、保监局、保险行业协会、保险中介行业组织、保险机构、保险专业中介机构要根据工作需要和实际情况，通过平台及时发布保险消费风险提示信息。尤其要对发现的保险消费风险苗头及时发布提示信息，筑牢防控消费风险的防线，防患未然，减少消费纠纷和投诉。

（九）建立平台信息共享联动机制。保监会平台发布的全国性消费风险提示，保监局、保险行业协会、保险中介行业组织、保险机构、保险专业中介机构要通过本单位消费风险提示平台及时转载、链接。保监局平台发布的区域性消费风险提示，辖区内保险行业协会、保险中介行业组织、保险机构、保险专业中介机构要及时转载、链接。保险行业协会、保险中介行业组织、保险机构、保险专业中介机构平台发布的消费风险提示，可根据情况相互转载、链接。

四、规范运作流程

（十）加强保险消费风险监测、识别。保监会相关部门、保监局、保险行业协会、保险中介行业组织、保险机构、保险专业中介机构要重视对消费风险的监测、识别和评估，加强对消费风险信息的分析研判，有效识别消费风险。高度关注并监测新业务、新领域等蕴含的消费风险，尤其是互联网业务所潜藏的消费风险。

（十一）增强保险消费风险提示有效性。消费风险提示的语言要通俗易懂，符合保险消费者的阅读习惯；内容要紧扣消费风险，增强风险提示的针对性、有效性；不涉及国家秘密、商业秘密及个人隐私；探索建立消费风险提示分类制度,根据消费风险的性质、程度、影响范围等发布不同类型、等级的消费风险提示。

五、完善保障措施

(十二)加强组织实施。保监会相关部门、保监局、保险行业协会、保险中介行业组织、保险机构、保险专业中介机构要加强组织领导,明确分管领导和责任部门,负责协调、督促、落实;要强化制度建设,完善各项工作制度,把消费风险提示纳入保险消费者权益保护日常工作体系;要细化工作措施,充实人员力量,并给予必要的财力物力保障。

(十三)加强联动协同。保监会消费者权益保护部门、保监局要建立完善与政府有关部门、其他金融监管机构、保险社团组织、消费者组织、新闻媒体等联动协同机制,在消费风险提示的发布、研究、宣传等方面加强合作,形成工作合力;保险机构、保险专业中介机构要加强与新闻媒体的沟通合作,扩大消费风险提示的成效。保监会相关部门、保监局、保险行业协会、保险中介行业组织、保险机构、保险专业中介机构要研究建立消费风险提示专业咨询指导机制,邀请产学研领域、新闻媒体的专家学者和专业人士对消费风险提示工作进行指导,提供专业咨询等。